广东金融学院成人高等教育系列教材

毛泽东思想
和中国特色社会主义理论体系论纲

（第二版）

maozedong sixiang he zhongguo tese shehuizhuyi lilun tixi lungang

余信红 张春华 著

暨南大学出版社
JINAN UNIVERSITY PRESS
中国·广州

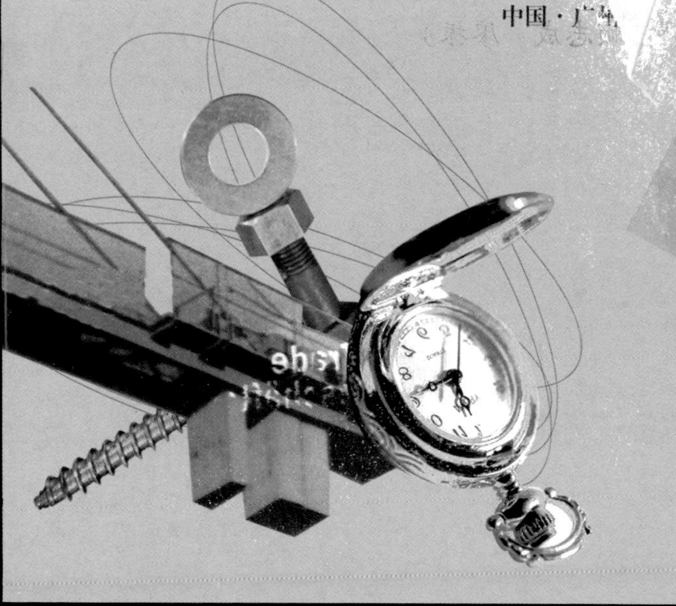

图书在版编目（CIP）数据

毛泽东思想和中国特色社会主义理论体系论纲／余信红，张春华著．—2版．—广州：暨南大学出版社，2012.8
（广东金融学院成人高等教育系列教材）
ISBN 978－7－5668－0289－7

Ⅰ.①毛…　Ⅱ.①余…②张…　Ⅲ.①毛泽东思想—理论研究②中国特色社会主义—理论研究　Ⅳ.①A84②D616

中国版本图书馆CIP数据核字（2012）第185280号

出版发行：暨南大学出版社

地　址：中国广州暨南大学
电　话：总编室（8620）85221601
　　　　营销部（8620）85225284　85228291　85228292（邮购）
传　真：（8620）85221583（办公室）　85223774（营销部）
邮　编：510630
网　址：http：//www.jnupress.com　http：//press.jnu.edu.cn

排　版：广州市天河星辰文化发展部照排中心
印　刷：广州百思得彩印有限公司

开　本：787mm×960mm　1/16
印　张：21.375
字　数：392千
版　次：2008年8月第1版　2012年8月第2版
印　次：2012年[illegible]第2次
印　数：10001—1[illegible]000册

定　价：42.50元

总　序

经济的全球化发展，使得国际竞争的实质在很大程度上是各国科学技术力量的竞争、人才的竞争。发展教育事业，不断完善人们的知识结构、提高人们的知识水平已成为时代的要求。随着我国经济的迅速发展、产业结构的不断调整、传统产业部门的改造、新兴产业部门的建立，数以千万计的各种岗位劳动者需要通过边工作边学习的方式来调整自己的知识结构和提高自己的知识水平，以适应这种现代经济与社会发展的要求。我国成人高等教育的发展面临着可贵的机遇，也肩负着重大的历史使命。

为了适应成人高等教育事业蓬勃发展的需要，打造我院成人高等教育品牌，实现"规模扩大、结构合理、效益显著"的奋斗目标，在学校领导和有关部门的大力支持下，经过周密筹划和积极准备，我院继续教育学院正式启动"成人高等教育系列教材"编写工作，计划用三年时间，聘请学校各专业长期从事成人教育的专家、学者，在总结我院成人教育教学经验的基础上，编写公共基础课和专业基础课教材及学习辅导书十五本左右，力求使这批教材从内容到形式真正符合成人学习的特点和要求。

2008 年，第一批推出的"广东金融学院成人高等教育系列教材"包括以下七种：《计算机应用基础》、《计算机应用基础习题解答与上机实验》、《微积分》、《微积分辅导》、《中国特色社会主义理论体系论纲》、《经济应用文写作》、《经济应用文写作范例与练习》。

2009 年，第二批将推出的"广东金融学院成人高等教育系列教材"包括以下六种：《统计学》、《会计学基础》、《会计学基础习题集》、《西方经济学》、《西方经济学习题集》、《管理学原理》。

本系列教材吸收了同类教材的优点，具有简明扼要、条理清晰、深入浅出、通俗易懂的特点。在内容的选择上，本教材注意面向大多数学生，既确保落实教学大纲的基本要求，又具有适当的弹性，能够适应学生进一步提高的要求，也给授课教师留有较大的选择和发挥空间。

本系列教材的使用对象主要为成人高等教育的专科学生，同时，本系列教材也可作为其他层次成人教育学生的参考书。

广东金融学院成人高等教育系列教材编委会
2008 年 5 月

第二版前言

2008 年 5 月，《中国特色社会主义理论体系论纲》出版了，四年来，该教材对提高教学质量起到了积极的作用，也是对国家统编教材《毛泽东思想和中国特色社会主义理论体系概论》的有益补充。随着十七届三中、四中、五中和六中全会的召开、“十二五”规划的提出，为贯彻胡锦涛同志在庆祝中国共产党成立 90 周年，纪念辛亥革命 100 周年和庆祝清华大学建校 100 周年大会上的重要讲话精神，党的十七届六中全会审议通过的《中共中央关于深化文化体制改革、推动社会主义文化大发展大繁荣若干重大问题的决定》的精神，为迎接党的十八大胜利召开，我们对该教材进行了修订，充实了新的内容，完善了课程体系。

由于时间及水平所限，修订版仍可能有不妥之处。敬请批评指正！

作　者

2012 年 6 月

目　录

导论　高举毛泽东思想和中国特色社会主义理论体系的伟大旗帜

第一节　中国特色社会主义道路的理论总结

2011年7月1日，胡锦涛总书记发表了《在庆祝中国共产党成立90周年大会上的讲话》（简称“讲话”）。“讲话”高瞻远瞩、踌躇满志，充满活力与激情，传递出中国共产党迈向百年的勃勃信心与坚定意志；回答了中国继续举什么旗、走什么路、坚持什么方向、依靠什么动力等一系列重大问题。“讲话”极大地增强了人们对中国共产党的信心，是对中国特色社会主义理论的重大贡献，是一篇马克思主义的纲领性文献。

“讲话”回顾了中国共产党90年来办的“三件大事”：第一件大事，我们党紧紧依靠人民完成了新民主主义革命，建立了中华人民共和国；第二件大事，紧紧依靠人民完成了社会主义革命，确立了社会主义基本制度；第三件大事，紧紧依靠人民进行了改革开放新的伟大革命，开创、坚持、发展了中国特色社会主义。

“讲话”总结了中国共产党90年来的三大成就：开辟了中国特色社会主义道路，形成了中国特色社会主义理论体系，确立了中国特色社会主义制度。如果把这三大成就联系一下的话，可以作一个这样的表述：中国特色社会主义道路是中华民族伟大复兴的必由之路；中国特色社会主义理论体系是指引我们事业前进的伟大旗帜；中国特色社会主义制度的内涵，指明了中国未来改革发展的方向。

中国特色社会主义道路，是实现社会主义现代化的必由之路，是创造人民美好生活的必由之路。中国特色社会主义道路，就是在中国共产党的领导下，立足基本国情，以经济建设为中心，坚持四项基本原则，坚持改革开放，解放和发展社会生产力，巩固和完善社会主义制度，建设社会主义市场经济、社会主义民主政治、社会主义先进文化、社会主义和谐社会，建设富强民主、文明和谐的社会主义现代化国家。

中国特色社会主义理论体系，是指导党和人民沿着中国特色社会主义道路实现中华民族伟大复兴的正确理论。我们党坚持把马克思主义基本原理同中国具体实际结合起来，在推进马克思主义中国化的历史进程中产生了两大理论成果：一大理论成果是毛泽东思想；另一大理论成果是中国特色社会主义理论体系。

中国特色社会主义制度，是当代中国发展进步的根本制度保障，集中体现了中国特色社会主义的特点和优势。我们推进社会主义制度自我完善和发展，在经济、政治、文化、社会等各个领域形成一整套相互衔接、相互联系的制度体系：人民代表大会制度这一根本政治制度，中国共产党领导的多党合作和政治协商制度、民族区域自治制度以及基层群众自治制度等构成的基本政治制度，中国特色社会主义法律体系，公有制为主体、多种所有制经济共同发展的基本经济制度，以及建立在根本政治制度、基本政治制度、基本经济制度基础上的经济体制、政治体制、文化体制、社会体制等各项具体制度。

旗帜指示着前进的方向，旗帜是凝聚党心民心的力量。马克思曾经在致威·白拉克的信中说："制定一个原则性的纲领，这就是在全世界面前树立起一些可供人们利用以判定党的运动水平的界碑。"① 恩格斯在给奥·倍倍尔的信中说："一个新的纲领毕竟总是一面公开树立起来的旗帜，而外界就根据它来判断这个党。"② 三十多年改革开放的历史就是从实践到理论，又从理论到实践的历史。从"摸着石头过河"，"杀出一条血路来"，到形成建设有中国特色社会主义理论——中国特色社会主义理论——邓小平理论——"三个代表"重要思想——科学发展观——中国特色社会主义理论体系，说明"路"已经"杀"出，这是完全符合马克思主义认识论的。中国特色社会主义道路之所以正确、之所以能够引领中国发展进步，关键在于坚持了科学社会主义的基本原则，又根据中国的实际情况和时代发展的需要赋予了其鲜明的中国特色。

中国特色社会主义理论体系是建立在对中国基本国情的正确分析基础上的，这个基本国情就是"两个没有变"：我国仍处于并将长期处于社会主义初级阶段的基本国情没有变，人民日益增长的物质文化需要同落后的社会生产之间的矛盾这一社会主要矛盾没有变。"两个没有变"是对我国现状的历史性定位。共产党人讲一切从实际出发，"两个没有变"就是当代中国的最大实际，只有立足这个实际，时刻保持清醒头脑，我们的事业才会不断取得胜利。这个定位是我们观察问题、作出决策的出发点，更是做好一切工作的落脚点，是我们推进改革、谋划发展的根本依据。"两个没有变"的国情告诉我们，实现现代化、赶上世界先进水平还有很长的路要走。

---

① 马克思恩格斯选集（第3卷）. 北京：人民出版社，1995. 296.

② 马克思恩格斯选集（第3卷）. 北京：人民出版社，1995. 525.

伟大的理论开辟伟大的道路，伟大的旗帜指引伟大的事业。改革开放的伟大实践雄辩地证明了一个真理，只有中国特色社会主义才能够发展中国、繁荣中国、富强中国。把改革开放以来马克思主义中国化的理论成果作为一个整体的“中国特色社会主义理论体系”提出来，更加鲜明地突出了中国特色社会主义这个主题。正是在这面旗帜和这个理论体系的指引下，社会主义和马克思主义在中国大地上焕发出勃勃生机，给人民带来更多福祉，使中华民族大踏步赶上时代前进潮流，迎来伟大复兴的光明前景。

第二节　毛泽东思想的科学含义与基本内容

一、毛泽东思想的科学含义

中国共产党十二大通过的党章规定：“毛泽东思想是马克思列宁主义在中国的运用和发展，是被实践证明了的关于中国革命和建设的正确的理论原则和经验总结，是中国共产党集体智慧的结晶。”这个规定充分地表达了毛泽东思想的科学含义，在此后的历次党章中一直保留，未做改变。这个科学含义有三个关键之处：

其一，是“正确的理论原则和经验总结”。毛泽东思想不包括毛泽东在探索过程中的、尤其是晚年时期的错误的部分；也不包括毛泽东没有成为马克思主义者时的青年时代的思想。

其二，“是中国共产党集体智慧的结晶”。毛泽东思想不仅仅是毛泽东一个人的发明创造，而是以毛泽东为代表，包括他的战友如周恩来、朱德、刘少奇、张闻天等人的著作和思想，更体现在中共中央文件之中。从这个角度讲，毛泽东思想称为“中国共产党思想”也未尝不可。因此，毛泽东思想是以其主要创立者毛泽东命名的，是一个政治概念，有其特定含义。

其三，是“关于中国革命和建设的”。毛泽东思想不仅包含新民主主义革命、社会主义革命的理论，其科学内涵也包括以毛泽东为代表的中国共产党人在社会主义建设过程中所探索出的正确的理论原则和经验总结。

二、毛泽东思想的基本内容

1981 年 6 月，中共十一届六中全会通过的《关于建国以来党的若干问题的决议》（简称“决议”）指出：“以毛泽东为代表的中国共产党人，运用了马克思列宁主义的立场、观点和方法，分析和解决中国革命和建设中的实际问题，并以其一系列独创性理论，丰富和发展了马克思列宁主义。主要是关于新民主主义革命、关于社会主义革命和社会主义建设、关于革命军队的建设和军事战略、关于政策和策略、关于思想政治工作和文化工作、关于党的建设等方面的理论。”“决议”对上述六个方面的具体内容作出了简明的概括：

第一，关于新民主主义革命。毛泽东从中国的历史状况和社会状况出发，深刻研究中国革命的特点和中国革命的规律，发展了马克思列宁主义关于无产阶级在民主革命中的领导权的思想，创立了无产阶级领导的，以工农联盟为基础的，人民大众的，反对帝国主义、封建主义和官僚资本主义的新民主主义革命的理论。其基本点是：①坚持无产阶级领导权。②中国资产阶级分成两部分，无产阶级领导的统一战线既要争取民族资产阶级，又要在特殊条件下，把一部分大资产阶级也包括在内，以求最大限度地孤立最主要的敌人。在同资产阶级结成统一战线时，要保持无产阶级的独立性，实行又团结又斗争、以斗争求团结的政策；在被迫同资产阶级，主要是同大资产阶级分裂时，要敢于并善于同大资产阶级进行坚决的武装斗争，同时要继续争取民族资产阶级的同情和中立。③由于中国没有资产阶级民主，反动统治阶级凭借武装力量对人民实行独裁恐怖统治，革命只能以长期的武装斗争为主要形式。中国的武装斗争，是无产阶级领导的以农民为主体的革命战争。④统一战线和武装斗争，是战胜敌人的两个基本武器，加上中国共产党的自身建设，就成为中国革命取得胜利的“三个主要的法宝”。上述思想，集中体现在毛泽东的《中国社会各阶级的分析》、《湖南农民运动考察报告》、《〈共产党人〉发刊词》、《中国革命与中国共产党》、《新民主主义论》、《论联合政府》、《目前形势和我们的任务》等著作中。

第二，关于社会主义革命和社会主义建设。其要点有：①新民主主义革命胜利后，必须建立和加强人民民主专政的国家机器。②要依据新民主主义革命胜利所创造的条件，逐步实现由新民主主义向社会主义过渡。③要严格区分和正确处理两类不同性质的矛盾，把正确处理人民内部矛盾作为国家政治生活的主题。④调动一切积极因素，走自己的路，建设社会主义强大国家。⑤在经济工作中实行对全国城乡各阶层统筹安排和兼顾国家、集体、个人三者利益等一系列正确方针。强调不要机械搬用外国的经验，而要从中国是一个大农业国的实际情况出发，以农业为基础，正确处理重工业同农业、轻工业的关系，充分重视发展农业和轻工业，走出一条适合我国国情的中国工业化道路。强调在社会主义建设中要处理好经济建设和国防建设、大型企业和中小型企业、汉族和少数民族、沿海和内地、中央和地方、自力更生和学习外国等各种关系，处理好积累和消费的关系，注意综合平衡。⑥强调工人是企业的主人，要实行干部参加劳动、工人参加管理、改革不合理的规章制度和技术人员、工人、干部三结合。这些思想集中地体现在《在中国共产党第七届中央委员会第二次全体会议上的报告》、《论人民民主专政》、《论十大关系》、《关于正确处理人民内部矛盾的问题》、《在扩大的中央工作会议上的讲话》等主要著作中。

第三，关于革命军队的建设和军事战略。①毛泽东系统地解决了如何将以农民为主要成分的革命军队建设成为一支无产阶级性质的、具有严格纪律的、同人民群众保持亲密联系的新型人民军队的问题。②他总结了中国长期革命战争的经验，系统地提出了建设人民军队的思想，提出了以人民军队为骨干，依靠广大人民群众，建立农村根据地，进行人民战争的思想。③战略战术思想。④在建国以后，他提出必须加强国防，建设现代化革命武装力量和发展现代化国防技术的重要指导思想。这些思想主要表现在《关于纠正党内错误思想》、《中国革命战争的战略问题》、《抗日游击战争的战略问题》、《论持久战》、《战争和战略问题》等军事著作中。

第四，关于政策和策略。①革命斗争中政策和策略问题的极端重要性。②在对敌斗争上提出了许多重要的政策和策略思想。③无产阶级及其政党要实现自己对同盟者的领导，必须具备两个条件：一是率领被领导者向着共同敌人作坚决的斗争并取得胜利；二是对被领导者给以物质利益，至少不损害其利益，同时给以政治教育。毛泽东的这些政策和策略思想，表现在他的许多著作中，特别是集中表现在《目前抗日统一战线中的策略问题》、《论政策》、《关于打退第二次反共高潮的总结》、《关于目前党的政策中的几个重要问题》、《不要四面出击》、《关于帝国主义和一切反动派是不是真老虎的问题》等著作中。

第五，关于思想政治工作和文化工作。①关于思想政治工作是经济工作和其他一切工作的生命线，要实行政治和经济的统一、政治和技术的统一、又红又专的方针。②关于发展民族的、科学的、大众的文化，实行“百花齐放、百家争鸣”，“古为今用、洋为中用”的方针。③关于知识分子在革命和建设中具有重要作用，知识分子要同工农相结合，通过学习马克思列宁主义、学习社会和工作实践，树立无产阶级世界观的思想。④毛泽东指出，“为什么人的问题，是一个根本的问题，原则的问题”，强调要全心全意为人民服务，对革命工作要极端负责，要艰苦奋斗和不怕牺牲。毛泽东关于思想政治文化的许多著作，如《青年运动的方向》、《大量吸收知识分子》、《在延安文艺座谈会上的讲话》、《纪念白求恩》、《为人民服务》、《愚公移山》等至今仍有重要意义。

第六，关于党的建设。在无产阶级人数很少而战斗力很强，农民和其他小资产阶级占人口大多数的国家，建设一个具有广大群众性的、马克思主义的无产阶级政党，是极其艰巨的任务。毛泽东的建党学说成功地解决了这个问题，其要点是：①毛泽东特别着重于从思想上建设党，提出党员不但要在组织上入党，而且要在思想上入党，经常注意以无产阶级思想改造和克服各种非无产阶级思想。②他提出，理论和实践相结合的作风，和人民群众紧密地联系在一起的作风，以及自我批评的作风，是中国共产党区别于其他任何政党的显著标志。③他针对历史上党内斗争中存在过的“残酷斗争，无情打击”的“左”倾错误，提出“惩前毖后，治病救人”的正确方针，强调在党内斗争中要达到既弄清思想又团结同志的目的。④他创造了在全党通过批评与自我批评进行马克思列宁主义思想教育的整风形式。⑤建国前夕和建国以后，鉴于我们党成为领导全国政权的党，毛泽东多次提出要继续保持谦虚谨慎、戒骄戒躁、艰苦奋斗的作风，警惕资产阶级思想的侵蚀，反对脱离群众的官僚主义。毛泽东关于党的建设方面的主要著作有：《关于纠正党内的错误思想》、《反对自由主义》、《中国共产党在民族战争中的地位》、《改造我们的学习》、《整顿党的作风》、《反对党八股》、《在延安文艺座谈会上的讲话》、《学习和时局》、《关于健全党委制》、《党委会的工作方法》等。

第三节　中国特色社会主义理论体系的科学含义与基本内容

一、中国特色社会主义理论体系的科学含义

什么是“中国特色社会主义理论体系”呢？党的十七大报告指出：“中国特色社会主义理论体系，就是包括邓小平理论、‘三个代表’重要思想以及科学发展观等重大战略思想在内的科学理论体系。这个理论体系，坚持和发展了马克思列宁主义、毛泽东思想，凝结了几代中国共产党人带领人民不懈探索实践的智慧和心血，是马克思主义中国化的最新成果，是党最可宝贵的政治和精神财富，是全国各族人民团结奋斗的共同思想基础。中国特色社会主义理论体系是不断发展的开放的理论体系。在当代中国，坚持中国特色社会主义理论体系，就是真正坚持马克思主义。”这个结论需要把握以下三个方面：一是“中国特色社会主义理论体系，就是包括邓小平理论、‘三个代表’重要思想以及科学发展观等重大战略思想在内的科学理论体系”；二是“中国特色社会主义理论体系是不断发展的开放的理论体系”；三是“在当代中国，坚持中国特色社会主义理论体系，就是真正坚持马克思主义”。

（一）“中国特色社会主义理论体系，就是包括邓小平理论、‘三个代表’重要思想以及科学发展观等重大战略思想在内的科学理论体系”

改革开放是一场建设和发展中国特色社会主义的伟大实践，而我们党在实践基础上的理论创新就是围绕“中国特色社会主义”这个主题展开的。十一届三中全会以来，党始终坚持马克思主义的思想路线，紧紧抓住中国特色社会主义这个主题，不断探索和回答什么是社会主义、怎样建设社会主义；建设什么样的党、怎样建设党；实现什么样的发展、怎样发展等重大理论和实际问题，不断推进马克思主义中国化，逐步形成了邓小平理论、“三个代表”重要思想和科学发展观等重大战略思想，这些马克思主义中国化的理论成果共同构成了中国特色社会主义理论体系。因此，中国特色社会主义理论作为一个科学的理论体系，包含着十分丰富的内涵，是十一届三中全会以来，党的基本理论创新的一系列重要思想观点的总和。中国特色社会主义理论以马克思主义的科学世界观和方法论为立论依据，以毛泽东思想为本源性理论，贯穿着辩证唯物主义和历史唯物主义的基本思想，体现着与时俱进的马克思主义理论品格，是与马克思主义的立场、观点、方法一以贯之、有机统一的科学理论体系。

（二）“中国特色社会主义理论体系是不断发展的开放的理论体系”

我们党的理论创新主要围绕中国特色社会主义这个主题展开，而围绕这个主题进行的理论创新，都属于中国特色社会主义理论体系。坚持中国特色社会主义理论体系，必须结合实际继续推进理论创新。马克思主义是一个开放的科学体系，是不断发展的科学体系。与时俱进是马克思主义的理论品质；创新，是马克思主义的本质特征，是其永葆生命力的不竭源泉。党的十七大报告指出：“《共产党宣言》发表以来近一百六十年的实践证明，马克思主义只有与本国国情相结合、与时代发展同进步、与人民群众同命运，才能焕发出强大的生命力、创造力、感召力。”中国特色社会主义理论作为马克思主义中国化的最新理论成果，本身也是一个需要不断丰富和发展的科学体系。这种开放性表明这个理论体系并不拒绝而且还要吸收借鉴人类社会所创造的一切文明成果。

（三）“在当代中国，坚持中国特色社会主义理论体系，就是真正坚持马克思主义”

新时期最鲜明的特点是改革开放，改革开放使中国人民的面貌、社会主义中国的面貌、中国共产党的面貌发生了历史性变化。中国特色社会主义理论体系就是把科学社会主义基本原则同中国实际和时代特征相结合的科学理论体系，它深深扎根于人民群众的实践，紧密结合中国实际，紧随时代前进的步伐，体现出鲜明的实践特色、民族特色和时代特色，在建设中国特色社会主义的进程中，党坚持把马克思主义基本原理同中国实际相结合，在研究新情况、解决新问题的过程中进行艰辛的探索，才有中国特色社会主义理论体系中一系列新思想、新论断、新观点的形成和发展。这些新思想、新论断、新观点表明党对共产党执政规律、社会主义建设规律和人类社会发展规律的认识，达到了新的理论高度，是马克思列宁主义同中国实际相结合的第二次历史性飞跃的理论成果，又是马克思主义中国化的最新成果，它反映了民族精神、时代精神和创新精神。

中国特色社会主义理论是马克思主义基本原理同中国国情和时代特征相结合的产物，这个理论体系的思想精髓是解放思想、实事求是，它是中国共产党不断开创事业新局面的重要法宝，是中国共产党历史发展的一条重要思想规律。准确把握和始终坚持中国特色社会主义理论体系，对于推进中国特色社会主义伟大事业，夺取全面建设小康社会新的伟大胜利具有重大的理论意义和实践意义。正是在这些认识的基础上，十七大报告将“建设中国特色社会主义”表述为“发展中国特色社会主义”。一词之变饱含着深刻内涵，表明党从新的历史起点出发，开始了开拓中国特色社会主义更为广阔的发展前景的新征程。随着今后改革开放和现代化建设实践的发展，中国特色社会主义理论体系将得到进一步完善和发展。

历史发展表明，我国经济社会发展站在了新的历史起点上，当代中国正在发生广泛而深刻的变革，中国特色社会主义理论体系既是我们推进理论和实践创新的根本指针，又是深化理论探索的崭新起点。然而，中国特色社会主义事业又是一项长期的事业，继续推进中国特色社会主义伟大事业，要求我们继续高举中国特色社会主义伟大旗帜，坚持走中国特色社会主义道路，同时要求我们坚持中国特色社会主义理论体系，继续深化对中国特色社会主义的研究和探索。

二、中国特色社会主义理论体系的基本内容

“中国特色社会主义理论体系，就是包括邓小平理论、‘三个代表’重要思想以及科学发展观等重大战略思想在内的科学理论体系”，之所以用“体系”一词，是说不仅仅只有目前这三个组成部分，而是今后在中国特色社会主义道路上的理论创新成果，都可以列入其中，这正是前面所说，中国特色社会主义理论体系是“不断发展的开放的理论体系”之蕴义。

（一）邓小平理论

邓小平理论概括起来有：社会主义初级阶段的理论、建立社会主义市场经济体制、社会主义本质的问题、共产党如何保持执政党地位的问题、社会主义民主的问题、物质文明和精神文明建设的问题、国家社会制度问题等。

1. 社会主义初级阶段的理论

社会主义初级阶段理论，被称为邓小平理论的基础或基石；是党制定路线、方针、政策的立足点和出发点。在这个认识基础上，党的十三大报告正式完整地表述了"一个中心，两个基本点"的基本路线，并明确界定它是"社会主义初级阶段的基本路线"。因此，"社会主义初级阶段"，不只是明确了一个时间概念，而且是确定党的基本路线的一个科学的立足点。

2. 改革开放的理论

十七大报告郑重地指出："改革开放是决定当代中国命运的关键抉择，是发展中国特色社会主义、实现中华民族伟大复兴的必由之路，只有社会主义才能救中国，只有改革开放才能发展中国、发展社会主义、发展马克思主义。"

党的十一届三中全会以后，邓小平充分肯定了毛泽东关于社会主义社会基本矛盾的理论。他在总结历史经验教训的基础上，对社会主义社会的基本矛盾，特别是社会主义初级阶段的主要矛盾状况进行了深入思考，在新的实践中丰富和发展了这一理论，为社会主义改革提供了理论基础。他认为，改革是社会主义社会发展的直接动力，是一场新的革命，是社会主义制度的自我完善和发展。邓小平结合新的历史条件和社会主义现代化建设的实践经验，科学地区分和正确地阐明了社会主义基本制度和具体体制之间的关系，从而揭示了现阶段我国社会基本矛盾的具体表现形式，找到了长期以来束缚我国生产力发展的症结所在，从理论上和实践上发展了马克思主义的社会矛盾学说，为社会主义改革奠定了科学的理论依据。

中国的社会主义改革，从一开始就是同对外开放一道进行的。经验证明，关起门来搞建设是不能成功的，中国的发展离不开世界。邓小平的对外开放思想，既反映了世界经济发展的客观规律，也符合我国现代化建设的现实需要。对外开放是国际分工和生产国际化的必然要求，是中国迎接世界新科技革命严峻挑战的需要。毛泽东曾经提出："我们的方针是，一切民族，一切国家的长处都要学，政治、经济、科学、技术、文学、艺术的一切真正好的东西都要学。"① 但由于资本主义的封锁和禁运，中国并没有完全改变与世隔绝的状况。邓小平深刻地指出："没有对外开放政策这一着，翻两番困难，翻两番之后再前进更困难。"因此，"社会主义要赢得与资本主义相比较的优势，就必须大胆吸收和借鉴人类社会创造的一切文明成果，吸收和借鉴当今世界各国包括资本主义发达国家的一切反映现代社会生产规律的先进经营方式，管理方法。"② 吸收和借鉴资本主义的

---

① 毛泽东文集（第7卷）. 北京：人民出版社，1999. 41.

② 邓小平文选（第3卷）. 北京：人民出版社，1993. 373.

文明成果，学习先进的技术、先进的科学、先进的管理来为社会主义服务，这就是开放的目的。

3. 回答什么是社会主义、怎样建设社会主义的问题

批判“四人帮”贫穷的社会主义荒谬论调，总结历史经验教训，被歪曲和错误理解的社会主义基本理论得到澄清，正确的实践成果愈益明确。这种科学认识体现在：贫穷不是社会主义，发展太慢也不是社会主义；平均主义不是社会主义，两极分化也不是社会主义；僵化封闭不能发展社会主义，照抄照搬也不能发展社会主义；全盘西化不是社会主义，“四个坚持”才是社会主义；没有民主就没有社会主义，没有法制也没有社会主义；不搞好物质文明建设不是社会主义，不搞好精神文明建设也不是社会主义，等等。最终的理论成果是社会主义本质论：解放生产力、发展生产力，消灭剥削，消除两极分化，最终实现共同富裕。

4. 关于建立社会主义市场经济体制

社会主义市场经济是前无古人的事业。十几年来邓小平关于这个问题的谈话达十二次之多，因为市场经济不仅是个理论问题，也是个实践问题，它贯穿于改革的起步、扩张和深化的各个阶段，是涉及我国改革的基本理论问题和实践问题。

1979 年，邓小平曾多次指出：说市场经济只存在于资本主义社会，只有资本主义的市场经济，这肯定是不正确的。社会主义为什么不可以搞市场经济，这个不能说是资本主义，社会主义也可以搞市场经济。从 1984—1992 年，邓小平针对人们思想上的困惑和认识上的分歧着重阐述了“社会主义和市场经济不存在根本矛盾”，强调指出：我们必须从理论上搞懂，资本主义与社会主义的区分不在于是计划还是市场这样的问题。不要以为，一说计划经济就是社会主义，一说市场经济就是资本主义，不是那么回事，两者都是手段，市场也可以为社会主义服务。

社会主义市场经济的提出与实践，是中国共产党人对“老祖宗”关于社会主义学说的重大发展，是对“什么是社会主义，怎样建设社会主义”的回答之一。

5. 建设有中国特色的社会主义民主

邓小平结合中国的实际，创造性地发展了马克思列宁主义民主政治学说。在民主问题上，他特别强调的就是区分两类不同性质的民主，坚持社会主义民主，坚持社会主义民主与专政的统一，维护安定团结的政治局面，这是邓小平建设有中国特色社会主义民主的一个重要方面。邓小平关于民主是解放思想的重要条件的论断，有力地推进了人民民主的恢复与建设，成为全党全国人民的思想武器，为改革开放的方针奠定了思想基础。邓小平曾经说：“没有民主，就没有社会主

义的现代化。”“社会主义愈发展，民主也愈发展。这是确定无疑的。”① 所以，建设高度的社会主义民主，是建设现代化强国的题中应有之义。

6. 关于“两手抓”的思想

“两手抓”的思想有：一手抓改革开放，一手抓打击犯罪；一手抓经济建设，一手抓民主法制；一手抓改革开放，一手抓惩治腐败；一手抓改革开放，一手抓反对资产阶级自由化；一手抓物质文明，一手抓精神文明。在这一系列“两手抓”的方针中，关键是一手抓物质文明建设，一手抓精神文明建设。邓小平认为：不加强精神文明的建设，物质文明的建设也要受破坏，走弯路。风气如果坏下去，经济搞成功又有什么意义？精神文明的变质，反过来也会影响整个经济变质，发展下去会形成贪污、盗窃、贿赂横行的世界。邓小平认为，开放、搞活，必然带来一些不好的东西，不对付它，就会走到邪路上去。要说有风险，这是最大的风险。

7. “一国两制”的构想

“一国两制”的构想，是中国特色社会主义理论体系中的重要组成部分。这一构想，在理论和实践上都是一个伟大的创造。“一国两制”构想的基本内容，是指在统一的中华人民共和国内，大陆实行社会主义制度，台湾、香港、澳门在相当长的时间内实行资本主义制度。其重大的理论和实践意义在于：其一，“一国两制”的构想丰富和发展了马克思主义的国家学说。它在国家的本质、国家的职能和作用、国家上层建筑与经济基础的相互关系以及国家的结构形式方面都有新的突破。其二，“一国两制”的构想丰富了马克思主义原则的坚定性与策略的灵活性相统一的原则。其三，“一国两制”的构想创造性地发展了和平共处原则。

“一国两制”的构想不仅有利于祖国和平统一的早日实现，而且有利于整个中华民族的繁荣与进步。香港、澳门回归祖国以及保持今天的稳定与繁荣，已充分证明了“一国两制”的科学性和正确性，显示其理论上和实践上的重大意义。

（二）“三个代表”重要思想

党的十六大确立“三个代表”重要思想为党的指导思想，提出了深入学习贯彻“三个代表”重要思想、提高全党马克思主义理论水平的战略任务。贯彻“三个代表”重要思想对于中国共产党和中国人民高举马克思列宁主义、毛泽东思想、邓小平理论和“三个代表”重要思想伟大旗帜，对于巩固和加强团结奋斗的共同思想基础，具有重大的现实意义；对于全面贯彻科学发展观，科学总结

① 邓小平文选（第2卷）. 北京：人民出版社，1993. 168.

历史、正确把握现实、胜利开创未来，有着重大而深远的意义。

胡锦涛曾经在学习《江泽民文选》报告会上说："三个代表"重要思想的科学体系，"在什么是社会主义、怎样建设社会主义这个根本问题上形成了富有独创性的理论成果"。"富有独创性的理论成果"是画龙点睛之处，可以归纳为三个方面：

第一，进一步回答了建设中国特色社会主义的发展道路、发展阶段、发展战略、根本目的、根本任务、发展动力、依靠力量、国际战略、祖国统一等重大问题。上述这些问题，是党的十四大所总结的邓小平建设有中国特色社会主义理论的九大内容。所谓"进一步回答"，就是对马克思主义理论的重大贡献。其中的新论断，坚持了马克思主义基本原理，具有鲜明的时代特征，进一步深刻认识和科学回答了"什么是社会主义、怎样建设社会主义"这个根本问题。

第二，"三个代表"重要思想紧密结合时代发展的新形势、我国广大人民群众的新要求、我国改革开放和社会主义现代化建设的新实践，从经济、政治、文化、社会、国防和军队建设等方面对什么是社会主义、怎样建设社会主义这个根本问题进行了全方位的探索和创新。

其三，富有独创性的理论成果还表现在对于我们进一步加强党的执政能力建设和先进性建设，提供了科学的理论指南。"三个代表"重要思想的精神实质，就是十六大报告强调的三句话："贯彻'三个代表'重要思想，关键在坚持与时俱进，核心在坚持党的先进性，本质在坚持执政为民。"这个"精神实质"鲜明地回答了"建设一个什么样的党，怎样建设党"的问题，确实是富有独创性的理论成果，是提高党的执政能力的重要思想和理论基础。

"富有独创性的理论成果"是中国特色社会主义理论体系的重要组成部分。这个"新成果"，是中国特色社会主义"新的理论概括"，为推动我国社会主义发展提供了"新的理论基础"，为实现最广大人民的根本利益提出了"新的理论要求"，为我们在实践中推进理论创新打开了"新的理论视野"，它赋予马克思主义新的鲜活力量，再一次有力地证明，马克思主义基本原理仍然是我们正确认识和运用人类社会发展规律的锐利思想武器。

学习"三个代表"重要思想有助于全党始终保持与时俱进的精神状态，不断开拓马克思主义理论发展的新境界；有助于坚持从新的实际出发，以改革的精神研究重大理论和现实问题；有助于进一步统一全党的思想，巩固和加强团结奋斗的共同思想基础；有助于把握中国特色社会主义建设的规律性，增强创造性；有助于我们更好地贯彻党中央的战略部署，加强党的先进性建设和执政能力建设；有助于树立和落实科学发展观，构建社会主义和谐社会。

（三）科学发展观是发展中国特色社会主义必须坚持和贯彻的重大战略思想

党的十七大报告指出："科学发展观，是对党的三代中央领导集体关于发展的重要思想的继承和发展，是马克思主义关于发展的世界观和方法论的集中体现，是同马克思列宁主义、毛泽东思想、邓小平理论和'三个代表'重要思想既一脉相承又与时俱进的科学理论，是我国经济社会发展的重要指导方针，是发展中国特色社会主义必须坚持和贯彻的重大战略思想。"正确理解和全面诠释科学发展观的思想基础、深刻内涵和历史价值，是贯彻落实和始终不渝地坚持的前提和基础。

第一个方面："是同马克思列宁主义、毛泽东思想、邓小平理论和'三个代表'重要思想既一脉相承又与时俱进的科学理论。"因为，科学发展观既体现了对马克思列宁主义、毛泽东思想、邓小平理论和"三个代表"重要思想的承前继往，又体现了与时俱进和丰富发展。理论创新的实质，是马克思主义基本原理与中国革命、建设和改革开放实践的具体结合，是马克思主义的中国化。科学发展观以毛泽东思想、邓小平理论和"三个代表"重要思想为指导，对"实现什么样的发展、怎样发展"这一关系中国共产党人执政兴国、反映中国特色社会主义的本质特征和社会主义现代化建设战略全局的重大问题，作出了创造性的回答，开辟了马克思主义中国化的新境界，开拓了中国特色社会主义理论发展的新境界，续写了马克思主义中国化的新篇章。

第二个方面："是我国经济社会发展的重要指导方针。"正如十七大报告所说："科学发展观，是立足社会主义初级阶段基本国情，总结我国发展实践，借鉴国外发展经验，适应新的发展要求提出来的。"它是共产党在实践"三个代表"重要思想过程中形成的新认识，是党中央在加快推进社会主义现代化事业，全面建设小康社会的征程中提出的新理念。进入新世纪新阶段，随着改革开放的不断深入，发展环境、条件发生变化，发展的质量要求更高。站在新的历史起点上，面对我国全面参与经济全球化的新机遇和新挑战，面对工业化、信息化、城镇化、市场化、国际化深入发展的新形势和新任务，面对社会活力不断迸发、各项事业不断进步情况下发展不平衡现象有所扩大的新课题、新矛盾，我们必须着眼于把握发展规律、创新发展理念、转变发展方式、破解发展难题，做到全面协调可持续发展的基本要求。所以，它是我国经济社会发展的重要指导方针，对于全面建设小康社会具有重大而深远的指导意义。

第三个方面："是发展中国特色社会主义必须坚持和贯彻的重大战略思想。"科学发展观，是从新世纪、新阶段党和国家事业发展全局出发提出的重大战略思想，是马克思主义关于发展的世界观、方法论的集中体现，是我们推动经济社会发展、加快推进社会主义现代化必须长期坚持的指导思想。它站在时代高度，既坚持了党的三代中央领导集体关于发展的重要思想，又深刻总结国内外在发展问题上的经验教训，科学分析我国发展进程中面临的各种新情况和新问题，在继续坚持以经济建设为中心的前提下，更加突出地强调城乡、区域、经济社会协调发展，强调可持续发展，强调以人为本；更加突出地坚持经济建设、政治建设、文化建设、社会建设协调发展，强调促进社会全面进步和人的全面发展；更加注重宏观调控，注重统筹兼顾，注重改革创新，着力解决经济社会发展中的突出矛盾，解决关系人民切身利益的突出问题。它结合新的发展实践，进一步回答了实现什么样的发展、怎样发展等重大问题，因此是发展中国特色社会主义必须坚持和贯彻的重大战略思想。

十七大通过的《中国共产党章程（修正案）》的决议强调：大会一致同意将科学发展观写入党章。大会要求全党同志全面把握科学发展观的科学内涵和精神实质，增强贯彻落实科学发展观的自觉性和坚定性，着力转变不适应、不符合科学发展观的思想观念，着力解决影响和制约科学发展的突出问题，把全社会的发展积极性引导到科学发展上来，把科学发展观贯彻落实到经济社会发展各个方面。将科学发展观写入党章，对全党提出要求与规范，从理论上升为实践，必须坚持和贯彻，充分体现了其作为重大战略思想的指导地位。

“苟日新，日日新，又日新”。中国古人在几千年前就认识到了这个鲜活的道理。中华民族生生不息的创新精神，在中国共产党人身上得到了充分体现。

第四节　中国特色社会主义理论体系的逻辑关系

一、中国特色社会主义理论体系的历史逻辑

人类社会不仅是一个由低级阶段向高级阶段发展的历史进程，也是一个从片面发展向全面发展的历史进程，中国特色社会主义理论体系的发展也是如此。它所依据的基本原理是马克思主义，从中国实际出发，从理论到实践，从重点到全面，从探索到完善，不断实践不断总结，实现了多次升华。中国特色社会主义理论体系的历史逻辑可以分解为三大部分，即社会主义从抽象到具体、从经济发展到科学发展、从物的发展到人的发展。

（一）社会主义从抽象到具体

1. 中国特色社会主义理论体系的理论渊源是马克思主义的基本原理，建立

在中国共产党对马克思主义的坚定信念之上

马克思、恩格斯在批判地继承空想社会主义思想的基础上，在回答资本主义发展过程中产生的一系列问题和对资本主义制度进行深刻剖析的过程中，创造了科学社会主义理论。邓小平说："为什么我们过去能在非常困难的情况下奋斗出来，战胜千难万险使革命胜利呢？就是因为我们有理想，有马克思主义信念。我们干的是社会主义事业，最终目的是实现共产主义。"① 高举马克思主义的思想旗帜，运用唯物主义历史观分析社会；把共产主义作为奋斗目标，把共产主义分为第一阶段与高级阶段，建立以公有制为主体的生产关系来为生产力的发展开辟道路，把发展生产力当作社会主义的一个长期过程，并且努力搞好精神、道德方面的建设；在这个运动中，以无产阶级作为阶级基础，共产党"始终代表整个运动的利益"，这些基本内容，在中国特色社会主义理论体系中全都能够见到。所以，马克思主义是中国特色社会主义产生、形成和发展的思想理论渊源；中国特色社会主义则是马克思主义基本原理在当代中国的运用和发展。

马克思、恩格斯创立了科学社会主义理论，但是，社会主义的实践始于列宁。他结合时代特点和具体国情，从理论和实践上进行了艰苦的探索。邓小平曾对列宁的探索给予充分肯定，指出："社会主义究竟是个什么样子，苏联搞了很多年，也并没有完全搞清楚。可能列宁的思路比较好，搞了个新经济政策，但是后来苏联的模式僵化了。"② 事实确实如此，列宁在探索什么是社会主义、如何建设社会主义过程中的实践与思考，在中国特色社会主义理论体系中也能够找到它的影子，例如：搞社会主义一定要结合国情从落后国家、农业国家的实际情况出发；从农业合作化演变过来的统分结合双层经营与土地集体所有；可以消灭了资本主义，在无产阶级政权领导下再搞资本主义；大力发展国家资本主义；建设高度发达的大工业尤其是重工业；大力发展社会主义商品经济，建设社会主义的精神文明等等。尤其是加强执政党建设的思想，保持共产党先进性、纯洁性的设想，还有那曾经多次被邓小平反复强调过的"没有民主，就不可能有社会主义"的思想。值得注意的是，与马克思主义相比较，列宁的思路由于有了社会主义建设的实践，有了共产党执政的体会，与我们所探索的课题更加接近。

2. 马克思列宁主义基本原理与中国的实践相结合，就成为了中国特色的社会主义理论体系

中国特色社会主义必须坚持马克思主义的科学社会主义，这既是历史的选择，也是中国共产党人的信仰。但是"什么叫社会主义，什么叫马克思主义？

---

① 邓小平文选（第3卷）. 北京：人民出版社，1993. 110.

② 邓小平文选（第3卷）. 北京：人民出版社，1993. 139.

我们过去对这个问题的认识不是完全清醒的。”① 这个课题的提出不是信仰上的动摇，而是认识上的不完全清楚，表现在两个方面：其一，把马克思主义理论教条化。按照马克思恩格斯的设想，社会主义应该在英法等资本主义发达的国家首先取得胜利，因为这些国家的生产力发展水平高，革命胜利后建设社会主义顺理成章。然而在现实中首先取得胜利的却是像中国这样经济文化都比较落后的国家，所以搞社会主义，我们还“不够格”。但是在实际工作中，我们曾经按照本本裁剪现实，使社会主义脱离了中国实际。其二，把苏联的经验和做法模式化，照抄照搬。苏联是世界上第一个社会主义国家，在如何建设社会主义的问题上，取得过一些成就和经验。中国建设社会主义自然会向苏联学习，但我们曾经一味地将苏联的经验和做法模式化，就背离了马克思主义的基本原理。加之以上两个方面受到“左”倾错误的严重干扰，结果搞了多年的社会主义，还没有摆脱贫穷，没有使社会主义显现出应有的光彩。因此，人们不得不躬身自问：究竟什么是社会主义？我们应该坚持社会主义的哪些基本原则，又怎样结合自己的实际建设社会主义？这个问题的提出，使社会主义从抽象到具体，从理论到实践，给中国特色社会主义理论体系的形成提供了广阔的空间，给马克思主义的发展提供了时代背景与条件。

邓小平曾经指出：“马克思主义必须是同中国实际相结合的马克思主义，社会主义必须是切合中国实际的有中国特色的社会主义。”② 他还说：“中国搞社会主义，强调要有中国的特色。我们坚信马克思主义，但马克思主义必须与中国实际相结合。只有结合中国实际的马克思主义，才是我们所需要的真正的马克思主义。”③ “离开自己国家的实际谈马克思主义，没有意义。”④ 所以，建设中国特色的社会主义必须从中国实际情况出发，走自己的道路。中国国情决定中国特色，不从中国的国情出发，不把马克思主义同中国实际结合起来，就不叫中国特色社会主义。从这个意义上说，中国特色社会主义就是切合中国实际的社会主义。

社会主义理论本身是随着实践发展而发展的，中国特色社会主义作为科学社会主义的具体形态，自然也有一个不断发展的过程。这种发展表现在以下几个方面：其一，从实践来看，改革开放是中国特色社会主义的实践基础，在改革的过程中，逐步形成了全方位、多层次、宽领域的对外开放格局。其二，创新是中国

---

① 邓小平文选（第3卷）. 北京：人民出版社，1993. 63.

② 邓小平文选（第3卷）. 北京：人民出版社，1993. 63.

③ 邓小平文选（第3卷）. 北京：人民出版社，1993. 213.

④ 邓小平文选（第3卷）. 北京：人民出版社，1993. 191.

特色社会主义的显著特点。表现在：说新话，创造新概念。1984 年 10 月党的十二届三中全会通过的《关于经济体制改革的决定》，邓小平给予了很高的评价，他说："这次经济体制改革的文件好，就是解释了什么是社会主义，有些是我们老祖宗没有说过的话，有些新话。"① 他还说："翻两番、小康社会、中国式的现代化，这些都是我们的新概念。"② 干新事，干前人没有干过的事。从"包产到户"到创办"经济特区"；从让一部分人和地区"先富裕起来"到"公平与效率都要兼顾"；从引进外资到"一国两制"；从构建和谐社会到科学发展等等。其三，根据实践的发展和认识的深化，不断丰富奋斗目标。例如，从最初提出物质文明、精神文明，其后又增加了政治文明、生态文明、和谐社会的目标。新的实践必然会产生新经验、新理论。这些新经验、新理论不断丰富和发展着中国特色社会主义理论，也丰富着马克思主义。所以，把马克思列宁主义基本原理与中国的具体国情相结合，就成为了中国特色的社会主义理论体系。

（二）社会主义从经济发展到科学发展

1. 以"经济建设为中心"源于对马克思主义生产力学说的深刻认识

唯物史观认为，物质生产是人类历史的实际起点，是人类最基本的实践活动，是社会赖以存在和发展的物质基础。马克思指出："任何一个民族，如果停止劳动，不用说一年，就是几个星期也要灭亡，这是每个小孩都知道的。"③ 毛泽东也曾提出：社会主义革命的目的是解放和发展生产力，"我们搞政治，搞政府，搞军队，为的是什么？就是要破坏妨碍生产力的发展的旧政治、旧政府、旧军队……妨碍生产力发展的旧政治、旧军事力量不取消，生产力就不能解放，经济就不能发展。因此，第一个任务就是打倒妨碍生产力发展的旧政治、旧军事……"④ 他在《论联合政府》的报告中说："中国一切政党的政策及其实践在中国人民中所表现的作用的好坏、大小，归根到底，看它对于中国人民的生产力的发展是否有帮助及其帮助之大小，看它是束缚生产力的，还是解放生产力的。消灭日本侵略者，实行土地改革，解放农民，发展现代工业，建立独立、自由、民主、统一和富强的新中国，只有这一切，才能使中国社会生产力获得解放，才是中国人民所欢迎的。"⑤ 为此，他提出，新中国要以发展生产力为中心，"从我们接管城市的第一天起，我们的眼睛就要看着城市的生产事业的恢复和发展，务须避免盲目地

---

① 邓小平文选（第 3 卷）. 北京：人民出版社，1993. 91.

② 邓小平文选（第 3 卷）. 北京：人民出版社，1993. 54.

③ 马克思恩格斯选集（第 4 卷）. 北京：人民出版社，1995. 368.

④ 毛泽东文集（第 3 卷）. 北京：人民出版社，1996. 108 ~ 109.

⑤ 毛泽东选集（第 3 卷）. 北京：人民出版社，1991. 1079.

乱抓乱碰，把中心任务忘记了”。“城市的其他工作都要围绕生产建设这个中心工作并为这个中心工作服务。在农村解决了土地问题以后，党的中心工作是动员一切力量恢复和发展生产事业，这是一切工作的重点所在”。① “我们的根本任务，已经由解放生产力变为在新的生产关系下保护和发展生产力。”② 从“解放生产力”到“保护和发展生产力”，既是一个飞跃，同时又带来了新的课题。

社会主义应该比以往一切社会形态具有更高水平的生产力，这是社会主义制度存在和发展的要求，是社会主义本质的要求，也是社会主义制度优越性的集中体现。邓小平说：“在无产阶级专政的条件下，不搞现代化，科学技术不提高，社会生产力不发达，国家的实力得不到加强，人民的物质文化生活得不到改善，那么，我们的社会主义政治制度和经济制度就不能充分巩固，我们国家的安全就没有可靠的保障……”③ “一个真正的马克思主义政党在执政以后，一定要致力于发展生产力，并在这个基础上逐步提高人民的生活水平。”④

他强调指出：“马克思主义的最高目的就是要实现共产主义，而共产主义是建立在生产力高度发展的基础上的。社会主义是共产主义的第一阶段，是一个很长的历史阶段。社会主义的首要任务是发展生产力，逐步提高人民的物质和文化生活水平。”⑤ 邓小平是把发展生产力与国家富强和人民生活水平提高联系在一起的：“社会主义经济政策对不对，归根到底要看生产力是否发展，人民收入是否增加。这是压倒一切的标准。”⑥ “我们搞的是有中国特色的社会主义，是不断发展社会生产力的社会主义，……只有不断发展社会生产力，国家才能一步步富强起来，人民生活才能一步步改善。”⑦ 所以，以“经济建设为中心”的提出是源于对国情的深刻认识，源于对国内主要矛盾的深刻认识，源于对马克思主义生产力学说的深刻认识。

2. “三个有利于”与“三个代表”进一步明确了党的中心任务

1992 年 2 月，邓小平在南方谈话中发表了今天家喻户晓的“三个有利于”重要论断：判断姓“资”姓“社”的标准，“应该主要看是否有利于发展社会主义社会的生产力，是否有利于增强社会主义国家的综合国力，是否有利于提高人民的生活水平”。2000 年 2 月，江泽民在南方发表了“三个代表”的重要讲话。

---

① 毛泽东选集（第 4 卷）. 北京：人民出版社，1991. 1428.
② 毛泽东文集（第 7 卷）. 北京：人民出版社，1996. 218.
③ 邓小平文选（第 2 卷）. 北京：人民出版社，1994. 86.
④ 邓小平文选（第 3 卷）. 北京：人民出版社，1993. 28.
⑤ 邓小平文选（第 3 卷）. 北京：人民出版社，1993. 116.
⑥ 邓小平文选（第 2 卷）. 北京：人民出版社，1994. 314.
⑦ 邓小平文选（第 3 卷）. 北京：人民出版社，1993. 328.

"三个有利于"与"三个代表"都是在社会主义实践中对马克思主义生产力学说的发展。而且，"三个有利于"与"三个代表"之间，本身又有着继承与发展的关系，是适应新时代要求的理论创新和升华。

从"以经济建设为中心"到"发展是硬道理"，到"发展是第一要务"，既体现了马克思主义的生产力学说，又依据社会主义初级阶段的基本国情进一步明确了党的中心任务。发展是硬道理"硬"在哪里？只有发展才能摆脱贫穷和落后，实现小康，使广大人民过上富裕安康的幸福生活；只有发展才能实现"三步走"战略目标，达到中等发达国家的水平；只有发展才能体现社会主义的本质，显现社会主义制度的优越性，坚定人们走社会主义道路的信心；只有发展才能顺利解决台湾问题，实现祖国完全统一；只有发展才能增强我国的经济实力和综合国力，防止和抵御外部的颠覆活动，为世界和平事业作出贡献。总之，"中国解决所有问题的关键是要靠自己的发展。"① 正如江泽民所说："邓小平同志提出的发展是硬道理的重要思想，是对我国和世界其他国家的正反两方面历史经验的规律性总结。"② 围绕发展的主题，在中国特色社会主义的建设过程中，在改革开放边实践、边探索、边总结的过程中，我们形成了一系列关于发展的新概念、新论断、新思想和新经验，建构了自己独具特色的发展观，并成为中国特色社会主义理论体系重要组成部分。

3. 从经济发展到科学发展是"发展"本身的需要

发展太慢也不是社会主义。所以，邓小平要求经济发展必须快一点，力争隔几年上一个台阶。但是，究竟每年增长速度要达到多少呢？邓小平也曾经提出"要实现适当的发展速度"；"要扎扎实实，讲求效益，稳步协调地发展"。还说："要采取有力的步骤，使我们的发展能够持续，有后劲。"③ 邓小平使用过"持续增长"、"继续发展"、"不断发展"等概念，这些概念在本质上和可持续发展是一致的。所以，科学发展的任务与课题在发展的过程中就提出来了，从一开始比较单纯地强调经济发展到科学发展战略思想的形成，是"发展"本身的需要，是为了更好地发展。

第三代中央领导集体对此作了进一步的探索与实践。江泽民说："经济的发展必须与人口、环境、资源统筹考虑，不仅要安排好当前的发展，还要为子孙后代着想，为未来的发展创造更好的条件，决不能走浪费资源和先污染后治理的路

---

① 邓小平文选（第3卷）. 北京：人民出版社，1993. 265.

② 江泽民论"三个代表". 北京：中央文献出版社，2001. 123.

③ 邓小平文选（第3卷）. 北京：人民出版社，1993. 312.

子，更不能吃祖宗饭、断子孙路。”① 如何做到可持续发展呢？“从我国的实际出发，在实行可持续发展战略中，我们要努力做好以下几方面的工作：一是坚持节水、节地、节能、节材、节粮以及节约其他各种资源，农业要高产、优质、高效、低耗，工业要讲质量、讲低耗、讲效益，第三产业与第一、二产业要协调发展；二是继续控制人口增长，全面提高人口素质；三是消费结构要合理，消费方式要有利于环境与资源保护，决不能搞脱离生产力发展水平、浪费资源的高消费；四是加强环境保护的宣传教育，增强干部和群众自觉保护生态环境的意识；五是坚决遏制和扭转一些地方资源受到破坏和生态环境恶化的趋势。”② 他还指出：“社会主义社会是全面发展、全面进步的社会。人类社会发展的历史证明，一个民族，物质上不能贫困，精神上也不能贫困，只有物质和精神都富有，才能成为一个有强大生命力和凝聚力的民族。”“社会主义社会是人类历史上崭新的社会形态，是以经济建设为重点的全面发展、全面进步的社会。经济、政治、文化协调发展，两个文明都搞好，才是有中国特色社会主义。”③

正如胡锦涛所说：科学发展观是“立足社会主义初级阶段基本国情，总结我国发展实践”而提出来的。同时，是在科学判断和全面把握国际形势的发展变化、顺应世界潮流、借鉴国外发达与不发达国家的经验和教训的基础上提出来的；尤其重要的是在总结中国社会主义建设的经验与教训的基础上提出来的。胡锦涛说：“党的十六大以来，党中央提出了科学发展观等重大战略思想，并且随着实践的发展不断进行丰富和充实。我们开始强调要加速发展，后来进一步提出要实现又快又好发展，去年底又把‘又快又好’调整为‘又好又快’。”④

第一要义是发展。“我们必须始终牢记，发展是解决中国所有问题的关键，发展对于全面建设小康社会、加快推进社会主义现代化，对于开创中国特色社会主义事业新局面，实现中华民族伟大复兴具有决定性意义。”⑤

但是，这个发展必须是可持续的，因此，可持续发展的目的就是为了发展。胡锦涛指出：“可持续发展战略事关中华民族的长远发展，事关子孙后代的福祉，具有全面性、根本性、长期性。实施可持续发展战略，促进人与自然的和谐，实现经济发展和人口、资源、环境相协调，坚持走生产发展、生活富裕、生

---

① 江泽民论有中国特色社会主义（专题摘编）. 北京：中央文献出版社，2002. 279 ~ 280.

② 江泽民论有中国特色社会主义（专题摘编）. 北京：中央文献出版社，2002. 280.

③ 江泽民论有中国特色社会主义（专题摘编）. 北京：中央文献出版社，2002. 382 ~ 383.

④ 科学发展观重要论述摘编. 北京：中央文献出版社、党建读物出版社，2008. 2.

⑤ 科学发展观重要论述摘编. 北京：中央文献出版社、党建读物出版社，2008. 24.

态良好的文明发展道路。”①

由此可见，中国特色社会主义道路已经迈上了一个新的台阶，从经济发展进而到科学发展。

（三）社会主义从物的发展到人的发展

马克思、恩格斯认为，人类社会不仅是一个由低级阶段向高级阶段发展的历史进程，也是一个从片面发展向全面发展的历史进程。同时，他们还认为：“代替那存在着阶级和阶级对立的资产阶级旧社会的，将是这样一个联合体，在那里，每个人的自由发展是一切人的自由发展的条件。”② 关于这个思想马克思、恩格斯在多处表述过。“一切民族，不管他们所处的历史环境如何，都注定要走这条道路，——以便最后都达到在保证社会劳动生产力极高度发展的同时又保证人类最全面的发展这样一种经济形态。”最终，“人终于成为自己的社会结合的主人，从而也就成为自然界的主人，成为自身的主人——自由的人”。只是从这时起，“人在一定意义上才最终地脱离了动物界，从动物的生存条件进入真正人的生存条件”；“人们才完全自觉地创造自己的历史”③。

科学发展观的核心是以人为本，充分地表达了马克思主义的基本原理，表达了中国特色社会主义的发展目的。以人为本的内容包括两个方面：一是“以人的全面发展为目标”。人的全面发展是马克思主义为未来共产主义社会规定的一个本质特征，党正是从这样的高度提出问题，不但表明党坚定的政治信念和对远大目标的执著追求，而且表明了我国社会的发展方向与目标。二是“让发展的成果惠及全体人民”。这里又包含两层含义，其一，发展成果不只体现在 GDP 上，更主要的是体现在提高人民群众的生活水平上；其二，发展不是为了少数人的利益，而是为了全体人民的利益，要让全体人民共享发展的成果，逐步走向共同富裕。

以人为本是全心全意为人民服务根本宗旨和执政理念的集中体现，也是贯穿中国特色社会主义理论体系各个组成部分的核心思想。从这个意义上说，中国特色社会主义理论就是为人民服务、为人民谋利益、为人民带来福祉的理论。“三步走”战略是为人民谋利益的；小康社会是为人民服务的；“三个有利于”标准是为人民的；“三个代表”重要思想是代表最广大人民根本利益的；“权为民所用，心为民所想，情为民所系，利为民所谋”道出了为人民服务的主要内容。以人为本是科学发展观的核心，这里的“人”是指广大的人民群众，这里的

---

① 科学发展观重要论述摘编．北京：中央文献出版社、党建读物出版社，2008. 38.

② 马克思恩格斯选集（第 1 卷）．北京：人民出版社，1995. 294.

③ 马克思恩格斯选集（第 3 卷）．北京：人民出版社，1995. 757、758、760.

"本"就是指人民群众的根本利益，是全心全意为人民服务宗旨的新表述。江泽民曾说，我们党奋斗的一切，都是为人民谋利益的。从邓小平理论到"三个代表"重要思想，从"三个代表"重要思想到科学发展观的理论与实践，无不贯穿着以人为本这一核心思想。有了这种人民性，中国特色社会主义理论体系才能深入人心，才能在人民群众中间扎稳脚跟，广大人民群众就会自觉地高举起这面伟大旗帜，沿着中国特色社会主义的道路，不断创造中华民族的新辉煌。

然而，从中我们可以清楚地发现，中国特色社会主义理论体系至此已经完成了又一次升华：社会主义从以经济建设为中心到构建和谐社会，从以物质文明为主要内容的四个现代化建设到以经济、文化、政治、社会、制度、生态文明的全方位建设，从不断满足人民群众日益增长的物质文化需要到切实保障人民群众的经济、政治和文化权益，从让一部分人先富起来到让发展的成果惠及全体人民，从充分调动人民群众的生产积极性到促进人的全面发展等等。一句话，升华到从物的发展到人的全面发展。

二、中国特色社会主义理论体系的发展逻辑

社会主义基本制度的建立为中国特色社会主义道路奠定了根本政治前提和制度基础，但是，"什么是社会主义，怎样建设社会主义"、"实现什么样的发展，怎样发展"与"建设一个什么样的党，怎样建设党"这三个问题，将是走在中国特色社会主义道路上的共产党人需要长期回答的问题，是发展中国特色社会主义理论体系的任务。上述三大问题是密切关联、环环相扣的，将贯穿中国特色社会主义的始终。解决的基本路径是：坚持党的先进性，坚持发展的人民性，体现社会主义的优越性。

（一）马克思列宁主义是中国特色社会主义理论体系的思想渊源，中国特色社会主义是马列主义在当代中国的运用和发展

1. 科学社会主义的基本原理是体系的理论基础

马克思、恩格斯在批判地继承空想社会主义思想的基础上，在回答资本主义发展过程中产生的一系列问题和对资本主义制度进行深刻剖析的过程中，创立了科学社会主义。正如他们自己所表述的那样："唯物主义历史观从下述原理出发：生产以及随生产而来的产品交换是一切社会制度的基础；在每个历史地出现的社会中，产品分配以及和它相伴随的社会之划分为阶级或等级，是由生产什么、怎样生产以及怎样交换产品来决定的。所以，一切社会变迁和政治变革的终极原因，不应当到人们的头脑中，到人们对永恒的真理和正义日益增进的认识中去寻找，而应当到生产方式和交换方式的变更中去寻找；不应当到有光时代的哲

学中去寻找，而应当到有光时代的经济中去寻找。”①

马克思主义关于科学社会主义的基本原理可以做以下简单的描述：资本主义制度本身包含着无法克服的内在矛盾，就是生产的社会化和资本主义私人占有之间的矛盾，“这个使新的生产方式具有的资本主义性质的矛盾，已经包含着现代一切冲突的萌芽。……社会化生产和资本主义占有的不相容性，也必然越加鲜明地表现出来”②。“市场的扩张赶不上生产的扩张。冲突成为不可避免的了。”③随着生产力的不断发展，这个矛盾日益尖锐，表现为无产阶级和资产阶级的对立和斗争，表现为周期性的经济危机日益加深，“资产阶级用来推翻封建制度的武器，现在却对准资产阶级自己了”④。因此，必须“建立一个全新的社会组织，在这个新的社会组织里，工业生产将不是相互竞争的厂主来领导，而是由整个社会按照确定的计划和社会全体成员的需要来领导”⑤。

“建立一个全新的社会组织”，一条新道路已经找到——社会主义是无产阶级和资产阶级之间斗争的必然产物，“社会主义现在已经不再被看作某个天才头脑的偶然发现，而被看作两个历史地产生的阶级即无产阶级和资产阶级之间的斗争的必然产物。它的任务不再是构想出一个尽可能完善的社会体系，而是研究必然产生这两个阶级及其相互斗争的那种历史的经济的过程；并从由此造成的经济状况中找出解决冲突的手段”⑥。他们所设想的社会主义包括以下原则：

第一，社会生产力及生产活动是人类社会存在和发展的基础。马克思指出：“随着新的生产力的获得，人们便改变自己的生产方式，而随着生产方式的改变，他们便改变所有不过是这一特定生产方式的必然关系的经济关系。”⑦

第二，建立公有制。马克思、恩格斯说：“从这个意义上说，共产党人可以把自己的理论概括为一句话：消灭私有制。”⑧

第三，实行按劳分配。只有到了共产主义社会的高级阶段，社会才能在自己的旗帜上写上：各尽所能，按需分配！

第四，建立人民政权。《哥达纲领批判》指出：“在资本主义社会和共产主义社会之间，有一个从前者变为后者的革命转变时期。同这个时期相适应的也有

---

① 马克思恩格斯选集（第3卷）. 北京：人民出版社，1995. 740～741.
② 马克思恩格斯选集（第3卷）. 北京：人民出版社，1995. 744.
③ 马克思恩格斯选集（第3卷）. 北京：人民出版社，1995. 626.
④ 马克思恩格斯选集（第3卷）. 北京：人民出版社，1995. 629.
⑤ 马克思恩格斯选集（第1卷）. 北京：人民出版社，1995. 217.
⑥ 马克思恩格斯选集（第3卷）. 北京：人民出版社，1995. 739.
⑦ 马克思恩格斯选集（第4卷）. 北京：人民出版社，1995. 533.
⑧ 马克思恩格斯选集（第1卷）. 北京：人民出版社，1995. 304.

一个政治上的过渡时期，这个时期的国家只能是无产阶级的革命专政。”①

第五，社会主义的未来走向必然是共产主义。

上述科学社会主义的基本原理，是中国特色社会主义理论体系的理论基础。

2. 列宁对如何建设社会主义的探索可资借鉴

马克思、恩格斯创立了科学社会主义理论，但是，社会主义的实践始于列宁。他结合时代特点和具体国情，从理论和实践上进行了艰苦的探索：在向社会主义过渡的实践中，列宁的主要设想有：第一，向社会主义过渡时期必须尽快将工作重心转移到经济建设上来，这是建设社会主义的一条基本准则。第二，利用国家资本主义过渡到社会主义。第三，社会主义过渡时期必须对产品的生产和分配实行全民的计算和监督，这是社会主义经济的特点和实质。为了捍卫年轻的苏维埃政权，苏维埃政权曾经被迫采取了一种临时性政策——战时共产主义政策。这一政策的主要内容是：工业国有化，首先是对大工业实行国有化；余粮征集制；限制市场和私人贸易；有计划地分配一切必需品。后来，苏联又摒弃了战时共产主义政策，实行一种与当时社会生产力比较适应的新经济政策：农业上，规定用粮食税代替战时共产主义政策中的余粮征集制；工业上，在坚持发展社会主义大生产和国家掌握国民经济命脉的前提下，将部分国有企业以租借制和租让制的形式转变为国家资本主义企业；商业上，废除国家配给制和国家贸易垄断制。在坚持国家计划领导的前提下，实行自由贸易，大力发展社会主义商品经济。列宁清醒地认识到：“社会主义共和国不同世界发生联系是生存不下去的，在目前情况下应当把自己的生存同资本主义的关系联系起来。”② 实行新经济政策以后，列宁的社会主义思想发生了重大变化，正如他说的，“我们对社会主义的整个看法根本改变了”③。

这些“根本改变”，后人称之为列宁晚年的社会主义思想，它的核心命题是经济文化落后国家如何建设社会主义。这些思想与实践主要有：其一，农业合作化。列宁在《论合作社》一文中指出：在无产阶级夺取政权以后，“合作社的发展也就等于社会主义的发展”，“文明的合作社工作者的制度就是社会主义的制度”。④ 其二，实现工业化和电气化。列宁把实现工业化形象地比喻为：从农民的、庄稼汉的、穷苦的马上，跨到大机器的、工业的、电气化的马上。他认为，没有高度发达的大工业，那就根本谈不上社会主义，而对一个农民国家来说就更

① 马克思恩格斯选集（第3卷）. 北京：人民出版社，1995. 314.

② 列宁全集（第41卷）. 北京：人民出版社，1986. 167.

③ 列宁全集（第43卷）. 北京：人民出版社，1987. 367.

④ 列宁选集（第4卷）. 北京：人民出版社，1995. 773、771.

谈不上社会主义了。为此，他曾经提出“共产主义就是苏维埃政权加全国电气化”的著名公式。其三，加强执政党建设。列宁指出，由于执政党地位的变化，使党脱离群众的危险比过去增大了。

列宁在对如何建设社会主义的探索中提出的这些思想，在建设中国特色社会主义的实践中有着重要的借鉴意义。

（二）毛泽东思想是中国特色社会主义理论体系的本源性理论；社会主义基本制度的建立为中国特色社会主义道路奠定了根本政治前提和制度基础

党的十七大报告曾用了三个“我们要永远铭记”来表述以毛泽东、邓小平、江泽民为核心的党中央三代领导集体对探索和开辟中国特色社会主义道路所作出的贡献。第一个永远铭记是：“我们要永远铭记，改革开放伟大事业，是在以毛泽东同志为核心的党的第一代中央领导集体创立毛泽东思想，带领全党全国各族人民建立新中国、取得社会主义革命和建设伟大成就以及艰辛探索社会主义建设规律取得宝贵经验的基础上进行的。新民主主义革命的胜利，社会主义基本制度的建立，为当代中国一切发展进步奠定了根本政治前提和制度基础。”这一精辟论断，是符合我国历史实际，经得起历史、人民、实践检验的科学论断。

改革开放伟大事业是在什么基础上进行的？十七大报告中提出的两个“基础”应该牢牢抓住：第一个基础是“新民主主义革命的胜利，社会主义基本制度的建立”，这是“根本政治前提和制度基础”。第二个基础是，改革开放伟大事业是毛泽东思想带领全党全国各族人民“取得社会主义革命和建设伟大成就以及艰辛探索社会主义建设规律取得宝贵经验的基础上进行的”。正是在充分肯定两个“基础”的前提之下得出结论：“这个理论体系，坚持和发展了马克思列宁主义、毛泽东思想，凝结了几代中国共产党人带领人民不懈探索实践的智慧和心血，是马克思主义中国化最新成果，是党最可宝贵的政治和精神财富，是全国各族人民团结奋斗的共同思想基础。”中国特色社会主义理论体系既然是对毛泽东思想的坚持和发展，那么毛泽东思想就是源、就是头，是探索有中国特色社会主义建设道路的理论先导或者叫本源性理论。

胡锦涛《在庆祝中国共产党成立90周年大会上的讲话》又对十七大报告作了一个补充，指出：毛泽东思想“对建设什么样的社会主义、怎样建设社会主义进行了艰辛探索，以创造性的内容为马克思主义宝库增添了新的财富”。如前所述，邓小平理论的核心命题，是探索“什么是社会主义，怎样建设社会主义”，那么，“七一”讲话则明确了对这个问题的探索，始于毛泽东思想并且已经有了“创造性的内容”。

第一，“对建设什么样的社会主义、怎样建设社会主义进行了艰辛探索”。

也就是说，从毛泽东开始就在探索中国自己的社会主义建设道路，并且“以创造性的内容为马克思主义宝库增添了新的财富”。例如，在如何建设中国社会主义的问题上，既学习借鉴过苏联经验，也提出了以苏联的经验与教训为鉴戒，并且独立自主、自力更生积极探索中国自己的社会主义建设道路。关于这一点，邓小平曾经作过正确的评价：“中国社会主义道路与苏联不完全一样，一开始就有区别，中国建国以来就有自己的特点。”① “一开始就有区别，中国建国以来就有自己的特点”，就是有中国特色；这就是中国特色社会主义的起点。因而，毛泽东和邓小平探索的是同一条道路，即适合中国实际情况的社会主义现代化建设道路；他们回答的是同一个问题，即在中国怎样建设社会主义。这个探索既是中国社会主义的源头，也是“中国特色”的源头；探索的理论成果，就是中国特色社会主义理论体系的最初成果。

第二，毛泽东思想的科学含义本身就包括对中国社会主义建设探索的理论。毛泽东思想是“关于中国革命和建设的正确的理论原则和经验总结”，就表明不止是“革命”还包括“建设”，其科学内涵是包括了社会主义建设过程中所探索出的正确的理论原则和经验总结。党章还指出：在毛泽东思想的指引下，我国“顺利地进行了社会主义改造，完成了从新民主主义到社会主义的过渡，确立了社会主义基本制度，发展了社会主义的经济、政治、文化”。“确立了社会主义基本制度，发展了社会主义的经济、政治、文化”，既是中国特色社会主义道路的起点，也是中国特色社会主义理论体系的起点。

第三，中国特色社会主义理论原来就是被称为“毛泽东思想的重要组成部分”的，这在党的文献中曾经有过多次明确表述，说它是“毛泽东思想在新的历史条件下的继承和发展”，“是在新的历史条件下对马列主义、毛泽东思想的一个最重大的贡献”。例如，《中国共产党第十三届五中全会关于同意邓小平同志辞去中共中央军事委员会主席职务的决定》指出：“邓小平同志根据马克思列宁主义同中国革命实际相结合的原则提出的一系列规定和理论，特别是建设有中国特色的社会主义的基本理论，是毛泽东思想的重要组成部分，是毛泽东思想在新的历史条件下的继承和发展，是中国共产党和中国人民的宝贵精神财富。”② 又如，1991 年 7 月 1 日，江泽民在庆祝中国共产党成立 70 周年大会上的讲话指出：“邓小平同志是捍卫、坚持和发展马列主义、毛泽东思想的杰出代表。他提出的关于建设有中国特色的社会主义的理论、路线、方针和原则，是集中全党智

---

① 邓小平文选（第 2 卷）. 北京：人民出版社，1994. 237.

② 中央文献研究室编 . 十三大以来重要文献选编（中册）. 北京：人民出版社，1991. 678.

慧和经验的创造，是在新的历史条件下对马列主义、毛泽东思想的一个最重大的贡献，标志着我们党对社会主义建设规律的认识有了一个新的飞跃，标志着我们党对社会主义事业的发展和社会主义制度的完善进入了一个新的历史时期。”①

在党的文献中，“三个代表”重要思想与科学发展观也是被看作对毛泽东思想的继承与发展的。由此可见，中国特色社会主义理论体系同马克思列宁主义、毛泽东思想之间，是既继承又发展、既坚持又创新的关系，表现在以下三个方面：

其一，哲学基础是相同的。辩证唯物主义和历史唯物主义的基本立场、观点和方法是一致的，表现在思想路线上，贯穿了一条红线，就是实事求是。因为，毛泽东思想的活的灵魂总结概括出来的中国共产党人的世界观、认识论和方法论，是中国共产党全部经验的总结，是中国化的马克思主义的基础理论，是党不断发展创新的理论方向。表现在价值观上，都代表着最广大人民的根本利益。

其二，所探索的课题是一致的。这个课题就是民族独立、国家富强。从1840年鸦片战争到1949年中华人民共和国成立，中国人民用了100多年的时间，推翻了三座大山，完成了民族独立的历史任务。从1921年中国共产党成立到建党100周年，我们要实现国内生产总值翻两番，基本实现工业化；从1949年中华人民共和国成立到建国100年即21世纪中叶基本实现现代化，也要用100年左右的时间，去实现国家富强的目标，实现中华民族的伟大复兴。这个课题的连续性，不但是自中国共产党成立以来的宏伟抱负，也是共产党成立以前先进的中国人所孜孜以求的目标。胡锦涛《在纪念毛泽东同志诞辰110周年大会上的讲话》强调指出：“实现国家的现代化，实现祖国的完全统一，实现中华民族的伟大复兴，是毛泽东同志、邓小平同志和他们的战友们以及千百万革命先烈的伟大理想。”

其三，探索中国社会主义道路的内容是一脉相承的。这条道路的许多内容，党的第一代中央领导集体曾经作过艰辛的探索。例如，寻求一条适合中国情况的社会主义建设道路发展生产力，实现四个现代化，关于社会主义发展目标、阶段及发展战略；人民民主专政的理论，关于社会主义社会矛盾的学说，四项基本原则，人民代表大会的根本政治制度，中国共产党领导的多党合作与政治协商的基本政治制度，民族区域自治的基本政治制度；繁荣科学文化事业“百花齐放，百家争鸣”的“双百”方针，对待中国传统文化与外国文化的“古为今用，洋为中用”的方针；国际战略思想与外交方针，和平共处五项原则等等。这些内

---

① 中央文献研究室．十三大以来重要文献选编（下册）．北京：人民出版社，1991. 1635.

容仍然是中国特色社会主义理论体系探索的重要内容，其原创性思想、本源性理论，对中国社会主义现代化建设仍具有长远的指导意义。所以，毛泽东思想是邓小平理论、“三个代表”重要思想、科学发展观的思想渊源。胡锦涛《在纪念毛泽东同志诞辰110周年大会上的讲话》指出：“毛泽东思想、邓小平理论和‘三个代表’重要思想，都代表着最广大人民的根本利益，是我们党在长期实践中形成的一脉相承而又与时俱进的科学思想体系，是我们党必须长期坚持的指导思想。”

（三）建设一个什么样的党与实现什么样的发展，是怎样建设社会主义、巩固与发展社会主义的永恒课题

探索“怎样建设社会主义”这一问题最主要包括以下几个子课题：

第一，建设社会主义为了谁？

全心全意为人民服务是党的宗旨，这一宗旨在中国特色社会主义理论中体现得非常明显。这个宗旨集中体现了人民性，突出了建设社会主义的目的，正因为如此，中国特色社会主义理论体系才能深入人心，才能在人民群众中间扎稳脚跟，广大人民群众才会自觉地高举起这面伟大旗帜，坚定地走中国特色社会主义的道路。

第二，“建设一个什么样的党、怎样建设党”的问题与“怎样建设社会主义”的问题是紧密联系的。

走中国特色社会主义的道路离不开党的领导，因此，这个课题与上一个课题又是紧密相联的。其实，党从成立之始，就知道自己要建设一个什么样的党，并且在后来逐步回答了怎样建设党的问题。“三个代表”的前面都冠以“始终”二字，“始”，表示一开始就是这样的。我们说党的执政地位来自于历史的选择、人民的选择，如果没有这个“始”，历史与人民就不会作这种选择。问题要解决的是“终”。始终就是永恒，所以说是永恒的课题。如果中断了，就没有社会主义了，也就“终”了。所以，要解决的实际上是怎样才能不“终”即永恒的问题。解决两大历史性课题、提高党的领导水平和执政能力、提高拒腐防变的能力等等，实际上都是围绕这个问题。

我们已经找到一条路子，那就是坚持党的先进性。胡锦涛总书记曾经在保持共产党员先进性专题报告会上指出：“80多年来，我们党始终高度重视保持党的先进性，总是把党的先进性建设摆在突出位置来抓。以毛泽东同志、邓小平同志和江泽民同志为核心的党的三代中央领导集体关于加强党的先进性建设的理论和实践一脉相承，为我们开展党的先进性建设积累了丰富的实践经验，奠定了坚实的理论基础，提供了科学的思想指南。”因此，坚持立党为公、执政为民，实现好、维护好、发展好最广大人民的根本利益，是马克思主义政党奋斗的目的，是

马克思主义政党的理论、路线、方针政策和全部工作所在。只有顺民意、谋民利，才能得民心，党才能永远立于不败之地。“党的领导和党的建设，历来是同党的历史任务，同党为实现这些任务而确立的理论和路线联系在一起的。”① 因此，如何代表人民，体现执政党的人民性会贯穿于怎样建设社会主义的全过程。

第三，既然“发展”是中国特色社会主义理论体系的主题，“怎样发展”的问题就会贯穿中国特色社会主义的始终。

发展是中国特色社会主义理论体系的主题，既然是主题，就必然是在这个社会制度框架下贯穿始终的，因此是中国特色社会主义一直要探索下去的课题。离开“发展”这个主题，可能就不叫中国特色社会主义了。

十一届三中全会以来，我们坚持了正确的路线、方针、政策，实现了经济的高速增长，人民生活水平显著提高，同时也出现了一系列新的矛盾和问题：主要是把“发展当增长”，把经济建设当成了发展的根本和目的，忽视了社会事业和可持续的发展，老百姓实际收入的提高还难以满足，社会保障体系的建立还不够完善，对公民民主权利的支持和维护不够注重，对自然资源的合理利用和生态环境的保护还没有解决等等。从根本上解决这些问题，就必须将科学发展观作为我国经济社会发展的重要指导方针，认真解决发展中存在的各方面问题。这是一个事关全局、长期要解决的课题。但是，从科学的理论到具体的实践，并不是一个自动完成的过程。科学发展观作为一个与时俱进的、发展着的理论体系，仍然面临着如何结合国际国内发展的最新实际，进一步研究、阐发，不断丰富、完善的问题。同时，对人民群众的丰富实践进行不断的概括、总结、提升，并在此基础上进一步发展和丰富科学发展观，也是一个连续的、不间断的任务，必然伴随着中国特色社会主义建设的全过程。

第四，深入贯彻落实科学发展观，要求切实加强和改进党的建设，两个课题又是紧密联系在一起的。

切实加强和改进党的建设是贯彻落实科学发展观的组织保证。因此，科学发展观又赋予了党的先进性建设以新的时代内涵和历史任务。只有科学发展观贯彻落实好了，党的先进性建设才能真正落到实处；而党的先进性建设成果如何，也直接影响到科学发展观贯彻落实的最终效果。

“为什么要发展”、“为谁发展”、“靠谁发展”、“怎样发展”的问题，谁来回答？执政规律、社会主义建设规律、人类社会发展规律谁来总结？所以，邓小平关于“为了坚持和加强党的领导，必须努力改进党的建设；只有改进党的建设，才能更好地坚持和加强党的领导”的思想，将会是党的建设与中国特色社

① 江泽民．论党的建设．北京：中央文献出版社，2001. 262.

会主义建设过程中一项长期的历史任务。没有党的执政能力作保证，没有党对科学发展观的强大的执行能力和实践能力，科学发展观只能成为空谈。所以，两个课题又是紧密联系在一起的。

第五，巩固执政党地位与“怎样建设党”是紧密联系的问题。

坚持中国共产党的领导，是建设中国特色社会主义伟大事业的根本保证。因为：只有坚持党的领导，才能制定和执行正确的路线、方针、政策，保证现代化建设事业不断取得进步，才能把马克思主义基本原理同中国实际结合起来，为中国社会主义现代化建设提供科学的指导思想；只有坚持党的领导，才能够保证现代化建设事业沿着社会主义方向前进，才能保证中国现代化的成功；只有坚持党的领导，才能凝聚全国人民力量，保持社会政治稳定，保证国家的长治久安，为建设中国特色社会主义现代化事业创造一个安定团结的政治局面和社会环境；只有坚持党的领导，才能正确处理各种复杂的社会矛盾，正确调节和协调各方面的利益关系。但是，这一切都依赖于一个基本前提，就是怎样把党建设好。邓小平曾经说：“执政党应该是一个什么样的党，执政党的党员应该怎样才合格，党怎样才叫善于领导？”①

“党怎样才叫善于领导”，这个问题关系到如何巩固执政党的地位，将会贯穿于执政党执政的全过程。很显然，在巩固执政党地位的同时，必须在执政与前进的过程中，不断地回答“什么是社会主义”、“实现什么样的发展”的问题。今天，党的建设无论从内容、形式还是制度规范上都达到了一个前所未有的高度，在实践中取得了巨大成就，是理论与实践相结合的光辉典范，是党的四代中央领导集体不懈探求的结果。

三、中国特色社会主义理论体系的内容逻辑

中国特色社会主义理论体系是与马克思列宁主义、毛泽东思想一脉相承的，中国特色社会主义的旗帜、道路与理论体系三者是有机结合的，各个具体理论方面与整体是不可分割的，各项理论之间又是紧密联系的。

（一）理想要坚持——思想要解放

中国共产党的指导思想是马克思列宁主义，党的奋斗目标是共产主义。自从党成立以来，这个理想与信念是从未动摇过的，写进了历次党章。正如毛泽东所说：共产党人决不抛弃其社会主义和共产主义的理想。他说：“共产主义是无产阶级的整个思想体系，同时又是一种新的社会制度。这种思想体系和社会制度，

① 邓小平文选（第2卷）. 北京：人民出版社，1994. 276.

是区别于任何别的思想体系和任何别的社会制度的，是自有人类历史以来，最完全最进步最革命最合理的。”①

“我们共产党人从来不隐瞒自己的政治主张。我们的将来纲领或最高纲领，是要将中国推进到社会主义社会和共产主义社会去的，这是确定的和毫无疑义的。我们的党的名称和我们的马克思主义的宇宙观，明确地指明了这个将来的、无限光明的、无限美妙的最高理想。”②

邓小平是一个伟大的马克思主义者，他说：“为什么我们过去能在非常困难的情况下奋斗出来，战胜千难万险使革命胜利呢？就是因为我们有理想，有马克思主义信念。我们干的是社会主义事业，最终目的是实现共产主义。”③ 他在苏东剧变、共产主义运动遭遇挫折时更加坚定地说：“不要惊慌失措，不要认为马克思主义就消失了，没用了，失败了，哪有这回事！”④

江泽民是一个坚定的马克思主义者，他说：“我们共产党人的根本政治信仰是社会主义和共产主义，世界观是马克思主义的辩证唯物主义和历史唯物主义，这是任何时候都丝毫不能动摇的。”⑤ “对于当代中国共产党人来说，为建设有中国特色的社会主义而奋斗，为将来最终实现共产主义而奋斗，这是我们最崇高的人生追求。没有这样的理想、信念，就不可能成为一个真正的共产党员。”⑥

胡锦涛是一个坚定的马克思主义者，他说：“社会主义和共产主义的理想信念，是共产党人最崇高的追求和强大的精神支柱，也是我们党的政治优势。有了这样的理想信念，就有了立身之本，就能够自觉地、满腔热情地为党的事业而奋斗。”⑦

为什么如此执著？因为马克思主义是科学，是中国特色社会主义理论体系的“老祖宗”。但是，我们是“用无产阶级的宇宙观作为观察国家命运的工具，重新考虑自己的问题”⑧。“我们坚信马克思主义，但马克思主义必须与中国实际相

① 毛泽东选集（第2卷）. 北京：人民出版社，1991. 686.

② 毛泽东选集（第3卷）. 北京：人民出版社，1991. 1059.

③ 邓小平文选（第3卷）. 北京：人民出版社，1993. 110.

④ 邓小平文选（第3卷）. 北京：人民出版社，1993. 383.

⑤ 江泽民. 论党的建设. 北京：中央文献出版社，2001. 347.

⑥ 江泽民. 论党的建设. 北京：中央文献出版社，2001. 170.

⑦ 胡锦涛. 2001 年 7 月 2 日在优秀共产党员代表庆祝中国共产党成立 80 周年座谈会上的讲话.

⑧ 毛泽东选集（第4卷）. 北京：人民出版社，1991. 1471.

结合。”[①]“离开自己国家的实际谈马克思主义，没有意义。”[②]

因此，如何坚持理想，需要解放思想，需要与中国实际结合的马克思主义，在这个过程中，形成了中国共产党人的思想路线，形成了毛泽东思想和中国特色社会主义理论体系。邓小平曾经很好地解说了它们之间的关系：“只有解放思想，实事求是，一切从实际出发，理论联系实际，我们的社会主义现代化建设才能顺利进行，我们党的马列主义、毛泽东思想的理论也才能顺利发展。”[③] 因此，解放思想、实事求是、与时俱进，是共产党坚持先进性和增加创造力的决定性因素。所以，对如何坚持理想的回答就是：坚持理想，解放思想。

（二）国情是基点——发展是中心

党在十三届七中全会对社会主义初级阶段理论作了一个历史性的总结：“在邓小平同志倡导下，我们党从十一届三中全会开始，经过十二大和十三大，根据马克思主义普遍真理同中国具体实践相结合的原则，在深刻总结历史的和当前的实践经验的基础上，作出了我国处于社会主义初级阶段的科学论断，形成了以经济建设为中心、坚持四项基本原则、坚持改革开放的基本路线，以及一系列行之有效的方针政策，全党对建设有中国特色社会主义的基本理论和基本实践取得了共同的认识。”[④] 由此可见，“以经济建设为中心”就是建立在对中国基本矛盾与中国基本国情正确分析的基础之上的。

改革开放30年来所取得的辉煌成就充分证明，“以经济建设为中心”，使中国社会发生了历史性的伟大转折，是恢复实事求是思想路线的重要内容，源于对国情与社会主义主要矛盾的深刻认识，是马克思主义生产力学说的新实践。我们曾经把党的基本路线总结成“四项基本原则是立国之本”，“改革开放是强国之路”；十七大报告又把“以经济建设为中心”总结成“兴国之要”。十七大通过的《中国共产党章程（修正案）》的决议指出：大会要求全党毫不动摇地坚持党的“一个中心，两个基本点”的基本路线，团结带领全国各族人民为把我国建设成为社会主义现代化国家而奋斗。由此可见，从社会主义初级阶段基本国情出发的“以经济建设为中心”，也将是长期的，要贯穿于初级阶段的全过程。

（三）政治是保证——党建是关键

历史唯物主义认为，每一历史时代的经济生产以及必然由此产生的社会结

---

① 邓小平文选（第3卷）. 北京：人民出版社，1993. 213.

② 邓小平文选（第3卷）. 北京：人民出版社，1993. 191.

③ 邓小平文选（第2卷）. 北京：人民出版社，1994. 143.

④ 中央文献研究室. 十三大以来重要文献选编（下册）. 北京：人民出版社，1991. 1377.

构，是该时代政治的、精神的和历史的基础。“人们在自己生活的社会生产中发生一定的、必然的、不以他们的意志为转移的关系，即同他们的物质生产力的一定发展阶段相适应的生产关系。这些生产关系的总和构成社会的经济结构，即有法律的和政治的上层建筑竖立其上并有一定的社会意识形式与之相适应的现实基础。……随着经济基础的变更，全部庞大的上层建筑也或慢或快地发生变革。”①

中国特色社会主义的政治制度不仅有马克思主义的理论渊源，还是建立在毛泽东创立的人民民主专政的理论之上的，其主要内容有：第一，人民民主专政是工人阶级领导的国家政权，工人阶级的领导是实现人民民主的根本保证。第二，人民民主专政是以工农联盟为基础，团结全体人民实行最广泛的人民民主的政权。第三，人民民主专政的职能和任务，对外是防止帝国主义和各国反动派的颠覆与破坏，对内是镇压敌对势力的反抗，保护人民的民主权利。第四，人民民主专政的组织形式是人民代表大会。

党的十六大提出：“中国共产党领导人民发展社会主义民主政治，建设社会主义政治文明。”并且认为：“发展社会主义民主政治，建设社会主义政治文明，是全面建设小康社会的重要目标。”把建设社会主义政治文明确定为党的历史使命和全面建设小康社会的重要目标，具有重大现实意义和深远历史意义，是对中国特色社会主义认识的进一步深化，是中国特色政治的新实践。

坚持中国共产党的领导，是建设中国特色社会主义伟大事业的根本保证。但是，依赖于一个基本前提，就是怎样把党建设好。以毛泽东为代表的中国共产党人创造性地把马列主义党的学说同中国共产党的实际结合起来，在中国这样一个特殊社会历史条件下，成功地建设了一个具有广大群众性的、马克思主义的无产阶级政党。邓小平“为了坚持和加强党的领导，必须努力改进党的建设；只有改进党的建设，才能更好地坚持和加强党的领导”的思想，是他的党建思想的总纲，为党的建设提供了一系列新课题。“三个代表”重要思想的提出，是党的建设实践经验的新总结，这个思想的核心是保持党的先进性，将加强和改进党的建设，保持党的先进性，巩固执政党的地位，统一于党领导人民进行改革开放和社会主义现代化建设的全过程。

胡锦涛曾经在保持共产党员先进性专题报告会上指出：“80 多年来，我们党始终高度重视保持党的先进性，总是把党的先进性建设摆在突出位置来抓。以毛泽东同志、邓小平同志和江泽民同志为核心的党的三代中央领导集体关于加强党的先进性建设的理论和实践一脉相承，为我们开展党的先进性建设积累了丰富的实践经验，奠定了坚实的理论基础，提供了科学的思想指南。”今天，党的建设

① 马克思恩格斯选集（第 4 卷）. 北京：人民出版社，1995. 32.

无论从内容、形式还是制度规范上都达到了一个前所未有的高度，是党的四代中央领导集体不懈探求的结果。

（四）社会要和谐——统一战线是法宝

实现社会和谐，建设美好社会，是马克思主义政党不懈追求的社会理想。中国共产党领导人民取得了革命的胜利，建立了确保人民当家作主的社会主义经济、政治制度，从根本上铲除了导致社会对立、产生社会不和谐的根源，为社会和谐提供了根本保证，奠定了坚实基础。党的八大前后，毛泽东所写的《论十大关系》和《关于正确处理人民内部矛盾的问题》，为探索适合中国国情的社会主义道路、促进社会和谐作出了重要贡献。十一届三中全会以后，党从中国特色社会主义建设和改革开放的实际出发，在总结中国社会主义建设发展的历史经验教训的基础上，在深思"什么是社会主义，怎样建设社会主义"这一根本问题的过程中，正确地处理改革、发展、稳定的关系，极大地推进了经济社会协调发展和社会全面进步，有力地促进了社会和谐。在这个基础上，党的十六大把"社会更加和谐"作为全面建设小康社会的目标之一，明确了构建社会主义和谐社会在中国特色社会主义事业总体布局中的重要地位。党的十六届六中全会通过了《中共中央关于构建社会主义和谐社会若干重大问题的决定》，明确地提出了构建社会主义和谐社会的指导思想、目标任务和基本原则，为社会主义和谐社会的构建指明了方向。党的十七大报告将科学发展观与建设和谐社会紧密联系起来，把和谐社会作为落实科学发展观的目标。构建社会主义和谐社会是贯穿中国特色社会主义事业全过程的长期历史任务。但是，构建社会主义和谐社会离不开统一战线这个"法宝"，有三个基本问题要处理好，这就是宗教、民族、外交。

第一，坚持党的社会主义宗教政策。

1954 年新中国第一部宪法规定："中华人民共和国公民有宗教信仰的自由。"在此以后通过的历次宪法，这一条都没有改变过。改革开放以来，中国共产党不断地总结了建国以来在宗教问题上的正反两个方面的历史经验，特别对社会主义时期宗教的性质、社会作用、存在根源以及宗教工作的目的和任务，对宗教界人士的政策，对外宗教文化交流的基本原则，民族地区宗教工作的基本方针等一系列重大问题，作了具体阐述和具体规定。

2001 年 12 月全国宗教工作会议上，江泽民提出了"四个关系到"的观点："做好宗教工作，关系到加强党同人民群众的血肉联系，关系到推进两个文明建设，关系到加强民族团结、保持社会稳定、维护国家安全和祖国统一，关系到我国的对外关系。”① 将宗教工作上升到全局性的高度。

党的十六大报告提出了指导宗教工作的“四句话”：“全面贯彻党的宗教信仰自由政策，依法管理宗教事务，积极引导宗教与社会主义相适应，坚持独立自主自办的原则。”《中共中央关于构建社会主义和谐社会若干重大问题的决定》提出，要发挥宗教在促进社会和谐方面的积极作用。在党的宗教理论与政策的指导下，宗教领域保持了和谐稳定的良好局面，促进了社会和谐。

第二，坚持各民族完全平等政策和民族区域自治的政治制度。

中国是一个多民族国家，中国共产党在长期的革命与执政时间里，总结了一套具有中国特色的社会主义民族理论。1949 年通过的《中国人民政治协商会议共同纲领》（简称《共同纲领》）确立了中国共产党解决民族问题的基本政策，用法律形式保障了国内各族人民的平等地位和权力，《共同纲领》规定：“中华人民共和国境内各民族一律平等，实现团结互助，反对帝国主义和各民族内部的人民公敌，使中华人民共和国成为各民族友爱合作的大家庭。反对大民族主义和狭隘民族主义，禁止民族间的歧视、压迫和分裂各民族团结的行为。”《共同纲领》还规定：“各少数民族聚居区域，应实行民族的区域自治，按照民族聚居的人口多少和区域大小，分别建立各种民族自治机关。”② 从此，在少数民族聚居的地区实行民族区域自治以法律的形式得以确立。

改革开放新时期，中国共产党的民族观在中国特色社会主义建设中得到了更大的发展，各项政策更加完备，是民族大团结的新时期。《中华人民共和国宪法》的序言指出：“中华人民共和国是全国各族人民共同缔造的统一的多民族国家。平等、团结、互助的社会主义民族关系已经确立，并将继续加强。”宪法还明确规定：“中华人民共和国境内各民族一律平等。国家保障各少数民族的合法权利和利益，维护和发展各民族的平等、团结、互助的关系。”③

民族平等政策的核心是民族不分大小，一律平等，不仅包括政治、法律上的平等，也包括经济、文化上的完全平等。这是马克思列宁主义关于民族问题的一个基本思想，也是党在建立初期就提出的纲领，是中国解决民族问题的基本原则。这一原则是党的民族政策的基石。

民族区域自治是中国共产党解决中国国内少数民族问题的一个创举。民族区域自治的基本政治制度有三大优越性：一是有利于把国家的集中统一与民族的自

① 江泽民文选（第 3 卷）. 北京：人民出版社，2006. 381 ~ 382.

② 中共中央统战部. 民族问题文献汇编. 北京：中共中央党校出版社，2001. 1290.

③ 国家民委办公厅. 中华人民共和国民族政策法规选编. 北京：中国民航出版社，1997. 27.

主平等结合起来；二是有利于把党的政策与少数民族政策结合起来；三是有利于把国家的发展与少数民族的发展结合起来。也称“三个有利于”。实践已经充分证明，民族区域自治的基本政治制度符合中国国情，有利于中华民族大团结，有深厚的群众基础与凝聚力，是促进社会稳定和谐的有中国特色的政治制度。汉族离不开少数民族，少数民族离不开汉族，各少数民族之间也相互离不开。这是对中华民族大团结的深刻总结。

第三，坚持和平共处的外交政策，构建和谐世界。

和平与发展是世界的主题，建设中国特色社会主义离不开和平的环境。邓小平曾指出，中国特色社会主义是主张和平的社会主义。和平共处五项原则不仅适用于处理社会制度不同的国家之间的关系，而且适用于处理社会制度相同的国家之间的关系。党的十七大报告提出：在国际关系中应弘扬民主、和睦、协作、共赢的精神。政治上相互尊重、平等协商，共同推进国际关系民主化；经济上相互合作、优势互补，共同推动经济全球化朝着均衡、普惠、共赢方向发展；文化上相互借鉴、求同存异，尊重世界多样性，共同促进人类文明繁荣进步；安全上相互信任、加强合作，坚持用和平方式而不是战争手段解决国际争端，共同维护世界和平稳定；环保上相互帮助、协力推进，共同呵护人类赖以生存的地球家园。

从和平崛起到和平发展再到建设和谐世界的外交新战略，把独立自主、和平共处的外交思想发展到了一个新阶段。推动建设和谐世界，既是国内建设和谐社会的需要，又是构建和谐社会的战略延伸。

（五）文化要发展——核心价值要坚持

中国共产党不仅是先进文化的产物，而且是人类新文化的创造者。党在把马列主义普遍真理与中国革命的具体实践相结合的过程中，创立了毛泽东思想、邓小平理论、“三个代表”重要思想、科学发展观，它们都是中国先进文化的突出代表。中国有了共产党，中国革命的面貌就焕然一新。这种革命的新面貌，不仅表现在经济、政治方面，也表现在文化方面。它伴随着中国共产党 80 多年的奋斗历程，与新民主主义革命、社会主义革命和建设以及中国特色社会主义现代化建设共进，是四代中央领导集体锲而不舍、孜孜以求、长期接力的结果。

毛泽东所探索的“建设中华民族”的新文化，是放在要建立一个“新中国”这个大目标之下的。这种新文化对于人民大众是革命的有力武器，在革命前，是革命的思想准备；在革命中，是革命总路线中的一条必要和重要的战线。毛泽东曾满怀激情地预言：随着经济建设的高潮的到来，不可避免地将要出现一个文化建设的高潮。中国人被认为不文明的时代已经过去了，我们将以一个具有高度文化的民族的姿态屹立于世界。邓小平提出的我们要在建设高度物质文明的同时，建设高度的社会主义精神文明即“两手抓”的思想，为建设有中国特色的社会主义文化找到了一条新路。江泽民系统地阐述了建设有中国特色社会主义经济、政治、文化三者的内容和相互关系，进而，又形成了完整的社会主义经济、政治、文化纲领。“三个代表”中的代表先进文化的前进方向任务的提出，反映和体现了有中国特色社会主义现代化的伟大实践，反映和体现了最广大人民的根本利益。

第四代中央领导集体提出的社会主义核心价值体系建设的任务，就是一项事关民族千秋大业的伟大文化工程。社会主义核心价值体系包括四个方面的基本内容：马克思主义指导思想、中国特色社会主义共同理想、以爱国主义为核心的民族精神和以改革创新为核心的时代精神、以“八荣八耻”为主要内容的社会主义荣辱观。社会主义核心价值体系是社会主义制度的内在精神和生命之魂，它决定着社会主义的发展模式、制度体制和目标任务。这四个方面的基本内容相互联系、相互贯通，共同构成辩证统一的有机整体。它既突出了党和国家的指导思想，又强调社会主义理想信念的重要作用；既继承吸收中国文化的优秀传统，又结合当今社会主义精神文明的本质特征，指明了中国特色社会主义文化的发展方向。因此，核心价值体系，是党的行动指南，是国家的主心骨，是全面建设小康社会、努力构建和谐社会进程中的思想基础，是中华民族伟大复兴的共同精神力量。要实现文化的大发展、大繁荣，有一条基本的经验，就是坚持核心价值体系，这二者是不可分割的。

第一章　毛泽东思想的历史地位和指导意义

本章学习要点：

1. 毛泽东思想产生的社会历史条件
2. 毛泽东思想的内容与科学含义
3. 毛泽东思想的活的灵魂

第一节　毛泽东思想产生的社会历史条件

一、近现代中国的基本国情和历史任务

中国在1840年以前有一段漫长的封建社会时期。所谓封建社会，其特征表现在：经济基础是封建地主阶级的土地所有制；基本形态是农业与家庭手工业相结合的自给自足的自然经济。1840年鸦片战争以后，从签订《南京条约》开始，中国开始逐步沦为半殖民地半封建社会；1894年中日战争中方失败并于1895年签订《马关条约》，中国进一步沦为半殖民地半封建社会；1900年，西方列强攻占北京并在次年强迫清政府签订《辛丑条约》，中国半殖民地半封建社会形成。从签订《南京条约》到新中国成立，中国与外国侵略者共签订了1000多个不平等条约。因此，中国的社会性质发生了两个根本性的变化：其一，独立的中国变为半殖民地的中国；其二，封建的中国变成了半封建的中国（形式上仍然维持着独立国的地位）。

（一）独立的中国变为半殖民地的中国

为什么说独立的中国变为半殖民地的中国？

政治上，在中国已没有完整的主权，丧失了独立的地位，表现在：

第一，帝国主义强占或“租借”了中国的一部分土地，破坏了中国的领土完整。俄国吞并了我国150万平方公里的土地；日本强占台湾和澎湖列岛；德国“租借”了胶州湾；俄国“租借”了大连、旅顺；英国“租借”了威海卫、“新界”。与此同时，它们还在中国的若干中心城市设立“租界”，这种“租界”是十足的殖民地，这里的一切都由外国殖民者管理，中国的法律在这里不发生效

力，俨然成为“国中之国”。

第二，列强获得了在中国领土上驻兵的特权。《辛丑条约》规定：外国军队有权在北京使馆区和北京大沽、山海关一线包括天津、唐山、滦州等十二处“留兵驻守”。

第三，强加的领事裁判权。外国人可以在中国横行不法，中国政府却无权干预，中国司法权被严重破坏。

第四，列强控制了中国的海关。《南京条约》、《虎门条约》都规定或附有《海关税则》，中国成为世界上税率最低的国家。不仅如此，总揽全国海关权力的总税务司和各海关的税务司都是由外国人充任的，如英国人赫德任中国海关总税务司竟达40多年之久。

第五，列强在中国划分势力范围。山东为德国的势力范围，广东、广西、云南为法国的势力范围，长江中下游为英国的势力范围，福建为日本的势力范围。各国在其势力范围以内，拥有筑路、开矿的特权。

第六，列强勒索巨额战争赔款。第一次鸦片战争，赔款白银二千一百万两，相当于清政府全年财政收入的三分之一；中日甲午战争后，赔款二亿元加赎辽费三千万，相当清政府三年的财政收入；八国联军战争后，赔款四亿五千万两，年息四厘，分三十九年还清，本息合计九亿八千多万两，相当于当时的中国人每人二两多。

经济上，中国的经济命脉受到列强的控制，在经济上形成了对列强的依赖而丧失了自己的独立地位。表现在：

第一，列强通过借款给中国政府，并在中国开设银行，垄断了中国的金融和财政。

第二，控制了中国的现代交通运输业。中国境内的铁路，绝大部分由外国经营；内河外轮占70%～80%，远洋航运全部为外国资本所垄断。

第三，由于列强控制了中国的通商口岸、海关、对外贸易和现代交通运输业，因而就可以把中国变成它们自由倾销工业品的市场。

上述情况说明，原本独立的中国，尽管仍然保留着独立的形式，但实际上已经丧失了真正独立的地位，变成了半殖民地。

在这个过程中，中国先后发生了太平天国运动、戊戌变法、义和团运动、辛亥革命、五四运动、第一次土地革命战争、第二次土地革命战争、抗日战争、全国解放战争等。由于中国人民的英勇反抗，使得帝国主义势力无法征服中国。同时也由于帝国主义势力争夺中国的矛盾无法妥协，使得它们不可能完全瓜分中国。这样，帝国主义才没有能够像英国在印度那样，对中国实行直接统治，而是通过其代理人在中国实行间接的统治。

（二）封建的中国变为半封建的中国

为什么说封建的中国变为半封建的中国呢？

一方面，外国资本主义入侵，促使封建社会解体，促使中国产生了资本主义因素；另一方面，封建剥削制度的根基——地主对农民的剥削依然保持着，并且在中国社会经济生活中占着显著的优势。也就是说，近代中国虽然有了资本主义因素，但是封建主义仍然占据着支配地位，不过它虽然没有变为资本主义社会，也已经不是原来的封建社会，而是成了半封建社会。这种半封建社会的特点可以作如下概括：自给自足的自然经济基础被破坏；民族资本主义有了某些发展，但没有成为中国社会经济的主要形式；皇帝虽然被推翻，但中国仍然实行封建专制主义的统治；中国虽然保持独立的形式，但实际上已丧失了独立主权；由于列强的统治，中国经济、政治、文化的发展状况表现出极端不平衡。

（三）两大矛盾决定了两大历史任务

在这个半殖民地半封建社会里，由于帝国主义和封建主义的双重压迫，中国的广大人民，尤其是农民，日益贫困化以至大批破产，他们过着饥寒交迫和毫无政治权利的生活。中国人民的贫困和不自由的程度，是世界上少见的。对于被驱赶到饥饿和死亡线上的中国人民来说，除了奋起抗争，再也没有别的出路。

因此，帝国主义和中华民族的矛盾，封建主义与人民大众的矛盾，就成为近代中国社会的两大主要矛盾。这些矛盾的斗争极其尖锐化，就不能不造成日益发展的革命运动。伟大的近代和现代的中国革命，都是在这些基本矛盾的基础上发生和发展起来的。

两大矛盾，决定了摆在中国人民面前的两大历史任务：推翻帝国主义、推翻封建主义。

二、旧民主主义革命让位于新民主主义革命

在中国一步步走向半殖民地半封建社会的过程中，为了挽救民族危亡，中国各种政治力量都曾经提出过自己的救国方案：有师夷之长技以制夷的学说；有自强、求富的洋务运动；有中学为体，西学为用的中西合璧说；有君主立宪的救国论；有民族、民生、民权的三民主义等等。各种政治力量也轮番登台：太平天国运动，农民阶级登上历史舞台；戊戌变法，资产阶级登上历史舞台；义和团运动，农民阶级再次登上历史舞台；辛亥革命，资产阶级再次登上历史舞台。可是其规律是失败、失败再失败。结果只能如谭嗣同所喊出的那样：有心杀贼，无力回天。由此可见，中国革命必须走一条全新的道路。

中国反帝反封建的资产阶级革命，正规地说起来，是从孙中山先生开始的。

1911 年 10 月发生的辛亥革命在中国近代史上具有伟大意义。其一，推翻了清王朝的统治；其二，结束了两千多年的封建君主专制制度，确立了共和政体；其三，使中国人民在思想上得到一次大解放，有力地促进了中国人民的民主精神普遍高涨，鼓舞了中国的先进分子为追求挽救民族危亡的真理而斗争的勇气。但是，辛亥革命又是失败的，之所以说其失败，是因为，上面说的两大矛盾一个也没有解决，反帝、反封建的任务一个也没有完成，其后果倒是战火四起，军阀割据，兵荒马乱，民不聊生，老百姓处于水深火热之中。

旧民主革命的历史经验充分说明：农民阶级不代表先进的生产方式，因此单纯的农民战争不能完成反帝反封建的任务；民族资产阶级具有两重性，也不能担当如此重任。

历史的重任落到了一个新型的阶级和政党身上，这就是年轻的中国工人阶级和它的政党中国共产党身上，它联合农民阶级、小资产阶级和民族资产阶级，发动了一场新式的资产阶级革命，即新民主主义革命，把斗争的矛头对准了帝国主义、封建主义，后来又加上官僚资产阶级，进行了一次关系到中国和中华民族生死、前途与命运的革命。

为什么中国工人阶级能够担此重任？因为中国工人阶级深受帝国主义、封建主义、官僚资本主义的三重压迫，革命性强；他们主要集中在沿海大城市，战斗力强；大多出身于破产农民，与农民有着天然的联系，便于与农民组成同盟军；与资产阶级相比，中国工人阶级的资格更老。更主要的是，他们与现代化生产相联系，也就是与先进的生产力相联系，具有与生俱来的先进性与纪律性。

当历史需要英雄的时候，英雄就自然而然地产生了。作为中国工人阶级先锋队的中国共产党，是中国工人运动和马克思列宁主义相结合的产物，成立于 1921 年 7 月 23 日，它的成立并非偶然：其一，中国无产阶级的成长壮大及其斗争的发展，为党的建立奠定了阶级基础；其二，十月革命后，马克思列宁主义在中国的传播，为党的建立提供了思想基础；其三，“五四”运动促进了马克思主义在中国的传播及其与中国工人运动的结合，为党的成立作了思想上和干部上的准备；其四，知识分子和青年学生在革命中起了桥梁和先锋的作用。

所以，“五四”运动是新民主主义革命的开端，是新旧民主主义革命的分水岭。中国共产党的建立，是中国开天辟地的大事。自从有了共产党，中国革命的面貌就焕然一新。旧民主主义革命让位于新民主主义革命，就是因为中国革命的面貌焕然一新。这也是新旧民主革命的区别，表现在：第一，革命的领导阶级不同，领导旧民主主义革命的是资产阶级，而领导新民主主义革命的是无产阶级。第二，革命的指导思想不同，资产阶级民主革命的指导思想当然是资产阶级民主主义思想，而新民主主义革命的指导思想却是马克思列宁主义。第三，革命的前途不同，新民主主义革命的前途不是建立资产阶级共和国，而是建立新民主主义共和国。第四，与世界革命的关系不同，旧民主主义属于旧世界资产阶级民主主义革命的范畴，而新民主主义革命在革命的阵线上来说，属于无产阶级社会主义革命的一部分。“为什么呢？因为第一次帝国主义世界大战和第一次胜利的社会主义十月革命，改变了整个世界历史的方向，划分了整个世界历史的时代。”①

三、毛泽东思想产生的社会历史条件

毛泽东思想作为中国化的马克思主义，是历史的产物，是近代中国特殊社会环境的产物，是中国革命的产物。中国无产阶级的成长和壮大为它的产生奠定了阶级基础，马克思列宁主义为它提供了理论根据，中国优秀传统思想文化是它的思想文化渊源，中国共产党领导的人民革命是它产生的实践基础。

（一）毛泽东思想产生的时代条件

俄国十月革命开辟了世界无产阶级社会主义革命的新时代，是毛泽东思想产生的时代条件和国际背景。1917 年俄国爆发了十月社会主义革命，这场革命的胜利开创了历史的新纪元，它改变了整个世界历史的方向，标志着世界无产阶级革命新时代的到来。十月革命不仅推动了资本主义国家无产阶级革命运动的兴起和发展，还促进了殖民地、半殖民地国家被压迫民族人民的觉醒，因而十月革命的胜利对中国人民和中国革命的影响巨大而深刻。中国的先进分子从中认识到世界潮流的变化，得出了“走俄国人的路”的历史结论。毛泽东思想正是在这样的时代背景下产生和形成的。

（二）毛泽东思想产生的社会条件

近代中国半殖民地、半封建社会的基本国情是毛泽东思想产生的社会条件。1840 年以后发生的太平天国农民运动、资产阶级改良运动、辛亥革命，其失败的根本原因是没有科学的革命理论作为指导。中国革命需要继续寻找新的科学的指导思想，解决在中国这种特殊国情里发生的特殊革命所遇到的特殊困难。依据马克思主义的普遍原理，正确判断近代中国社会的性质和社会各阶级状况，科学地认识中国革命的规律，制定适合中国情况的路线、方针，解决这些马克思列宁主义没有给予现成答案的特殊问题，毛泽东思想也就在这种社会条件下应运而生。

（三）毛泽东思想产生的物质基础

新的社会生产力的增长和工人运动的发展为毛泽东思想的产生和形成提供了

---

① 毛泽东选集（第 2 卷）. 北京：人民出版社，1991. 667.

物质基础。“五四”运动时期，中国工人的数量已经发展到260万人，中国工人运动的发展，一方面迫切需要马克思列宁主义与中国革命实际相结合的科学思想来指导，另一方面也为马克思列宁主义的传播及其中国化提供了阶级条件。

（四）毛泽东思想产生的理论根据

新文化运动的兴起和马克思列宁主义的传播，为毛泽东思想的产生和形成准备了思想理论条件。1915年9月兴起的新文化运动是一场伟大的启蒙运动和思想解放运动，它给封建专制主义、封建的伦理道德和迷信以前所未有的打击，对启发人民的民主主义觉悟具有重要意义。它激起了人们追求救国救民真理、探索民族解放新途径的热情，为西方社会科学、自然科学传入中国敞开了大门，从而为中国先进分子接受十月革命的影响，为马克思列宁主义的传入和传播创造了有利条件。马克思列宁主义是毛泽东思想的主要理论根据，没有马克思列宁主义在中国的传播就没有中国共产党的产生，也就不可能产生毛泽东思想。

（五）毛泽东思想产生的实践基础

中国共产党领导的人民革命是毛泽东思想产生和形成的实践基础。实践是认识的基础和前提，毛泽东思想作为一种科学的理论，不仅来源于马克思主义的基本原理，同时，也来源于中国共产党领导的人民革命的伟大实践。在探索中国革命的发展道路和揭示中国革命特殊规律的伟大实践活动中，中国共产党积累了丰富的正反两方面的经验。毛泽东思想就是对这些经验进行理论概括和科学总结而产生并形成科学体系的。

第二节　毛泽东思想的形成与发展

一、毛泽东思想形成与发展的历史阶段

毛泽东思想的形成和发展有一个历史过程，大致经历了马克思主义同中国实际的初步结合，毛泽东思想的产生、完备成熟、继续发展这样几个阶段。

（一）毛泽东思想的产生（1921—1927年）

毛泽东思想的产生是伴随着党的思想发展而萌生的。大致可以作一个这样的描述：1921年7月，中共第一次代表大会上通过了党的一大纲领，党纲中规定了党的奋斗目标，确定了党的最高纲领是实现共产主义。1922年7月，党的二大确定了革命分两步走：第一步：打倒军阀，推翻帝国主义，统一中国为真正的民主共和国；第二步，渐次达到共产主义。1923年6月，中共三大决定建立统一战线，实现国共合作；共产党员以个人身份加入国民党。1925年1月，党的

四大提出了无产阶级的领导权和工农联盟的重要性。这样，就初步提出了无产阶级领导，人民大众参加，反对帝国主义、封建主义的新民主主义革命的基本思想。李大钊、瞿秋白、邓中夏等党的早期领导人对这个基本思想的提出，都作出过自己的贡献。

在这个时期，毛泽东对这个基本思想的若干方面作出过具有独创性的阐发，主要表现在《中国社会各阶级的分析》（1925 年 12 月）、《国民革命与农民运动》（1926 年 9 月）、《湖南农民运动考察报告》（1927 年 3 月）等文章中。他从对国际环境和国内阶级关系的分析出发，指出当时的中国革命既不同于 18 世纪后期、中世纪初期欧美日的资产阶级革命，也不同于 1911 年中国的资产阶级民主革命，它是“小资产阶级半无产阶级无产阶级这三个阶级合作的革命”，“其目的是建设一个革命民众合作统治的国家”。他在对无产阶级在中国革命中的巨大作用作出有力论证的同时，着重指明了中国革命的中心问题是农民问题，农民问题主要是贫农问题，贫农问题主要是土地问题，这样就解决了无产阶级领导权的中心问题，即农民同盟军问题。他还把中国的资产阶级分成了买办阶级和中产阶级（即民族资产阶级）两部分，指出前者是极端的反革命派，后者对革命具有矛盾的态度，为党在后来对民族资产阶级采取又联合又斗争的政策提供了理论依据。他还提出，小资产阶级和半无产阶级是无产阶级可靠的同盟军。

新民主主义革命基本思想的提出，表明马克思主义理论和中国革命的实际已经初步地结合起来，这是毛泽东思想在中国萌芽的标志。

（二）毛泽东思想的基本形成（1928—1934 年）

1924 年 1 月，国民党一大确定了联俄、联共、扶助农工三大政策，标志着第一次国共合作形成。但是，1927 年蒋介石在上海发动了“四·一二”政变、汪精卫在武汉发动了“七·一五”政变，大批共产党人与工农群众遭到屠杀，第一次国共合作破裂。在这个紧急关头，中共在武汉召开了“八七”会议，会议确定了土地革命和武装反抗国民党的方针。但是，当时党还处在幼年时期，还不善于把马克思主义的理论和中国革命的实际全面地正确地结合起来，又接连犯了三次“左”倾错误。分别是，1927 年底至 1928 年初，以瞿秋白为首的“左”倾盲动主义；1930 年 6 月至 9 月，以李立三为代表的“左”倾冒险主义；1931—1934 年底，以王明为代表的“左”倾教条主义。三次“左”倾错误的共同特征是理论上的教条主义，表现在实践上则是把苏联经验和共产国际指示神圣化。

毛泽东思想在这个阶段的发展，就是在同国际共产主义运动中和中国共产党内盛行的把马克思主义教条化、把共产国际决议和苏联经验神圣化的错误倾向作斗争，并在深刻总结这方面的历史经验的过程中逐渐形成和发展起来的。在中国革命的转折关头，毛泽东不但表现出政治上极大的坚定性，而且显示了巨大的理论勇气和杰出的创造才能。以毛泽东为代表的中国共产党人在这个时期的最大贡献，就是开辟了农村包围城市、武装夺取政权这样一条具有中国特色的新的革命道路，从而为中国革命的复兴和逐步走向胜利指明了方向。主要表现在以下方面：论证了武装斗争在中国的极端重要性，提出了“枪杆子里边出政权”的著名论断；从理论上阐明了农村工作应成为党的工作重心的思想，并开始创造红色区域，实行武装割据；创造性地解决了坚持和发展红军战争与农村革命根据地的一系列根本问题。

这些理论成果主要体现在毛泽东所撰写的《中国的红色政权为什么能够存在》、《井冈山的斗争》、《关于纠正党内的错误思想》、《星星之火，可以燎原》等文章中。这样，就从理论上初步论证了走一条新道路的可能性和必要性，阐述了与这条新道路相关的一系列中国革命的基本问题。在复兴中国革命的过程中，毛泽东率先在实践上走出了一条先在农村实现“工农武装割据”，积蓄和发展革命力量，以待时机，最后夺取城市、夺取全国胜利的道路。这是一条在马克思主义的本本上没有的、完全不同于俄国十月革命通过中心城市武装起义夺取全国胜利的新的革命道路。更重要的是，毛泽东提出的关于农村包围城市，武装夺取政权的理论以及实行的与之有关的政策、措施，主要不是来自共产国际的指示，而且在许多方面是直接违反共产国际那些脱离中国实际指示的。这表明，中国共产党人已经逐步地学会独立思考中国革命的根本问题，开始比较系统地把马克思列宁主义的理论和中国革命的实际正确地结合起来了。正因为如此，农村包围城市、武装夺取政权这一条有中国特色的革命新道路的开辟，就成了毛泽东思想形成的重要标志。

与此同时，毛泽东同教条主义错误倾向进行了不懈的斗争。1930 年 5 月，毛泽东撰写了《反对本本主义》，“本本主义”即教条主义。文章提出反对脱离实际的“唯书”、“唯上”的本本主义，坚持“从斗争中创造新局面的思想路线”；强调“到群众中作实际调查去”，“没有调查，没有发言权”；强调“中国革命斗争的胜利要靠中国同志了解中国情况”。这些论述，已经包含了后来中国共产党称之为“毛泽东思想活的灵魂”的“实事求是”、“群众路线”、“独立自主”三个方面的基本思想的萌芽，初步形成了明确的马克思主义的思想路线。

在毛泽东思想形成过程中，周恩来、瞿秋白、朱德、刘少奇等党的其他领导人，也为毛泽东思想的形成作出了各自的努力，从不同的方面提出过许多正确的主张和思想观点，为毛泽东思想的形成及其发展提供了丰富的思想源泉。例如，瞿秋白在土地和武装斗争问题方面的意见，尤其是在文化战线上革命领导权的思想；周恩来在革命发展道路，党和军队建设，党的城市工作与白区工作等方面；

朱德在红军战争的战略战术原则、根据地建设等方面；刘少奇在党的白区工作方面；邓子恢在土地革命的方针政策等方面，都提出过正确的思想观点。

（三）毛泽东思想的成熟和进一步展开（1935—1945 年）

这个时期，毛泽东撰写了大量的关于中国革命的科学著作。主要有：《论反对日本帝国主义的策略》、《中国革命战争的战略问题》、《实践论》、《矛盾论》、《抗日游击战争的战略问题》、《论持久战》、《中国共产党在民族战争中的地位》、《战争与战略问题》、《〈共产党人〉发刊词》、《中国革命和中国共产党》、《新民主主义论》、《改造我们的学习》、《在延安文艺座谈会上的讲话》、《论联合政府》等。这些著作构建了毛泽东思想的哲学体系；进一步论证了中国革命必须走农村包围城市的道路；总结了中国革命战争的规律，阐述了人民战争思想，形成了完备的军事理论；总结了抗日民族统一战线的丰富经验，形成了一整套策略方针和策略原则，发展了统一战线理论；论证了中国革命必须分两步走，提出了新民主主义的政治、经济、文化纲领，形成了完整的新民主主义理论；系统阐述了统一战线、武装斗争、党的建设这三个中国革命的主要法宝及其关系；完善和发展了党的建设理论；提出了文化艺术工作的方针，形成了比较系统的文艺理论等等。从而，科学地总结了中国革命正反两方面的经验，揭示了中国革命的特殊规律，毛泽东思想得到系统总结和多方面展开而达到成熟。

在这个时期，以毛泽东为核心的党中央领导集体初步形成。中央领导集体的其他成员有刘少奇、周恩来、朱德、任弼时等，他们为毛泽东思想的成熟继续作出了各自的重要贡献。刘少奇的《论共产党员的修养》、《论党内斗争》、《论党》，周恩来的《关于党的“六大”研究》、《论统一战线》，朱德的《论解放区战场》等，分别从党的建设、统一战线、武装斗争等方面丰富了毛泽东思想的内容，共同构建了毛泽东思想的科学体系。

毛泽东思想在这个时期完备成熟，其原因是多方面的：

第一，中国革命两次失败与两次兴起（即从北伐战争的失败到土地革命战争的兴起，又从土地革命战争的失败到抗日战争的兴起两次历史性转折）的反复比较，为毛泽东思想的成熟提供了实践基础与历史经验。这种胜利与失败的反复交替与鲜明对比，促使以毛泽东为代表的中国共产党人认真总结正反两方面的经验，科学揭示中国革命的规律。

第二，毛泽东在全党领导地位的确立，是毛泽东思想成熟的根本政治保证。从 1935 年 1 月的遵义会议，到 1938 年 10 月党的六届六中全会，毛泽东在全党的领导地位得以确立。这使毛泽东能够站在一个新的制高点上总揽中国革命全局，系统地进行中国革命理论的研究。正是在党的六届六中全会上，毛泽东向全党明确提出了“马克思主义中国化”的历史任务。1939 年 10 月，在《〈共产党人〉发刊词》中，他又反复阐明了“马克思主义的理论和中国革命的实践相结合”这个根本的思想原则。

第三，抗日战争的复杂环境和丰富实践，为毛泽东思想的成熟提供了深厚的现实土壤。以毛泽东为代表的中共中央领导集体在客观条件的许可下，充分发挥其主观能动性，凭借抗日战争这个大舞台，以深邃的政治洞察力和高超的斗争艺术，纵横捭阖，正确处理各种特殊的复杂矛盾，练就了驾驭整个战争变化的能力，积累了超乎寻常的丰富经验，毛泽东思想正是在科学总结这些经验的基础上多方面展开而达到成熟的。

第四，全党思想路线的端正和理论素养的提高，为毛泽东思想的成熟创造了必要的思想和理论基础。1942 年开始的延安整风运动，使全党认清了教条主义的危害，端正了思想路线，提高了马克思主义的理论水平。这种全党范围的、结合中国革命实际，学习和研究马克思主义理论的热潮，进一步推动了毛泽东思想的成熟。

（四）毛泽东思想的继续发展

毛泽东思想在解放战争时期和中华人民共和国成立以后得到继续发展。这一时期，毛泽东思想的丰富与发展体现在中国革命和建设的各个领域，既有对已经形成的新民主主义革命与新民主主义社会理论的丰富与完善，更有在新的实践基础上形成的关于社会主义革命与社会主义建设的正确的理论原则和经验总结。这主要是：关于政策和策略的思想；关于党的工作重心由乡村转移到城市的思想；关于人民民主专政的理论；关于由新民主主义社会向社会主义社会转变的思想；关于社会主义改造的理论原则和经验总结；关于调动一切积极因素建设社会主义伟大国家的思想；关于社会主义社会矛盾和正确处理人民内部矛盾的学说；关于社会主义经济建设和中国工业化的思想；关于社会主义民主政治和执政党建设的思想；关于社会主义文化建设的思想等。

二、毛泽东思想形成和发展的历史特点

毛泽东思想在形成和发展中，有着自己的鲜明特点。主要是：

（一）毛泽东思想是马克思列宁主义同中国实际相结合的产物

以毛泽东为代表的中国共产党人在长期的革命实践中，坚持了马克思列宁主义理论与中国实际相结合的原则，注意从中国实际出发来学习、研究和运用马克思列宁主义理论，不仅完整地提出和系统地阐述了“马克思列宁主义的理论和中国革命的实践之统一”的科学原理，而且逐步学会了把马克思列宁主义理论与中国实际有机结合起来，从而获得了克敌制胜的强大思想武器。所以说，毛泽

东思想是马克思列宁主义普遍原理和中国革命具体实践相结合的产物。毛泽东在六届六中全会上的报告中说："对于中国共产党说来，就是要学会把马克思列宁主义的理论运用于中国的具体的环境。成为伟大中华民族的一部分而和这个民族血肉相连的共产党员，离开中国特点来谈马克思主义，只是抽象的空洞的马克思主义。因此，使马克思主义在中国具体化，使之在其每一表现中带着必须有的中国的特性，即是说，按照中国的特点去应用它，成为全党亟待了解并亟须解决的问题。"[①] 在这里，毛泽东明确提出了"使马克思主义在中国具体化"的思想。1939 年 10 月，毛泽东在《〈共产党人〉发刊词》中提出"马克思列宁主义的理论和中国实践相结合"。此后，在整风运动中，随着全党马克思主义理论水平的空前提高，毛泽东成为全党公认的创造性地运用马克思主义的代表。

（二）毛泽东思想形成和发展的过程就是马克思主义中国化的过程

所谓马克思主义中国化，就是要使马克思主义和中国实际相结合，使马克思主义具有中国的民族特点和民族形式，成为指导中国人民革命和建设的理论。马克思主义中国化的过程，就是毛泽东思想产生、形成并不断丰富和发展的过程。毛泽东认为，马克思主义必须通过民族的形式才能实现；没有抽象的马克思主义，只有具体的马克思主义。所谓具体的马克思主义，就是有民族形式的马克思主义，就是把马克思主义应用到中国具体环境的具体斗争中去。因此，马克思主义的中国化，就是使之在其每一表现中带着中国特性，即是说，按照中国的特点去应用它。

三、毛泽东思想在全党指导地位的确立

在毛泽东思想成熟的同时，"毛泽东思想"的科学概念也逐步提出来了。1941 年 3 月，延安的理论工作者张如心在《论布尔塞维克的教育家》一文中最先使用了"毛泽东同志的思想"的提法；1942 年 2 月，张如心又在《解放日报》上发表《学习和掌握毛泽东同志的理论和策略》一文，文中进一步明确提出，毛泽东的理论和策略是马克思列宁主义理论和策略在殖民地、半殖民地社会中的运用和发展，就是"中国的马克思列宁主义"。在这些文章中，"毛泽东同志的思想"、"毛泽东同志的理论和策略"、"中国的马克思列宁主义"等概念都有了。1942 年"七一"前夕，党的宣传干部邓拓在《晋察冀日报》上发表纪念"七一"的专论，提出全党要"学习和掌握毛泽东主义"，使用了"毛泽东主义"这一概念。

---

① 毛泽东选集（第 2 卷）. 北京：人民出版社，1991. 534.

1943 年 7 月 8 日，王稼祥在《解放日报》上发表《中国共产党与中国民族解放的道路》一文，文中明确并多次使用了“毛泽东思想”这个概念。他写道：“毛泽东思想就是中国的马克思列宁主义，中国的布尔塞维克主义，中国的共产主义；是马克思列宁主义在中国的发展，是马克思列宁主义与中国革命运动实际经验相结合的结果。”他还分析了毛泽东思想产生的社会历史条件和毛泽东思想的某些本质特征。这是中国共产党内第一篇系统论述毛泽东思想的文章。

毛泽东思想这个科学概念提出来后，很快为党内许多同志所接受。

1945 年 4 月，党的七大确定毛泽东思想为党的指导思想。七大通过的党章规定：“中国共产党，以马克思主义的理论与中国革命的实践之统一的思想——毛泽东思想，作为自己一切工作的指导方针，反对任何教条主义的或经验主义的偏向。”七大党章的这一规定，使全党有了在思想上、工作上取得一致的牢固的理论基础。会上，刘少奇作了关于修改党章的报告。报告深刻地论述了毛泽东和毛泽东思想在中国革命中的地位和作用，对毛泽东思想作了全面系统的、科学的概括，揭示了毛泽东思想的丰富内涵和本质特征，使全党对毛泽东思想有了完整的认识和深刻的理解。修改党章的报告对毛泽东思想从九个方面作了科学的概括，即关于现代世界情况及中国国情的分析；关于新民主主义的理论与政策；关于解放农民的理论与政策；关于革命统一战线的理论与政策；关于革命战争的理论与政策；关于革命根据地的理论与政策；关于建设新民主主义共和国的理论与政策；关于建设党的理论与政策；关于文化的理论与政策等。刘少奇对毛泽东思想的阐述，代表了当时全党对毛泽东思想认识的最高水平。把毛泽东思想确立为党的指导思想，是中共七大最主要的历史功绩，标志着党已经成熟。从此，中国共产党在继 1921 年把马克思列宁主义写在自己的旗帜上之后，又高举起了自己的思想与理论旗帜——毛泽东思想。

第三节　毛泽东思想的活的灵魂

毛泽东思想的活的灵魂，即实事求是、群众路线、独立自主。

毛泽东思想的活的灵魂，是在《中国共产党中央委员会关于建国以来党的若干历史问题的决议》中首次提出的，是指贯穿于毛泽东思想各个组成部分，体现于中国共产党人的革命活动，渗透于毛泽东全部科学著作中的立场、观点和方法，是毛泽东思想体系中的哲学基础部分，即毛泽东哲学思想。只有充分理解了毛泽东思想的活的灵魂，才能深刻把握毛泽东的哲学基础和精神实质，才能真正懂得毛泽东思想的历史地位和指导作用。实事求是、群众路线、独立自主都是毛泽东思想的活的灵魂，不过细分起来，这三个方面又反映了毛泽东思想的活的灵魂的三个不同的角度、不同的侧面。其中，实事求是是党的思想路线，群众路线是党的领导方法，独立自主是党的政治原则。

一、实事求是

（一）实事求是的来源

“实事求是”出自东汉史学家班固的《汉书·景十三王传》，用来称赞汉景帝第三个儿子刘德的治学精神，称其“修学好古，实事求是”；唐朝颜师古把这句话解释为“务得事实，每求真是也”。意思是说，做学问必须以真实的材料为依据，从中得出真实的结论来。自此之后，“实事求是”就成了许多古代文人学者治学的指南。

毛泽东在他的著作中最早使用实事求是是在六届六中全会上所作的《论新阶段》的报告，他说：“共产党员应是实事求是的模范”，“因为只有实事求是才能完成确定的任务”。在《新民主主义论》中又说：“科学的态度是‘实事求是’，‘自以为是’和‘好为人师’那样狂妄的态度是绝不能解决问题的。”① 1941 年 5 月，毛泽东在《改造我们的学习》的报告中，重新解释并赋予实事求是以新的深刻的哲学意义，他说：“‘实事’就是客观存在着的一切事物，‘是’就是客观事物的内部联系，即规律性，‘求’就是我们去研究。我们要从国内外、省内外、县内外、区内外的实际情况出发，从中引出固有的而不是臆造的规律性，即找出周围事变的内部联系，作为我们行动的向导。”② 根据这段话的意思，为了容易理解，我们把它称为：求“实事”之“是”。

“实事求是” = 求“实事”之“是” = 研究客观事物的规律

↓　↓　↓

研究　客观事物　规律

1942 年，毛泽东为中央党校题写了“实事求是”的校训；1945 年又为党的七大写了“实事求是，力戒空谈”的题词。实事求是成为党的思想路线，从认识论的角度说明了它在毛泽东思想体系中的基础性作用，解决的是主观与客观、理论和实际的辩证关系问题。

---

① 毛泽东选集（第 2 卷）. 北京：人民出版社，1991. 662.

② 毛泽东选集（第 3 卷）. 北京：人民出版社，1991. 801.

我们说毛泽东思想是中国的马克思主义，是和中国革命具体实践相结合的产物，是有中国特色的马克思辩证唯物主义和历史唯物主义，是生长在中国大地上的马克思主义，这个从马克思主义哲学和中国传统文化的结合上即可看出。毛泽东青年时代在湖南第一师范读书期间，经杨开慧之父杨昌济介绍，利用假期进“岳麓书院”寄读，而当时这个书院的讲堂上就挂着一副楹联，上联是“工善其事必利其器”，下联是“业精于勤而荒于嬉”（这是唐朝文学家韩愈的话），横批就是“实事求是”。20 多年后，这四个字被嵌在中央党校的大门口。可见，毛泽东把马克思主义哲学的基本原理同中国革命的具体实践相结合，并且与传统文化融为一体，具体化为“实事求是”的思想路线，通过延安整风和七大，使这条思想路线为全党所接受。正是这条思想路线指引着党领导中国人民取得了新民主主义革命的胜利，又取得了社会主义革命和建设的胜利。

（二）实事求是思想路线的科学内涵

实事求是的思想路线有以下三个基本点：

其一，一切从实际出发，是贯彻实事求是思想路线的根本前提。从实际出发就是从实践出发，毛泽东在《实践论》中说：“无论何人要认识什么事物，除了同那个事物接触，即生活于（实践于）那个事物的环境中，是没有法子解决的。”① 这表明，社会实践是沟通主观与客观的桥梁。从实际出发，对于指导中国革命和建设的全局来讲，就是要从国情出发。从国情出发是中国革命和建设取得胜利的思想保证，而我们在工作指导上出现某些失误，很重要的一个原因，就是违背了从国情出发即从实际出发的思想。

其二，理论联系实际的观点，这是贯彻实事求是思想路线的根本途径。理论若不和革命实践联系起来，就会变成无对象的理论，同样，实践若不以革命理论为指南，就会变成盲目的实践。对于中国共产党来说，就是要学会把马克思列宁主义的理论应用于中国的具体环境。学习与运用马克思主义要“有的放矢”，“的”原意是靶，“矢”的原意是箭。毛泽东把“的”当作中国革命的实践，“矢”则是指马克思列宁主义，中国共产党人之所以要找这根“矢”，目的是要射中国革命这个“的”。

理论联系实际，要把握三个方面：首先，必须善于把握和运用对中国革命的实际有方法论指导意义或直接指导意义的科学理论；其次，必须在科学理论的指导下认真开展对于中国的历史实际和现实实际问题的调查和研究；再次，理论联系实际的结果，必须获得对于中国革命运动的规律性认识，从而切实解决中国革

① 毛泽东选集（第 1 卷）. 北京：人民出版社，1991. 286、287.

命在各方面的问题，并上升为新的理论。

其三，在实践中检验和发展真理的观点，这是贯彻实事求是思想路线的根本目的和验证条件。毛泽东早在《实践论》中就提出过“实践是真理的标准”，还说：“只有人们的社会实践，才是人们对于外界认识的真理性的标准。”[①] 在《新民主主义论》中又说：“只有千百万人民的革命实践，才是检验真理的尺度。”[②] “只有……才是”，在汉语里就是“唯一”的意思，也就是说提出了实践是检验真理的唯一标准。1963 年 5 月，他在《人的正确思想是从哪里来的》一文中指出：从客观外界的反映过程中得到的思想、理论、政策、计划、办法等，究竟是正确的还是错误的，只能“经过实践的考验”，“此外再无别的检验真理的办法”。同年 11 月，他在修改一篇文章时，亲笔加了“社会实践是检验真理的唯一标准”这句话，这是在马克思主义发展史上关于真理标准问题最明确的表述。

二、群众路线

群众路线是中国共产党的政治路线，组织路线，也是主要的工作路线和总的领导方法。马克思主义第一次科学地解决了人民群众在社会历史发展中的地位和作用问题，明确指出，人类社会的全部物质财富和精神财富，归根到底，都是人民群众创造的，历史活动是群众的事业，群众是历史的主人，这是马克思主义历史唯物论中的一条重要原理。以毛泽东为代表的中国共产党人把这一原理系统地运用在党的全部领导活动中，形成了群众路线的领导方法，这是一种在继承基础上的伟大创造。

群众路线作为一个整体概念包括群众路线观点（即群众观点）和群众路线方法的统一。前者是后者的本质，后者是前者在实际工作中的运用。这两个方面在现实生活中是不可分的：如果不实行群众路线的方法，则群众观点是空的；而如果离开了群众观点，那所谓群众路线肯定是假的。所谓群众观点，就是对人民群众的基本看法，或者更准确地说，就是对党和人民群众、领导者和被领导者之间关系的基本看法。一切为了人民群众的观点，一切向人民群众负责的观点，相信群众、自己解放自己的观点，向人民群众学习的观点，就是群众观点的内涵。

所谓群众路线的工作方法是群众观点在实际工作中的落实和运用，它有两条基本原则：一条叫做从群众中来，一条叫做到群众中去。二者缺一不可，既互相区别，又互相联系。毛泽东在《关于领导方法的若干问题》中指出：“在我党的一切实际工作中，凡属正确的领导，必须是从群众中来，到群众中去。这就是

---

① 毛泽东选集（第 1 卷）. 北京：人民出版社，1991. 284.

② 毛泽东选集（第 2 卷）. 北京：人民出版社，1991. 663.

说，将群众的意见（分散的无系统的意见）集中起来，（经过研究，化为集中的系统的意见），又到群众中去宣传解释，化为群众的意见，使群众坚持下去，见之于行动，并在群众行动中考验这些意见是否正确。然后再从群众中集中起来，再到群众中坚持下去，如此无限循环，一次比一次地更正确、更生动、更丰富。这就是马克思主义的认识论。”①

群众路线的哲学基础来自马克思主义的认识论，马克思主义的认识论认为：实践——认识——实践……循环往复，以至无穷；个别（特殊）——一般（普遍）——个别（特殊）也是周而复始的。群众路线的领导方法是：群众——领导——群众。由此可见，哲学基础与领导方法是一致的。所以，群众路线是毛泽东创立的党的根本政治路线和组织路线，是党的根本思想作风和工作作风，是党领导人民群众的根本方法。

三、独立自主

所谓独立自主，是说任何国家的无产阶级政党要领导革命和建设取得成功，都必须从本国的实际出发，把马克思主义的普遍原理同本国的具体实践结合起来，走出一条适合本国国情的正确道路。各国无产阶级及其政党应该互相援助，互相支持，但无论是革命还是建设，都必须主要依靠本国人民的力量。这已经成为我们党的一条重要政治原则，

毛泽东认为：我们是主张自力更生的。但是这不是说我们可以不要国际援助；国际援助对于现代一切国家、一切民族的革命斗争都是必要的。1945 年 4 月，毛泽东在《论联合政府》中明确谈到利用外资的问题，他说：为发展工业，需要大量资本。从什么地方来呢？不外两个方面：主要依靠中国人民自己积累资本，同时借助外援。在服从中国法令、有益中国经济的条件下，外国投资是我们所欢迎的。1945 年 8 月，毛泽东在《抗日战争胜利后的时局和我们的方针》一文中又说：“我们的方针要放在什么基点上？放在自己力量的基点上，叫做自力更生。我们并不孤立，全世界一切反对帝国主义的国家和人民都是我们的朋友。但是我们强调自力更生，我们能够依靠自己组织的力量，打败一切中外反动派。”② 搞革命是这样，搞建设也是这样。新中国成立以后，我们面临很多困难，但是共产党没有动摇过独立自主、自力更生的决心，没有在任何外来的压力面前屈服，处处表现了中国共产党、中国各族人民的大无畏的英勇气概。

在学习外国的问题上，毛泽东主张，既要反对那种闭关自守、故步自封的排

---

① 毛泽东选集（第 3 卷）. 北京：人民出版社，1991. 899.

② 毛泽东选集（第 4 卷）. 北京：人民出版社，1991. 1132.

外主义和保守主义的倾向，也要反对那种一切照搬、崇洋媚外的教条主义和奴隶主义的倾向。我们的方针是，一切民族、一切国家的长处都要学，政治、经济、科学、技术、文学、艺术的一切真正好的东西都要学。但是，必须有分析有批判地去学，不能盲目地学，不能一切照抄，机械搬运。他们的短处、缺点，当然不能学。《论十大关系》中说："外国资产阶级的一切腐败制度和思想作风，我们要坚决抵制和批评。但是，这并不妨碍我们去学习资本主义国家的先进的科学技术和企业管理方法中合乎科学的方面。工业发达国家的工业，用人少，效率高，会做生意，这些都应当有原则地好好学过来，以利于改进我们的工作。"①

独立自主是中国共产党人领导中国革命和建设的必然结论，是依靠中国人民大众进行革命和建设的必然结论，是中国革命和建设历史经验的必然结论。

毛泽东思想的活的灵魂的三个基本方面，是相互贯通，有机统一的。我们应当相互联系地把它们作为一个整体来学习。通俗地讲：实事求是主要是世界观，是一种科学精神，因此是指导思想。独立自主是指处理事物的正确立场，是一种基本立脚点，是一种支撑和依托。群众路线主要是指处理事物的正确方法，是一种根本的途径。这三者是"三位一体"的，失去了实事求是，独立自主与群众路线就会迷失方向；失去了独立自主，实事求是与群众路线就会失去根基；而失去群众路线，实事求是与独立自主就会成为空话。

第四节　毛泽东思想的历史地位和指导意义

一、毛泽东的历史功绩与毛泽东思想的特征

（一）毛泽东的历史功绩

1. 毛泽东是中国共产党、中国人民解放军、中华人民共和国的主要缔造者，伟大的无产阶级革命家、战略家、理论家

毛泽东为中国共产党和中国人民解放军的建立与发展，为新中国的建立和我国社会主义事业的发展，为世界被压迫民族与人民的解放事业和人类进步事业作出了重大贡献。在毛泽东的领导和毛泽东思想的指引下，中国社会发生了天翻地覆的变化，从一个半殖民地、半封建社会，进入社会主义新时代；从一个受帝国主义掠夺和奴役的国家，成为一个除台湾等岛屿外实现领土统一的国家；从一个人民备受欺凌压迫的国家，成为一个人民当家作主、享有民主权利的国家；从一

① 毛泽东著作选读（下）. 北京：人民出版社，1986. 742.

个经济文化落后的国家，成为一个经济走向繁荣、全面进步的国家；从一个在世界上被人看不起的国家，成为一个受到国际社会普遍尊重的国家。

2. 毛泽东是毛泽东思想的主要创立者

毛泽东思想是以毛泽东为主要代表的中国共产党人，根据马克思列宁主义的基本原理，把中国长期革命和建设实践中的一系列独创性经验进行理论概括所形成的适合中国情况的科学的指导思想。毛泽东是毛泽东思想的主要创立者，他在中国革命和建设的各个时期，对毛泽东思想的形成和发展作出了党的其他领导人无法替代的杰出贡献。中国共产党人把马克思主义同中国实际相结合第一次飞跃的理论成果，以毛泽东的名字来命名，称之为毛泽东思想，原因如下：毛泽东是中国共产党内最早反对把马列主义教条化和苏联经验神圣化的领导人；是把马列主义与中国具体实践相结合的光辉典范；是对中国革命和建设经验进行科学总结的杰出代表。他把中国革命和建设的理论系统化，并对马克思主义作出了独创性贡献。在实现马克思主义同中国实际相结合的第一次历史性飞跃、形成第一个理论成果的进程中，毛泽东的贡献最大、创造最多、水平最高，以他的名字来命名，是顺理成章的。

（二）毛泽东思想的特征

毛泽东思想的特征表现在：

（1）科学性。它是科学的世界观和方法论，是被实践证明了的关于中国革命和建设的正确的理论原则和经验总结。

（2）独创性。它以马克思列宁主义为指导，但不拘泥于马克思列宁主义已有的结论，以苏联经验为参照但不是照搬，是根据中国特殊情况所作出的理论创造，它在马克思主义发展史上有独创性的贡献。

（3）完整性。它抓住了半殖民地、半封建社会中国革命的基本问题，即什么是中国革命和怎样进行中国革命的问题，在近代中国历史上第一次系统地回答了中国革命的对象、任务、内容、动力、领导、前途、步骤等一系列基本问题。它贯通马克思主义哲学、政治经济学、科学社会主义，是涵盖经济、政治、文化、军事、外交等多方面的完备的科学体系。它既是关于中国革命的理论，又是关于中国建设的理论，是中国人民完整的革命与建国理论。毛泽东思想是中国确立社会主义制度的思想政治基础。

（4）发展性。毛泽东思想的科学的方法论和体系是开放的，它所体现的马克思主义理论与中国实践相结合的原则，使它具有发展的无限源泉和动力，能够随着时代和实践的发展而不断发展。邓小平理论、“三个代表”重要思想、科学发展观战略思想就继承了这个源泉和动力。

二、毛泽东思想的历史地位与指导意义

（一）毛泽东思想的历史地位

毛泽东思想是夺取中国革命胜利的光辉旗帜；是在中国建立社会主义制度的科学指南；是探索有中国特色社会主义建设道路的理论先导；是中华民族团结振兴的精神支柱。具体来说有以下五点：

（1）毛泽东思想是马克思主义与中国实际相结合的第一次历史性飞跃的理论成果，是马克思主义在中国的运用和发展，是中国化的马克思主义，是马克思主义发展史上承上启下、继往开来的重要阶段。

（2）毛泽东思想是夺取中国革命胜利的理论武器，是夺取中国革命胜利的光辉旗帜。如何在中国这样一个半殖民地半封建的东方大国争取民族独立和人民解放，夺取革命的胜利？特殊的国情，需要有特色的理论，而具有特色的理论，是需要创造的。

（3）毛泽东思想是中国建立社会主义制度的科学指南，是探索中国特色社会主义建设道路的理论先导。毛泽东提出了许多关于中国社会主义建设的重要观点，涉及政治、经济、文化、国防、外交等各个领域，毛泽东思想对中国社会主义现代化建设具有长远的指导意义。

（4）毛泽东思想的基本立场、观点和方法具有普遍意义，毛泽东思想是邓小平理论和“三个代表”重要思想的源泉。

（5）毛泽东思想是中华民族团结振兴的精神支柱。在长期革命和建设的实践中，毛泽东思想已经与中华民族融为一体，成为中华民族团结振兴的精神支柱。毛泽东思想指引中国革命走向胜利的过程，也是不断激发和形成中华民族精神的过程。毛泽东思想作为中华民族共同追求与理想的凝聚，中华民族精神的升华，中国革命精神的结晶，已经日益成为中华民族的文化血脉。

（二）毛泽东思想的指导意义

（1）毛泽东思想是中国共产党宝贵的精神财富，它将长期指导我们的行动。毛泽东思想作为全党的指导思想载入党章，作为意识形态领域的指导地位载入宪法。

（2）毛泽东思想为马克思列宁主义的理论宝库增添了许多新的内容，是马克思主义发展的重要阶段，是承上启下的重要成果，坚持中国特色社会主义理论体系，就要坚持毛泽东思想。

（3）毛泽东思想是历史的又是现实的。那些同当时斗争情况紧紧相连的具体观点、论述，已经成为历史。但是，作为马克思列宁主义同中国实际相结合的

产物，它的活的灵魂，它的那些具有普遍意义的基本原理仍然具有现实的意义。实践已经证明并将继续证明，学习和运用毛泽东思想的立场、观点和方法来研究实践中出现的新情况，解决新问题，是非常必要而有效的。

（4）毛泽东思想从根本上说来，是植根于实践之中的创造性的科学，它是中国无产阶级进行革命和建设经验的理论概括，因此，它必然要随着实践的发展而发展，只有这样，才能真正坚持毛泽东思想，才能永葆毛泽东思想的活力。

（三）完整准确地理解和掌握毛泽东思想的科学体系

在学习毛泽东思想、在如何评价毛泽东思想的历史地位和正确理解毛泽东思想的指导作用等重大问题上，曾经出现过几种错误：第一种是林彪“一句顶一万句”的“顶峰论”；第二种是“文革”结束后的“两个凡是”论（凡是毛主席作出的决策，我们都坚决维护；凡是毛主席的指示，我们都始终不渝地遵循）；第三种是全盘否定毛泽东的历史地位，否定高举毛泽东的思想旗帜。这几种错误的危害都已被纠正，同时也是在今后应该引以为戒的。

完整准确地理解和掌握毛泽东思想的科学体系，要做到以下几点：

（1）要坚持从毛泽东思想的科学体系出发，完整准确地理解毛泽东思想。毛泽东思想是一个完整的科学体系，它的各个组成部分、各个原理之间都是相互联系的有机整体，绝不能用毛泽东的某一两句话和某一两个观点代替毛泽东思想的整体性。不能只从个别词句理解毛泽东思想，必须从毛泽东思想的整个体系去正确理解。

（2）要把经过长期历史考验形成科学理论的毛泽东思想，同毛泽东晚年的错误区别开来。毛泽东的错误既脱离了他自己一再强调过的马克思列宁主义普遍原理与中国革命相结合的原则，也不是中国革命和建设客观规律的正确反映，更不是中国共产党集体智慧的结晶，而往往是他个人主观臆断的产物。因此不能把毛泽东晚年的错误思想与作为科学理论的毛泽东思想混为一谈。

（3）要认识、把握贯穿于毛泽东思想各个方面的根本的世界观和方法论。实事求是、群众路线、独立自主是贯穿于毛泽东思想各个方面的根本的世界观和方法论，学习毛泽东思想，必须掌握毛泽东思想活的灵魂，掌握这些贯穿于其中的根本的世界观和方法论，以此来提出问题、分析问题、解决问题。

（4）要认识毛泽东思想是发展了的马克思列宁主义，不能把毛泽东思想同马克思列宁主义割裂开来。毛泽东思想是同马克思列宁主义一脉相承的，又是马克思列宁主义科学理论大厦中具有自己特色的一个相对独立的科学体系。

三、永远高举毛泽东思想的伟大旗帜

邓小平曾经指出：“毛泽东同志的事业和思想，都不只是他个人的事业和思想，同时是他的战友、是党、是人民的事业和思想，是半个多世纪中国人民革命斗争经验的结晶。”所以“毛泽东思想过去是中国革命的旗帜，今后将永远是中国社会主义事业和反霸权主义事业的旗帜，我们将永远高举毛泽东思想的旗帜前进”①。党的十一届六中全会通过的《中国共产党中央委员会关于建国以来党的若干历史问题的决议》是邓小平亲自主持起草的，他一共为这个决议作了十几次谈话，他说：“对毛泽东和毛泽东思想的评价作不好，整个决议还不如不作。他指出，如何科学地评价毛泽东和毛泽东思想，这不只是个理论问题，尤其是个政治问题，是国际国内的很大的政治问题。”②

邓小平曾在许多不同的场合高度评价了毛泽东的伟大历史贡献。他说，我们党是集体领导，毛泽东是这个集体的代表人，是我们党的领袖，他的地位和作用同一般的集体领导成员是不同的；没有毛主席，至少我们中国人民还要在黑暗中摸索更长的时间；毛主席最伟大的功绩是把马列主义的普遍原理同中国革命的实际结合起来，指出了中国夺取革命胜利的道路；他创造性地把马列主义运用到中国革命的各个方面，包括哲学、政治、军事、文艺和其他领域，并有创造性的见解。邓小平认为毛泽东思想不但在历史上曾经引导我们取得胜利，而且在今后长期的斗争中，仍将是我们的指导思想。对于党的这样一个重大原则表示任何怀疑和动摇，都是不正确的，都是同中国人民的根本利益相违背的。

“在任何时候任何情况下，我们都要始终高举毛泽东思想的伟大旗帜”，这是因为：

第一，它关系到怎样看待党和国家过去几十年奋斗的成就，关系到新中国为什么要建立，关系到中华人民共和国成立是功还是罪。

第二，它关系到党的团结、安定。长期以来，毛泽东思想是中国共产党人和全国人民团结战斗的重要思想基础。邓小平曾经指出：不提毛泽东思想，对毛泽东的功过评价不恰当，工人、农民通不过，同他们相联系的一大批干部也通不过，这就会造成思想混乱，导致政治的不稳定。

第三，它也关系到党和国家未来的发展道路。如果不坚持毛泽东思想，我们就丧失了前进的基地，我们的事业就不能沿着正确的方向前进发展，中国确立社会主义制度的思想政治基础就丧失了。

第四，毛泽东思想是中国特色社会主义理论体系的奠基理论。因为，邓小平理论、“三个代表”重要思想、科学发展观是对毛泽东思想的继承和发展，没有毛泽东思想，后面的理论都将成为无本之木，无源之水，它们之间是紧密联系，

---

① 邓小平文选（第2卷）．北京：人民出版社，1994. 172.
② 邓小平文选（第2卷）．北京：人民出版社，1994. 299.

相互依托，相互补充，与时俱进的。

【本章小结】

毛泽东是伟大的无产阶级革命家、战略家、理论家，是中国共产党、中国人民解放军、中华人民共和国的主要缔造者，是毛泽东思想的主要创立者。毛泽东思想是马克思列宁主义在中国的运用和发展，是被实践证明了的关于中国革命和建设的正确的理论原则和经验总结，是中国共产党集体智慧的结晶。毛泽东思想作为中国化的马克思主义，是近代中国特殊社会环境的产物，是中国革命和建设的产物。它的形成和发展大体经历了马克思主义同中国实际的初步结合、毛泽东思想的产生、完备成熟、继续发展四个阶段，1945 年党的七大把毛泽东思想确立为我党的指导思想。实事求是、群众路线、独立自主是毛泽东思想活的灵魂。在任何时候任何情况下，我们都要始终高举毛泽东思想的伟大旗帜。

【关键术语和概念】

1. 毛泽东思想：《中国共产党章程》指出：“毛泽东思想是马克思列宁主义在中国的运用和发展，是被实践证明了的关于中国革命和建设的正确的理论原则和经验总结，是中国共产党集体智慧的结晶。”

2. 新民主主义革命：中国的新民主主义革命是从 1919 年“五四”运动开始的，在此之前的近代以来的资产阶级民主革命为中国的旧民主主义革命。新民主主义革命是无产阶级领导的，人民大众的，反对帝国主义、封建主义、官僚资本主义的革命。

3. 毛泽东思想的活的灵魂：实事求是，群众路线，独立自主。实事求是是毛泽东思想的精髓 、根本点和出发点，是中国共产党的思想路线。实事求是，就是从实际出发，理论联系实际，就是要把马克思列宁主义普遍原理同中国革命具体实践相结合。群众路线，就是一切为了群众，一切依靠群众，从群众中来，到群众中去。独立自主，自力更生，是从中国实际出发，依靠群众进行革命和建设的必然结论。

【思考题】

1. 如何理解毛泽东思想是中国化的马克思主义？
2. 怎样理解毛泽东和毛泽东思想的历史地位？
3. 为什么要永远高举毛泽东思想的伟大旗帜？
4. 怎样理解毛泽东思想的活的灵魂三个基本方面的相互关系？

5. 案例分析：

天安门城楼上的毛主席像将永远保留下去

天安门城楼上的毛泽东主席画像已经整整悬挂了59年，它作为中华人民共和国的象征陪伴着我们经历了辉煌而又曲折的历程，它是我们民族的精神支柱。

然而，很多人并不知道，在20世纪70年代末80年代初，有人曾提出，应该把这幅画像摘下来。

当时有一个历史背景，就是粉碎“四人帮”以后，中央进行拨乱反正，纠正毛泽东晚年的错误和“文化大革命”的错误，批评“两个凡是”。拨乱反正进程中，我们又遇到两股思潮的干扰。一股思潮是以“左”的面目攻击党中央在十一届三中全会以来的路线、方针、政策。还有一股思潮趁党中央集中纠正毛泽东晚年及“文化大革命”“左”的错误时，从右的方面恶意诽谤毛泽东，否定毛泽东思想和中国共产党，否定党的领导和社会主义制度。国际社会也在关注着发生在中国的这股思潮。他们不知道中国共产党到底会做些什么事情，是不是会像苏共二十大那样，像赫鲁晓夫对待斯大林那样把毛主席全面否定了。

从中国共产党来说，是坚持什么样道路的问题，坚持什么样旗帜的问题；从国际上来说，是关心中国下一步的走向。

中国要发展，必须彻底否定“文化大革命”，而否定“文化大革命”就不可避免地要涉及怎样评价毛泽东。历史第一次将对一个领袖的评价，与党、国家、民族的前途命运紧紧地绑在一起，推到了中国共产党人的面前。如何评价毛泽东和毛泽东思想，已不再是对毛泽东本人的问题，而是成为关系党和国家前途命运的重大政治问题。这是一个大难题。

为了排除拨乱反正进程中“左”和右的干扰，澄清人们对一系列重大历史问题的认识，把全党全国人民的思想统一到十一届三中全会的路线上来，在邓小平的提议下，中共中央在1979年10月决定，要对建国后党的历史作出一个决议。

1979年11月，中共中央开始着手历史决议的起草工作。邓小平非常重视这件事，自始至终亲自主持和指导了决议的起草，先后多次召集决议起草小组开会，作了许多重要指示，对决议的形成起了决定性的作用。

就在决议起草小组通宵达旦，一稿又一稿地紧张起草时，外交部接到中国驻意大利大使馆传过来的一份特殊申请。意大利记者法拉奇向中国驻意大利大使馆提出申请，要求赴北京采访邓小平。

法拉奇是一位以善于抓住时机采访国际政坛风云人物而闻名世界的记者，曾采访过20多位国家元首和政要。她个性执著，提的问题刁钻刻薄，异常尖锐，有时简直是挑衅性的，被许多政治家公认为是“很难对付的”。

1980年8月21日，在人民大会堂118厅，邓小平就如何评价毛泽东接受法拉奇的采访。

法拉奇：天安门上的毛主席像是否要永远保留下去？

邓小平：永远要保留下去。过去毛主席像挂得太多，到处都挂，并不是一件很严肃的事情，也并不能表明对毛主席的尊重。尽管毛主席过去有段时间也犯了错误，但他终究是中国共产党、中华人民共和国的主要缔造者。拿他的功和过来说，错误毕竟是第二位的。他为中国人民做的事情是不能抹杀的。从我们中国人民的感情来说，我们永远把他作为我们党和国家的缔造者来纪念。

法拉奇：对西方人来说，我们有很多问题不理解。中国人民在讲起“四人帮”时，把很多错误都归咎于“四人帮”。说的是“四人帮”，但他们伸出的却是五个手指。

邓小平：毛主席的错误和林彪、“四人帮”问题的性质是不同的。毛主席一生中大部分时间是做了非常好的事情的，他多次从危机中把党和国家挽救过来。没有毛主席，至少我们中国人民还要在黑暗中摸索更长的时间。毛主席最伟大的功绩是把马列主义的原理同中国革命的实际结合起来，指出了中国夺取革命胜利的道路。应该说，在20世纪60年代以前或50年代后期以前，他的许多思想给我们带来了胜利，他提出的一些根本的原理是非常正确的。他创造性地把马列主义运用到中国革命的各个方面，包括哲学、政治、军事、文艺和其他领域，都有创造性的见解。但是很不幸，他在一生的后期，特别是在“文化大革命”中是犯了错误的，而且错误不小，给我们党、国家和人民带来许多不幸……

法拉奇：毛主席发动“文化大革命”到底想干什么？

邓小平：搞“文化大革命”，就毛主席本身的愿望来说，是出于避免资本主义复辟的考虑，但对中国本身的实际情况作了错误的估计，导致了抓所谓“党内走资本主义道路的当权派”。……毛主席犯的是政治错误。这个错误被林彪、“四人帮”这两个反革命集团利用了。他们的目的就是要阴谋夺权。所以要区别毛主席的错误同林彪、“四人帮”的罪行……

法拉奇：你们对“四人帮”审判的时候，以及你们开下一届党代会时，会在何种程度上牵涉到毛主席？

邓小平：我们要对毛主席一生的功过作客观的评价。我们将肯定毛主席的功绩是第一位的，他的错误是第二位的。我们要实事求是地讲毛主席后期的错误。我们还要继续坚持毛泽东思想。毛泽东思想是毛主席一生中正确的部分。毛泽东思想不仅过去引导我们取得革命的胜利，现在和将来还应该是中国共产党和国家的宝贵财富。所以，我们不但要把毛主席的像永远挂在天安门前，作为我们国家的象征，要把毛主席作为我们党和国家的缔造者来纪念，而且还要坚持毛泽东思想。我们不会像赫鲁晓夫对待斯大林那样对待毛主席。

在整个采访过程当中，邓小平同志对法拉奇说了两次“请你把这句话记下来”。一次是开头的时候，他说天安门城楼上的毛主席像永远不会摘下来；另外一个是说，我们绝不会像赫鲁晓夫对待斯大林那样对待毛主席。

通过这次采访，这位以苛刻著称的西方女记者真正地看到了一个东方大国领袖的博大胸怀，她被邓小平深深地感动了。

1980年8月，西方十多家有影响的媒体同时发表了法拉奇采访邓小平的文章。一时间，“天安门城楼上的毛主席像将永远保留下去”成为许多报刊的大字标题。邓小平巧妙而出色地通过法拉奇的笔，给世界所有关注中国安定团结政治局面的国家和个人，吃了一颗“定心丸”。

1980年10月25日，邓小平召集决议起草组负责人胡乔木、邓力群谈话。明确指出：“毛泽东思想这个旗帜丢不得。丢掉了这个旗帜，实际上就否定了我们党的光辉历史。”

“对毛泽东同志的评价，对毛泽东思想的阐述，不是仅仅涉及毛泽东同志个人的问题，这同我们党、我们国家的整个历史是分不开的。要看到这个大局。”

“决议稿中阐述毛泽东思想的这一部分不能不要，这不只是个理论问题，尤其是个政治问题，是国际国内很大的政治问题。如果不写或写不好这个部分，整个决议不如不做。不写或不坚持毛泽东思想，我们要犯历史性的大错误。”1981 年 6 月，中共十一届六中全会一致通过了《关于建国以来党的若干历史问题的决议》。这个决议令人信服地解决了彻底否定“文化大革命”、科学评价毛泽东这两个事关中国未来发展的重大问题。这标志着党在指导思想上拨乱反正，为国家的稳定、团结，为建设有中国特色社会主义事业的健康发展，提供了根本的保证。

（案例来源：魏晓文，杨慧民．毛泽东思想、邓小平理论和“三个代表”重要思想概论课教学案例解析．北京：高等教育出版社，2007.）

【思考题】

1. 邓小平在回答法拉奇的提问时表示：天安门城楼上的毛主席像将永远保留下去。这句话有何深刻含义？

2. “在拨乱反正进程中，我们又遇到‘左’和右两股思潮的干扰”，请指出这两股思潮是什么，有何危害？

3. 结合本案例，谈一谈怎样正确评价毛泽东的历史功过。

第二章　新民主主义革命与新民主主义社会理论

本章学习要点：

1. 新民主主义革命的总路线和基本纲领
2. 新民主主义革命的三大法宝及其关系
3. 适合中国特点的社会主义改造道路

毛泽东的新民主主义理论又分为新民主主义革命理论与新民主主义社会理论。通俗地说，新民主主义革命理论是中国人民如何站起来的理论，新民主主义社会理论是站起来以后怎么办的理论。

第一节　新民主主义革命理论

新民主主义革命理论主要包括革命的领导者、革命的动力、革命的对象、革命的总路线和基本纲领等内容。

一、新民主主义革命的领导者

毛泽东在《在晋绥干部会议上的讲话》中指出："这个革命不能由任何别的阶级和任何别的政党充当领导者，只能和必须由无产阶级和中国共产党充当领导者。"① 为什么呢？

（1）中国无产阶级充当领导者，是由中国无产阶级的优点和特点决定的。

（2）中国革命的领导权掌握在无产阶级的手里，这是新民主主义革命与旧民主主义革命相比较最重要的区别，也是民主革命由"旧"变"新"的首要标志。中国的民主革命由资产阶级领导，是"五四"运动前的民主革命，那是旧民主主义革命；而由无产阶级领导的革命，则是新民主主义革命，是"五四"运动后的民主革命。

---

① 毛泽东选集（第4卷）．北京：人民出版社，1991. 1313.

(3) 中国无产阶级对民主革命的领导权是通过中国共产党来实现的，所谓无产阶级领导，就是共产党领导。中国无产阶级在“五四”运动以后的觉悟和独立，最重要的表现就是它接受了马克思列宁主义的思想指导，并使其与中国工人运动相结合，产生了中国无产阶级政党——中国共产党。这样，就使无产阶级不仅有了自己阶级的革命先锋队，而且有了自己阶级的战斗司令部。中国无产阶级行使革命领导权就是通过中国共产党来实现的。而中国共产党领导的实质，就是中国无产阶级对革命行使领导权，两者是密不可分的。

二、新民主主义革命的动力

人民大众——是新民主主义革命的动力。这里的人民大众范围十分广泛，包括了工人、农民、独立劳动者、自由职业者、知识分子、民族资产阶级以及从地主阶级分裂出来的一部分开明绅士。

(一) 农民是中国革命最广大的动力和主力军，是无产阶级天然的和坚固的同盟军

什么是农民？农民是生活在农村从事农业劳动的群体。这个群体当时在全国总人口中大约占80%，是国民经济的主要力量。因此，农民问题乃国民革命的中心问题；中国革命实质上是农民革命。因为农民“是中国工人的前身”；“是中国工业市场的主体”；“是中国军队的来源”；“是现阶段中国民主政治的主要力量”；“是现阶段中国文化运动的主要对象”。农民这个名称所包括的内容，主要是指贫农和中农。

贫农：连同雇农在内，约占中国农村人口的70%。贫农是没有土地或土地不足的广大的农民群众，租入土地来耕，受人地租、债利的剥削，有不完整的工具，是农村中的半无产阶级，是中国革命的最广大的动力，是无产阶级天然的最可靠的同盟军，是中国革命队伍的主力军。没有贫农，便没有革命；如打击贫农，便是打击革命。

雇农与贫农的区别：雇农是完全的无产阶级，连劳动工具也没有，不是租土地来种，而是受雇于人帮别人种，收入微薄。

中农：中农在中国农村人口中约占20%。中农一般不剥削别人，在经济上能自给自足（但是丰收年份时，能有些盈余，有时也利用一点雇佣劳动或放一点小债），受帝国主义、地主阶级和资产阶级的剥削。中农也是没有政治权利的。中农一般都占有土地。一部分中农土地不足，另需租入一部分土地，细划称之为下中农。另有一部分中农土地略有多余，则称之为富裕中农或上中农。中农不但能够参加反对帝国主义的革命和反对封建主义的土地革命，并且能够接受社

会主义。因此，全部中农都可以成为无产阶级可靠的同盟者，是重要的革命动力的一部分。中农态度的向背是决定革命胜负的一个因素。70% 的贫农加上 20% 的中农，就占了农村人口的 90%，所以是中国革命的重要力量

在农村的剥削者是占农村人口不到 10% 的地主与富农。

地主：占有土地，自己不劳动，或只有附带的劳动，专靠剥削为生。地主剥削的方式，主要是以地租方式剥削农民，此外或兼放债，或兼雇工，或兼营工商业。

富农：富农一般占有土地，也有的只占有一部分土地，但占有比较优良的工具及生产资本。富农虽自己劳动，但剥削所得是其生活来源的一部分或大部分，其剥削方式主要是请长工。

地主与富农的最大区别是前者不劳动，后者劳动，称地主是封建剥削者，富农是半封建剥削者。因此，土地革命的主要政策是对地主采取消灭的政策，对富农采取削弱的政策。

一般地说，占农村人口不到 10% 的地主和富农，占有 70% ~80% 的土地，而占农村人口 90% 以上的贫农、中农，共同占有土地的 20% ~30% 。因此，无产阶级只有解决农民的土地问题，才能使自己获得占全国人口接近 80% 的最广大的同盟军，借以组织雄厚的战斗力量。

（二）小资产阶级也是中国无产阶级的可靠同盟军

小资产阶级，包括广大的知识分子、小商人、手工业者和自由职业者。所有这些小资产阶级，和农民阶级中的中农的地位有些相像，都受帝国主义、封建主义和大资产阶级的压迫，日益走向破产和没落。因此，这些小资产阶级是革命的动力之一，是无产阶级可靠的同盟军。

（三）民族资产阶级是中国无产阶级在一定时期和一定程度上的同盟军

在中国社会的各阶级中，农民是工人阶级坚固的同盟军，城市小资产阶级也是可靠的同盟军，民族资产阶级则是在一定时期和一定程度上的同盟军。这是现代中国革命的历史已经证明了的规律之一，也是中国革命的基本经验之一。为什么是“一定时期”和“一定程度”上的同盟军？这是由资产阶级的特点所决定的。中国的民族资产阶级有两个重要特点：一是革命性，二是软弱性。革命性是说它也受帝国主义、封建主义的压迫，因而具有革命的一面；软弱性是说它们比较弱小，本身就在帝国主义、封建主义的夹缝里求生存，比较软弱，经常害怕自己因为革命连原有的地位也不能保，所以在革命时会产生动摇性。

三、新民主主义革命的对象

第一，帝国主义，即帝国主义国家的资产阶级，他们是中国人民的第一个和最凶恶的敌人。帝国主义列强为了把中国变成他们的殖民地和半殖民地，对中国施行了一切军事的、政治的、经济的和文化的侵略与压迫，自1840年鸦片战争以后，帝国主义同中华民族之间的矛盾，是中国社会各种矛盾中最主要的矛盾。

第二，封建主义，即中国的地主阶级，它们是帝国主义列强统治中国的支柱。帝国主义对于中国的侵略、压迫和剥削都是勾结中国的封建势力进行的。一方面，帝国主义企图通过保持中国的封建秩序，保持中国的封建剥削关系在社会中的优势，以此作为它们生存的基础；另一方面，腐朽的中国封建地主阶级也企图以帝国主义为其支持，鼓动和保存封建残余及其全部官僚军阀上层建筑的力量，作为它们维持统治的靠山。这样，为了反对占人口大多数的中国人民，为了阻止新兴的中国资本主义因素，帝国主义和中国封建地主阶级之间形成相互利用的反动联盟。

封建剥削制度的残酷性和封建经济自给自足的特点，使中国生产力水平低下，人民生活极度贫困。反对封建主义，就是要消灭地主阶级，解放生产力，为中国的经济现代化和政治民主化创造条件。

第三，官僚资本主义。中国的官僚资本主义是在封建势力的基础上依靠帝国主义的援助、依靠政治特权而形成的，是帝国主义在中国的买办。反对官僚资本主义，并非因为它是资本主义，而是因为这种资本主义同外国帝国主义、本国地主阶级密切地结合着，具有买办性、封建性、垄断性等特点。因此，反对官僚资本主义就成为民主革命的基本内容。在1927年大革命失败以后发展起来的“四大家族”，是以蒋介石、宋子文、孔祥熙和陈果夫、陈立夫为代表的国民党官僚买办统治阶级。1927年，蒋介石发动“四·一二”政变，在南京建立起反动的国民党政府后，四大家族就开始与英美等帝国主义勾结，与封建地主阶级勾结，利用反动政权，掠夺人民财富，垄断了全国的经济命脉，迅速成为买办的、封建的国家垄断资本主义，成为蒋介石政权的经济基础。其中中央银行、中国银行、交通银行、中国农业银行和中央信托局、邮政储金汇业局（简称“四行两局”），是四大家族官僚资本金融垄断的中心支柱，集中在他们手中的财富达200亿美元以上。

这三种势力就是新民主主义革命的对象，要打倒的敌人，也就是通常所讲的要推翻的压在中国人民头上的三座大山。

所以，新民主主义革命的主要内容既包括民族革命的任务，又包括民主革命的任务。就反对帝国主义来说是民族革命，就反对封建主义来说是民主革命，这两个革命任务既互相区别，又互相统一。

四、新民主主义革命的总路线和基本纲领

总路线也就是我们今天所说的基本路线，在党的历史上曾经称为总路线、政治路线，通常是管方向、道路的，是指党在一个大的历史阶段的、总的、全局性的根本指导方针，它规定着党在特定历史时期的总任务、总目标和总政策，以及实现这一目标的依靠力量和基本道路。正确的路线指引着党的工作和事业走向胜利，错误的路线则使党的工作和事业遭受挫折或失败。“无产阶级领导的，人民大众的，反对帝国主义、封建主义、官僚资本主义的革命，这就是新民主主义的革命，这就是中国共产党在当前历史阶段的总路线和总政策。”① 这条路线规定了革命的领导者、依靠的力量、革命的对象，在这个路线之下，还规定了政治、经济、文化的基本纲领。

纲领是理论和路线的具体化，如果说，路线一般是关于方向和道路的理论，那么纲领一般是关于任务和政策的理论。党的新民主主义的纲领包括新民主主义的政治纲领、经济纲领、文化纲领三部分。这三大纲领最先是在《新民主主义论》中概括出来的，后来又在《论联合政府》和《目前形势和我们的任务》等著作中进一步发挥和展开。新民主主义社会的宏伟蓝图就是：新民主主义的政治、新民主主义的经济和新民主主义的文化相结合，这就是新民主主义共和国……这就是我们要造就的新中国。

1. 新民主主义的政治纲领

政治纲领是关于建立一种什么样的政治关系、政治制度的认识和主张。国家政权问题是一切革命的根本问题，这是马克思列宁主义的一般原理。国家的本质是一个阶级对另一个阶级进行统治的工具，一切革命的根本问题是国家政权问题。不弄清楚这个问题，便谈不上自觉地参加革命，更不用说领导革命。毛泽东曾一再指出：中国新民主主义革命胜利后要建立的国家既不是欧美式的、资产阶级专政的资本主义共和国，也不是俄国式的、无产阶级专政的社会主义共和国，而是无产阶级领导的，人民大众的，反对帝国主义、封建主义和官僚资本主义的新民主主义共和国。

为什么中国不能建立资本主义共和国呢？除了中国社会性质这个决定因素外，还由于国际国内环境发生了重大变化。这就是毛泽东在《新民主主义论》中讲的“四个不容许”和“一个做不到”。

---

① 毛泽东选集（第4卷）. 北京：人民出版社，1991. 1313.

"四个不容许"，其中国际上有"两个不容许"：一是帝国主义国家不容许，帝国主义不容许中国搞社会主义，但是不是容许中国搞资本主义呢？也不容许。帝国主义是依赖殖民地、半殖民地过日子的，它决不容许任何殖民地国家、半殖民地国家尤其是像中国这样的大国建立起与它平起平坐的资本主义国家。维护中国的半殖民地半封建社会才是问题的实质。二是社会主义国家不容许。中国的新民主主义革命是世界无产阶级革命的一部分，它自然会得到社会主义国家以及其他国家无产阶级的支持和援助，社会主义国家和各个国家的无产阶级不可能赞成中国革命最终建立起资本主义国家与社会主义对立。

从国内来讲也有两个不容许：一是领导阶级不容许，中国工人阶级及其共产党领导的革命最后建立起资产阶级专政的国家来镇压和压迫自己，那是不可理解的。二是人民大众不容许，农民和其他小资产阶级已经懂得只有依靠无产阶级才能彻底翻身解放，他们也不容许在中国建立起资产阶级专政的资本主义国家，受新的压迫和剥削。

一个"做不到"。就是中国民族资产阶级"做不到"建立资本主义国家政权。具有革命性和软弱性的资产阶级，由于自身力量太弱，怕斗不赢敌人而自己又倾家荡产，甚至连原有地位都不保的民族资产阶级，是没有资格担当中国民主革命的领导者的，因而也就没有条件在中国建立资产阶级专政的资本主义国家。

当然，新民主主义革命也不能够马上建立无产阶级专政的社会主义国家。社会主义的路是要走的，但那是完成了反帝反封建的任务以后的事情。中国革命要分两步走，第一步是新民主主义，第二步才是社会主义。

新民主主义的政治到底是怎样的呢？毛泽东在《新民主主义论》中论述了新民主主义共和国的国家性质（国体）和政权组织形式（政体），提出了新民主主义的政治纲领。毛泽东指出："国体——各革命阶级联合政权。政体——民主集中制。这就是新民主主义的政治，这就是新民主主义的共和国。"①

2. 新民主主义的经济纲领

经济纲领是关于建立什么样的经济制度、经济关系的认识和主张。新民主主义的经济纲领包括以下三方面的内容：

第一，没收封建阶级的土地归农民所有；第二，没收蒋介石、宋子文、孔祥熙、陈立夫为首的垄断资本归新民主主义的国家所有；第三，保护民族工商业，容许私人资本主义经济在不能操纵国民生计的范围内获得发展。

新民主主义经济是由国家经营、私人经营（其中包括劳动人民个人经营和私人资本主义经营）、合作经营三者组成，以国家经营为领导力量。新民主主义

---

① 毛泽东选集（第2卷）．北京：人民出版社，1991. 677.

经济的性质是非资本主义的，但同时又是允许发展资本主义的。一句话，它是新民主主义的，是一定历史条件下必须采取的过渡经济形式。这种过渡性主要表现在以下两个方面：

第一，对资本主义的态度。新民主主义革命要没收的是官僚资本主义财产，并不是要没收一切资本主义财产，并不是要在新民主主义革命阶段就消灭资本主义。恰恰相反，新民主主义国家容许那些不能操纵国民生计的中小资本主义生产的发展，并保护一切正当的私有财产。这样做的根本原因是中国经济还十分落后。毛泽东在七大的口头政治报告中几次讲到，我们不要怕发展资本主义，“我们这样肯定要广泛地发展资本主义，是只有好处，没有坏处的。对于这个问题，在我们党内有些人相当长的时间里搞不清楚，存在一种民粹派的思想。这种思想，在农民出身的党员占大多数的党内是会长期存在的”①。不过，毛泽东这里讲的是“新民主主义的资本主义”。

第二，对中农的态度。中国的新民主主义革命的基本问题是农民问题，而解决农民问题的关键又在于土地制度的彻底改革。中国共产党在土地问题上的基本口号是“平均地权”和“耕者有其田”。我们要采取某些必要的方法，没收地主的土地，分给无地和少地的农民，扫除农村的封建剥削关系，但这并不意味着要没收一切土地来分配。新民主主义国家不仅要严格维护中农的利益，而且还要容许农村富农带有资本主义性质的经济部分存在。在新民主主义革命阶段还不是建立社会主义农业的时候，当然国家也要在条件成熟的时候，谨慎而又积极地引导农民逐步走上集体化的道路，鼓励和扶植合作化经济，这种经济具有社会主义的因素。

这样的经济，就是新民主主义的经济，而新民主主义的政治，就是这种新民主主义经济的集中表现。

3. 新民主主义的文化纲领

文化纲领是关于建立一种什么样的文化制度、文化关系的认识和主张。什么是文化?《新民主主义论》是从“我们要建立一个新中国”这个大目标出发论述文化纲领的。文章从哲学的角度给文化下了定义：“一定的文化（当作观念形态的文化）是一定社会的政治和经济的反映，又给于伟大影响和作用于一定社会的政治和经济。”②

这是一个中国化的关于文化的历史唯物主义的定义。因为，物质生活的生产方式制约着整个社会生活、政治生活和精神生活的过程。不是人们的意识决定人

① 毛泽东文集（第3卷）. 北京：人民出版社，1996. 322、333.

② 毛泽东选集（第2卷）. 北京：人民出版社，1991. 663.

们的存在，而是人们的社会存在决定人们的意识。而文化“对于政治和经济起着伟大的影响和作用”，是符合认识对物质有反作用的基本原理的。因此，毛泽东这个关于文化的科学定义具有深远的理论意义和实践意义，这一光辉的思想成为中国文化运动的指导思想，成为中国共产党探求先进文化的立论基础。一直到今天，在党的文献中谈到什么是文化的时候，一直沿用毛泽东为文化下的这个定义。

新民主主义的文化纲领的主要内容有：第一，新民主主义文化是由无产阶级的文化思想即共产主义思想领导的文化；第二，新民主主义文化是彻底的反帝反封建的文化；第三，新民主主义文化是民族的、科学的、大众的文化。总之，新民主主义文化就是共产主义思想领导的、人民大众的、反帝反封建的文化，就是民族的、科学的、大众的文化。

民族的：这个新文化是反对帝国主义压迫，主张民族尊严和独立、具有民族特点的文化。在形式和内容上要求有“中国作风和中国气派”，但它并不排斥外来文化，对于我国一切有益的东西都应该学习，但是，必须坚持一条原则，那就是“洋为中用”，学习外国的东西，目的是为研究和发展中国的东西。“一切外国的东西，如同我们对于食物一样，必须经过自己的口腔咀嚼和胃肠运动，送进唾液胃液肠液，把它分解为精华和糟粕两部分，然后排泄其糟粕，吸收其精华，才能对我们的身体有益，决不能生吞活剥地毫无批判地吸收”。①

科学的：它反对一切封建思想和迷信思想，主张实事求是，主张客观真理，主张理论和实践的统一性。对中国传统文化，是需要认真清理，加以继承的，从孔夫子到孙中山，我们都要了解，都要学习，都要研究。但我们的目的是“古为今用”，绝不是复古主义，不能无批判地兼收并蓄。在方法上以辩证唯物论为指导，对传统文化采取“批判继承”的态度。既不菲薄历史、割断历史，也不颂古非今，不加批判地全盘照搬。这样，就和民族虚无主义与文化保守主义划清了界限。

大众的：它必须是为全民族90%以上的工农大众服务的文化。这不仅因为人民群众的文化需要普及提高，而且民众也是革命文化的无限丰富的源泉。为达到文化为大众服务的目的，革命的文化工作者必须首先解决好为什么人服务的问题，必须站在人民大众的立场上，深入群众，深入生活，及时准确地反映广大民众的要求和愿望，引导民众走上正确的革命道路。必须正确处理普及与提高的关系，力求做到“政治和艺术的统一，内容和形式的统一”。同时，文化必须加以改革，语言必须接近民众，形式必须为群众所喜闻乐见。只有这样，才能真正实

---

① 毛泽东选集（第2卷）. 北京：人民出版社，1991. 707.

现文化民主化和大众化的目标。

新民主主义文化纲领这个方面的内容和属性，彼此之间是有机联系、不能割裂的。由于中国革命不能离开中国无产阶级的领导，因而现时的中国新文化也不能离开中国无产阶级文化思想的领导，即不能离开共产主义思想的领导。但是，由于新民主主义革命就其性质来说还不是无产阶级社会主义革命，而是资产阶级的民主主义革命，因此，“这种领导，在现阶段是领导人民大众去进行反帝反封建的政治革命和文化革命，所以现在整个新的国民文化的内容还是新民主主义的，不是社会主义的”。“应把对于共产主义的思想体系和社会制度的宣传，同对于新民主主义的行动纲领的实践区别开来；又应把作为观察问题、研究学问、处理工作、训练干部的共产主义的理论和方法，同作为整个国民文化的新民主主义的方针区别开来。”①

新民主主义的文化纲领，在新中国成立之后得以全面实施，1949 年 9 月中国人民政治协商会议通过的《共同纲领》正式规定：“中华人民共和国的文化教育为新民主主义的，即民族的、科学的、大众的文化教育，人民政府的文化教育工作，应以提高人民文化水平，培养国家建设人才，肃清封建的、买办的、法西斯主义的思想，发展为人民服务的思想为主要任务。”其后，随着社会主义改造的基本完成，又开始了对建设社会主义文化的探求。

第二节　新民主主义革命胜利的三大法宝

新民主主义革命取得胜利有“三大法宝”，这就是统一战线、武装斗争、党的建设。1939 年 10 月，毛泽东在《〈共产党人〉发刊词》中说明了三大法宝之间的关系，他说：“统一战线和武装斗争，是战胜敌人的两个基本武器。统一战线，是实行武装斗争的统一战线。而党的组织，则是掌握统一战线和武装斗争这两个武器以实行对敌冲锋陷阵的英勇战士。这就是三者的相互关系。”② 历史已经证明，党的建设加强了，党就能、也才能掌握好统一战线和武装斗争这两个武器

一、统一战线

统一战线是一种联合的战略，是指一些不同的社会政治力量包括阶级、阶层、政党、集团乃至民族、国家，在具有共同利益的基础上，为实现一定的共同

① 毛泽东选集（第 2 卷）. 北京：人民出版社，1991. 705.

② 毛泽东选集（第 2 卷）. 北京：人民出版社，1991. 613.

目标而组成的政治联盟。

统一战线作为一种策略，是一种社会历史现象，人类在进入有阶级的社会以后，任何阶级、任何政治力量都可以运用它去实现其政治目的，古今中外都是如此。在我国两千年前的战国时期，新兴的封建阶级在夺取中国一统天下的斗争中，就采取了“合纵”和“连横”的联合战略。齐、楚、燕、韩、赵、魏六国联合抗秦，称之为“合纵”；秦国为了破坏东方六国的联盟，实行“远交近攻”，各个击破的策略，称之为“连横”，即联合六国中某一国或几国，在一定时期只反对某一国，最后灭掉六国，建起第一个统一的中央集权的封建国家。东汉末年，刘备和孙权联合抗曹，也是一出著名的联合战略。当曹操率八十万大军南下，刘孙就订立“紫桑同盟”，火烧赤壁，以弱胜强，大败曹操，从而建立了蜀汉政权，确立了魏、蜀、吴三足鼎立的格局。西汉时期的昭君出塞、唐代文成公主进藏和亲等，也体现着当时条件下团结少数民族上层的策略，它对于促进各民族之间的团结和各民族经济文化的发展和交流，具有积极意义。

在世界历史上，法国、英国等西欧资产阶级在领导资产阶级革命的过程中，运用联合战略取胜的事例，比比皆是。18 世纪法国大革命的胜利，就是法国资产阶级作为第三等级的上层和政治代表，联合第三等级中的农民、工人和城市贫民，从 1789 年至 1794 年先后三次举行起义而取得的。美国独立战争开始后，英美双方的力量悬殊，美国与法国结成联盟对于赢得 1783 年独立战争的胜利，有着重要作用。

1922 年，列宁于 1920 年共产国际第二次代表大会草拟的《民族和殖民地问题提纲初稿》传入中国，对年轻的中国共产党提出建立统一战线起了重要的作用。这个文件的主要意思是：在殖民地半殖民地国家里，首先要进行反帝反封建的民主革命，无产阶级及其政党不仅要与农民结成同盟，而且要与资产阶级民主派联合，并在联合中保持自己的独立性。包括思想、政治和组织上的独立，这是无产阶级政党先进性的必然要求。这种“独立性”里面就包含着统一战线的领导权问题。因为，当无产阶级为了一定的政治目的而同其他阶级、政党结成联盟时，就面临着是你领着同盟者走还是同盟者领着你走的问题。

在党的历史上，统一战线口号有一个演变的过程，最初叫做民主主义的联合阵线，抗日战争时期称之为抗日民族统一战线，解放战争时期叫革命统一战线，现在称爱国统一战线。

1925 年 12 月，毛泽东在《中国社会各阶级的分析》中第一次区分了买办资产阶级和民族资产阶级，他认为：买办资产阶级和地主阶级一样，是革命的对象；民族资产阶级具有两面性，是一个动摇的阶级，他们在革命高潮时将要分化，其右翼将跑到帝国主义方面去。后一个结论与预言，很快被 1927 年的

“四·一二”反革命政变所证实。

“左倾”机会主义在这个问题上犯错误是有原因的，其依据是斯大林的“三时期论”。这个理论认为：中国革命以来可以分为三个时期：第一个时期是广州时期，这个时期是资产阶级、小资产阶级、工人阶级、农民阶级四个阶级的联盟；第二个时期是武汉时期，这个时期是小资产阶级、工人阶级、农民阶级三个阶级的联盟；第三个时期是苏维埃时期，这个时期是工人阶级与农民阶级两个阶级的联盟。这个结论的错误是看到了中国民族资产阶级动摇的一面，又忽视了它的“两面性”的特点，在民族与民主革命时期把民族资产阶级甚至小资产阶级作为敌人来打击。

“九一八”事变尤其是华北事变以后，中国民族危机进一步加深。1935 年 8 月，根据共产国际“七大”关于建立反法西斯统一战线的精神，在莫斯科的中共驻共产国际代表团以中共中央和中华苏维埃共和国的名义发表了《为抗日救国告全国同胞书》（“八一宣言”）。宣言呼吁全国各民主党派、各军队、各界同胞，不论过去和现在有任何政见和利害的不同，都应当停止内战，集中一切国力去为抗日而奋斗。宣言说：只要国民党停止进攻苏区，实行对日作战，红军愿立刻与之携手，共同救国，“兄弟阋于墙，外御其侮”。

1935 年 11 月下旬，中共驻共产国际代表团代表林育英（张浩）到达瓦窑堡，向中央传达了共产国际“七大”和“八一宣言”的内容。1935 年 12 月，在著名的瓦窑堡会议上，毛泽东作了《论反对日本帝国主义的策略》的报告。报告根据国际国内形势及其带来的阶级关系发生的错综复杂的、深刻的变动，论证了建立抗日民族统一战线的可能性和必要性。对于中国资产阶级在当时的政治态度作了精辟的分析，并提出了相应的政策：其一，要将民族资产阶级与地主阶级、买办阶级区别开来，这正是大革命失败，民族资产阶级的一部分（右翼）倒向买办资产阶级以后，党一直没有解决好的问题；其二，将华北事变后的民族资产阶级与 1927 年时的他们区别开来；其三，将国民党营垒中的上层集团与地方实力派区别开来；其四，将国民党上层集团中的亲日派与亲英美派区别开来。总之，我们要把敌人营垒中的一切争斗、缺口、矛盾，统统收集起来，作为反对当前主要敌人之用。通过分析民族资产阶级和大资产阶级对日本的与对中共的不同政治态度，毛泽东提出：凡是对日投降或反共的就要斗争；凡是抗日或联共的就联合；介于二者之间的妥协动摇者要努力争取。

下面这个图表，可以直观地帮助我们理解毛泽东的想法。

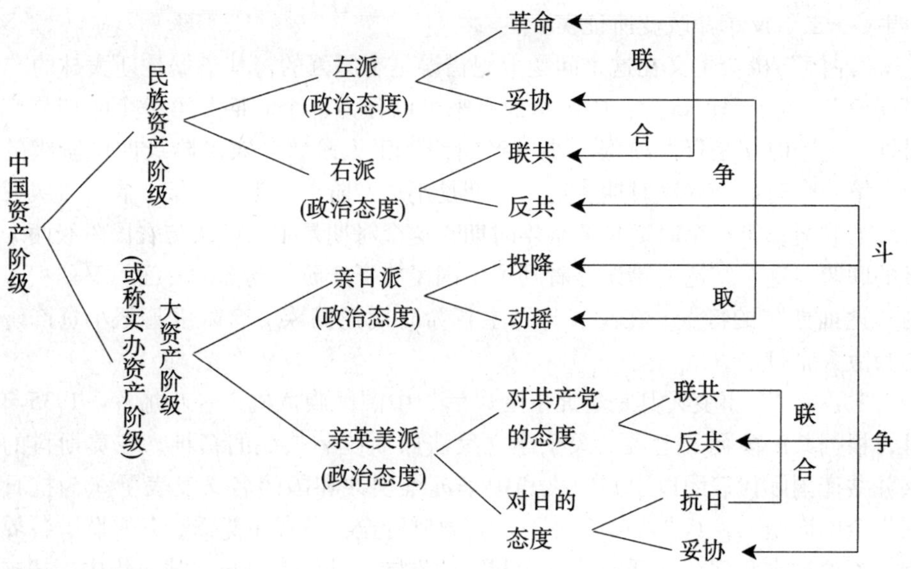

第二次国共合作的特点是：没有共同纲领，没有共同的指挥机关。双方斗争的焦点是统一战线中的领导权问题。在建立抗日民族统一战线的问题上，也存在“左”、右两种倾向：来自“左”的倾向是一切斗争，否认联合；来自右的倾向是一切联合，否认斗争。正确的主张是又斗争，又联合，在斗争中求生存；正确的策略是发展进步势力，争取中间势力，孤立顽固势力。抗战胜利之后，第二次国共合作破裂的原因就在于中国向何处去的分歧，是关系中国两种前途，两种命运，建立什么国的问题，因此，斗争是不可避免的。

在新形势下，统一战线有了不同的内容与形式，但仍然是一大法宝。

二、武装斗争

（一）武装斗争是新民主主义革命的唯一选择

中国共产党独立领导的武装斗争是从第一次国内革命战争失败开始的。毛泽东曾经说：他们“从地下爬起来，揩干净身上的血迹，掩埋好同伴的尸首，他们又继续战斗了。他们高举起革命的大旗，举行了武装的抵抗，创造了人民的军队——中国红军”①。

大革命时期，中共在军事上积极参与。共产党方面主要是做政治工作，做后勤工作，发动群众，支援前线，慰劳士兵，看护伤员等等。所以有人说：孙中山

① 毛泽东选集（第3卷）．北京：人民出版社，1991. 1036.

有武装，没群众；共产党有群众，没武装。但是当他们被打倒在地以后，认识上发生了强烈的变化。毛泽东在“八七”会议上指出，“以后要非常注意军事，须知政权是由枪杆子中取得的”，以后逐渐发展成为“枪杆子里面出政权”的著名论断。这个结论是完全符合马克思主义的，马克思说过，无产阶级要用步枪、马枪、大炮和弹药把自己武装起来；列宁也曾说，历史上还没有一次不经过内战的大革命。在中国，是武装的革命反对武装的反革命。这是中国革命的特点之一，也是中国革命的优点之一。“现世界强者占有冷的铁，而我们弱者只有热的血；然而我们心中果然有热的血，不愁将来手中没有冷的铁；热的血一旦得着冷的铁，便是强者之末运。”①

“革命的中心任务和最高形式是武装夺取政权，是战争解决问题。这个马克思列宁主义的革命原则是普遍地对的，不论在中国在外国，一概都是对的。”②毛泽东认为，谁想夺取国家政权，并想保持它，谁就应有强大的军队；在中国，离开了武装斗争，就没有无产阶级和共产党的地位，就不能完成任何的革命任务。他的结论是，没有一个人民的军队，便没有人民的一切。武装斗争的问题对中国革命尤其重要，其原因还在于：

其一，为中国半殖民地、半封建国家的社会性质所决定。中国具有和资本主义国家不同的情况，内部没有民主制度，受封建主义的压迫；外部没有民族独立，受帝国主义的压迫。压迫者都是凭借武装力量对人民实行独裁的恐怖统治。中国的无产阶级政党无议会可以利用，无组织工人罢工的合法权利。因此，中国革命的主要形式必然是武装斗争。

其二，中国革命不仅要以武装斗争为主要形式，而且要进行长期的武装斗争。因为敌人的强大和革命力量的弱小，决定了中国革命的长期性和残酷性。怎么搞武装斗争，怎么样在夹缝中求生存，并扩大自己的力量，取得革命的胜利，是当时中国共产党人所要探索的重点问题。

（二）夺取革命胜利的道路是：工农武装割据，农村包围城市

1. 城市中心论

无产阶级革命斗争最初出现在资产阶级较早占据统治地位的西欧各国。例如，法国 1848 年的革命和 1871 年的巴黎公社都是先在重要城市如里昂和巴黎发动，采取街垒战的形式进行的，这种形式是革命势力同反革命势力迎头相撞和决战决胜的方式。俄国的十月革命同样是以城市工人暴动为基础。它的方法是党依靠工人阶级，组建工人赤卫队，然后在旧军队里展开工作，使旧军队掉转枪口，

① 瞿秋白．热血日报．发刊词，1926.

② 毛泽东选集（第 2 卷）．北京：人民出版社，1991. 541.

支持革命。1917 年 11 月 7 日晨，“阿芙乐尔”巡洋舰炮击冬宫，工人赤卫队武装在短时间里占领火车站、邮政局、电报局、政府各部和国家银行，这样，革命在一夜之间就成功了。1918 年 2 月，为了抵抗十四国对俄国革命的联合绞杀，才开始组建红军。因此人家是先取得革命胜利然后才有红军部队。不是先发动农民，建立巩固的工农联盟，再凭借这个联盟去夺取政权。而是先夺取政权，然后利用政权去吸收、发动和团结农民。

三次“左倾”机会主义的一个相同之处，就是盲目地照抄照搬，模仿国外经验，其理论依据是“城市中心论”。

第一次是 1927 年“八七”会议之后，以瞿秋白为首的党中央号召举行全国范围的武装暴动，以反抗国民党的屠杀。具体操作仿照十月革命模式，以城市为中心实行总暴动的“左”的方针，如“南昌起义”、“广州起义”。

第二次是 1930 年 6 月间，以李立三为代表，又一次大规模推行以城市为中心的总暴动。这次暴动的背景是：在党的“六大”之后，经过 1929 年和 1930 年的艰苦斗争，革命力量得到恢复和发展，特别是农村根据地的建设蔚为可观。当时，资本主义世界出现了有史以来的最大经济危机。国内军阀蒋、冯、阎正进行“中原大战”。李立三于当年 6 月 11 日主持召开中央政治局会议，通过了由他起草的《新的革命高潮与一省或几省首先胜利》的决议，制定了全国中心城市武装起义和集中全国的红军攻打中心城市的冒险计划，要求各部队“会师武汉”、“饮马长江”。结果，这一决议只推行了三个月，便遭惨败。

第三次是从 1931 年至 1934 年的王明路线。在由米夫主持的六届四中全会上，不仅把王明扶持上台，还要把李立三的“左倾”冒险主义说成不是“左倾”，而是右倾，要“集中火力反对右倾”，急于要求打中等城市和大城市，扬言要“把分散的苏区打成一片”，“联系成整个苏区”，似乎全国革命胜利已近在眼前。这次“左”倾路线在党内统治的时间最长、造成的危害最大。

“城市中心论”在中国三次“左”倾路线中的错误，是“教条主义”的突出表现，盲目照抄照搬别国的成功经验，表明了党的幼稚和不成熟。

2. 工农武装割据

“八七”会议之后，毛泽东是以中央特派员的身份赴湖南领导秋收起义的。起义的最初目标也是攻打长沙。但是毛泽东比较灵活，打不赢就跑。夺取长沙的目标无法实现，自己又有全军覆没的危险，所以，毛泽东便当机立断，改变“取浏阳直攻长沙”的主张，逆进江西，沿罗霄山脉南移，在敌人控制比较薄弱的山区寻求“立足之地”。毛泽东在寻找立足之地的时候，创建了井冈山革命根据地，最后被逼出“农村包围城市，武装夺取政权”的整套理论。但是一开始并不是这样的。早在 1923 年，恽代英曾写信给毛泽东说，我们也应该到乡村里去搞一搞。但毛泽东当时认为，现在城市工作还忙不过来呢，怎么顾得上农村呢？直到1925年，毛泽东才开始“注重研究中国农民问题”。所以，为什么中共要拿起武器走“农村包围城市，武装夺取政权”的道路？这不是任何人的主观意愿所决定的，而是近代中国具体国情的产物，是在国民党对它使用武力后才不得不拿起武器的。1964年6月23日，毛泽东同智利新闻工作者代表团谈话时说：“我是一个知识分子，当一个小学教员，也没学过军事，怎么知道打仗呢？就是由于国民党搞的白色恐怖，把工会、农会都打掉了，把五省共产党员杀了一大批，抓了一大批，我们才拿起枪来，上山打游击。”①

为什么要建立革命根据地？毛泽东打过一个比喻：革命要有根据地，好像人要有屁股，人假如没有屁股，便不能坐下来；要是老走着，老站着，当然不会持久；腿走酸了，站软了，就会倒下去。革命有了根据地，才能够有地方休整，恢复气力，补充力量，再继续战斗，扩大发展，走向最后胜利。这就是山沟里产生的最朴素的马克思主义。概括地说：朱德毛泽东式、方志敏式有根据地的，有计划地建设政权的，深入土地革命的，扩大人民武装的路线，就是在中国共产党的领导下，以农村工作为重心，以根据地为依托，以土地革命为基本内容，以武装斗争为主要形式，夺取全国胜利的道路。所以，毛泽东的工农武装割据思想包括武装斗争、土地革命和根据地建设三个方面的内容。他创造了走以农村包围城市，最后夺取政权的理论。

关于这条道路的可能性和必要性，毛泽东是这样分析的：

第一，中国经济政治发展的不平衡及帝国主义的分裂剥削政策，是红色政权得以建立的最基本的理由。毛泽东说，红色政权不会发生在任何帝国主义国家，也不能在帝国主义直接统治的殖民地，而只能在帝国主义间接统治的半殖民地的中国，是因为这里存在着经济政治发展的极端不平衡。这个不平衡表现在：“微弱的资本主义经济和严重的半封建经济同时存在，近代式的若干工商业都市和停滞着的广大农村同时存在，几百万产业工人和几万万旧制度统治下的农民和手工业工人同时存在，管理中央政府的大军阀和管理各省的小军阀同时存在，反动军队中有隶属蒋介石的所谓中央军和隶属各省军阀的所谓杂牌军这样两部分军队同时存在，若干的铁路航路汽车路和普遍的独轮车路、只能用脚走的路和用脚还不好走的路同时存在。”② 这种不平衡加之中国又是一个占有960万平方公里的土地和拥有四万万人口的大国，因而造成了红色政权得以产生与存在的最基本的依据。

① 毛泽东文集（第8卷）. 北京：人民出版社，1999. 78.

② 毛泽东选集（第1卷）. 北京：人民出版社，1991. 188.

第二，中国经过了轰轰烈烈的第一次国内革命战争。在第一次国内革命战争的一些中心区域，例如两湖、广东、江西等省，曾经有过工农运动的高潮，成立过许多工会和农民协会的组织，有过工农阶级对地主豪绅阶级的斗争。工农群众受过革命斗争的锻炼，有丰富的斗争经验。大革命虽然失败，但大革命的影响还遗留在这些地区的广大群众中，为农村革命根据地的存在和发展准备了群众基础。因此，红色政权能够首先在这些地区存在和发展。

第三，红色政权能否长期存在，还取决于全国革命形势是否向前发展。大革命失败后，引起中国革命的矛盾不仅一个没有解决，而且在继续发展和激化。即帝国主义和中国人民之间的矛盾，帝国主义相互间的矛盾，中国各派反动统治之间的矛盾，资产阶级和无产阶级的矛盾，地主和农民的矛盾，统治阶级和人民大众的矛盾等等，都在一天天地发展起来。这些矛盾的发展，决定着红色区域的长期存在没有疑义，而且这些红色区域将继续发展。

农村包围城市，武装夺取政权，既是理论创新又是实践创新，马克思主义的书本中没有，前人的成功经验中没有，但正是这条道路让中国革命一步步走向胜利。

三、党的建设

在近现代社会，国家通常是由政党来领导的，因此，政党政治就成为近现代社会政治生活中不可缺少的重要组成部分。所谓政党政治，就是由政党组织政府，行使管理国家的职能。马克思主义政党观认为：政党是阶级的政治组织。它是一定阶级或阶层中的积极分子，为了实现一定的政治纲领，主要是为了夺取政权和巩固政权，而联合起来的政治组织。根据这个认识，政党有以下特征：第一，政党是有阶级性的，它总是一定阶级利益的代表；第二，政党是特殊历史阶段的一定的政治历史现象，它不是从来就有的，也不会永远存在下去；第三，政党是阶级中最积极、最活跃的那一部分人组成的政治组织；第四，政党是有组织、有纪律的政治组织；第五，政党要有一定的政治纲领，它有两个目标：一是政权目标；二是社会治理和发展目标。

邓小平认为：把列宁的建党学说发展得最完备的是毛泽东同志，毛泽东同志对于建立一个什么样的党，党的指导思想是什么，党的作风是什么，都有完整的一套理论。毛泽东的建党思想主要有：

（一）着重从思想上建设党

党的建设包括思想建设、理论建设、政治建设、作风建设等多个方面。思想建设同理论建设相联系，组织建设同作风建设相联系，政治建设又决定了组织建设和作风建设的方向。

思想建设是党的建设的首要任务，思想建设是解决党的世界观问题，是党的政治建设的前提，是党的组织建设的思想基础，同党的作风建设更是密不可分。因而，它是党的建设的根本问题。党的思想建设是指用马克思列宁主义武装全党，用共产主义思想改造和克服党内非无产阶级思想，保持党的先进性和纯洁性，使党在思想上保持高度一致。

为什么要“着重”从思想上建设党呢？这是一个中国化的命题，要从中国的实际情况出发：

马克思主义是关于无产阶级革命和解放的学说，因此，他是在工业化的过程中产生的，是资本主义发展过程中的产物。要将其移植到中国的土地上，运用到一个具有两千多年封建历史的社会中去完成中国的民主革命，就得面对中国的实际。中国共产党无法选择自己所处的环境，关键是怎么解决。在一个以农民占多数的国家建设一个马克思主义的政党，是中国共产党人的一个独创。毛泽东曾经在《井冈山的斗争》一文中说：“我们感觉无产阶级思想领导的问题，是一个非常重要的问题。边界各县的党，几乎完全是农民成分的党，若不给以无产阶级的思想领导，其趋向是会要错误的。”[①] 的确，大革命失败刚刚一年，党的成分就发生了重大变化，由五大时的工人占53.8%，农民占18.7%，变为农民占76.6%，工人只占10.9%。党员的成分由以工人为主变成了农民占大多数，党处在农民小资产阶级的汪洋大海中，弄得不好，的确有变质的危险。

“无产阶级思想领导的问题”，就是在思想上建党的问题。试想，当红军在山沟里进行武装斗争的时候，怎么可能到城市里去拉来工人阶级入党？“几乎完全是农民成分的党”就是现实。工人阶级的先锋队如果成为一个“农民党”，还有什么先进性可言？《古田会议决议》被认为是中国共产党第一个着重从思想上建党和建军的纲领性文件，标志着毛泽东建党思想的初步形成。毛泽东在这里提出了在思想上建党的理论：从思想上建党，就是用马克思主义武装党员，主要解决党和党员的世界观问题，从而保持党的先进性、纯洁性。主要办法就是用无产阶级思想克服非无产阶级思想。这一“克服”的结果，就能够把一个以农民为多数成员的党改造成为工人党。实践早已证明，从思想上建党，是中国共产党的一条成功经验，也是中国革命和社会主义建设取得巨大成功的一个重要保证。

① 毛泽东选集（第1卷）. 北京：人民出版社，1991. 77.

（二）加强党的政治、组织和作风建设

1. 政治建设

抗日战争时期是毛泽东建党学说从丰富发展到成熟的时期。毛泽东在《〈共产党人〉发刊词》中说：党的建设必须同党的政治路线密切结合，这就是政治建设，是指在马克思主义思想路线的指引下，实事求是地分析党所处的社会经济、政治、文化状况，制定党在这个历史时期的路线、方针、政策，并以此去教育全体党员，使党在政治上保持高度一致，为完成党的历史使命而积极行动。政治建设是解决党的奋斗目标和行动纲领的问题，为党确立一条正确的政治路线，因而，它是党的建设的核心问题。

党的建设同党的政治路线密切相连是党的建设的一条基本规律。历史经验证明：当党正确制定政治路线并正确处理党的建设同政治路线的关系时，党自身就能进一步巩固和发展，革命和建设事业就能胜利前进；反之，党的建设和党的事业就遭受挫折，乃至停滞、倒退。如何使党的建设围绕党的政治路线来进行呢？其一，要把坚持党的政治路线不动摇，作为党的建设全部工作的出发点和落脚点；其二，要根据贯彻党的政治路线的需要来研究和部署党建工作，围绕贯彻政治路线的实践来开展党建工作；其三，要用贯彻党的政治路线的实际效果衡量和检验党建工作。

2. 组织建设

组织建设是指在马克思主义思想路线指导下，加强党员队伍、党的干部队伍、党的各级领导班子的建设，保持党在组织上的高度一致，使党成为组织上巩固的具有战斗力的统一整体，保证党的政治任务的胜利完成。组织建设是解决党组织的纯洁性、统一性问题，因而，它是党的建设的组织保证。例如，党的组织纪律的基本要求是：个人服从组织；少数服从多数；下级服从上级；全党服从中央。

3. 作风建设

作风建设是指在马克思主义思想路线的指导下，坚持党性原则，不断教育党员和党的干部深入实际，调查研究，理论联系实际，密切联系群众，开展批评与自我批评，不断克服自身存在的各种不良作风，保持和发扬优良作风。党的作风建设是解决党的各级组织和全体党员在思想、政治、学习、工作和生活等方面的作风问题，是群众关系中最直接、最敏感的问题，因而，它是关系到党的生死存亡的问题。

（三）正确地进行党内斗争

党内斗争是指党内思想上、政治上和组织上的原则分歧所引起的斗争。党内斗争的实质，是思想斗争。为什么会在这些原则性的问题上发生分歧和矛盾呢？

这是社会的阶级矛盾和新旧事物的矛盾在党内的反映。因为党不是生活在真空中，而是奋斗在复杂的阶级和阶级斗争环境里，经常处于剥削阶级和小资产阶级的包围之中。加之党员的社会出身不同，思想认识有差别，即使出身是工人阶级，也会有各种非无产阶级的思想、观点。这些思想、观点常常通过党内的不坚定分子侵入党的组织，从而产生各种分歧和争论。特别是革命处于转变关头，或者在党外压力加大、党自身困难增多的条件下，这种分歧和争论就会更加激烈。怎么办？矛盾不能回避、掩饰，只能通过正确的党内斗争加以解决。

党的团结和党内斗争，是党内矛盾运动的两个方面。它们是辩证的统一，是相辅相成的。团结是斗争的出发点和目的；斗争是解决党内矛盾，实现党的团结的手段。具体来说：其一，党内斗争要站在党的正确立场和路线上，并严格区分两种不同性质的斗争。其二，要实行“惩前毖后（吸收过去失败的教训，以后小心，不再重犯错误。惩：警戒；毖：谨慎，小心；后：后来，以后的工作做得好些），治病救人。弄清思想，团结同志”的方针，采取团结——批评——团结的方法。其三，要科学地评价党史上的错误，正确地对待党内犯过错误的同志。

第三节　新民主主义社会理论

新中国成立，中国人民从此站起来了，站起来以后怎么办，新民主主义“社会”理论就是解决站起来以后怎么办的理论。

一、新民主主义革命的性质和前途

中国革命的主要敌人是帝国主义和封建主义，因此，中国革命是反帝反封建的资产阶级民主革命。为什么又说它不是一般意义上的资产阶级民主革命，而是新民主主义革命呢？其原因是：

第一，领导阶级不同。工人阶级及其政党——中国共产党成为了领导阶级，任务是资产阶级性质的，但资产阶级的民主革命却由无产阶级领导。

第二，指导思想不同。新民主主义革命的指导思想是马克思主义，而不是西方资产阶级的民主主义。

第三，革命的前途不同。资产阶级民主革命的前途是建立资产阶级专政的资本主义制度；而中国新民主主义革命的前途是非资本主义的。

第四，新民主主义革命发生在十月革命之后，属于世界革命的范畴。由于第一次世界大战和社会主义的十月革命，改变了整个世界历史的方向，划分了整个世界历史的时代。民族解放运动蓬勃发展，逐渐发展为两大阵营，任何国家如果发生了革命，就成为了反对帝国主义革命的一部分。

那么，这个“非资本主义的”的前途是怎样的呢？这是一种人类历史上没有过的，马、恩、列著作中找不到的，根据中国实际情况量身定做的“社会”——新民主主义社会。毛泽东认为：新民主主义革命胜利之后，中国不会走上资本主义道路，但也不是立即建立社会主义，而是经过新民主主义逐渐过渡到社会主义，新民主主义的终极前途是社会主义。这就是新民主主义社会理论。由于中国半殖民地半封建的社会性质，使得中国革命必须分两个步骤：第一步，改变半殖民地半封建的社会形态，使中国成为一个独立的新民主主义国家；第二步，使革命向前发展，建立一个社会主义社会。这两者之间的关系犹如文章的上篇和下篇的关系，只有上篇做好，下篇才能做好。因此，新民主主义革命是社会主义革命的必要准备，社会主义革命是新民主主义革命的必然趋势。只有认清新民主主义革命和社会主义革命的区别，同时又认清二者的联系，才能正确地领导中国革命。

新民主主义社会有哪些特征，是一个怎样的社会呢？

（1）经济特征是五种经济成分并存：国有经济、合作经济、个体经济、私营经济、国家资本主义经济。

（2）政治特征是四个阶级联合专政和无产阶级领导的国家政权，四个阶级是工人阶级、农民阶级、小资产阶级、民族资产阶级。

（3）新民主主义社会不是一个独立的社会形态，只是一个过渡时期。

在中国革命发展阶段问题上，中国共产党党内曾经出现过“左”的和右的两种错误倾向：一种叫“二次革命”论，是把民主主义革命同社会主义革命这两个相互联系的革命完全割裂开来，即在民主主义革命和社会主义革命之间横插一个资产阶级专政的阶段，认为民主主义革命的结果只能是建立资产阶级共和国，然后让资本主义充分发展一段时间，无产阶级再通过合法斗争集结力量，进行社会主义革命。这种错误导致了放弃领导权，其代表人物是陈独秀。一种叫“一次革命”论，其错误在于混淆了民主主义革命和社会主义革命这两个有着质的区别的革命阶段的界限，主张民主主义革命和社会主义革命“毕其功于一役”，一举取得民主主义革命和社会主义革命的同时胜利，将社会主义革命阶段的任务提前到民主主义革命阶段完成，其代表人物是瞿秋白，这一错误导致了“左倾”盲动主义。“二次革命”论和“一次革命”论都违背了中国革命的客观发展规律。中国革命必须分两步走，必须通过新民主主义社会走向社会主义社会。

二、“中国向何处去”在中国各种政治力量中的选择

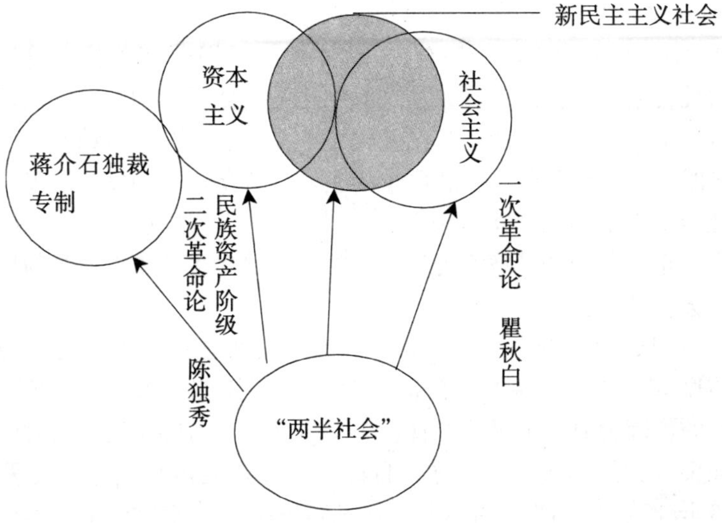

图例表示，半殖民地半封建的“两半社会”向何处去呢？一种是蒋介石独裁专制的建国方案；一种是以瞿秋白为代表的党内“左倾”路线的“一次革命论”，即一步走向社会主义；一种是所谓的“第三条道路”，即欧美式的资本主义以及“二次革命”论；还有一种就是以毛泽东为代表的中国共产党人要建设的新民主主义社会，通向这个社会的叫做新民主主义革命道路。

蒋介石独裁专制的建国方案，中国共产党、民主党派和多数中国人是不同意的，因此是不可能实现的；左倾路线设想的一步跨入社会主义，由于中国社会性质所决定，实践证明此路不通；民族资产阶级包括陈独秀右倾机会主义的资本主义建国方案，前面已经论述，没有人能够承担此任，即“一个做不到”，再加上“四个不容许”，所以也没有可能。最终，以毛泽东为代表的中国共产党人，由于受到广大人民群众的拥护，取得了新民主主义革命的胜利，实现了通过新民主主义革命道路建立新民主主义社会，然后过渡到社会主义社会的政治理想。正是从这个意义上说，中国共产党的执政地位、社会主义制度的建立，是人民的选择，历史的选择。

三、从新民主主义革命转变到社会主义革命

新民主主义的终极前途是社会主义；新民主主义革命的第二步，使革命向前

发展，建立一个社会主义社会。那么，在革命胜利以后就有两个问题：其一，新民主主义社会存在多长时间？其二，什么时候使“革命向前发展，建立一个社会主义社会”？

（一）关于向社会主义过渡的初步设想

从1948年9月的中央政治局会议开始，党中央就在考虑如何建设新民主主义社会和向社会主义过渡的问题，从这时到建国初期，党的领导人都认为向社会主义的过渡，必须经历一个相当长的新民主主义建设阶段，大约要十年到二十年甚至三十年时间。在此期间，党和国家的主要任务是恢复和发展国民经济，集中力量实现社会主义工业化，在国家经济和文化大为发展以后，才可以对资本主义工业实行国有化，对个体经济实行集体化，经过社会主义改造，由新民主主义社会转变为社会主义社会。

1949年9月，刘少奇在政协会议上代表中央回答党外人士关于为何不把社会主义的前途写进《共同纲领》的问题时说：我们认为这个时候就写进这个问题是不妥当的，因为要在中国采取社会主义步骤，还需要相当长的时间，是以后的事情。如果《共同纲领》写上这一目标，很容易混淆我们今天要采取的实际步骤。1949年10月，刘少奇在天津工商业家座谈会上谈到：搞社会主义社会，那将是几十年以后的事情。1950年4月，周恩来在全国统战工作会议上说：实现社会主义是要有一定条件的，今天条件不成熟，就要急于转变到社会主义，这说明一些同志对新民主主义缺乏切实的认识。1952年10月，周恩来在同部分资本家谈话时，又说发展新民主主义经济可能要十年、二十年，欲速则不达，必须稳步前进。

毛泽东在建国前后也曾多次说过，向社会主义过渡的时间要十五年、二十年或三十年。1950年6月，他在党的七届三中全会上，还批评了提早消灭资本主义、实现社会主义的主张。指出这种思想是错误的，是不适合我们国家的情况的。在同月举行的全国政协一届二次会议上，毛泽东进一步指出，在全国范围内实现社会主义改造，即实行私营工业国有化和农业社会化，这种时候还在很远的将来。要在国家经济事业和文化事业大为兴盛了之后，在各种条件具备了以后，在全国人民考虑并同意了以后，才可以从容地和妥善地走进社会主义的新时期。

以上设想最主要的有两点：一是进行社会主义革命需要一个很长的准备时期，在新民主主义社会充分发展之后，再来实行过渡；二是在步骤上先工业化后国有化；先机械化，再集体化。

（二）提前向社会主义过渡的原因

从1949—1952年，党领导人民集中力量恢复国民经济、继续完成民主革命遗留的任务。与此同时，开始为将来向社会主义过渡准备条件，这主要是：没收官僚资本，建立社会主义性质的国营经济；在完成土地改革以后的农村及时地开展互助合作运动；在调整工商业过程中，采取对私营工商业加工订货、经销代销等方式，广泛发展初级形式的国家资本主义。经过三年努力，1952 年底国民经济全面恢复。1952 年全国工农业生产总值比 1949 增长 77.5%，比历史最好的 1936 年增长 20%。我国政治、经济及社会面貌发生了巨大变化。

但是，前面介绍的设想也发生了改变。在 1952 年 9 月的中央书记处会议上，毛泽东提出应该改变原来的设想，现在就要开始用十年到十五年时间基本完成向社会主义的过渡。1953 年 6 月，他在中央政治局会议上正式提出了党在过渡时期的总路线和总任务。同年 12 月，由中央宣传部编写，经过毛泽东修改的《为动员一切力量把我国建设成为一个伟大的社会主义国家而斗争——关于党在过渡时期总路线的学习和宣传提纲》所作的正式表述是：从中华人民共和国成立，到社会主义改造基本完成，这是一个过渡时期，党在这个过渡时期的总路线和总任务，是要在一个相当长的时期内，逐步实现国家的社会主义工业化，并逐步实现国家对农业、对手工业和对资本主义工商业的社会主义改造。

为什么会出现这样大的改变？这是由于建国后所发生的情况变化以及产生的种种矛盾所决定的：

第一，是来自农村的变化。农村的变化又有两种情况：

一个情况是个体经营的发展受到相当大的限制。毛泽东曾经说过：新民主主义革命，实质上是中国共产党领导的农民革命。这个革命的中心问题是土地问题。通过革命，农民都分到了土地，真正地实现了中国农民两千多年来的愿望：耕者有其田！但是，由于中国的基本国情是人多地少，分得土地的个体农户平均耕地很少。一般每人 3 亩，一户 10 来亩。还有生产工具严重不足，贫雇农每户平均只占耕畜 0.47 头，犁 0.41 部；资金十分短缺，一个农民一年用来购买生产资料的支出仅 52.3 元，其中用于购买生产工具的仅为 6.5 元。在这种情况下，许多农户不仅无力扩大再生产，就连简单再生产也难以维持。农业的发展受到相当大的限制，而如果农业不能发展又将成为工业发展的严重制约因素，国家工业化的目标将难以实现。

另一个情况是土地出现了新一轮集中，即向劳动力强、懂经营、资金足的农民手中集中。有些中农已经上升为富农，他们需要扩大再生产，要买地，要雇工，不久就可以发展成为新地主。举一个极端的例子：如果一户农民家中的主要劳动力丈夫不幸去世，妻子带着几个孩子要生存下去，在非常贫困的情况下，她的选择只能是卖地，即把土地革命胜利的果实——分得的土地出卖而活下去。还有一些农户家中缺少劳动力，又没有生产资金，或者不善经营，卖地的情况已经比较普遍了，尤其是老解放区的农村。如果任其发展下去，新的贫雇农将大量产生，新兴的地主也将重出江湖。那么，所谓的共产党领导农民闹革命推翻了两千多年的封建制度必然功亏一篑。

面对这种情况，1951 年，华北局与山西省委发生了一场关于农业生产合作社问题的争论（这场争论在 1950 年东北农村土改后出现新富农问题时就发生了）。毛泽东在综合研究了各种意见之后，提出了自己的看法，他认为：资本主义的社会化大生产，经历了简单协作、工场手工业和工厂机器生产这样几个发展阶段，手工工场是非机器生产的资本主义。这种资本主义生产关系产生了一种改进技术的需要，为采用机器开辟了道路。在英国，是资产阶级先革命（1640 年）以后，再确立资本主义制度的（1689），确立资本主义制度以后再进行工业革命(18 世纪末至 19 世纪初)。法国、德国、美国、日本都是经过不同的形式，改变了上层建筑、生产关系之后，资本主义工业才大大发展起来。据此，在民主革命胜利之后，应当有步骤地建立社会主义的生产关系。中国的社会主义也可以经历一个“工场手工业阶段”，这个规律对于无产阶级也是适用的。针对山西省委与华北局的争论，毛泽东批评了互助组不能发展为农业生产合作社的观点和现阶段不能动摇私有基础的观点。他说：“既然西方资本主义在其发展过程中有一个工场手工业阶段，即尚未采用蒸汽动力机械、而依靠工场分工以形成新生产力的阶段，则中国的合作社，依靠统一经营形成新生产力，去动摇私有基础，也是可行的。”毛泽东讲的道理把刘少奇、薄一波等说服了。①

第二，是来自城市的变化。城市也有两种情况：

一种情况是工人阶级与资产阶级矛盾的上升。我们知道，一切资本家都以追求利润的最大化为唯一的、绝对的目标，剩余价值规律适用于所有资产阶级，而工人阶级为争得自己的利益，必然要与资产阶级斗争。在当时，已经有许多城市发生了工人请愿、游行、罢工的事情，他们要求削减工时、增加工资、提高福利待遇。如果工人阶级与资产阶级的矛盾成为中国社会的主要矛盾，那么中国革命也就是社会主义性质的革命了。

另一种情况是政府和资产阶级矛盾的上升。根据原先的设计，党在新民主主义社会对资产阶级的政策是利用、限制与改造，即利用民族资本有利于国计民生的一面，限制其不利于国计民生的一面，逐步地、有计划地将其改造成为社会主义经济。但是，资本的本性是唯利是图的、是无孔不入的。由于资本的本性所决定，限制与反限制斗争随处可见，这样，政府和资产阶级的矛盾就不断升级了。例如：“不法资本家在承办抗美援朝军用物品中，竟然把用油皮桶制造的一铲就

① 薄一波．若干重大决策与事件的回顾（上）．北京：中共中央党校出版社，1991. 191.

卷的铁锹，用方铁涅铁制造的一刨就断的铁稿和用废胶制造的一穿就裂的胶鞋卖给志愿军，他们还丧心病狂地把坏鸡蛋、胡萝卜粉掺进蛋粉，用臭牛肉、坏牛肉、死牛肉制造罐头，用废棉烂棉制造急救包送到抗美援朝前线。不法资本家的上述行为，严重地危害了抗美援朝战争和志愿军指战员的生命安全。在激烈的战斗中，因为用了带有化脓菌、破伤风菌的急救包，许多不该致残的志愿军战士致残了，许多不该牺牲的战士牺牲了。”①

从1952年开始的“五反”（反行贿、偷税漏税、盗骗国家财产、偷工减料、盗窃国家经济情报）斗争，目标是对着资产阶级的，正是工人阶级同资产阶级之间、新生的国家政权同资产阶级矛盾尖锐化的结果，是两个阶级之间的大规模阶级斗争，但又是发生在统一战线内部的阶级斗争，斗争的方针是又团结又斗争。正如周恩来所说：资产阶级既是我们的朋友，又是要被消灭的阶级。

四、适合中国特点的社会主义改造道路

（一）社会主义工业化与社会主义改造并举的路线

如同今天我们把现阶段党的基本路线称之为“一个中心、两个基本点”一样，前述党在过渡时期的总路线也有个形象的简称，叫做“一化三改造”或者“一体（鸟）两翼”的基本路线。

所谓“一化”指的是“工业化”，“三改造”是逐步实现国家对农业、对手工业和对资本主义工商业的社会主义改造。工业化为“体”，对农业、对手工业的改造为“一翼”，对资本主义工商业的社会主义改造又为“一翼”，所以又称之为“一体（鸟）两翼”。“一化”是“主体”，“三改”是“两翼”，它们之间相互联系，不可分离，两者相互促进，相辅相成。这是一条社会主义建设和社会主义改造同时并举的路线，充分体现了社会主义工业化和社会主义改造的紧密结合，体现了解放生产力与发展生产力、变革生产关系与发展生产力的有机统一。如下图所示：

① 林蕴辉，范守信．凯歌行进的时期．郑州：河南人民出版社，1989. 252.

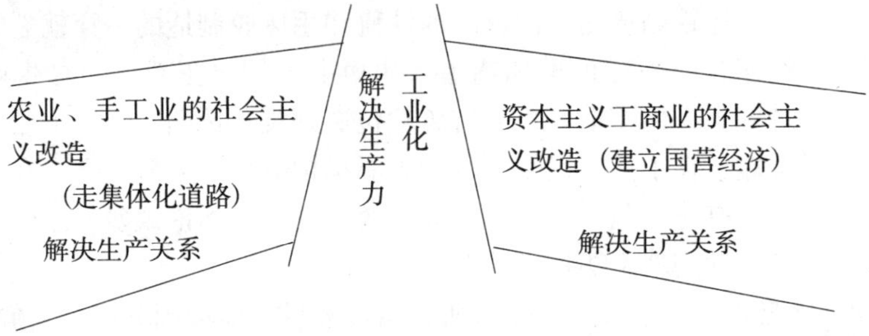

从图中可以看到：过渡时期总路线的主要任务是实现国家工业化，而为了实现工业化就必须进行社会主义改造，二者同时并举；同时又可以看到，实行工业化是解决生产力的问题，而三大改造是解决生产关系的问题，通过改造生产关系来促进生产力的发展，其设想是只有鸟的两翼丰满了，鸟的主体才能腾飞。

这是一个非常大胆而又有创见的路线，后来的实践证明，这条路线是基本正确的。毛泽东曾经指出："我们现在不但正在进行关于社会制度方面的由私有制到公有制的革命，而且正在进行技术方面的由手工业生产到大规模现代化机器生产的革命，而这两种革命是结合在一起的。"① "社会主义革命的目的是为了解放生产力。农业和手工业由个体所有制变为社会主义的集体所有制，私营工商业由资本主义所有制变为社会主义所有制，必然使生产力大大地获得解放，这样就为大大地发展工业和农业的生产创造了社会条件。"② 到1956年我国社会主义改造完成时，"一五"计划的主要指标提前完成，到1957年，各项指标均超额完成。经过"一五"期间的大规模建设，我国以重工业为重点的社会主义工业化基础已初步形成。

需要指出的是：历史唯物主义中有一个基本理论，就是生产关系一定要适应生产力的发展水平。也就是说，图中鸟的"两翼"一定要与"体"配合在大体相当的位置上。后来党在这个方面的错误是：由于社会主义改造的胜利，人们被胜利冲昏了头脑，就不顾"体"的发展状况，一味地改变生产关系，追求公有制程度越高越好，越纯越好，使"翼"严重地与"体"不相配，也就是生产关系与生产力不适应了。改革开放以后，邓小平在探索中国特色社会主义道路的过程中，强调我国的基本国情是中国正处于并将长期处于社会主义初级阶段，其在生产关系的种种改革，就是使原本超前的"翼"即生产关系不断地退，退回到初级阶段生产力的发展水平上来。

---

① 毛泽东文集（第6卷）．北京：人民出版社，1999. 432.

② 毛泽东著作选读（下）．北京：人民出版社，1986. 717.

（二）经过合作化道路，对个体农业、手工业进行社会主义改造

对农业、手工业和资本主义工商业的改造都采取了区别对象，用不同的办法积极引导、逐步过渡的方式。在农业社会主义改造方面，及时总结农民的实践经验，创造出互助组、初级社、高级社等过渡形式。这种从实际出发引导农民逐步走向社会主义的渐进的改造方式，一方面可以使农民亲身体会到组织起来力量大，可以增加生产，有利于克服困难，抵抗灾害，防止出现两极分化，逐步地提高农民的觉悟，逐步地改变他们的生活方式；另一方面可以避免苏联农业集体化运动中出现的由于富农反抗，一些农民破坏生产资料的情况。实践证明，这种逐步过渡的办法符合农民的特点和生产力状况。在农业合作化过程中，粮食产量逐年增长，农田水利建设和农业技术改造也逐年发展。在手工业改造方面的逐步过渡，不仅保护和促进了手工业生产的发展，而且为手工业逐步进行技术改造创造了条件。在手工业合作化过程中，国家一方面大力支援手工业合作社实行机械化和半机械化，以提高劳动生产率；另一方面注意保护手工业中的许多好的东西，保护优良的传统工艺品及民间老艺人。原有私营企业在接受改造过程中，生产增长和效益提高也十分明显。

（三）经过国家资本主义，逐步对资本主义工商业进行社会主义改造

对资本主义工商业的改造要复杂得多。改造的低级阶段是采取国家资本主义的形式，即收购、加工、订货、统购、包销的方法。高级阶段为公私合营，又分两个阶段，即个别企业的公私合营与全行业的公私合营。

中国共产党根据马克思和列宁关于和平赎买的设想，结合我国实际，以和平赎买的方法完成了对资本主义工商业的社会主义改造。使资本主义不是无偿地，而是有偿地转变为社会主义公有制。主要方法是“四马分肥”，即企业的利润包括税收、工人奖金与福利、企业的公积金、资本家的股息与红利四个部分。在整个改造期间，资本家一共获得 32.5 亿元。其中：1949—1955 年的利润 13 亿元；1955—1968 年的定息 11 亿元，高薪 8.5 亿元。因此，毛泽东曾经说，出这么一点钱，就赎买了这样一个阶级，这是再便宜不过的事情了。

对资本主义工商业的社会主义改造包括两方面的内容：一是把资本主义私有制改造成为社会主义公有制；二是对人的改造，即把资本家从剥削者改造为自食其力的劳动者，后一个方面的改造，通过经常组织他们参加各种学习，引导他们参加各种政治实践活动，对他们进行社会主义前途的教育，使他们自愿接受和平改造。对资本家实行团结、教育和改造的方针，这样不仅稳定了资本家的思想，提高了他们的认识，保证了改造的顺利进行，而且将几十万资本家改造成自食其

力的劳动者，成为社会主义企业的经营和管理干部。这不仅保证了社会的稳定，而且极大地促进了社会主义事业的发展。中国的这场巨大而深刻的社会变革，不仅没有对生产力的发展造成破坏，而且还促进了生产力的发展。

当时有记者问荣毅仁：消灭剥削，废除资本主义制度对于你失去了什么？得到了什么？荣毅仁回答道：对于我，失去的是我个人的一些剥削所得，它比起国家第一个五年计划的投资总额是多么渺小；得到的却是一个人人富裕、繁荣强盛的社会主义国家。对于我，失去的是剥削阶级人与人之间的尔虞我诈、互不信任；得到的是作为劳动人民的人与人之间的友爱和信任，而这是金钱所买不到的。因为我积极拥护共产党和人民政府，自愿接受改造，在工商界做了一些有利于社会主义的工作，我受到了政府的信任和人民的尊重，得到了荣誉和地位。从物质生活上看，实际上我并没有失去什么，我依旧过得很好。

五、进入社会主义是中国特色社会主义的历史起点

中国特色社会主义的历史起点在哪里？社会主义初级阶段的历史起点在哪里？很显然，在中国“进入”社会主义以后，也就是说在社会主义改造完成以后。因此，中国“进入”社会主义是中国特色社会主义的历史开端。所以，能否科学地评价社会主义改造问题非常重要。这是因为：

（一）能否科学地评价社会主义改造问题关系到如何评价中国共产党和人民共和国半个多世纪的历史

如果否定了社会主义改造，那也就否定了建立社会主义制度的必要性、正确性。什么“只有社会主义才能救中国”、“只有社会主义才能发展中国”通通谈不上了，半个多世纪以来党和国家的历史就会被说成是一系列错误的连续。

社会主义改造和社会主义工业化同时并举，发展国民经济第一个五年计划的执行和提前完成，使社会生产力的发展得到快速发展。1957 年全国工业总产值比 1952 年增长 128.3%，平均每年增长 18%。其中，生产资料的生产比 1952 年增长 210%，平均每年增长 25.4%，消费资料的生产比 1952 年增长 83%，平均每年增长 12.9%。重工业生产在工业总产值中的比重，由 1952 年 35.5% 提高到 45%，旧中国重工业过分落后的面貌有所改变。一大批旧中国没有的基础工业部门和大中型工业企业相继建立，工业技术水平和工程设计能力有了较大提高，从而奠定了我国社会主义工业化的初步基础。这对于改变我国经济技术落后的面貌，改善人民生活具有重要意义。

邓小平说：“在搞社会主义方面，毛泽东主席的最大功劳是将马克思列宁主

义的普遍真理同中国革命的具体实践结合起来。我们最成功的是社会主义改造。”①

（二）关系到能不能坚持党的基本路线

中国是经过社会主义改造才进入社会主义初级阶段的，如果否定了社会主义改造，那也就是否定了中国进入社会主义初级阶段的必要性、正确性。这样一来，我们就无法正确认识中国的基本国情，也就根本谈不上坚持党的基本路线不动摇了。

（三）关系到能不能坚持改革的社会主义方向

改革是社会主义制度的自我完善和发展，它是在坚持社会主义基本制度的前提下进行的，而社会主义基本制度的确立，正是社会主义改造的主要成果。如果否定了社会主义改造，那也就否定了在中国全面确立社会主义基本制度的必要性、正确性，否定了社会主义基本制度在中国存在的历史根据。这样一来，改革要不要以坚持社会主义基本制度为前提，就会成为问题。

社会主义改造的基本完成，使我国社会经济结构发生了根本变化，社会主义经济成分已占绝对优势，社会主义公有制已成为我国社会的经济基础。在社会主义经济基础基本建立的同时，我国的政治领域也发生了重大变化，确立了中国共产党领导的人民民主专政的社会主义政治制度。1954 年 9 月召开了第一届全国人民代表大会，结束了新中国成立以来由中国人民政治协商会议代行全国人民代表大会职权、由《共同纲领》代行国家宪法的过渡状态。会议通过的《中华人民共和国宪法》，是中国人民一百多年来为建立新中国而英勇奋斗的历史经验的总结，也是中华人民共和国成立以来新的历史经验的总结。

在社会阶级关系发生变化的同时，我国社会的主要矛盾也发生了变化。过渡时期存在的工人阶级同资产阶级之间的矛盾已经基本上解决，人民对于经济文化迅速发展的需要同当前经济文化不能满足人民需要的状况之间的矛盾，成为我国社会的主要矛盾。党和全国人民面临的主要任务，就是要集中精力来解决这个矛盾，集中力量发展社会生产力，把我国尽快地从落后的农业国变成先进的工业国。

社会主义改造的基本完成和由此带来的社会各方面的变化，表明社会主义制度已经在我国的经济领域、政治领域及社会生活其他领域基本确立。《关于建国以来党的若干历史问题的决议》指出：“在过渡时期中，我们党创造性地开辟了一条适合中国特色的社会主义改造的道路。”尽管“这项工作也有缺点和偏差”，“但整个说来，在一个几亿人口的大国中比较顺利地实现了如此复杂、困难、深刻的社会变革，促进了工农业和整个国民经济的发展，这的确是伟大的历史性的

① 邓小平文选（第 2 卷）. 北京：人民出版社，1994. 313.

胜利”。《决议》中提出的“缺点和偏差”的主要表现是：“1955年夏季以后，农业合作化以及对手工业和个体商业改造要求过急，工作过粗，改变过快，形式也过于简单划一，以致在长时间遗留了一些问题。1956年资本主义工商业改造基本完成之后，对于一部分原工商业者的使用和处理也不很适当。”出现这些问题，有指导思想上急于求成、不够谨慎，工作方法上过于简单的因素，同时，受当时历史条件的限制，也有认识上的问题，主要是，在社会主义经济模式的选择和理解上过于单一，追求纯粹的单一的社会主义经济成分；在公有制实现形式的选择和理解上过于简单化，只注意到集体所有制和全民所有制这两种基本形式，而对社会主义改造完成以后公有制经济可以和非公有制经济共同发展缺乏认识。党在实际工作过程中曾对这些问题有所觉察，对某些问题也做过纠正，但毕竟认识不深。

我们不能因为在中国发生的天翻地覆的社会制度变革中出现了“缺点和偏差”，就否定社会主义改造的基本路线。应该充分肯定：历史已经证明并且将进一步证明，社会主义的选择是正确的，是人民的选择、历史的选择。既然“我们党创造性地开辟了一条适合中国特色的社会主义改造的道路”，那么它与中国特色社会主义就是紧密联系的。党的十六大政治报告曾经指出：“新中国成立后，我们党创造性地完成从新民主主义到社会主义的过渡，实现中国历史上最伟大最深刻的社会变革，开始了在社会主义道路上实现中华民族伟大复兴的历史征程。”这个“开始”了的“历史征程”就是中国特色社会主义道路的开端，是中国特色社会主义的历史起点。

【本章小结】

新民主主义革命是无产阶级领导的，人民大众的，反对帝国主义、封建主义、官僚资本主义的革命。统一战线、武装斗争、党的建设是新民主主义革命的三大法宝，是新民主主义革命胜利的基本经验。推翻三座大山，建立新中国，中国人民从此站起来了，站起来以后怎么办，新民主主义社会理论便是解决这一问题的理论。新民主主义社会不是一个独立的社会形态，而是由新民主主义到社会主义转变的过渡性的社会形态，因此，党中央提出了先建设后过渡的设想，并进行了适合中国国情的社会主义改造。社会主义改造的完成，标志着社会主义制度在中国的初步确立，也是中国特色社会主义的历史起点。

【关键术语和概念】

1. 工农武装割据：1928年10月，毛泽东在论述了红军与根据地存在和发展的理由时指出："虽有很好的工农群众，若没有相当力量的正式武装，便决然不能造成割据局面。所以'工农武装割据'的思想，是共产党和割据地方的工农群众必须充分具备的一个重要思想。"实行"工农武装割据"就是在党的领导之下，将武装斗争、土地革命、建立革命政权三者结合在一起。这是以农村包围城市，进而夺取城市思想的最初表述。

2. 农村包围城市：所谓农村包围城市，就是中国共产党将自己的主要力量和工作重点先由城市转移到农村，在农村建立革命根据地，实行"工农武装割据"，将落后的农村改造成为先进的革命阵地，在那里积蓄和发展革命力量，扩大农村革命根据地，然后由农村包围城市，夺取城市，最后夺取全国胜利。

3. 统一战线：统一战线是无产阶级及其政党领导的统一战线，是无产阶级为了实现自己的历史使命，实现各个时期特定的战略目标和任务，团结本阶级各个阶层和政治派别，并同其他阶级、阶层、政党及一切可能团结的力量，在一定的共同目标下结成的政治联盟。因此，这个统一战线就是解决无产阶级解放运动中的自身团结统一和同盟军的问题。

4. 党在过渡时期的总路线：从中华人民共和国成立，到社会主义改造基本完成，这是一个过渡时期。党在这个过渡时期的总路线和总任务，是以"一化三改"为核心内容的总路线，包括两方面的内容。一是逐步实现社会主义工业化，这是总路线的主体；一是逐步实现对农业、手工业和资本主义工商业的社会主义改造，这是总路线的两翼。工业化是社会主义改造的基础和目的；社会主义改造是工业化不可缺少的条件和手段。这两方面互相联系，互相促进，互相制约，体现了发展生产力和变革生产关系的有机统一，是一条社会主义建设和社会主义改造同时并举的路线。

5. 国家资本主义：国家资本主义经济，是在无产阶级国家的管理之下的，用各种形式和国营社会主义经济联系着，并受工人监督的经济。国家资本主义在中国是"改造资本主义工商业和逐步完成社会主义过渡的必要之路"。现阶段，我国和外国资本家合作经营的企业也属于国家资本主义性质。

6. 和平赎买：指通过国家资本主义方式，逐步把资本主义企业改造成社会主义企业。这种赎买政策，在全行业公私合营前实行"四马分肥"，在全行业实行公私合营后，对私股实行定息的办法。此外，还给资本家及其代理人安排工作，他们的原有工资不降低。赎买政策的实行，不但减少了资产阶级对社会主义改造的阻力，而且有利于逐步把资本家改造成为自食其力的劳动者。

7. 四马分肥：四马分肥是对初级形式的国家资本主义企业获得的利润的分配形式，即按照缴纳给国家的所得税、企业的公积金、职工的福利奖金和资方的利润四个方面进行分配。这是中华人民共和国政府对资本家占有的生产资料实行赎买政策的一种形式。

【思考题】

1. 为什么中国革命要分两步走？

2. 为什么说中国革命是新民主主义的革命？

3. 中国旧民主主义革命是如何转变为新民主主义革命的？

4. 怎样理解统一战线、武装斗争、党的建设三者之间的相互关系？

5. 中国在20世纪50年代怎样选择了社会主义？

6. 你认为"中国进入社会主义是中国特色社会主义的历史起点"这个说法正确与否？

7. 案例分析：

同仁堂的新生

工商界人士听到改造资本主义工商业的消息时，心情是极其矛盾和复杂的。1953年，各家企业蒸蒸日上，正是大家想大干一场的时候，国家提出把私营企业改造为社会主义企业，具体来说就是要实行公私合营，这对大家的震动很大，思想上没有什么准备，心里真是"十五只吊桶打水——七上八下。"有的说："1949年为什么不讲总路线？那时讲，人就都跑了。"还有的说："夕阳无限好，只是近黄昏。"

1953年，北京市地方工业局选择了同仁堂首先进行公私合营，这对于同仁堂的经营者震动很大。同仁堂到这时已经存在了几百年。它始建于清朝康熙八年（1669年）。北平解放前夕，北平同仁堂有职工190多人，资金约80万元，年产值约16万元，年零售额约30万元，设备陈旧，管理落后。1949年北平解放时，同仁堂由乐氏十三世乐松生经营，他同时是天津达仁堂管理处总负责人。1950年抗美援朝开始，同仁堂向国家捐献99000元人民币。

同仁堂一直受到党和政府的重视和关怀。公私合营的消息传来时，对乐氏家族的震动很大，他们对经营了几百年的老铺，将要失去所有权、经营统治权和企业利润分配，确实十分痛惜。乐松生经过反复考虑，认识到：这是大势所趋，人心所向，历史潮流，不可违背，而且，合营后，自己仍任经理，生活待遇也不错，因此决定，同仁堂带头公私合营。

公私合营后，企业发生了很大的变化。如同仁堂虽然是个大药店，但以往的经营管理方式陈旧，存在生产计划性不强，物资储存分散，领取手续不清，库存积压产品过多等漏洞。公私合营后，改善了经营管理，建立起各种规章制度，增加设备，改进技术，自行设计了粉碎机、汽锅等，改进了生产包装，销售额也不断上升，门市部抓药从每天几十服，增加到每天200多服。经理乐松生高兴地说："别家的流水逐日下降，咱们的流水逐日上升，原来担心合营工作会影响生产，没想到合营后业务发展这么快，这下可放心了。"

1955年，毛泽东、周恩来在中南海接见了乐松生，询问了他生活、工作上的情况，鼓励他为医药事业多作贡献。同年，他当选了北京市人大代表、市政协委员，出任北京市副市长。

1956 年 1 月 13 日，北京药业全行业公私合营，乐松生手捧大红喜报代表北京市工商界人士向毛泽东报喜。

（案例来源：林祖华．毛泽东思想、邓小平理论和“三个代表”重要思想概论教学案例．北京：中国时代经济出版社，2006.）

讨论：

1. 结合案例，从同仁堂合营前后的发展变化，谈谈中国共产党对资本主义工商业改造的意义是什么？

2. 从同仁堂合营前后的发展变化评价中国共产党对民族资本主义工商业社会主义改造采取的“和平赎买”政策。

第三章　毛泽东开辟的中国社会主义道路

本章学习要点：

1. 毛泽东对社会主义经济建设的探索与“两步走”战略
2. 关于社会主义社会矛盾的学说与社会主义政治建设
3. 关于文化上的“双百”与“双用”方针
4. 国际战略思想与外交方针

第一节　对社会主义经济建设的探索与“两步走”战略

从1956年中国“进入”社会主义到1976年毛泽东逝世，以毛泽东为核心的第一代中共中央领导集体，为探索适合中国国情的社会主义建设道路，付出了艰辛的努力，既取得了积极的成果，也遭受了重大挫折。

一、寻求一条适合中国国情的社会主义建设道路

我国通过新民主主义革命，推翻了帝国主义、封建主义、官僚资本主义的统治，使生产力获得极大解放；在从新民主主义向社会主义过渡时期，又通过社会主义改造，即社会主义革命，进一步解放了生产力，因此，革命就是解放生产力。在社会主义制度确立以后，毛泽东曾经说：“我们的根本任务已经由解放生产力变为在新的生产关系下保护和发展生产力。”① 从“解放生产力”到“保护和发展生产力”，是一个飞跃，但同时又带来新的课题。对社会主义经济建设的探索就是为了寻求一条适合中国国情的社会主义建设道路，这个任务是1956年上半年提出的。其主要标志是1956年4月25日毛泽东在中央政治局扩大会议上所作的题为“论十大关系”的讲话。

1956年上半年提出这一任务，不是偶然的，主要有以下几点原因：一是对农业、手工业和资本主义工商业的社会主义改造接近完成，中国社会即将实现由

---

① 毛泽东文集（第7卷）．北京：人民出版社，1999. 218.

新民主主义向社会主义的转变，向党提出了探索适合中国国情的社会主义建设道路，领导全国各族人民进行全面的社会主义建设的任务。二是从1953年开始的第一个五年计划的大规模建设，使党在领导经济建设方面积累了一些经验，为探索适合中国国情的社会主义建设道路奠定了实践基础。三是1956年2月召开的苏共二十大破除了对斯大林和苏联模式的迷信，极大地解放了人们的思想，促使中国共产党人重新审视过去几年从苏联学来的东西。

（注释：苏共二十大和《秘密报告》：1953年3月5日，斯大林逝世，7月，清除了苏共的第3号人物克格勃头目贝利亚，逐渐确立了以赫鲁晓夫为首的领导核心。1956年2月14日至25日，在赫鲁晓夫的主持下召开了斯大林逝世后的第一次党代会——苏共二十大，有55个国家的共产党和工人党的代表应邀出席了大会，中共代表团团长是朱德。2月24日晚，新选出的中央委员在克里姆林宫召开一中全会。临近午夜，中央第一书记赫鲁晓夫突然召集二十大代表开了一次“特别闭幕会”，赫鲁晓夫作了《关于个人崇拜及其后果》的报告，长达四个半小时。这就是后来在国际上引起轩然大波的所谓“秘密报告”。几个月后，美国中央情报局得到了它的全文并公之于世，这个报告尤其是对斯大林个人崇拜错误的批评，在国际上引起了强烈震动。由于各国共产党在思想上准备不足，因而在国际共产主义运动内部出现了程度不同的思想混乱和政治动摇，一些西方国家共产党中的不坚定分子纷纷退党，一些社会主义国家出现了政治动荡，帝国主义国家和各国反动派乘机掀起了反苏、反共、反社会主义高潮。但是就当时的情况来看，国际共产主义运动没有停滞不前，而是在曲折中发展壮大，进入了一个以独立自立为主流和向多元化方向发展的新时期）

苏共二十大之后，中苏两党在如何评价斯大林的问题上发生了分歧。为了澄清苏共在这个问题上引起的混乱，中共中央于1956年4月和12月先后发表《关于无产阶级专政的历史经验》和《再论无产阶级专政的历史经验》两篇文章，充分肯定了苏共二十大批判个人崇拜的正确性，同时也全面评价了斯大林的历史功过，并深刻分析了个人崇拜产生的主客观原因及其历史教训。这在国际共产主义运动中起了良好的作用。毛泽东在1956年9月中共八大期间会见南斯拉夫共产主义者联盟代表团时说，对斯大林的批评是好的，它打破了神化主义，揭开了盖子，这是一种解放，一场解放战争，大家都敢讲话了，使人能想问题，可以自由思考、独立思考了。

独立思考的探索主要做了以下工作：

1. 作出了党和国家工作重点转移的战略决策

1956年，党的八大正确分析了社会主义改造基本完成后国内阶级状况和主要矛盾的变化，指出：“我们国内的主要矛盾，已经是人民对于建立先进工业国的要求同落后的农业国的现实之间的矛盾。”“党和全国人民当前的主要任务，是要集中力量来解决这个矛盾，把我国尽快地从落后的农业国变为先进的工业国。”这里，八大虽然没有用工作重点转移的提法，但实际上提出了党和国家的工作重点从阶级斗争转向经济建设的问题，明确了全面建设社会主义是今后党和国家的主要任务，这是八大作出的正确的战略决策。

2. 制定了综合平衡，稳步前进的经济建设方针

为了写《论十大关系》，毛泽东于1956年2月14日至4月22日先后听取了国务院34个部、委、办负责人的汇报，并要求各地向中央汇报经济、干部、统战、失业安排等11个方面的问题；还通知全国工业交通运输部门约200至300个重要工厂、建设工地，向中央写出书面汇报材料。这是建国以来一次大规模的调查研究，也是一次建设经验的总结。1956年4月25日，中央召开扩大会议。毛泽东在扩大会议上作报告，报告一开头即提出：“最近苏联方面暴露了他们在建设社会主义过程中的一些缺点和错误，他们走过的弯路，你还想走？过去我们就是鉴于他们的经验教训，少走了一些弯路，现在当然更要引以为戒。”①

《论十大关系》提出调动一切积极因素为社会主义事业服务的基本方针，论述了正确处理经济建设和社会发展中的一系列重大关系。十大关系前五个是关于经济建设的问题，即农、轻、重的关系；沿海工业和内地工业的关系；经济建设和国防建设的关系；国家、集体和生产者个人的关系；中央和地方的关系。后五个关系主要是政治生活和思想文化生活以及中国和外国的关系有：汉族和少数民族的关系；党和非党的关系；革命和反革命的关系；是非关系；中国和外国的关系。

毛泽东认为，要在中国实现工业化，首先面临的问题，就是认清什么是我国工业化的道路。他运用马克思主义的一般原理，具体分析了中国的实际情况，提出要以苏联为鉴，走自己的工业化道路。这个“自己的工业化道路”就是既不同于欧美，也不同于苏联的具有中国特色的工业化道路。他提出，要以农业为国民经济的基础，把轻工业作为发展国民经济的重要组成部分，把重工业作为我国建设的重点。这是符合我国建国后工业化发展起步阶段的客观要求的。

1957年1月，毛泽东在省、市、自治区党委书记会议上的讲话中进一步强调，全党一定要重视农业，农业关系国计民生极大；要注意，不抓粮食很危险，不抓粮食，总有一天要天下大乱。他从农业关系到几亿农村人口的吃饭问题、关系到城市和工矿区人口的吃饭问题、农业是轻工业原料的重要来源、是重工业的重要市场、农产品是重要出口物资、农业是积累的主要来源等六个方面阐述了农

---

① 毛泽东文集（第6卷）．北京：人民出版社，1999. 23.

业在国民经济中的重要地位。同年2月，毛泽东在《关于正确处理人民内部矛盾的问题》的讲话中，把重工业、轻工业和农业的发展关系问题，提高到中国工业化道路的高度加以论述。他说，这里所讲的工业化道路的问题，主要是指重工业、轻工业和农业的发展关系的问题；我国是一个大农业国，农村人口占全国人口的百分之八十以上，发展工业必须和发展农业同时并举，工业才有原料和市场，才有可能为建立强大的重工业积累较多的资金。到1962年，中共中央形成了以工业为主导、以农业为基础的思想。

二、实现“四个现代化”的“两步走”战略

以毛泽东为代表的中国共产党人，根据中国的具体国情和人民的利益需要，在探索中国社会主义建设道路的过程中，制定了中国社会主义社会的发展战略。在新民主主义革命时期和新中国建立之初，毛泽东把我国人民的奋斗目标主要界定为实现国家的工业化。因此，从抗日战争时期开始，毛泽东就多次阐述了实现国家工业化的重要性，认为中国落后的原因主要是没有新式工业，日本帝国主义之所以敢欺负中国，就是因为中国没有强大的工业。因此，要打倒日本帝国主义，要巩固民族独立，必需实现工业化。他设想，在民主革命胜利后，迅速恢复和发展生产，使中国由农业国转变为工业国。新中国成立后，中国共产党领导全国人民有步骤地实现了从新民主主义到社会主义的转变，在迅速恢复国民经济的基础上，开始了大规模、有计划的经济建设，工业化的目标被明确为“社会主义工业化”。

1954年以后，毛泽东又进一步把我国社会主义建设的战略目标确定为社会主义“四个现代化”。1954年9月，周恩来在第一届全国人民代表大会第一次会议上提出：如果我们不建设起强大的现代化的工业、现代化的农业、现代化的交通运输业和现代化的国防，我们就不能摆脱落后和贫困，我们的革命就不能达到目的。这是关于“四个现代化”的最早提法。1956年1月，周恩来在《关于知识分子问题的报告》中，初步论述了科学现代化在一个国家现代化中的重要地位，认为科学是关系我们的国防、经济和文化各方面的决定性的因素，并提出了“向现代科学进军”的口号。后来，则将原来提出的“科学文化现代化”改称为“科学技术现代化”。

在1963年1月上海市科学技术工作会议上和1964年底至1965年初的三届人大一次会议上，周恩来正式向全国人民宣告了实现“四个现代化”的口号：要在不太长的历史时期内，把我国建设成为一个具有现代农业、现代工业、现代国防和现代科学技术的社会主义强国。同时，提出了分“两步走”实现“四个现代化”的战略步骤。“为了实现这个伟大的历史任务，从第三个五年计划开

始，我国的国民经济发展，可以按两步来考虑：第一步，建立一个独立的比较完整的国民经济体系；第二步，全面实现农业、工业、国防和科学技术的现代化，使我国经济走在世界前列。”① 1974 年，周恩来总理在第四届人大会议上再次提出了建设“四个现代化”的目标，并对“两步走”的时间作了明确规定：第一步，用十五年时间，即在 1980 年以前，建成一个独立的比较完整的工业体系和国民经济体系；第二步，在 20 世纪内，全面实现农业、工业、国防和科学技术的现代化，使我国经济走在世界的前列。

正如邓小平所说：“四个现代化这个目标是毛主席、周总理在世时确定的。所谓四个现代化，就是要改变中国贫穷落后的面貌，不但使人民生活水平逐步有所提高，也要使中国在国际事务中能够恢复符合自己情况的地位，对人类作出比较多一点的贡献。落后是要受人欺负的。”② 以毛泽东为代表的中国共产党人为我国建设社会主义制定的发展战略，是中国人民探索社会主义建设规律的重大成果，曾对全国人民积极投身于中国社会主义现代化建设起过巨大的鼓舞和指导作用，也为改革开放以来，中国共产党制定新时期全面实现社会主义现代化的战略目标和“三步走”战略步骤提供了历史经验和理论来源。

第二节　人民民主专政、社会矛盾的理论与政治制度建设

一、人民民主专政的理论

（一）人民民主专政的内容

一切革命的根本问题是国家政权问题，革命的首要任务是打碎旧的国家机器，建立人民自己的政权。1948 年 12 月 31 日，毛泽东在《将革命进行到底》一文中提出了“人民民主专政”这个概念，1949 年 6 月 30 日，为纪念建党 28 周年，毛泽东发表了《论人民民主专政》一文，系统地论述了人民民主专政的思想。主要内容有：

第一，人民民主专政是工人阶级领导的国家政权，工人阶级的领导是实现人民民主的根本保证。人民民主专政的本质特征，就是对人民实行民主和对敌人实行专政。对人民内部的民主方面和对反动派的专政方面，互相结合起来，就是人民民主专政。民主与专政是密切联系的，没有对人民的民主，就难以实行对反动

① 周恩来选集（下）. 北京：人民出版社，1984. 439.

② 邓小平文选（第 2 卷）. 北京：人民出版社，1994. 237.

派的专政；没有对反动派的专政，也就不能保证人民的民主。人民民主专政是对人民内部实行民主和对人民的敌人实行专政的有机结合。

第二，人民民主专政是以工农联盟为基础，团结全体人民实行最广泛的人民民主的政权。领导者和阶级基础是决定国家政权性质的关键因素。人民民主专政需要工人阶级的领导，因为只有工人阶级最有远见，大公无私，最富于革命的彻底性。人民民主专政的基础是工人阶级、农民阶级和城市小资产阶级的联盟，而主要的是工农联盟。人民民主专政还包括工人阶级同民族资产阶级的联盟。但是，民族资产阶级不能充当革命的领导者，也不应当在国家政权中占主要地位。

第三，人民民主专政的职能和任务，对外是防止帝国主义和各国反动派的颠覆与破坏，维护国家的独立和安全，并联合世界上一切爱好和平、自由的国家和人民，共同反对帝国主义的侵略，维护世界持久和平；对内是镇压敌对势力的反抗，保护人民的民主权利，组织和管理国家的经济建设，努力发展社会生产力。

第四，人民民主专政的组织形式是人民代表大会。国家政权属于人民，人民行使政权的机关是用普选方法产生的各级人民代表大会选出的各级人民政府。这种人民代表大会的政治制度是同我国的人民民主专政的国家性质相适应的。

（二）人民民主专政的特征

（1）在概念表述上，把“人民”、“民主”、“专政”这几个方面的含义，明确表述在一个概念中，可以在理论上更科学，在实践上准确地执行。

（2）在政权组织结构上有了更广泛的社会基础，不但保持着同以人民为主体的一切劳动群众的联盟，而且保持着和民族资产阶级这一非劳动群众的联盟。

（3）坚持了马克思主义关于党的领导是无产阶级专政灵魂的一般原理，独创性地实行了共产党领导下的多党共存的新型政党制度。

（4）政权组织上采用人民代表大会这一适应我国阶级状况的组织形式，采取历史形成的人民政协会议这一统一战线组织和民主协商机制。

二、社会主义社会矛盾的学说

社会主义社会矛盾的学说的提出，与当时社会主义国家发生的两件事情密切相关，从而引起了党和国家领导人的一系列思考。1956 年 11 月，在党的八届二中全会上，刘少奇提出，要借鉴波兰、匈牙利事件的经验教训，防止国家领导人员变成特殊阶层，新的贵族阶层。

波兰事件：

在苏共二十大上，波兰共产党当时的领导人贝鲁特在听了赫鲁晓夫的“秘密报告”之后，震惊万分，不久便在苏联猝然去世。1956 年 6 月上旬，波兰重要工业城市波兹南斯大林机车车辆制造厂工人提出增加工资和减税的要求，由于问题得不到解决又碰上官僚主义，机械部长说：如果你们上街，将会遇到坦克！16000 多名工人（其中党员 4000 人）走上街头，举着“要面包和自由”的标语，向市政府进发，沿途得到群众的支持，又有几千人加入队伍，后发展为一部分人冲进专政机关和政府部门，打开监狱，释放犯人，夺取枪支，并向保安警察总部开火，政府从华沙派出了保安部队和坦克驱散群众，引发了流血事件。当晚事件平息，据正式宣布有 53 人死亡，300 多人受伤，另有 300 多人被捕。

匈牙利事件：

匈牙利事件的直接原因是受苏共二十大的影响，也受到波兰事件的影响。1956 年 3 月 17 日，匈牙利一部分党员干部和知识分子组织了裴多菲俱乐部，要求改革，并要求重新启用此前因改革而被撤职和开除党籍的纳吉重新上台。此后，围绕改革和平反问题引发了多次斗争。10 月 23 日，10 万多市民与学生举行声援波兰的示威游行，引发了流血事件。当晚纳吉被恢复部长会议主席职务，通过戒严令，政府还请求苏军前来帮助平息事端。之后，恢复了改革态势。在此同时，受西方挑动、影响的反革命势力猖狂活动，他们建立反动组织，袭击党政机关，屠杀共产党人，抢劫行凶，滥杀无辜，匈牙利的党政军陷于分裂瓦解之中，直到苏军出兵攻占布达佩斯，才平息了动乱。13 天的动乱死亡上万人，全年国民收入的四分之一毁于一旦。

关于社会主义社会还存在不存在矛盾，马克思、恩格斯没有直接明了地回答。列宁曾经认为，在社会主义条件下，对抗将会消失，矛盾仍将存在；但是，列宁由于经历的社会主义实践时间太短，对社会主义社会的矛盾没有来得及展开论述，更没有阐述这些矛盾将是什么样的矛盾，矛盾的性质和表现形式又是怎样，以及怎样解决这些矛盾等一系列问题。斯大林在领导苏联社会主义实践中，于 1936 年宣布建成社会主义以后，否认社会主义社会还存在矛盾，认为社会主义社会是完全和谐的统一体，政治上、道义上的一致才是社会主义社会发展的动力。直到 1952 年斯大林才勉强承认，如果搞得不好，社会主义的生产关系和生产力之间也会发生冲突。

毛泽东在警惕波匈事件、考察苏联的正反两方面教训和中国自己的实践经验的基础上，从马克思主义的唯物辩证法关于对立统一规律是宇宙的根本规律这一命题出发，在马克思主义发展史上，第一次系统地阐述了社会主义社会人民内部矛盾的学说。1957 年 2 月，毛泽东在最高国务会议上发表了《关于正确处理人民内部矛盾的问题》的讲话，主要观点为：

第一，矛盾是普遍存在的，社会主义社会同样充满着矛盾，正是这些矛盾的运动推动着社会主义社会不断地向前发展。

第二，社会主义社会的基本矛盾，仍然是生产关系和生产力、上层建筑和经济基础之间的矛盾。不过社会主义社会的这些矛盾同旧社会的这些矛盾具有根本不同的性质和情况，可以经过社会主义制度本身的自我调整和完善，不断地得到解决。

第三，社会主义社会的基本矛盾与其他社会形态的基本矛盾，在矛盾的性质、矛盾运动的特点、解决矛盾的途径、方式等方面有着本质的不同。例如，资本主义社会的矛盾表现为剧烈的对抗和冲突，表现为剧烈的阶级斗争，那种矛盾不可能由资本主义制度本身来解决，而只有通过无产阶级的社会主义革命才能够加以解决。社会主义社会的基本矛盾则完全是另外一回事，它不是对抗性的矛盾，矛盾双方是既相适应又相矛盾。社会主义的生产关系，是和生产力的发展相适应的，但是，它又很不完善，这些不完善的方面和生产力的发展又是矛盾的。上层建筑和经济基础之间也是既相适应又相矛盾。这些不相适应而相矛盾的方面，不表现为剧烈的对抗和冲突，可以通过社会主义制度本身的自我调整和完善，不断得到解决。这正是社会主义社会制度的优越性之所在，也是社会主义社会发展的动力。

第四，社会主义社会的基本矛盾，反映到人与人的关系问题上，就表现为两类不同性质的社会矛盾，即敌我之间的矛盾和人民内部的矛盾。在社会主义改造基本完成以后，正确处理人民内部的矛盾已经成为我国国家政治生活的主题。因此，要尽可能调动一切积极因素，尽可能化消极因素为积极因素。

毛泽东关于社会主义社会基本矛盾的学说是对马克思列宁主义的新发展。它对社会主义社会矛盾及其存在状态、性质、解决途径等的深刻论述，引导人们正确认识和分析社会主义社会客观存在的基本矛盾；引导人们在实践中努力探寻正确、有效的方式方法去处理和解决这些矛盾，揭示了社会主义社会发展的一般规律，为社会主义改革奠定了哲学基础、提供了理论依据。毛泽东关于严格区分和正确处理两类不同性质矛盾的学说，特别是关于正确处理人民内部矛盾是国家政治生活的主题的思想，具有重大的实践意义和理论意义。它为正确处理社会主义社会各种矛盾，协调人与人之间的社会关系，创造有利于生产力发展的良好的社会环境和政治局面，构建和谐社会，提供了基本的理论依据。它以完整的理论形态、独创性的内容，丰富了马克思主义的理论宝库。

毛泽东关于社会主义社会基本矛盾的学说还提出了正确处理人民内部矛盾的一系列方针、政策和方法。毛泽东指出，“敌我之间和人民内部这两类矛盾的性质不同，解决的方法也不同”。敌我矛盾是对抗性的，是分清敌我的问题，需要用强制的、专政的方法来解决；人民内部的矛盾是在人民利益根本一致的基础上的矛盾，是分清是非的问题，只能用民主的、说服教育的方法，也就是“团结——批评——团结”的方法来解决。他认为，革命时期的大规模的急风暴雨式的群众阶级斗争基本结束，现在大量的突出的是人民内部矛盾。正确处理大量表现出来的人民内部矛盾就成为团结全国各族人民，进行一场新的战争即向自然界开战，发展我国的经济和文化，建设社会主义新国家的必要条件，成为国家政治生活的主题。

解决人民内部矛盾的主要方法有：①政治上，实行“团结——批评——团结”的方针；②经济上，实行“统筹兼顾，适当安排”的方针；③共产党和民主党派的关系上，实行“长期共存，互相监督”的方针；④科学文化上，实行“百花齐放，百家争鸣”的方针；⑤民族关系上，实行民族平等、团结互助的方针。

这些思想，是后来指导中国社会主义政治、文化、社会建设的重要依据。这些思想，不仅在当时有着十分紧迫的指导意义，而且对于今天建设中国特色社会主义、构建和谐社会仍然有着相当重要的理论意义和现实意义。

三、政治制度建设

（一）人民代表大会制度是我国的根本政治制度

我国人民民主的政治制度（即政体）是人民代表大会制度，这是适合中国国情的根本政治制度。这一制度写入了 1954 年第一届全国人民代表大会第一次会议通过的《中华人民共和国宪法》，并为以后历次宪法所肯定和完善。人民代表大会制度的内容和特点主要是：国家的一切权力属于人民；各级人民代表大会是人民行使国家权力的机关，全国人民代表大会是国家的最高权力机关；国家各级行政机关和司法机关由各级人民代表大会产生，并向它负责，接受它的监督；各级人民代表大会实行民主集中制的组织原则。人民代表大会制度的核心内容是，国家的一切权力属于人民，人民通过人民代表大会这一组织形式参与对国家事务的管理，行使当家作主的权力。我国的人民代表大会制度，既不同于西方资本主义国家的种种民主共和政体，也有别于苏联实行的苏维埃制度。

（二）多党合作与政治协商是基本的政治制度

中国共产党领导的多党合作与政治协商是我国基本的政治制度。这一制度既不同于多党制或两党制，也不同于一些社会主义国家曾实行的一党制，是具有中国特色的社会主义政党制度。其主要内容和特点是：

（1）中国共产党和民主党派以宪法和法律为根本活动准则。《中华人民共和国宪法》是我国的根本大法，同全国人大及其常委会制定的其他法律一样，都是全国人民意志的体现，全国各族人民、一切国家机关和武装力量、各政党和社会团体、各企业事业组织，都必须无条件遵守和服从。领导和参与领导制定《宪法》的中国共产党和各民主党派同样要遵守宪法，维护宪法和法律的尊严，自觉以宪法和法律为自己的根本活动准则。

（2）处理中国共产党同民主党派关系的指导方针是“长期共存，互相监督”。1956 年 4 月，毛泽东初步总结我国多党合作的历史经验和其他社会主义国家的历史教训，提出：一个党同一个人一样，耳边很需要听到不同的声音。究竟是一个党好，还是几个党好？现在看来，恐怕是几个党好。不但过去如此，而且将来也可以如此，就是长期共存，互相监督。党的八大确认了这一方针，并写入大会的决议。“长期共存”就是指只要中国还存在阶级和政党，只要中国共产党存在，各民主党派就存在下去，多党合作也坚持下去，一直要共存和合作到将来社会的发展不需要政党的时候为止。“互相监督”是指监督的双向性。一方面，共产党对民主党派进行监督，共产党通过正确的路线、方针、政策实现对民主党派的监督，保证多党合作的政治方向。当然，中国共产党和民主党派都是政治自由、组织独立、法律地位平等的政党，共产党对民主党派的监督是党外监督，并不涉及民主党派的内部事务。另一方面，民主党派对共产党也实行监督，作为参政党，各民主党派有权利和责任对执政党进行监督，提出意见和建议，推动国家重大决策的民主化和科学化。正如毛泽东所说：所谓互相监督，当然不是单方面的，共产党监督民主党派，民主党派也可以监督共产党。

（3）中国共产党是执政党，民主党派是参政党。共产党和民主党派都是代表社会主义劳动者和爱国者利益的政党，多党合作制是人民根本利益一致基础上具体利益存在差异性的体现。中国共产党是中国社会主义革命和社会主义建设事业的领导核心，是执政党。民主党派是接受中国共产党领导、同共产党通力合作的亲密友党，是参政党，既不是在野党，更不是反对党。民主党派参政的主要内容是：参加国家政权，参与国家大政方针和国家领导人人选的协商，参与国家事务的管理，参与国家方针、政策、法律、法规的制定。因此，各民主党派的许多领导人和成员参加了国家机关的工作，有的被选为各级人民代表大会的代表和各级政协委员，有些同志还担任了各级人大、政府和政协的领导职务。

中国人民政治协商会议是中国人民爱国统一战线的组织，是中国共产党领导的多党合作和政治协商的重要机构。六十多年来，它团结中国各族人民、各民主党派、各人民团体和社会各界代表，为中华民族的解放、中国现代化建设和祖国统一大业的完成等，已经作出并将继续作出重大贡献，其自身的发展已形成完整的制度，同多党合作一起构成当代中国的一项基本的政治制度。以毛泽东为首的中国共产党人，把马克思主义政党学说的基本原理同中国革命和建设的具体实际相结合，同时吸取世界其他社会主义国家政治发展的成功经验和反面教训，在长期革命和建设的实践中，经过反复比较和选择，逐步确定了适合中国国情的社会主义政党制度——中国共产党领导的多党合作和政治协商制度。

目前，我国除执政的中国共产党外，还有中国国民党革命委员会、中国民主同盟、中国民主建国会、中国民主促进会、中国农工民主党、中国致公党、九三学社和台湾民主自治同盟。这些民主党派大多数是在中国共产党统一战线政策的影响下，在抗日战争和解放战争时期成立的。1956 年社会主义改造完成前，民主党派的社会基础主要是民族资产阶级、城市小资产阶级以及其他爱国民主分子，也有一批革命知识分子和极少数共产党员参加。社会主义改造完成后，各民主党派发展成为各自所联系的一部分社会主义劳动者、拥护社会主义的爱国者和拥护祖国统一的爱国者的政治联盟。在长期的革命和建设中，民主党派已发展成为接受中国共产党领导的、同中国共产党通力合作、共同致力于社会主义现代化建设事业的亲密友党。

（三）民族区域自治制度是又一项基本政治制度

民族区域自治，就是在中华人民共和国境内，在国家统一领导下，以少数民族聚居的地区为基础，实行区域自治，设立自治机关，行使自治权，由少数民族当家作主，管理本民族内部的地方性事务。它包含两方面含义：一是各民族区域自治地方是中华人民共和国不可分割的一部分，要维护国家的统一，服从中央领导，保证党和国家路线、方针、政策的贯彻执行，遵守国家宪法和法律；二是保证自治地方充分行使自治权，照顾自治地方的特点和需要，使自治机关有大于一般地方机关的自主权。其行政单位分为三级，即自治区、自治州和自治县（旗）。此外，作为自治形式的一种补充，我国还设立了民族乡作为一种基层政权形式。目前，全国共建立了 5 个自治区、30 个自治州、121 个自治县（包括 3 个自治旗）和 1272 个民族乡。

中国自古以来就是一个统一的多民族国家，从秦始皇统一中国以来的绝大多数时期，国家结构实行的都是中央集权的单一制形式。长期以来，各民族相互交流，密切往来，在中国早已形成了以汉族为主体，各民族大杂居、小聚居的格局，特别是 1840 年鸦片战争以来，中国各民族人民在共同反对帝国主义侵略的斗争中，自觉地结成了相互依存的民族整体。早在新民主主义革命时期，中国共产党就曾提出过实行民族区域自治制度的主张，并在红军长征途中，领导宁夏预海县回民建立了自治政府，在四川甘孜地区建立了博巴自治政府，1946 年在陕甘宁边区建立了蒙、回民族自治区，1947 年 5 月建立了第一个省级自治区——内蒙古自治区。1949 年，中国人民政治协商会议《共同纲领》明确规定：民族区域自治制度是中国的一项基本政治制度。1952 年，政务院制定《中华人民共和国民族区域自治实施纲要》，对民族区域自治制度作出了具体的规定。1954 年通过的新中国第一部《宪法》又以根本大法的形式把民族区域自治制度固定下来。

马克思主义认为，民族和国家都是存在于人类社会一定历史阶段的现象，同属于历史范畴。民族是人们在历史上形成的具有共同语言、共同地域、共同经济生活以及表现于共同的文化特点上的共同心理素质等基本特征的稳定的共同体。国家是阶级矛盾不可调和的产物和表现，是阶级压迫的工具。二者本质不同，但有着密切的联系。国家在民族的形成过程中起过重大的推动作用，民族又是构成国家发展的重要基础，尤其是在人类近现代历史上，一个国家的民族及其相互关系，直接关系到该国国家结构的形成、政治局面的稳定、国家主权的统一和经济社会的发展。中国共产党在领导中国人民建立当家作主的国家政权的过程中，坚持把马克思主义关于国家结构和民族问题的基本原理同中国的具体实际相结合，确定了在中国实行中央集权的单一制下的民族区域自治制度。

民族区域自治制度既维护了国家主权的统一和领土完整，又充分保障了各少数民族当家做主的各项基本权利，也有利于杂居在祖国大家庭中的各民族和睦相处，实践证明它是符合中国国情的一项基本政治制度，促进了民族间的平等、互助、团结的社会主义民族关系的发展，开创了各民族共同繁荣的新局面，促进了我国社会主义建设的发展，也丰富了马克思主义的民族理论。

在人民民主专政理论指导下的、由毛泽东开创的我国政治制度包括人民代表大会制度、多党合作与政治协商制度、民族区域制度，直到今天仍然是中国特色社会主义必须坚持的政治制度。

第三节　文化上的“双百”与“双用”方针

一、“百花齐放，百家争鸣”的方针

“百花齐放，百家争鸣”，简称“双百”方针。“艺术上百花齐放，学术上百家争鸣”，是作为执政的中国共产党繁荣社会主义文艺的明确方针，也可以说是

一项文化方针，是一个重要的创造，是对发展社会主义先进文化的重要探索。1951 年，毛泽东为中国戏剧研究院成立题词："百花齐放，推陈出新"。这是针对戏剧改革而写的，意思是要批判地继承中国古代的戏剧遗产，使各种戏曲形式同时并存，共同繁荣。1956 年 4 月 28 日，毛泽东在中央政治局扩大会议作总结报告，他说："艺术上的百花齐放，学术上的百家争鸣，我看这应该成为我们的方针。……'百家争鸣'，这是两千年以前就有的事，春秋战国时代，百家争鸣。讲学术，这种学术也可以讲，那种学术也可以讲，不要拿一种学术压倒一切。你讲的如果是真理，信的人势必会越来越多。"①

1956 年 5 月 2 日，毛泽东在最高国务会议第七次会议上正式宣布"双百"方针是我们发展科学文化事业的方针。他说："现在春天来了嘛，100 种花都让它开放，不要只让几种花开放，还有几种不让它开放，这就叫百花齐放。百家争鸣，是说春秋战国时代，两千年以前那个时候，有许多学派，诸子百家，大家自由争论。现在我们需要这个。……在中华人民共和国宪法范围之内，各种学术思想，正确的、错误的，让他们去说，不去干涉他们。李森科、非李森科，我们也搞不清，有那么多的学说，那么多的自然科学学派。就是社会科学，也有这一派、那一派，让他们去谈。在刊物上、报纸上可以说各种意见。"②

1957 年 2 月，毛泽东在关于《关于正确处理人民内部矛盾的问题》的讲话中再次重申了这一方针。文章还说："从广大人民群众的观点看来，究竟什么是我们今天辨别香花和毒草的标准呢？在我国人民的政治生活中，应当怎样来判断我们的言论和行动的是非呢？我们以为，根据我国宪法的原则，根据我国最大多数人民的意志和我国各党派历次宣布的共同政治主张，这种标准可以概括如下：①有利于团结我国各族人民，而不是分裂人民；②有利于社会主义改造和社会主义建设，而不是不利于社会主义改造和社会主义建设；③有利于巩固人民民主专政，而不是破坏或者削弱这个制度；④有利于巩固共产党的领导，而不是摆脱或者削弱这种领导；⑤有利于社会主义的国际团结和全世界爱好和平人民的国际团结，而不是有损于这些团结。这五条标准中，最重要的是社会主义道路和党的领导两条。"③

毛泽东提出的上述五条标准，和我们今天坚持的"四项基本原则"是大致相当的，而且其中的"最重要的是社会主义道路和党的领导这两条"，邓小平后来也多次这样说过。

① 毛泽东文集（第 7 卷）. 北京：人民出版社，1999. 54.

② 关于"百花齐放、百家争鸣"方针的文献三篇 . 党的文献，1990. 3.

③ 毛泽东著作选读（下）. 北京：人民出版社，1986. 788、789.

毛泽东还认为："提出这些标准，是为了帮助人民开展对于各种问题的自由讨论，而不是为了妨碍这种讨论。不赞成这些标准的人们仍然可以提出自己的意见来辩论。但是大多数人有了明确的基本标准，就可以使批评和自我批评沿着正确的轨道前进，就可以用这些标准去鉴别人们的言论行动是否正确，究竟是香花还是毒草。这是一些政治标准。为了鉴别科学论点的正确或者错误，艺术作品的艺术水准如何，当然还需要一些各自的标准。但是这几条政治标准对于任何科学艺术的活动都是适用的。"①

"百花齐放，百家争鸣"方针涵盖了自然科学、社会科学的各个方面，它不仅是一个文艺方针，也是一个文化方针，是毛泽东为首的第一代中央领导集体探索社会主义文化发展方向的一个重要成果。

第一，毛泽东根据矛盾法则的基本原理阐明精神世界中矛盾的普遍存在及其特点，指出解决艺术和科学领域的矛盾只能采用"放"的方针。他认为：无论哪个国家，都有唯心主义，都有形而上学，有毒草。让大家讲意见，使人们敢于说话，敢于批评，敢于争论；不怕错误的议论，不怕有毒的东西；允许各种意见之间的相互争论和相互批评，既容许批评的自由，也容许批评者的自由；对于错误的意见，不是压服，而是说服，以理服人。

第二，毛泽东阐明了"香花"、真理是在对立比较和斗争中发展起来的。他认为，错误与真理的斗争是社会发展不可缺少的动力，"不让发表错误的意见，结果错误意见还是存在着。而正确的意见如果是在温室里培养出来的，如果没有见过风雨，没有取得免疫力，遇到错误意见就不能打胜仗"②。因此，不能把错误思想、作品的出现和存在仅仅看作是消极的东西，如果"香花"不与"毒草"比较，就难以在斗争中发展起来。因为，"正确的东西，好的东西，人们一开始常常不承认它们是香花，反而把它们看作是毒草。哥白尼关于太阳系的学说，达尔文的进化论，都曾经被看作是错误的东西，都曾经历过艰苦斗争"③。

第三，"双百"方针是一个不断前进，没有止境的过程。毛泽东认为："当着某一种东西被人们普遍地抛弃，某一种真理被人类普遍地接受的时候，更加新的真理又在同新的错误意见斗争。这种斗争永远不会完结。这是真理发展的规律，当然也是马克思主义发展的规律。"④ 这就是说：在文化领域，就每一次具体的意见和争鸣来说，它是有结论有止境的，应当而且能够分清高和低、优和

① 毛泽东著作选读（下）. 北京：人民出版社，1986. 789.
② 毛泽东著作选读（下）. 北京：人民出版社，1986. 787.
③ 毛泽东著作选读（下）. 北京：人民出版社，1986. 784.
④ 毛泽东著作选读（下）. 北京：人民出版社，1986. 785.

劣、真理和谬误，香花和毒草；但整个意识和争鸣作为认识真理的历程，它又是无限的、没有止境的。即使在当时对于“双百”方针的认识，也不是完全一致的。1957 年 3 月 8 日，毛泽东在《同文艺界代表的谈话》中说：“地委书记、地区专员以上的干部约一万多人，其中是否有一千人是赞成百花齐放、百家争鸣的都很难说，其余十分之九还是不赞成的，这些都是高级干部呢！”①

在毛泽东领导的“双百”方针激励之下，文化科学界出现了生气勃勃的景象。1956 年 2 月 24 日，中央政治局会议批准成立国务院科学规划委员会。在这个委员会的领导下，经过 600 多名科学家和近百名苏联专家半年时间的努力，于同年 12 月编制完成 1956—1967 年的 12 年科学技术发展远景规划（草案），提出了重要的科技研究任务 57 项，共有研究课题 600 多个。1956 年 6 月 11 日，国务院科学规划委员会召开哲学社会科学规划座谈会，参加的有 15 个学科在北京的 700 多位科学家。他们按学科分成 30 多个小组，对《1956—1967 年哲学社会科学规划草案》发表意见，并在某些问题上展开争论。

1956 年 7 月，全国 31 个哲学、社会科学学术刊物的编辑部负责人集体讨论刊物如何贯彻“百家争鸣”问题，指出过去有的刊物对于一些学术问题，采取简单化的粗暴态度，有的刊物发表了不少言之无物的充满教条主义气味的文章。

1956 年一年内，举行比较重要的全国性学术会议 50 多次，有遗传学、历史学、自然科学史、自然辩证法、语法讨论会，还有考古工作会议、中医座谈会等等。

文艺界更为活跃，1956 年 3 月，文化部主办的第一届全国话剧观摩演出，共上演 49 个不同题材、不同风格的话剧。同年 8 月，在北京举行了第一届全国音乐周，演出我国古代和现代的各个时期的音乐作品，还有“五四”以来革命歌曲大合唱以及各少数民族的民歌独唱。汇演期间，还对有关音乐的创作和演出问题进行了自由讨论。1957 年 1 月，全国 60 多个专业歌剧团体在北京举行音乐舞蹈汇演，20 天演出了 360 多个节目，是一次空前的盛会。

科学技术界的活动也十分活跃。1956 年 8 月，中国数学学会举行全国论文宣读大会，宣读了 150 多篇论文。1957 年 1 月，科学院颁发了 1956 年度科学奖金，自然科学方面有 34 项重要论著获奖。1956 年的出版事业空前繁荣。出版文学艺术书籍 9375 种，比 1952 年的 5004 种增长了 87%；哲学社会科学书籍出版 3727 种，比 1952 年的 1337 种增长 178.8%；自然科学、技术书籍出版 8698 种，比 1952 年的 3092 种增长 181%；文化教育书籍 2391 种，比 1952 年的 1872 种增

① 毛泽东文集第 7 卷．北京：人民出版社，1999. 257.

长27.7%；通俗读物和少年儿童读物8997种，比1952年的3400种增长164.6%。①

总之，从1956年初“双百”方针的提出到1957年初，我国文化界出现了前所未有的繁荣景象，这种景象充分说明了“双百”方针的强大感召力。但是，由于众所周知的原因，1957年夏季出现了政治形势的变化，“双百”方针也随着政治形势的变化而变化，没能一以贯之地贯彻下去。1961—1962年，在国民经济的调整过程中，党中央曾经先后主持制定了科学、教育、文艺等方面的工作条例草案，意为恢复“双百”方针的原则，但随着1962年9月党的八届十中全会以后“左”的思想进一步发展，这一原则又遭到破坏。但是作为对繁荣社会主义文化的积极探索，仍有着重要意义。从1956—1966年，我国科学技术、文教卫生等文化事业的面貌有了根本的改观。文化事业的机构和队伍，较之旧中国，有了几十倍的增长。1949年，在全中国54000万人口中，文盲总数是43200万，占总人数的80%，而许多非文盲也不过认识几百个字而已。但是到了1964年7月1日，第二次人口普查公布的数字：总人口69122万，文盲半文盲26340万，占总人口38%，中国人民的文化素质得到了显著的提高。并且初步建立了一支知识分子队伍，产生了一批大长中国人志气、激励民族自信心的科技文化成果；产生了一批代表新中国创作水平的优秀文艺作品，大大提高了中国的国际地位，也为后来的文化建设打下了一定的基础。

粉碎“四人帮”以后，“双百”方针得以重新确立。1978年3月召开的全国人大五届一次会议，把“双百”方针写进了我国宪法；1981年6月党的十一届六中全会通过的《关于建国以来党的若干历史问题的决议》、1985年党的十二届三中全会通过的《中共中央关于科学技术体制改革的决定》、1986年9月党的十二届六中全会通过的《中共中央关于社会主义精神文明建设的指导方针》等重要文件中都写入了“双百”方针。江泽民曾经在庆祝建党80周年大会上的讲话中强调指出：“实行百花齐放、百家争鸣，是发展先进文化必须贯彻的重要方针。”由此可见，由毛泽东提出，经过三代中央领导集体的不断探求，“双百”方针已经成为我们党发展先进文化的一个重要方针，并且在实践中取得了积极的成果。实践还证明，只有认真贯彻这一方针，社会主义的先进文化才得以发展。

二、“古为今用，洋为中用”的方针

在探索中国社会主义文化建设的实践中，毛泽东继承马列主义关于无产阶级

① 中国出版工作者协会. 中国出版年鉴. 北京：商务印书馆，1980.

要批判地继承人类文化遗产的思想，提出了要批判地吸收古今中外的一切优秀文化成果，为中国社会主义建设服务的思想。1964 年 9 月，毛泽东将这一思想明确概括为“古为今用，洋为中用”的方针，从纵横两个方面阐明了如何对待古今中外人类文化遗产的态度。

为何采取这一方针，这就与毛泽东的“精华糟粕”论有关：如前所述，毛泽东 1940 年 1 月写的《新民主主义论》一文，提出了新民主主义文化纲领。在文章中，毛泽东将民族文化分为两种：“反动文化”和“新文化”。但是由于中国是半殖民地半封建社会的基本国情，毛泽东又将占统治地位的反动文化划分为帝国主义文化和半封建文化：“帝国主义文化，这是反映帝国主义在政治上、经济上统治或半统治中国的东西。这一部分文化，除了帝国主义在中国直接办理的文化机关之外，还有一些无耻的中国人也在提倡。一切包含奴化思想的文化，都属于这一类。”“又有半封建文化，这是反映半封建政治和半封建经济的东西，凡属主张尊孔读经、提倡旧礼教旧思想、反对新文化新思想的人们，都是这类文化的代表。”何谓新文化呢？这是“在观念形态上反映新政治和新经济的东西，是替新政治新经济服务的”。“一句话，就是无产阶级领导的人民大众的反帝反封建的文化”。①

这就是毛泽东的“两种文化”论，是毛泽东运用马克思列宁主义的基本原理，依据中国国情所作出的科学分析。根据列宁的“任何民族都有两种文化”的学说，毛泽东提出了一对形象而生动的概念：“精华”和“糟粕”。这是一对历史的范畴，既体现阶级分析的观点，又体现了历史分析的观点。何谓精华与糟粕，毛泽东举了一个生动的例子：吸收和排泄的关系，食物在“唾液和胃肠液中”，“分解为精华和糟粕两部分”，“然后排泄其糟粕，吸收其精华”。

在怎样对待“精华”和“糟粕”的问题上，毛泽东又将“两种文化”分为外国的“精华糟粕”和中国的“精华糟粕”。对于外国的进步文化，我们“应该大量吸收”，“作为自己的文化食粮的原料”，“凡属我们今天用得着的东西，都应该吸收”。但是，“全盘西化”或“形式主义地吸收外国的东西”，“在中国过去是吃过大亏的”，因此，“我们决不能和帝国主义反动文化相联合”。对于中国的传统文化，则“必须将古代封建统治阶级的一切腐朽的东西和古代优秀的人民文化即多少带有民主性和革命性的区别开来”。然后“剔除其封建性的糟粕”，“吸收其民主性的精华”，“决不能无批判地兼收并蓄”。②

可见，毛泽东正是在深入地了解中国的传统文化和把握住“人类全部发展

---

① 毛泽东选集（第 2 卷）. 北京：人民出版社，1991. 695、698.

② 毛泽东选集（第 2 卷）. 北京：人民出版社，1991. 707、708.

过程中所创造的文化”这个前提之下，才提出了“新文化”或曰“新民主主义文化”纲领的。这个吸收精华、剔除糟粕的过程，既是对中外文化加以改造的过程，也是建立新民主主义文化“提高民族自信心的必要条件”。

在这一思想认识的基础上，针对大规模进行社会主义文化建设的需要，毛泽东作了“古为今用，洋为中用”的新概括，并且确定为繁荣文化的又一方针。因为，“向古人学习是为了现在的活人，向外国人学习是为了今天的中国人”，吸取古今中外的东西，是为了现在“创造出中国自己的、有独特的民族风格的东西”。

第四节　对经济体制和企业管理体制的初步探索

一、关于经济体制的思想

1. 社会主义经济既要有计划性，又要有多样性、灵活性的思想

中共八大以后，毛泽东在约见民建、工商联负责人的谈话中，对社会主义公有制经济占优势的前提下允许非社会主义经济成分存在的问题作了探讨，提出“可以消灭了资本主义，又搞资本主义”的观点。这个观点就是使社会主义经济既要有计划性，又要有多样性和灵活性。

2. 发展商品生产、尊重价值规律的思想

在纠正1958年出现的“共产风”过程中，毛泽东明确提出了要发展社会主义商品生产，要重视价值规律的思想。他说，只要还存在两种所有制，商品生产和商品交换就极其必要，极其有用。商品生产不能与资本主义混为一谈。不要怕，不会引到资本主义，因为已经没有了资本主义的经济基础。商品生产可以乖乖地为社会主义服务。1959年2月，毛泽东在中共中央政治局扩大会议上又强调要重视价值规律。他指出，价值规律是客观存在的经济法则；价值规律是一个伟大的学校，只有利用它，才有可能教会我们的几千万干部和几万万人民，才有可能建设我们的社会主义和共产主义，否则一切都是不可能的。

3. 关于“三个主体，三个补充”的思想

“三个主体，三个补充”的思想最早是由陈云在中共八大的发言中提出的，他认为中国的社会主义经济的情况将是这样的：在工商业经营方面，国家经营和集体经营是工商业的主体，一定数量的个体经营是国家经营和集体经营的补充；在生产计划方面，计划生产是工农业生产的主体，按照市场变化在国家计划许可范围内的自由生产是计划生产的补充；在社会主义的统一市场里，国家市场是它的主体，一定范围内的国家领导的自由市场是国家市场的补充。这个思想，在相

当一段时间内得到毛泽东与党中央的认可。

4. 扩大地方和企业的自主权的思想

1956年4月，毛泽东在《论十大关系》中提出要有中央和地方两个积极性，不要像苏联那样，把什么都集中在中央，把地方卡得死死的，地方一点机动权都没有。应当在巩固中央统一领导的前提下，扩大一点地方的权力，给地方更多的独立性，让他们办更多的事情，这对建设我们强大的社会主义国家比较有利。

二、关于企业管理的思想

毛泽东在对社会主义建设事业的探索中，有一项贡献是关于企业管理方面的，《关于建国以来党的若干历史问题的决议》中指出："他还强调工人是企业的主人，要实行干部参加劳动、工人参加管理、改革不合理的规章制度和技术人员、工人、干部'三结合'。"这里，我们结合《工业七十条》的制定与实施，总结一下他在这个方面的思想。

1961年1月，中共八届九中全会以后，毛泽东关注和亲自过问、制定了一系列管理类的条例，其中对《工业七十条》的制定给予了更多的关注，并一直将文件保留在床头直至逝世。其原因是《工业七十条》中的有关条例体现了毛泽东对社会主义建设道路的探索和一系列思想，主要表现在强调工人阶级的主人翁地位、加强企业的思想政治工作、工人参加管理、关心职工的利益等方面。这些思想时至今日仍有借鉴意义。据薄一波回忆："小平同志后来多次告诉我，毛主席直到临终时，还把《工业七十条》文件摆在枕边，始终没有提出过批评。"①

将一份十几年前而且是"文革"前的工业管理文件"摆在枕边"直到临终，说明了毛泽东对它的厚爱，何以至此?

(一)《工业七十条》的产生

1. 产生于"实事求是"年

"大跃进"的沉痛教训，到1960年已开始被人们所认识，1960年6月14日至18日，中共中央在上海举行了政治局扩大会议。会议期间毛泽东写了一篇《十年总结》的文章，文中明确表示自己也有过许多错误，承认自己和党对社会主义革命和建设还有很大盲目性，还有一个很大的未被认识的必然王国，并且重新倡导"实事求是"的思想路线。毛泽东的这一认识，对不久后逐渐转向调整国民经济有重要意义。1960年7月5日至8月10日，中共中央在北戴河召开工作会议，降温和调整的空气进一步浓厚。8月底，周恩来在李富春汇报的基础上

---

① 薄一波．若干重大决策与事件的回顾（下）．北京：中央党校出版社，1993. 978.

提出“调整、巩固、充实、提高”的八字方针，并在1961年1月召开的八届九中全会上获得批准。毛泽东在这次全会上提出要恢复党的实事求是传统，加强调查研究，搞一个“实事求是”年。

八届九中全会以后，为了制定贯彻“八字”方针的具体政策，毛泽东等中央领导人和各中央局、各省、市委主要领导人深入基层调查研究。通过调查研究，1961年3月15日至23日举行的中央广州工作会议上，讨论通过了《农村人民公社工作条例（草案）》（简称《农业六十条》）。1961年5月21日至6月12日，中央在北京举行工作会议，除对《农业六十条》草案进行修改外，还讨论通过了《关于改进商业工作的若干规定（试行草案）》（简称《商业四十条》）、《关于城乡重工业若干政策问题的规定（试行草案）》（简称《重工业三十条》）。7月19日，中央又批转国家科委党组、中国科学院党组制定的《关于自然科学研究机构当前工作的四十条意见（草案）》（简称《科研四十条》），9月15日，中央批准试行《教育部直属高等院校暂行工作条例（草案）》（简称《高教六十条》）。9月16日，中共中央颁发《国营工业企业工作条例（草案）》（简称《工业七十条》）。

2. 为调整企业和加强管理而作

关于《工业七十条》制定的目的和意义，在与条例同时下发的《中共中央关于讨论和试行〈国营工业企业工作条例草案〉的指示》中，曾有明确的表述：“这个条例草案的目的，是要把我们领导工业企业的经验，特别是最近三年多的经验，系统地加以总结，制定出一个适合我国实际情况的和能够更好地为总路线、大跃进服务的管理企业的规章制度。”“这个条例草案的讨论和试行，对于总结过去三年大跃进中国营工业企业管理工作的经验，对于贯彻执行调整、巩固、充实、提高的方针，对于我国工业今后的发展，都具有很重要的意义。”①

大跃进期间，由于建设上一哄而起加之大搞群众运动，废除了工矿企业中一些必要的规章制度，使企业管理出现混乱的状况。《中共中央关于当前工业问题的指示》就指出：“在一些工业管理部门和工业企业中间不同程度地滋生了浮夸作风和瞎指挥作风，在不少的企业中管理工作相当混乱，责任制度废弛，设备损坏严重，劳动生产率下降，产品质量降低，企业之间原有的协作关系被破坏了”。② 这些情况，造成企业经济效益普遍下降，以1960年与1957年相比：生铁合格率由99.4%下降到74.9%，工业企业全员劳动生产率下降12%。③

① 中国企业领导制度的历史文献．北京：经济管理出版社，1986.255.

② 中国工业管理条例汇编．北京：地质出版社，1980.200.

③ 赵德馨．中华人民共和国经济史．郑州：河南人民出版社，1988.641.

因此，在执行“调整、巩固、充实、提高”的八字方针时，除了从宏观上调整部门之间和工业部门内部的比例关系外，还必须加强企业内部管理，并且从重建必要的规章制度入手。这一点，当时的中央领导同志基本都有共识。根据薄一波的回忆，1961 年 3 月广州会议之前，中央书记处就有搞个工业文件的动议。5 月 20 日，中央书记处在听取薄一波汇报工业座谈会情况时，薄一波表示：现在光发个原则性的指示，一是难写，二是发了也不解决问题。邓小平当即表示：“写几项政策，如责任制、技术政策等。”但这次会议没有形成结论性意见。6 月 12 日，毛泽东在以修改《农业六十条》为主要议题的中央北京工作会议上讲话时说：“城市也要搞几十条。”①

这个意见，推动了工业企业条例的制定。6 月 17 日，中央书记处召开会议，会上决定，由薄一波主持起草工业条例。条例的起草，是在李富春组织的国家计委、经委、一机部、中科院经济研究所等单位成立的调查组，经过半年多对几十家工厂的调查，在 5 月份 11 省市工业党委书记北京工业情况座谈会基础之上，又经过三个月多次调查，并征求企业同志意见，反复修改而成。1961 年 8 月 23 日，中央工作会议在庐山召开，《工业七十条》提交会议讨论。9 月 16 日，彭真将贯彻条例的指示信和修改后的条例草案报送政治局各常委并附信说明：“六个大区的同志已阅，均无意见，认为很好。”毛泽东阅后：“指示及总则已阅，很好。”②

《工业七十条》是建国以来我国第一部关于企业管理方面的章程，是当时克乱求治、整顿工业企业和改进企业管理方面的重要文件。它系统地总结了建国以来党在领导国营工业企业方面的经验教训，从当时的实际情况出发，提出了企业管理工作的基本指导原则，对企业管理的法制建设工作作了有益的探索。它的颁发和试行，对于贯彻执行调整、巩固、充实、提高的方针，恢复和建立正常的生产秩序，促进生产力的发展，发挥了重要的作用。

（二）《工业七十条》的主要内容以及“草案”到“修正草案”的变化

《工业七十条（草案）》有十章加一个总则共计两万多字，分别是：总则，第一章计划管理，第二章技术管理，第三章劳动管理，第四章工资奖励，第五章经济核算和财务管理，第六章协作，第七章责任制度，第八章党委领导下的厂长负责制，第九章工会和职工代表大会，第十章党的工作。上述内容总的来说可分为三大部分：第一部分是总则，阐述了国营企业的性质、任务、管理原则、职工

① 薄一波．若干重大决策与事件的回顾（下）．北京：中央党校出版社，1993. 959.
② 薄一波．若干重大决策与事件的回顾（下）．北京：中央党校出版社，1993. 959.

在企业中的主人翁地位以及党组织在企业的领导核心地位；第二部分，从第一章到第七章共53条，是关于企业管理的内容；第三部分，对党委领导下的厂长负责制、企业党的工作以及工会和职工代表大会的职责作了若干规定。实践证明，《工业七十条》的颁布，对当时整顿和加强企业管理功不可没。以1965年与1962年比较，三年内工业产值平均每年递增17.9%，工业净产值平均每年递增21.3%，生产中的物质消耗平均每年降低1.5%。①

1965年1月23日，毛泽东在听取谷牧、余秋里汇报有关长远计划的一些设想和工作计划时说："工业七十条，一直没改过。农业的改过好几次了，工业没有人抓总，6个年头了，工业只搞了个七十条。"② 显然，毛泽东对"草案"迟迟未作修改很不满意。为此，1965年3月，国家经委经中央书记处批准，仍由薄一波主持，组织了修订班子，对草案进行修订。1965年7月，中共中央颁发了《国营工业企业工作条例（修正草案）》。"修正草案"仍为七十条，但设立了二十章。在"修正草案"颁发至1966年底"文革"波及工矿企业的一年多时间里，工矿企业的工作基本上是遵照这个修订本执行。

（三）从《工业七十条》看毛泽东企业管理的基本思想

1. 加强企业的思想政治工作

《工业七十条》的"总则"中指出：要不断教育全体职工，提高他们的思想政治水平，并且规定，企业党委应把做好思想政治工作放在重要地位。重视思想政治工作是党的优良传统，是党领导新民主主义革命取得胜利的一条成功经验。在对社会主义建设道路尤其是企业管理的探索中，也曾作过有益的尝试。早在1957年4月7日《中共中央关于研究有关工人阶级的几个重要问题的通知》中就曾指出："不仅要注意加强时事政策教育，而且要结合实际情况，进行系统的深入的共产主义教育，才能提高职工群众的主人翁觉悟，发挥他们在企业工作中的积极性……以便达到把工人阶级队伍不仅在文化技术上武装起来，而且在政治思想上武装的目的。"③ 毛泽东在读苏联《政治经济学教科书》的谈话中也说过："提高劳动生产率，一靠物质技术，二靠文化教育，三靠政治思想工作。"④ 他坚信"灿烂的思想政治之花，必然结成丰满的经济之果，这是完全符合规律的

① 中国工业的发展统计资料．北京：中国统计出版社，1985.11.

② 顾龙生．毛泽东经济年谱．北京：中央党校出版社，1993.621.

③ 中国企业领导制度的历史文献．北京：经济管理出版社，1986.227.

④ 中共党史教学参考资料（第23册）．北京：国防大学党史党建政工教研室，1986.268.

发展。”①

2. 确立工人阶级的主人翁地位

毛泽东曾经在《论人民民主专政》一文中说过：“因为只有工人阶级最有远见，大公无私，最富于革命的彻底性。整个革命历史证明，没有工人阶级的领导，革命就要失败，有了工人阶级的领导，革命就胜利了。”② 作为工人阶级的先锋队组织，党在这个问题上一直是很明确的。因此，《工业七十条》明确规定了职工在国营工业企业中的主人翁地位，并且对如何充分发挥群众的积极性作了许多具体规定，如规定建立和执行规章制度、技术革新、推广先进经验，办好企业都要依靠职工群众。毛泽东就曾说：“劳动者管理国家、管理军队、管理各种企业、管理文化教育的权利，实际上，这是社会主义制度下劳动者最大的权利，最根本的权利。没有这种权利，劳动者的工作权、休息权、受教育权等权利，就没有保证。”③

为了保证工人对企业的管理权，1953 年 3 月 29 日，毛泽东在撰写《党内通讯》时说：“凡属重大方针的制定和执行，一定要征求干部（支部书记、车间主任、工段长）和群众中的积极分子的意见。”④ 他还说：“如果干部不放下架子，不同工人打成一片，工人就往往不把工厂看成自己的，而看成干部的。”⑤

3. 必须给职工看得见的利益

早在 1942 年 12 月，毛泽东在《经济问题与财政问题》一文中就说过：必须给人民看得见的利益。这是我们党的根本路线、根本政策，每个同志都要好好去研究。《论十大关系》中，毛泽东专门谈了“国家、生产单位和生产者个人的关系”，指出：“拿工人讲，工人的劳动生产率提高了，他们的劳动条件和集体福利就需要逐步有所改进。”“因为你要母鸡多生蛋，又不给它米吃；又要马儿跑得好，又要马儿不吃草。世界上哪有这样的道理!”⑥ 1959 年底，毛泽东在读苏联《政治经济学教科书》社会主义部分时进一步说：“公和私是对立的统一，不能有公无私，也不能有私无公。我们历来讲公私兼顾，早就说过没有什么大公无私，又说过先公后私。个人是集体的一分子，集体利益增加了，个人利益也随

① 顾龙生．毛泽东经济年谱．北京：中央党校出版社，1993. 411.

② 毛泽东选集（第 4 卷）．北京：人民出版社，1991. 1479.

③ 中共党史教学参考资料（第 23 册）．北京：国防大学党史党建政工教研室，1986. 253.

④ 顾龙生．毛泽东经济年谱．北京：中央党校出版社，1993. 462.

⑤ 中共党史教学参考资料（第 23 册）．北京：国防大学党史党建政工教研室，1986. 271.

⑥ 毛泽东著作选读（下）．北京：人民出版社，1986. 726 ~ 728.

着改善了。”因为，“社会主义不搞社会集体福利事业，还成什么社会主义？”[①]《工业七十条》正是本着这些原则，对企业职工的工资、奖励和各项福利事业，如食堂、澡堂、托儿所、医疗卫生等方面都作了逐项规定。

4. “两参一改三结合”

“两参一改三结合”最初出现在齐齐哈尔国营建华机械厂，在北安庆华工具厂和长春汽车厂得到进一步发展，受到党中央和毛泽东的赞扬与肯定。1958年4月18日，《中共中央对黑龙江省委〈关于企业干部参加劳动、工人参加管理及实行业务改革的批复〉的指示》中称：这项经验是完全符合社会主义企业的管理原则的，这项经验应当在全国一切具有条件的工业企业中推行。后来毛泽东对这方面的问题一直很关心，并且在八大二次会议上提出了干部参加劳动、工人参加管理的建议。

1959年7月31日，毛泽东曾经批发中共辽宁省委送的鞍山市委有关“两参一改”的报告；8月14日，他又在《中共辽宁省委批转鞍山市委关于执行主席批示的报告》上批注：“请令各重点企业研究鞍钢的经验。”[②] 毛泽东后来曾赞扬说：“对企业的管理，采取集中领导和群众运动相结合，干部参加劳动，工人参加管理，不断改革不合理的规章制度，工人群众、领导干部和技术人员三结合。”[③] 1960年3月22日，毛泽东就鞍山市《关于工业战线上技术革新和技术革命运动开展情况的报告》批示：“鞍钢宪法在远东，在中国出现了。”[④] “两参一改三结合”的内容，都分别写进《工业七十条》里的不同条款之中。

5. 建立经济核算制

在《工业七十条》中，“经济核算和财务管理”是专门辟为一个章节作出规定的。而早在第二次国内革命战争和抗日战争时期，根据地的公营企业曾实行过“供给制”的办法。随着根据地公营企业的巩固和扩大，继续采用这种体制已暴露出种种矛盾，一些企业也开始建立经济核算制度。1942年12月，毛泽东在经过较长时间的大量调查研究之后，写成了长达十万多字的《经济问题与财政问题》，在这部著作中毛泽东指出，“一切工厂，应以自己的赢利为事业的消长”。因此，各个工业企业应当“建立经济核算制，克服各企业内部的混乱状态”。

---

① 中共党史教学参考资料（第23册）. 北京：国防大学党史党建政工教研室，1986. 276、277.

② 顾龙生. 毛泽东经济年谱. 北京：中央党校出版社，1993. 487.

③ 中共党史教学参考资料（第23册）. 北京：国防大学党史党建政工教研室，1986. 271.

④ 中共党史教学参考资料（第23册）. 北京：国防大学党史党建政工教研室，1986. 287.

“有了严格的核算制度之后，才能彻底考查一个企业的经营是否是有利的”。[①] 毛泽东还列出了必须核算的5个指标即资金、收支、成本、计划与检查、原材料消耗等。毛泽东在1958年11月起草的《工作方法六十条》里也提出：县以上各级党委要抓社会主义工业工作，提出了应具体考核的14项指标，如产量、质量、定额、原材料、成本等等。[②]

毛泽东之所以“厚爱”《工业七十条》，首先，是因为该条例的内容比较充分地体现了毛泽东企业管理的基本思想，是毛泽东对社会主义建设道路探索过程中的一个积极成果。如果用今天的眼光来看，很多内容在当时虽然起过重要的作用，但是现在已经过时，而且有些内容还表现出了“左”的毛病。但是一些基本的思想，我们的国有企业仍然沿用并有了新的创造，如强调工人的主人翁地位、加强思想政治工作、贯彻群众路线、工人参加管理等等。有些思想如工人参加管理的“三结合”，还漂洋过海东渡日本成为他们企业质量管理小组的重要内容，改革开放以后我国派人去他们那里学习，没想到人家说，这是我们从你们那里学来的啊！其次，该条例从酝酿、出台到再次修正，都引起毛泽东的重视并作过多次批示。在谈到毛泽东对社会主义建设道路的探索这一问题时，胡绳主编的《中国共产党的七十年》中，认为探索中出现了两种趋向：正确与错误交织，经济上的探索基本正确，政治方面是错误的。这种观点被多数同志所接受。从毛泽东与《工业七十条》的关系中，我们也能看到这一情况的反映。

第五节　国际战略思想与外交方针

1949年9月，《中国人民政治协商会议共同纲领》明确规定：独立自主是新中国外交政策的根本立足点，即实行“为保障本国独立、自由和领土主权的完整，拥护国际的持久和平和各国人民间的友好合作，反对帝国主义的侵略和战争”的外交政策。新中国成立后，中共中央和毛泽东根据第二次世界大战后国际政治格局的新变化，把马克思主义同中国具体实际相结合，制定了新中国的外交方针和原则，在平等互利的基础上，加强同世界各国人民的友好往来，坚持反对帝国主义、霸权主义、殖民主义和种族主义，坚决捍卫本国的主权和独立，全力支持第三世界国家人民的正义斗争。这些不懈努力，维护了中国人民的根本利

① 毛泽东文集（第2卷）．北京：人民出版社，1996. 63.

② 中共党史教学参考资料（第22册）．北京：国防大学党史党建政工教研室，1986. 392.

益，为中国国内建设创造了有利的国际环境，也为世界和平与人类进步事业作出了重大贡献。

一、和平共处五项原则

1949年4月30日，毛泽东在为中国人民解放军总部发言人起草的一份声明中指出："中国人民革命军事委员会和人民政府愿意考虑同各外国建立外交关系，这种关系必须建立在平等互利、相互尊重主权和领土完整的基础上，首先是不能帮助国民党反动派。"① 建国以后，为了给新中国建设创造有利的国际环境和条件，毛泽东、周恩来制定了独立自主的外交政策，和平共处五项原则就是在这一政策指导下提出来的。

1953年12月31日，周恩来在会见来北京参加谈判的印度代表团时，首次提出了和平共处五项原则，即互相尊重主权和领土完整、互不侵犯、互不干涉内政、平等互利、和平共处。1954年6月，周恩来应邀先后访问了印度和缅甸，分别与两国总理发表联合声明，一致同意以和平共处五项原则作为指导相互关系的基本准则，并倡议将这五项原则作为处理国际关系的准则。和平共处五项原则是中国共产党和中国政府对世界和平事业的突出贡献，在国际上产生了广泛而深远的影响。

和平共处五项原则，是中国共产党人发展了列宁关于不同社会制度国家可以和平共处的思想，结合战后国际形势发展的新情况而提出的崭新的国际关系准则，它不仅适用于处理社会制度不同的国家之间关系，而且适用于处理社会制度相同的国家之间的关系。因此它得到许多国家的赞成和响应。但也偶有一些国家持观望或怀疑态度，认为这是中国的权宜之计。为此，毛泽东及时提出"五项原则是一个长期方针"。其根本依据就是中国的社会主义性质和社会主义建设需要长期的和平环境的客观要求。

二、新中国外交战略

新中国的外交战略大体上可以分为四个阶段：

第一阶段：新中国成立初期，世界局势是革命与战争，是"冷战"的初期。1950年10月，中国政府出兵朝鲜后，美国第七舰队进入台湾海峡。中国在国际上的处境是，经济上被封锁、政治上受孤立、军事上遭到包围。为了打破这种局面，中国的外交政策是"另起炉灶，打扫干净屋子再请客"；"一边倒"，倒向社

① 毛泽东选集（第4卷）. 北京：人民出版社，1991. 1461.

会主义阵营。

第二阶段：20世纪50年代末至60年代，叫“两个拳头出击”。1958年，苏联两次提出在中国领土和领海上建立中苏共有共管的长波电台和联合舰队的建议，暴露出它在军事上控制中国的意图。毛泽东斩钉截铁地对赫鲁晓夫说，“在军事上搞合作是不适当的”；“要讲政治条件，连半个手指头都不行”；“你们可以说我是民族主义，如果你们这样说，我就可以说，你们把俄国的民族主义扩大到了中国海岸”。由于赫鲁晓夫推行大国沙文主义，中苏关系更加紧张，分歧进一步扩大。苏联不但片面废除了帮助中国建立原子能工业和制造原子弹的协定，还在中印边界事件中支持印度一方，公开指责中国，并发展到激烈地攻击中国的对内对外政策，甚至干涉中国内政，要求中国作出对台湾放弃使用武力的承诺。这种要求，理所当然地遭到了毛泽东的坚决拒绝。因此，这个时期的外交政策采取了对美国、苏联实行“两个拳头出击”的政策。

第三阶段：是“一条线战略”。就是争取美、日、韩即一切可以争取的力量对付苏联，改变腹背受敌的局面。其实，早在1959年，毛泽东在接见美国安娜·路易斯·斯特朗等三位记者时，就谈到自己经常游泳，游长江，还说，如果你们三位允许，我愿意去横渡你们的密西西比河。据基辛格回忆：美国人很迟钝，没了解毛泽东的意图；事实上毛泽东早就准备中国跟美国建交，早就放了气球，给了消息。可是，那三个人没把信带回去。

后来，是人们通常说的“小球转动大球”的乒乓外交，使事情有了转机。事情经过是这样的：1971年，曾经获得第26、27、28届三届世乒赛的单打冠军庄则栋，率领中国乒乓球代表团出席第31届世乒赛（29、30两届因“文革”而没出席）。代表团出发前，周总理给了他们一个任务：为加强与各国乒乓球队的交流，赛后要邀请几个国家的代表团来中国访问。美国队听到中国队邀请南斯拉夫访华的消息后，美乒协主席斯庭霍文碰到中国领队宋中，忙问他还准备邀请哪些队访问中国，并说：如果有机会，美国队可以到中国参加比赛。宋中当即将该消息发回国内。据有关人员回忆，毛泽东在吃了安眠药躺下以后，又起床亲自安排中国邀请美国乒乓球队访华的事宜。周恩来还接见了美、加、匈等到访代表团。

第四阶段：改革开放以来我国外交战略又有了新的转变。一是更加鲜明地提出了独立自主的外交战略；二是在国际关系上不再以社会制度和意识形态来决定国家关系的亲疏；三是韬光养晦，有所作为又埋头苦干，发展自己的战略，具体是不当头（输出革命）、不砍旗、不树敌；四是在坚持独立自主的同时，积极对外开放。

三、两个中间地带理论和三个世界划分的理论

毛泽东提出了“中间地带”和“三个世界”战略思想，奠定了我国的外交格局，对于打破美苏霸权主义，维护世界和平，起了不可估量的作用。

（一）两个中间地带理论

1963 年 9 月至 1964 年 7 月，毛泽东提出了存在“两个中间地带”的思想，即“亚洲、非洲、拉丁美洲是第一个中间地带；欧洲、北美加拿大、大洋洲是第二个中间地带。日本也属于第二个中间地带”。这两个中间地带“都反对美国的控制，在东欧各国则发生反对苏联控制的问题”。以此为依据，毛泽东得出了“世界性的战争有可能避免”的论断。

如图所示，美国与中国之间有两个中间地带，一个是欧洲北美加拿大、大洋洲，一个是亚非拉等发展中国家。这样，就有了非常好的缓冲地带，可以很好地被中国所用。

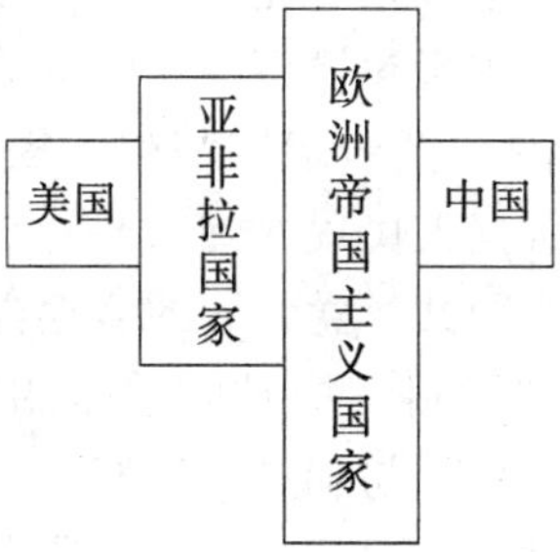

（二）三个世界划分理论

20 世纪 60 年代和 70 年代，国际政治力量进一步分化改组，亚非拉许多民族纷纷独立建国，并在国际事务中的作用有所增强；社会主义阵营由于苏联推行霸权主义而不复存在；西方资本主义国家之间由于发展的不平衡和利益的冲突，矛盾重重。毛泽东敏锐地注意到这一变化，对世界格局作出了新的判断，提出了划分“三个世界”的思想。1974 年 2 月，毛泽东在会见赞比亚总统卡翁达时说：“我看美国、苏联是第一世界。中间派，日本、欧洲、澳大利亚、加拿大，是第二世界。咱们是第三世界”，“第三世界人口很多”，“亚洲除了日本，都是第三世界。整个非洲都是第三世界，拉丁美洲也是第三世界。”1974 年 4 月，邓小平在联合国大会第六届特别会议上的发言中，向世界全面阐述了毛泽东划分“三个世界”的理论，引起全世界的关注，受到第三世界国家和人民的欢迎和支持。

毛泽东划分“三个世界“的理论，主张以经济为基础划分世界政治格局，改变了传统的以意识形态为标准划分世界政治格局的思路，不仅为我国独立自主的和平外交政策奠定了坚实的理论基础，促进了中国同广大第三世界国家和人民的团结与合作，而且使世界反殖民主义、反霸权主义的力量得到了最大限度的扩大和巩固，对维护世界和平与安全产生了重大影响。

三个世界划分的理论以美国、苏联为第一世界，由于其实力无人可敌，又称超级大国；第三世界是指亚洲、非洲、拉丁美洲广大的发展中国家；处于二者之间的是第二世界，指欧洲各国、日本、加拿大、澳大利亚等发达国家。经过这样的划分，我们的外交政策就非常明朗了，即广泛地团结第三世界的国家和人民，与第二世界也搞好关系、和平共处，共同反对美国、苏联两个大国的霸权主义，维护世界和平。

【本章小结】

以毛泽东为代表的第一代中国共产党人对社会主义道路进行了艰辛地探索，寻求一条适合中国国情的社会主义建设道路，取得了积极的成果。经济上确立并部分实现了“四个现代化”的“两步走”战略，提出了不少关于经济体制和企业管理的正确思想；政治上根据人民民主专政理论、社会主义社会矛盾的学说，确立了人民代表大会制度、中国共产党领导的多党合作与政治协商制度、民族区域自治制度；文化上制定了“双百”方针和“双用”方针；外交上提出了一系列国际战略思想，确定了独立自主与和平共处五项原则。这些成果是建设有中国特色社会主义事业的基础，有力地推动了中国特色社会主义在前进道路上的进程。

【关键术语和概念】

1. 四个现代化：指工业现代化、农业现代化、国防现代化、科学技术现代化。1964 年 12 月第三届全国人民代表大会第一次会议上，周恩来根据毛泽东建议，在政府工作报告中提出，在 20 世纪内，把中国建设成为一个具有现代农业、现代工业、现代国防和现代科学技术的社会主义强国，并宣布了实现四个现代化目标的“两步走”设想。

2. 人民民主专政：人民民主专政是工人阶级（经过共产党）领导的，以工农联盟为基础的，在人民内部实行民主和对敌人实行专政的国家政权，体现了民主与专政的辩证统一。人民民主专政是马克思主义的无产阶级专政学说同我国具体情况相结合的产物，是具有中国特色的无产阶级专政。

3. 民族区域自治制度：指在国家统一领导下，各少数民族聚居的地方实行区域自治，设立自治机关，行使自治权的制度。民族自治地方的行政地位，原则上是依据各自治地方的地域大小和人口多少决定的。自治区与省同级，自治州与地级市同级，自治县与县同级。

【思考题】

1. 社会主义社会矛盾的学说对我们今天构建和谐社会有何指导意义?
2. 党在社会主义建设道路探索中出现的两种发展趋向对我们有何启示?
3. 案例分析：

毛泽东与班禅大师的交往

西藏地处祖国西南边陲，藏族是我国具有悠久历史的民族，但长期以来，西藏一直处在封建农奴制度的黑暗统治下。19 世纪下半叶，帝国主义势力入侵西藏，竭力挑拨西藏同祖国的关系，妄图把西藏从祖国分裂出去。饱受苦难的藏族同胞，盼望早日从苦海中解放出来，过上自由幸福的生活。新中国成立后，中国共产党、毛泽东非常关心西藏的和平稳定与发展。坚持民族平等政策。考虑到西藏的历史，西藏民族、宗教的特点以及历史上遗留下来的藏汉民族之间存在的民族隔阂等因素，采用和平解决的方式有利于增进民族团结，有利于西藏社会安定，有利于打击帝国主义的挑拨离间。因此，中央在决定人民解放军向西藏进军的同时，就确定了争取和平解放西藏的方针。同时，毛泽东对少数民族上层爱国人士关怀备至。毛泽东与班禅大师的交往就留下了一段可歌可泣的故事。

"希望先生和全西藏爱国人士一致努力，为西藏的解放和汉藏人民的团结而奋斗。"

班禅额尔德尼·确吉坚赞，原名温都·贡布才旦，青海省循化县温都乡人，藏历第十六个甲子的土虎年正月初三吉日（公元 1938 年 2 月 19 日）诞生在当地一家贫苦的农民家庭。第九世班禅洛桑土登·曲吉厄玛圆寂后，他被确认为九世班禅的转世灵童。他灵慧异常，聪明过人，有主见，有很强的自尊心和自信心。

1949 年，在人民革命力量的猛烈打击下，蒋家王朝面临灭顶之灾，国民党当局企图胁迫当时流亡在青海的班禅及堪厅主要成员飞往台湾。但当时只有 11 岁的班禅明确表示：我是藏族人，是喝黄河水长大的，我热爱我的故乡，我不到外边去，绝不离开生我养我的土地。

10 月 1 日，这是一个举国同庆的日子，中华人民共和国成立了。消息传来，班禅大师和堪厅全体成员欢欣鼓舞，当即指定詹东·计晋美起草电文，以班禅额尔德尼·确吉坚赞的名义，分别给毛主席、朱总司令和彭德怀副总司令发出致敬电。电文中说：在毛主席、朱总司令的领导下，西北已获解放，中央人民政府成立，今后人民之康乐可期，国家之复兴有望。西藏解放，指日可待。班禅代表全藏人民，向毛主席、朱总司令表达了崇高无上之敬意和拥护爱戴之热忱。

11 月 23 日，毛主席和朱总司令联名复电班禅，表示中央人民政府和中国人民解放军必能满足西藏人民的愿望。电文中说："希望先生和全西藏爱国人士一致努力，为西藏的解放和汉藏人民的团结而奋斗。"这几份电报是十世班禅同党中央、毛主席之间的第一次直接联系。

中央特别邀请十世班禅到北京，协商和平解放西藏问题，并听取他对解决与达赖之间问题的意见。4 月 27 日，班禅大师和堪厅的僧俗官员一行 45 人经西安到达北京，受到中央人民政府的隆重欢迎。当晚周恩来总理宴请班禅，为他接风洗尘。几天后适逢"五一"节，班禅与西藏地方政府和谈首席代表阿沛·阿旺晋美都应邀到天安门城楼观礼，并受到毛主席的亲切接见。

这是班禅大师第一次见到毛主席，他十分激动。当时班禅年仅 13 岁，一脸稚气，在一批饱经革命烽火锻炼的共和国领导人面前，更显得年幼，也有些拘谨和紧张。但他又毕竟不同于一般的同龄人。"活佛"这一特殊地位，使他从小备受尊崇，受到良好的教育，他懂得礼仪，能应付各种场面，高原人特有的体格，又使他比同龄人的个头要高一些，更像个青年人。后来他对别人说，我第一次见到毛主席就很不寻常，是 1951 年"五一"节，地点在天安门城楼上。

经过中央人民政府代表和西藏地方政府代表的共同努力，加上班禅和堪厅方面的积极配合，双方终于达成《关于和平解放西藏办法的协议》（简称《协议》）。5 月 23 日，在中央人民政府副主席朱德、李济深和政务院副总理陈云的主持下，举行了隆重的签字仪式。24 日下午，毛泽东在中南海怀仁堂接见阿沛等和谈代表和班禅一行。班禅向毛主席献了哈达，赠送了锦旗、金盾、长寿铜佛、银曼札、藏香以及 20 世纪初西藏抗英战士使用过的武器弹药等礼物。当晚，毛主席举行盛大宴会，庆祝《协议》的签订。朱德、刘少奇、周恩来等在京党和国家领导人，几乎全部出席。

毛主席在宴会上作了重要讲话，他说："几百年来各民族之间是不团结的，特别是汉族和西藏民族之间是不团结的，西藏民族内部也不团结。这是反动的清朝政府和蒋介石政府统治的结果，也是帝国主义挑拨离间的结果。现在达赖喇嘛所领导的力量与班禅额尔德尼所领导的力量同中央人民政府之间，都团结起来了，这是中国人民打倒帝国主义及国内反动派之后才达到的。这种团结是兄弟般的团结，不是一方面的压迫另一方面。这种团结是各方面共同努力的结果。"他又说："协议的签订标志着西藏民族从此摆脱了帝国主义的侵略和羁绊，回到了中华人民共和国友爱合作的大家庭来，是西藏人民从黑暗和痛苦走向光明和幸福的第一步。"

班禅大师在宴会上穿一身橘黄色的缎子藏袍，显得高贵潇洒、飘逸不凡。他手端酒杯，庄重地走上讲坛，发表了热情洋溢的祝酒词。他说："多少年来没有解决的中国内部的民族问题——西藏问题，在毛主席领导下胜利地解决了。和平解放西藏是中国各民族大家庭的一大喜事。中央人民政府、达赖与班禅三方面的团结，只有在中国共产党和人民政府的领导下才能实现。"年轻的班禅大师满怀深情地向党中央、中央人民政府，向毛主席和其他中央领导人，表示由衷的感谢。这是班禅大师第一次发表重要的政治演说。

你们"不仅是西藏的领袖人物"，而且是"最年轻的国家领导人，担负着很重要的责任"。

1954 年 9 月，具有重要历史意义的第一届全国人民代表大会在北京召开，班禅和达赖均当选为全国人大代表。9月4日，当他们到达北京时，受到朱德副主席、周恩来总理等领导人热烈而隆重的欢迎。

9月11日，毛主席在中南海勤政殿亲切接见了班禅和达赖，同他们做了长时间的亲切交谈，勉励他们要加强学习，大胆工作，坚定不移地站在反帝爱国的立场上，为祖国、为西藏人民多做有益的事情。这是毛主席第一次会见十四世达赖，也是第一次同时接见班禅和达赖，这在西藏的政治生活中，是一件具有重要历史意义的大事情。

9月27日，达赖当选为第一届全国人民代表大会常务委员会副委员长，班禅当选为常务委员。同年12月，班禅和达赖同时出席全国人民政治协商会议第二届全国委员会第一次会议。12月25日，班禅当选为全国政协副主席，达赖当选为政协常委。这一年达赖刚满19岁，班禅才16岁。从此，达赖和班禅不仅是西藏的政教领袖，而且成为国家领导人。

在京期间，毛主席多次勉励他们：你俩是最年轻的国家领导人，担负着很重要的责任。你们两位都很年轻，前途远大，要好好团结，谦虚谨慎，戒骄戒躁，努力学习，大胆工作。我们要共同努力把西藏的事情办好，把全国的事情办好。毛主席还建议班禅和达赖在可能的条件下学点汉语，他们都表示：一定要遵照毛主席的教导，努力学习汉语。从那以后，班禅大师就开始学习汉语文，并向中央统战部提出，要求给自己派一位专职汉语教师。

达赖和班禅在京期间，恰逢藏历木羊年新年，毛泽东主席、刘少奇委员长、周恩来总理等党和国家领导人同达赖、班禅欢聚一堂，共度新年。毛主席在致词中说："我们大家应当努力，进一步加强和巩固我国各民族间的团结，进一步加强和巩固汉藏民族间以及藏族内部的团结，共同建设我们伟大祖国。"五位领导人在一起欢度藏历年的照片，成了藏族人民最喜爱的珍品。

3月9日，毛主席亲自到畅观楼住地看望班禅，为班禅送行。毛主席说："昨天我去看望了达赖，今天特意来看您，为您送行。"毛主席同班禅进行了长时间亲切交谈，他说："每个民族都应有自己的民族领袖，西藏有达赖和班禅这样的领袖是很好的。"班禅听到毛主席称自己为"领袖"，感到很惊讶，以为自己听错了，或者翻译弄错了。毛主席看到班禅吃惊的样子，微笑着又重复了一遍。班禅非常激动，他真诚地说："我不是领袖，只有毛主席是各族人民的伟大领袖。"

毛主席还详细地询问了班禅和达赖离京返藏的准备工作情况。他点燃一支"中华"烟，猛吸一口，又轻轻吐出来，说："昨天我给达赖喇嘛讲了，我这个人薪水不多，开支不小。一要抽烟，二要喝茶，三还要买点书看。这样一来，所剩无几，你们要走了，我也没有什么礼物可送，就送你们八个字，团结、进步、更加发展，作为临别赠言。"后来，经中央讨论这八个字就成为指导西藏工作的基本方针。

"我将竭诚努力，和大家一起，积极协助人民解放军平息叛乱。"

西藏和平解放后，西藏上层反动集团的马前卒伪人民会议，便一再兴风作浪，挑起事端，反对关于和平解放西藏办法的"十七条协议"、搞分裂祖国的骚乱活动。

各地的武装叛乱，从一开始就得到了外国帝国主义和国民党当局的支持，特别是美国的中央情报局最为卖力，他们不仅大造舆论，把这些地区发生的叛乱称为"反对共党暴政"争取自由民主的"起义"，而且还空投武器、派遣特务、训练叛乱骨干。由于他们的参与，事件的性质发生了质的变化。

当时班禅在日喀则，当日喀则分工委负责人向他通报情况时，开始他感到很突然，表现出很惊讶的神态。待仔细听了汇报后，他说："这场较量是不可避免的，只不过是个时间问题。脓疮总是要破的，破了也好，西藏的事情反而好办一些。"他又说："毛主席早就说过，坏事可以变好事嘛！"

为稳定日喀则局势，班禅大师表示可以立即下达命令，让扎布伦寺、堪厅和警卫营（班禅警卫营有1500多人）各安其事，各守其职，不要惊扰群众，更不要支持藏军。

1959年3月29日，班禅致电毛主席、周总理，说他并代表西藏广大僧俗人民，坚决拥护国务院命令。班禅发表长篇讲话，严厉谴责了西藏地方政府的叛乱分子和上层反动集团，对达赖喇嘛遭受叛乱分子的劫持的处境深表同情和关怀，并希望他早日摆脱叛乱分子的控制。他又说："在他被劫持期间，我完全接受国务院命令我担任西藏自治区筹委会代理主任委员的决定，我将竭诚努力，和大家一起，积极协助人民解放军平息叛乱。"1月5日，班禅从日喀则来到拉萨，主持自治区筹委会的工作。

1959年4月，第二届全国人民代表大会第一次会议在京举行，班禅大师等西藏代表前往参加。班禅大师在全体会议上作了长篇发言，全面论述了西藏平息叛乱和民主改革中取得的伟大胜利，严厉谴责了一小撮反动分子背叛祖国，妄图阻挡社会进步的种种罪行。同时真诚希望达赖喇嘛能摆脱反动分子的包围，回到祖国怀抱，和西藏人民一起，共同建设民主、自由、富裕、幸福的新西藏。在这次大会上，班禅大师当选为全国人大代表大会常务委员会副委员长。

会议结束后，班禅副委员长迅速返回西藏，在中共西藏工委领导下，主持自治区筹委会工作，领导西藏人民开展了轰轰烈烈的民主改革运动。

（案例来源：魏晓文．毛泽东思想概论教学案例．北京：中国人民大学出版社，2004.）

讨论：

1. 民族区域自治制度是符合中国国情的一项基本政治制度，藏族的社会发展与党中央、毛泽东正确的民族政策有何关系？

2. 建国初期党的民族政策，对今天社会主义新西藏的发展，粉碎国内外的分裂势力有何意义？

第四章　邓小平创造的中国特色社会主义理论

本章学习要点：

1. 邓小平理论的形成与发展
2. 我国社会主义改革的基本经验
3. 理解我国必须坚定不移地实行对外开放

第一节　邓小平理论的发展、内容与历史地位

一、邓小平理论形成的时代背景

（一）国际局势发生重大变化，和平与发展成为当代世界的主题

所谓主题就是时代特征，只有正确的分析世界形势，才能把握历史发展趋势，确定正确的理论、战略和策略。

20 世纪 70 年代以前，世界形势是帝国主义和无产阶级革命的时代。列宁曾经说：帝国主义就是战争；战争将导致革命。所以当时的世界局势或者叫主题是“革命与战争”。后来的世界局势完全印证了列宁的论断：帝国主义先后发动了第一次和第二次世界大战；第一次世界大战后发生了俄国革命，产生了第一个社会主义国家；第二次世界大战后爆发了多个国家的无产阶级革命，产生了包括中国在内的一批社会主义国家。1949 年成立了以美国为首的北大西洋公约组织；1955 年成立了以苏联为首的华沙条约公约组织。以苏美两个超级大国为首的两大阵营形成，两极格局形成，冷战时代开始。

面对 20 世纪 70 年代末、80 年代初国际政治格局的巨变、世界经济发展、科学技术革命的现实以及由此产生的一系列新矛盾、新问题，邓小平不失时机地提出和平与发展是当代世界两大主题的科学论断。他认为，国际上有两大问题非常突出，一个是和平问题，一个是南北问题。还有其他许多问题，但都不像这两个问题关系全局，带有全球性、战略性的意义。这一论断，精辟地概括并准确地把握了当今的时代特征，丰富和发展了马克思主义的时代观，是新时期我们党对国际形势认识的重要成果，是中国共产党对国际问题的认识与国际战略成熟化的

标志，也是中国特色社会主义理论形成的时代背景与国际背景。

和平与发展是当代世界的两大主题，是我们对时代特征的基本概括。和平问题，主要是维护世界和平，防止新的世界大战的问题，也包括用和平的手段解决国际争端、制止局部战争。“南北问题”就是发展问题，主要是发展中国家与发达国家之间的经济关系问题，是谋求世界经济，尤其是发展中国家经济整体健康发展的问题。和平与发展是紧密关联的。发展依赖于和平的国际环境，和平需要以经济与社会的充分发展作为坚实的基础。和平是发展的条件，发展是和平的基础和主要内容。这一对国际局势的判断关系到我们党的工作重心转移。这个判断成为邓小平理论全部立论的前提。邓小平作出的许多重大决策、提出的一系列重大理论观点都与此有关。

（二）植根于中国人民改革开放的伟大实践

有人说改革之初是“自下而上”开始的，这是有一定道理的。例如，安徽凤阳县小岗村 18 户农民订立“生死契约”，包产到户，解决了农民的吃饭问题，这个事情发生在十一届三中全会以前；如乡镇企业、“傻子瓜子”、股份制等，都产生于相关理论与文件产生之前。人民群众在改革开放中有许许多多伟大的创造，积累了许多经验，作为改革开放的总设计师，邓小平尊重群众的实践，热情地鼓励、保护、引导群众的这种实践，并正确地总结了群众的实践经验。伟大的实践产生伟大的理论，正是人民群众伟大的实践活动，为邓小平理论的形成和发展提供了坚实的现实依据。

（三）历史经验的总结

中国社会主义建设的历史经验与其他国家社会主义兴衰成败的经验教训，已经积累到足以初步认清中国社会主义发展的一系列基本问题、揭示社会主义本质的程度，可以使人们得以实现认识上的飞跃。正如邓小平所说，为什么我们能在 20 世纪 70 年代末和 80 年代提出一系列政策，就是因为我们总结了“文化大革命”的经验和教训。

二、实事求是思想路线的重新恢复和确立

（一）重新恢复和确立实事求是的思想路线

“文革”的十年内乱使中国社会主义发展陷入了困境，当时的情况是：冤假错案堆积如山，政治、思想一片混乱，党和国家的各级组织遭到严重破坏，经济形势十分严峻，对外关系也非常紧张。人们急切盼望从困境中摆脱出来，而当时党的主要负责人华国锋提出的“两个凡是”（凡是毛主席的指示我们都要坚决执行，凡是毛主席作出的决策，我们都要坚定不移地维护）的错误方针却禁锢了

人们的思想。

1978年5月，在胡耀邦的组织下，中央党校的内部理论刊物《理论动态》和《光明日报》发表特约评论员文章《实践是检验真理的唯一标准》，因而在全国引发了一场关于真理标准问题的大讨论。邓小平、陈云、叶剑英、李先念等，坚决支持关于“真理标准问题”大讨论。在真理标准问题大讨论这一背景下，人们的思想开始获得解放。1978年11月10日至12月15日，中央工作会议召开。这次会议开了40多天，实际上是十一届三中全会的准备会，邓小平在会上作《解放思想，实事求是，团结一致向前看》的重要讲话，他说：“一个党，一个国家，一个民族，如果一切从本本出发，思想僵化，迷信盛行，那它就不能前进，它的生机就停止了，就要亡党亡国。”“只有解放思想，实事求是，一切从实际出发，理论联系实际，我们的社会主义现代化建设才能顺利进行，我们党的马列主义、毛泽东思想的理论也才能顺利发展。”① 邓小平这个讲话是解放思想的第一个宣言书，是开辟新道路、创立新理论的动员令，是邓小平理论产生和发展的哲学基础。邓小平的讲话也成为十一届三中全会的主题报告。

1978年12月18日至22日，十一届三中全会在北京召开。十一届三中全会是新时期伟大历史转折的开端，也是邓小平理论的起点。全会批判了“两个凡是”的错误方针，充分肯定了完整、准确地理解、掌握毛泽东思想科学体系的重要性，高度评价了关于真理标准问题的讨论，重新恢复和确立了实事求是的党的思想路线。全会批判了“以阶级斗争为纲”的错误方针，宣布把党的工作重心转移到经济建设上来，并作出了对内改革，对外开放的伟大决策。针对拨乱反正过程中出现的错误思潮，旗帜鲜明地强调必须坚持四项基本原则。由此，后来的“一个中心，两个基本点”的基本路线有了初步的形态，奠定了新时期党的基本路线的基础。

邓小平认为，在一切工作中要真正坚持实事求是，首先必须解放思想，只有思想解放了，才能正确地以马克思列宁主义、毛泽东思想为指导，解决过去遗留的问题和新出现的一系列问题。他在1980年召开的党的十一届五中全会第三次会议上发表了《坚持党的路线，改进工作方法》的讲话，他说：“三中全会确立了，准确地说是重申了党的马克思主义的思想路线。马克思、恩格斯创立了辩证唯物主义和历史唯物主义的思想路线，毛泽东同志用中国语言概括为‘实事求是’四个大字。实事求是，一切从实际出发，理论联系实际，坚持实践是检验真理的标准，这就是我们党的思想路线。我们说重申，就是说把这条马克思主义的思想路线恢复起来。”他强调：“我们搞四个现代化，不开动脑筋，不解放思

① 邓小平文选（第2卷）. 北京：人民出版社，1994. 143.

想不行。什么叫解放思想，是指在马克思主义指导下打破习惯势力和主观偏见与束缚，研究新情况，解决新问题。”① 1982 年党的十二大通过的《中国共产党章程》明确指出：“党的思想路线是一切从实际出发，理论联系实际，实事求是，在实践中检验真理和发展真理。”

（二）将“解放思想”补充到党的思想路线中，使新时期党的思想路线的内容更加丰富

第一，“解放思想”是要求破除旧传统、旧习惯势力消极因素的束缚，破除守旧、怯懦心理，破除落后思潮的影响，以物质与精神的同一性关系原理为指导，更新观念，独立思考，勇于研究新问题，解决新问题。“实事求是”则要求按客观规律办事，依据客观实际，确立路线、方针、政策。实事求是特别强调客观决定主观，物质第一性、精神第二性的原理。

第二，“解放思想”与“实事求是”具有相互贯通的思想脉络。没有“解放思想”的前提，不可能正确认识和处理主观与客观的关系，也就不能做到“实事求是”；如果不以实事求是的态度“解放思想”，有可能导致胡思乱想，使主观脱离客观。“解放”什么思想，“解放思想”到什么程度，都要讲究“实事求是”。因此，科学的态度是在“解放思想”的前提下和过程中“实事求是”，又在“实事求是”的态度和原则基础上“解放思想”。

解放思想、实事求是思想路线的确立和恢复，成为拨乱反正的重要理论依据，而理论上的每一次重大突破，都是与解放思想、实事求是联系在一起的。真理标准问题的讨论，生产力标准问题的讨论和姓“资”姓“社”问题的讨论、姓“公”姓“私”问题的讨论，这四次大讨论，都使我们的思想获得大解放，使中国特色社会主义理论进一步被广大干部群众所掌握，使精神力量变成巨大的物质力量。

第三，走自己的路，建设中国特色社会主义是我们的基本结论。

（1）独立自主，自力更生，从哲学上来讲，就是根据“内因是变化的根据，外因是变化的条件”这一基本原理，认为事物的变化、发展，自身因素是第一位的。

（2）所谓“独立自主”，就是不受任何国家的控制和干涉，自主地决定和处理本国的事情。

（3）所谓“自力更生”，就是充分利用本国的资源、技术和市场，依靠本国人民群众的力量来发展本国经济。

---

① 邓小平文选（第2卷）. 北京：人民出版社，1994. 278、279.

（4）在这中间，要注意自力更生和对外开放的关系，强调独立自主、自力更生，主要是在现代化建设和对外开放中要有一个基本的立足点。不能脱离这个基本立足点去追求现代化，也不要在对外开放中产生盲目性，不要把独立自主、自力更生和对外开放对立起来，走闭关锁国的老路。

解放思想、实事求是思想路线的重新恢复与确立，是马克思主义认识论在马克思主义中国化实践过程中的运用、丰富和发展；是制定并贯彻执行正确的政治路线的思想基础；是加强党的思想作风建设和提高领导能力的重要内容；是马克思主义中国化理论成果的精髓。

三、邓小平理论的形成与发展

邓小平建设有中国特色的社会主义理论，是在十一届三中全会后逐步形成和发展起来的。这一理论的形成和发展，经历了酝酿、提出，然后不断充实、发展、深化、走向成熟和形成科学体系的过程，经历了四个发展阶段。

第一阶段：1975 年邓小平主持中央日常工作，着手进行了全面整顿。邓小平说："其实，拨乱反正在 1975 年就开始了。那时，我主持中央党政工作，提出了一系列整顿措施，每整顿一项就立即见效，非常见效。这些整顿实际上是同'文化大革命'唱反调，触怒了'四人帮'，他们又一次把我哄下了台。""说到改革，其实在 1974 年到 1975 年我们已经试验过一段。那时的改革，用的名称是整顿，强调把经济搞上去，首先是恢复生产秩序。"①

第二阶段：从十一届三中全会至 1982 年党的十二大前，奠定了建设有中国特色社会主义理论的基础。这个阶段有两个重要的历史性会议为标志：一个是十一届三中全会，重新恢复和确立了实事求是的思想路线，纠正了"以阶级斗争为纲"的错误路线，把现代化建设作为社会主义事业的中心，作出了改革开放的战略决策。再一个就是 1981 年 6 月十一届六中全会，通过了《关于建国以来党的若干历史问题的决议》，其中对今后将建设什么样的社会主义提出了最初的看法，被认为是有中国特色社会主义理论的最初框架，奠定了该理论的基础。

第三阶段：从党的十二大至 1987 年 10 月党的十三大，是建设有中国特色社会主义理论的提出和形成阶段。这个阶段的标志性文献有：1984 年十二届三中全会通过的《中共中央关于经济体制改革的决定》，第一次提出了社会主义经济是建立在生产资料公有制基础上的有计划的商品经济。1986 年 9 月中共十二届六中全会通过的《关于社会主义精神文明建设指导方针的决议》，强调两个文明

① 邓小平文选（第 3 卷）. 北京：人民出版社，1993. 81.

一起抓。党的十三大，提出了社会主义初级阶段的理论，完整地阐述了“一个中心，两个基本点”的基本路线。

第四阶段：从党的十三大至1992年10月党的十四大，是建设有中国特色社会主义理论发展和完善阶段。最重要的是邓小平南方谈话和党的十四大报告，标志着中国特色社会主义理论发展到一个新的阶段，十四大报告将其表述为“邓小平建设有中国特色社会主义理论”。

邓小平理论是在和平与发展成为时代主题的历史条件下，在我国改革开放和现代化建设的实践中，在总结我国社会主义胜利和挫折的历史经验并借鉴其他社会主义国家兴衰成败的历史经验的基础上，逐步形成和发展起来的。

四、邓小平理论的内容与历史地位

（一）邓小平理论的定义

1992年10月，党的十四大对“建设有中国特色社会主义理论”的主要内容作了系统概括，指出这个理论第一次比较系统地初步回答了在中国这样的经济文化比较落后的国家如何建设社会主义、如何巩固和发展社会主义的一系列基本问题，用新的思想、观点继承和发展了马克思主义。党的十四大政治报告指出：邓小平建设有中国特色社会主义理论是马克思列宁主义基本原理与当代中国的时代特征相结合的产物，是毛泽东思想的继承和发展，是全党全国人民集体智慧的结晶，是中国共产党和中国人民最为宝贵的精神财富。

请注意这段表述中的三个特点：

其一，是马克思列宁主义基本原理与当代中国和时代特征相结合的产物。“马克思主义＋中国实际＋时代特征”，可以理解为在特定时间、地点运用马克思主义的基本原理，为解决中国如何建设社会主义的问题而创造的理论。

其二，是毛泽东思想的继承和发展。有人这样比喻：马克思论证了社会主义必然胜利；毛泽东解决了社会主义如何胜利；邓小平理论解决的是社会主义胜利以后怎么办的问题，这是很有道理的。所以，马列主义、毛泽东思想是邓小平理论的理论渊源，邓小平理论继承和发展了毛泽东思想，是与马克思列宁主义一脉相承的科学体系。邓小平说“老祖宗不能丢”，丢了就是背叛，就会丧失根本。还有，邓小平说出了一些老祖宗没有讲过的“新话”，先是把被搞乱了的理论是非澄清过来，又把老祖宗没有完全搞清的一些基本问题进一步搞清楚。

其三，是全党全国人民集体智慧的结晶。有一首歌叫《春天的故事》，歌中唱道，“有一个老人，在中国的南海边画了一个圈——”画了一个圈是建设经济特区，但是邓小平理论绝不仅仅是“画了一个圈”这么简单。它是经过了上上下下多次的试验、推广、总结，然后才上升为理论的，是一个相当长的历史过程，经过“拓荒牛”的探索与耕耘、经过全党全国人民的反复实践而形成的，因而是集体智慧的结晶。

（二）邓小平理论的内容

党的十四大报告将邓小平建设有中国特色的社会主义理论概括为九个方面：

（1）在社会主义的发展道路问题上，强调走自己的路，不把书本当教条，不照搬外国模式，以马克思主义为指导，以实践作为检验真理的唯一标准，解放思想，实事求是，尊重群众的首创精神，建设有中国特色的社会主义。

（2）在社会主义的发展阶段问题上作出了我国还处在社会主义的初级阶段的科学论断，强调这是一个至少上百年的历史阶段，制定一切方针、政策都必须以这个基本国情为依据，不能脱离实际，超越阶段。

（3）在社会主义的根本任务问题上，指出社会主义的本质是解放生产力，发展生产力，消灭剥削，消除两极分化，最终达到共同富裕的目标。强调现阶段我国社会的主要矛盾是人民日益增长的物质文化需要同落后的社会生产之间的矛盾，必须把发展生产力摆在首要位置，以经济建设为中心，推动社会全面进步。判断各方面工作的是非得失，归根到底，要以是否有利于发展社会主义的生产力，是否有利于增强社会主义国家的综合国力，是否有利于提高人民的生活水平为标准。科学技术是第一生产力，经济建设必须依靠科技进步和劳动者素质的提高。

（4）在社会主义的发展动力问题上，强调改革也是一场革命，也是解放生产力，是中国现代化的必由之路，僵化停滞是没有出路的。经济体制改革的目标，是在坚持公有制和按劳分配为主体、其他经济成分和分配方式为补充的基础上，建立和完善社会主义市场经济体制；政治体制改革的目标，是以完善人民代表大会制度、共产党领导的多党合作和政治协商制度为主要内容，发展社会主义民主政治；同经济、政治的改革和发展相适应，以“有理想、有道德、有文化、有纪律”为目标，建设社会主义精神文明。

（5）在社会主义建设的外部条件问题上，指出和平与发展是当代世界两大主题，必须坚持独立自主的和平外交政策，为我国现代化建设争取有利的国际环境。强调实行对外开放是改革和建设不可少的，应当吸收和利用世界各国包括资本主义发达国家所创造的一切先进文明成果来发展社会主义，封闭只能导致落后。

（6）在社会主义建设的政治保证问题上，强调坚持社会主义道路、坚持人民民主专政、坚持中国共产党的领导、坚持马克思列宁主义毛泽东思想。这四项基本原则是立国之本，是改革开放和现代化建设健康发展的保证，又从改革开放和现代化建设中获得新的时代内容。

(7) 在社会主义建设的战略步骤上，提出基本实现现代化分三步走。在现代化建设的过程中要抓住时机，争取出现若干个发展速度比较快、效益又比较好的阶段，每隔几年上一个台阶。贫穷不是社会主义，同步富裕又是不可能的，必须允许和鼓励一部分地区一部分人先富起来，以带动越来越多的地区和人们逐步达到共同富裕。

(8) 在社会主义的领导力量和依靠力量问题上，强调作为工人阶级先锋队的共产党是社会主义事业的领导核心，党必须适应改革开放和现代化建设的需要，不断改善和加强自身建设。执政党的党风、党同人民群众的联系，是关系党生死存亡的问题。必须依靠广大工人、农民、知识分子，必须依靠各民族人民的团结，必须依靠全体社会主义劳动者、拥护社会主义的爱国者和拥护祖国统一的爱国者的最广泛的统一战线。党领导的人民军队是社会主义建设的重要力量。

(9) 在祖国统一的问题上，提出“一个国家、两种制度”的创造性构想。在一个中国的前提下，国家的主体坚持社会主义制度，香港、澳门、台湾保持原有的资本主义制度长期不变，按照这个原则来推进祖国和平统一大业的完成。

以上内容简而言之就是：发展道路、发展阶段、根本任务、发展动力、外部条件、政治保证、战略步骤、领导力量和依靠力量、祖国统一等九大问题。

这九大问题是当代中国亟须解决的重大问题，邓小平理论正是围绕“什么是社会主义，怎样建设社会主义”这个首要的基本理论问题，从上述九个方面作了系统的理论阐述，形成了一系列相互联系的基本观点，构成了这一理论的科学体系。所以，十五大报告指出：“在当代中国，坚持邓小平建设有中国特色社会主义理论，就是真正坚持和发展马克思列宁主义、毛泽东思想。”

从这九个方面的内容又可以发现，邓小平理论的核心内容是发展，因为这九个方面中的五个都是有关发展问题的：发展道路，即建设有中国特色社会主义之路；发展阶段是指中国还处在社会主义初级阶段；社会主义根本任务的核心就是解放生产力、发展生产力；发展动力是经济体制和政治体制的改革；战略步骤即三步走战略，其实是一个发展目标的问题。由此可见，发展，是邓小平理论的核心内容，也是邓小平理论的精神实质。“中国稳住了，而且实现了发展目标，社会主义就显示出优越性”。发展问题是邓小平毕生孜孜以求的事业，也是他思考问题、部署工作的着眼点和立脚点。社会主义社会的发展，是充分体现社会主义本质的过程，是以经济建设为中心发展生产力的过程。邓小平理论本身也是马克思主义发展的产物并且将在实践中不断发展。

（三）邓小平理论的历史地位

邓小平理论有一个贯穿始终的哲学思想，就是解放思想、实事求是的世界观和方法论，这是邓小平理论的精髓。围绕“什么是社会主义、怎样建设社会主义”这个首要的基本理论问题，邓小平提出了一系列互相联系的基本观点，是贯通哲学、政治经济学、科学社会主义等领域，涵盖经济、政治、文化、党的建设等方面比较完备的科学体系。党的十四大报告指出：邓小平建设有中国特色社会主义理论是马克思主义和中国实践相结合的第二次历史性飞跃，是马克思主义在中国发展的新阶段，开拓了马克思主义的新境界，把对社会主义的认识提高到新的科学水平，对总体国际形势作出了新的科学判断，形成了新的科学体系。

新境界：就是继承前人，又突破陈规。例如：关于社会主义初级阶段的理论；关于社会主义本质的新概括；关于改革也是一场革命，是社会主义发展的动力；关于社会主义市场经济的理论；关于“一个中心、两个基本点”的基本路线；关于“两手抓，两手都要硬”的方针；关于用“一国两制”实现祖国统一的创造性构想；关于以和平共处五项原则为准则，建立国际新秩序；关于对国际局势冷静观察、稳住阵脚、沉着应付的方针等，都是在新的历史时期在继承前人的基础上，根据时代情况发生的变化提出的新理论，开拓了马克思主义的新境界。

新水平：创造性地提出了关于社会主义本质的理论，开辟了中国特色社会主义的新道路，开创了社会主义搞市场经济的伟大实践。

新判断：对时代和世界的发展态势作出了新的科学的判断，以此作为我们制定政策的基点。

新体系：形成了新的中国特色社会主义理论的科学体系。

这“四新”归结为“一新”就是——马克思主义发展的“新阶段”。马克思主义中国化的第一次飞跃，形成的理论成果是毛泽东思想；新阶段就是邓小平理论，是马克思主义和中国实践相结合的第二次历史性飞跃，形成了邓小平理论。

高举什么样的旗帜，关系大局，关系到中国的未来。邓小平理论是全党全国各族人民团结奋斗的思想旗帜。邓小平理论集中反映了中国共产党对中国社会主义建设规律的认识，具有鲜明的时代精神和民族精神，是中华民族振兴和发展的强大精神支柱，是改革开放和社会主义现代化建设的科学指南，是党和国家必须长期坚持的指导思想。曾经有外国朋友说：中国看社会主义，社会主义看中国！其意思是，中国能否实现现代化成为世界上的强国，要看社会主义，希望寄托在社会主义制度上；而社会主义的前途是否有望，希望则寄托在中国身上。那么，解决社会主义前途和命运的问题依靠什么呢？在当代中国，只有把马克思主义同当代中国实践和时代特征结合起来的邓小平理论，而没有别的理论能够解决社会主义的前途和命运问题。

第二节　中国特色社会主义的道路——改革开放

一、中国特色社会主义的发展动力

邓小平说过："十一届三中全会制定了这样的一系列方针政策，走上了新的道路。这些政策概括起来，就是改革和开放。"① 我们干的是中国几千年来从未干过的事。这场改革不仅影响中国，而且影响世界。改革开放是党的基本路线的一个基本点。改革与开放既互相联系又有区别，互相联系是因为开放本身就是一种改革，没有改革也就没有开放；有区别是说侧重点不同，改革主要针对国内的事情，开放如果从理论上讲主要是对外部的。但是，内部和外部是有密切联系的，没有内部的一系列政策相配套，对外开放也是搞不好的。

（一）改革是社会主义基本矛盾运动的客观要求

虽然社会主义制度已经确立，但是社会主义社会的基本矛盾仍然是生产关系与生产力、上层建筑与经济基础之间的矛盾。这种矛盾与旧的阶级社会不同，不带有对抗的性质，可以在社会主义制度范围内，通过改革不断地加以解决。生产力是生产方式中最积极最活跃的因素，是生产力决定生产关系，而不是生产关系决定生产力；是生产关系必须适应生产力的性质和水平，而不是生产力必须适应生产关系。生产关系对生产力，滞后了不行，超越了也不行。改革就是立足本国国情，总结实践经验，根据社会生产力的现实水平和进一步发展的客观要求，自觉调整生产关系中与生产力不相适应的部分，调整上层建筑中与经济基础不相适应的部分，这就是社会主义改革。如果不进行这样的改革，就会窒息社会主义内在的活力和生机，严重妨碍社会主义优越性的发挥。

对于任何一个社会，关系全局的是三个机制，即发展机制、协调机制、运行机制。"动力"属于发展机制的范畴。关于社会主义社会发展动力问题，在社会主义发展史上曾经有过许多说法，如认为政治上道义上的一致是社会主义社会发展的动力；批评与自我批评是社会主义社会发展的动力；阶级斗争是社会主义社会发展的动力等等。邓小平依据新的实践指出，革命是解放生产力，改革也是解放生产力，作出了改革是社会主义社会发展的动力的新的科学论断。

（二）改革是新旧体制转换的必经途径

为了发展生产力，社会主义国家必须对传统社会主义体制进行改革。20 世

---

① 邓小平文选（第 3 卷）. 北京：人民出版社，1993. 266.

纪二三十年代，苏联在资本主义包围和临战状态下，建立起高度集中的社会主义体制，即传统社会主义模式，这种体制在经济领域的特点是：所有制结构上，实行单一的社会主义公有制，不允许其他经济成分存在；经济运行机制上，实行单一的指令性计划经济，依靠行政命令进行管理，排斥商品和货币关系，不重视经济杠杆和市场调节的作用；管理体制上，实行所有权和经营权的统一，国家直接管理企业。这种高度集中的经济体制，使当时苏联能够把有限的人力、物力、财力用到最急需的建设和国防上来。在当时的条件下，被压迫被剥削的无产阶级和劳动群众由于获得解放而迸发出的革命热情，弥补了这种体制的缺陷，使它得以高速运转，并取得了相当的成功和迅速的发展。第二次世界大战以后，一系列国家走上社会主义道路，他们在缺乏实践经验的情况下，或是模仿（如东欧大部分国家）或是参照（如我国）传统的苏联体制，建立了自己的经济、政治体制。这种高度集中的体制，在我国第一个五年计划期间，大体上还能适应生产力的发展。但是，进入正常建设年代以后，在革命转变年代群众所特有的那种激情消失之后，这种过分集权、管得太严、统得过死、排斥市场机制的经济体制的弊端就明显地暴露出来，阻碍了生产力的发展。这种体制一方面使国家机关工作人员容易滋长官僚主义、唯意志论、瞎指挥和以权谋私等不良倾向；另一方面又使企业管理者和劳动者缺乏改善经营、发展生产的内在动力，妨碍其发挥积极性和创造性，导致生产效益低、产品品种少，质量差，不能满足人们的需要。经过一段实践，我国和东欧某些国家开始觉察到这种体制有严重缺陷。

从 20 世纪 50 年代中期，毛泽东就认识到苏联社会主义模式的弊端，提出“以苏为鉴”，进行中国社会主义道路的探索。毛泽东在探索中，取得了一些成绩和有益的经验，但是由于历史条件和认识所限，他的改革方案始终没有跳出中央和地方权力划分的框子，没有真正触及原来的体制。后来，在探索中，由于指导思想越来越“左”，把一些偶发事件看得过重，逐渐偏离了正确轨道，以致发生重大失误，使中国社会主义事业遭受挫折。但即使如此，他仍不愧为探索中国社会主义道路的开拓者。十一届三中全会以后，中国共产党通过认真总结经验，认识到这种传统的计划经济体制已经成为一种“僵化模式”，必须进行根本改革，使其转变为具有生机和活力的社会主义市场经济体制。

（三）改革是实现社会主义现代化的必由之路

第二次世界大战以后，随着科学技术突飞猛进的发展，西方发达国家率先开始了现代化的历史进程，社会主义国家和第三世界发展中国家也相继提出了实现现代化的目标。现代化，是一个世界性、历史性的广义概念，它包括技术装备的现代化，管理的现代化，以及人的现代化。我们要实现的社会主义现代化，即沿着社会主义方向和道路来实现现代化的目标。周恩来总理在第四届人大会议上提出建设“四个现代化”的目标，邓小平提出“三步走”的经济发展战略，全面进行经济建设、民主政治建设、精神文明建设，其最终目的就是使我国在21世纪中叶基本上实现社会主义现代化。把社会主义现代化作为我国社会主义初级阶段的总任务和总目标，是我国当前和今后一个长时期内经济建设的主题。它的实质和目标，是要从根本上改变束缚我国生产力发展的经济体制，建立充满生机和活力的社会主义新经济体制，以实现中国的社会主义现代化。所以说，改革是我国实现社会主义现代化的必由之路。

（四）改革是振兴中华、振兴社会主义的希望所在

“一个世界、两种制度”是当代世界的重要格局。“二战”后，西方发达资本主义国家在五六十年代先于社会主义国家干了两件大事：一是利用科技优势，掀起新的科技革命，即历史上的第三次科技革命。这次科技革命是以微电子技术为核心，包括新能源技术、新材料技术、航天技术、海洋工程技术、生物工程技术等各个领域。新的科技革命极大地促进了生产力的发展和社会生活的变化；二是适应新科技革命，对资本主义制度自身、从生产关系到上层建筑进行了一系列自我调节，使之适应社会化生产力的发展。例如，吸收社会主义国家的很多做法，加大对经济的宏观调控，大搞福利政策，减少劳资矛盾，让职工参与管理等等。

“二战”后，资本主义所容纳和创造的社会生产力以惊人的速度和规模扩展着。据统计，从1945—1975年，世界工业总产值累计额是人类历史全部工业总产值累计额的2倍左右，在世界经济比重中，24个发达国家占70%左右。这就是说，发达资本主义国家战后20多年生产的产品，超过了过去200多年产品的总和。通过西方发达国家的“输血”，亚洲“四小龙”——中国香港、新加坡、中国台湾、韩国，在20世纪60～80年代，发展速度相当快。后来，又出现了新“四小龙”即印尼、马来西亚、泰国和菲律宾。社会主义面临着现代资本主义的严峻挑战，社会主义同资本主义处在历史性竞争之中。随着世界大潮从紧张趋向缓和，竞争的重点从军事领域转向经济、科技领域，社会主义国家如不进行改革，实现从传统的计划经济体制向社会主义市场经济体制的转变，就难以同现代资本主义进行有力的竞争，在东欧剧变、苏联解体，社会主义遭受严重挫折的形势下，中国的状况如何，直接关系到世界社会主义的前途和命运。

二、我国社会主义改革的实践与基本经验

我国采取了渐进的改革策略，分三步向前推进：第一步，从1981年十一届六中全会到1982年十二大提出计划经济为主、市场调节为辅；第二步，从1984

年十二届三中全会的经济体制改革决定到1987年十三大提出发展社会主义商品经济，计划和市场相结合；第三步，从1992年邓小平南方谈话到十四大提出建立社会主义市场经济体制。

我们采取的渐进改革是成功的，没有出现生产下滑、物价失控、失业骤增、生活水平下降和社会震荡等严重问题。主要经验有以下几点：

（一）在全面改革中始终坚持以经济体制改革为重点

我国的改革是全面改革，不是局部改革。邓小平同志说："改革是全面的改革，包括经济体制改革、政治体制改革和相应的其他各个领域的改革。"① 改革必须配合建设，全面改革是和全面建设相配合的。社会主义是一个全面发展的社会，党的基本路线规定的奋斗目标是一个全面的目标。为把我国建设成为富强、民主、文明的社会主义现代化国家而奋斗，包括经济、政治、文化三个方面的要求，它既是三位一体的现代化目标，又是有中国特色的社会主义的三个重要方面。全面改革就是为全面建设服务的。

我国的改革既是全面的，又是有重点的，就是说，有所侧重，不是平均使用力量。重点是经济体制改革。这个重点的确立，是发展社会生产力，不断地提高人民物质文化生活水平，不断地增强国家的经济实力和综合国力，在逐步实现现代化的基础上，使国家从贫穷落后走向繁荣富强，这是当前和今后很长一个时期全国人民压倒一切的中心任务，是决定祖国命运的千秋大业。我们只有这一个中心，不能搞多中心。其他各项工作，都要围绕和服务于这个中心，而不能偏离、干扰和冲击这个中心。中国改革的成功之处，就在于在全面改革中始终坚持以经济体制改革为重点。相反，某些国家的改革之所以失败，一个重要原因就是在经济体制改革没有取得明显成效的情况下，匆忙将改革的重点转向政治领域，引起政治动荡，冲淡和放松了经济体制改革，结果经济政治形势急剧恶化，社会动荡不安，思想理论混乱，人民生活每况愈下，最终断送了社会主义前途。

（二）建立经济体制的渐进改革策略

我国经济体制改革的目标，是建立社会主义市场经济体制。这个目标的确立，是邓小平的一大贡献。十一届三中全会以后，通过他的一系列论断和对社会主义的再认识，我们不再把商品经济和市场看成是资本主义的专利品和社会主义的异己物，认为市场和市场经济不带有社会制度的属性。邓小平指出："社会主义和市场经济之间不存在根本矛盾。"计划和市场都是方法"它为社会主义服务，就是社会主义的；它为资本主义服务，就是资本主义的。计划多一点还是市

---

① 邓小平文选（第3卷）．北京：人民出版社，1993. 237.

场多一点，不是社会主义与资本主义的本质区别。计划经济不等于社会主义，资本主义也有计划；市场经济不等于资本主义，社会主义也有市场。计划和市场都是经济手段”①。计划经济与市场经济的区别，不是前者排斥市场，后者排斥计划，而在于对资源的配置起基础性作用的是计划还是市场。我国经过多年的实践和经验总结，确定经济体制改革是市场取向的改革，目标是建立社会主义市场经济体制。

（三）国内改革和对外开放相结合

我国的对内改革和对外开放是紧密联系在一起的，二者相辅相成、相互促进、相得益彰。改革是生产力解放和发展的必由之路，对外开放是实现社会主义现代化的必要条件。改革和开放相结合，这是中国社会主义改革的一个鲜明特色，也是改革成功的一个重要原因。在十一届三中全会以后坚持实行对外开放，是顺乎历史潮流，在“现在的世界是开放的世界”这个大背景下提出来的政策。在现代化大生产条件下，任何一个国家，不论社会制度如何，都不能在与世隔绝的情况下发展自己的经济。闭关自守，关起门来搞建设是不能成功的，只能导致停滞和落后，这早已为国际国内的无数经验所证明。只有充分利用国内国际两个市场、两种资源，吸收人类一切文明成果，自觉置身于国际市场的竞争，民族经济才能更快地发展。现在，科学技术日新月异，各国之间的经济联系和科学技术交流越来越频繁，任何国家都不可能在封闭的状态下求得发展，实现现代化。

资本主义是人类历史发展进程中非常重要的一个历史阶段，它在几百年内所创造的物质文明和精神文明远远超过了以往时代的总和。我国是在经济文化落后的基础上建设社会主义的，这就更加需要实行对外开放努力吸收世界文明成果，在社会主义的基础上加以运用和发展，这样才能实现社会主义制度作为超过资本主义制度的先进社会制度的历史要求。因此，我国在改革开放中，不仅要改造旧体制和建立新体制，而且要吸收发达资本主义国家先进的科学技术和经营管理方法，并且把二者结合、融合起来。邓小平指出：“社会主义要赢得与资本主义相比较的优势，就必须大胆吸收和借鉴人类社会创造的一切文明成果，吸收和借鉴当今世界各国包括资本主义发达国家的一切反映现代化生产规律的先进经营方式、管理方式。”②

（四）政治体制改革与经济体制改革相适应

政治体制改革同经济体制改革应该相互依赖、相互配合。只搞经济体制改

① 邓小平文选（第3卷）. 北京：人民出版社，1993. 373.

② 邓小平文选（第3卷）. 北京：人民出版社，1993. 237.

革，不搞政治体制改革，经济体制的成果不能巩固，也难以进一步发展。经济体制改革每前进一步，人们都深深感到政治体制改革的必要性。邓小平关于政治体制改革有许多重要论述，并提出了指导原则：一是政治体制改革比经济体制改革更复杂更艰难，因为它涉及千千万万人的利益，因此，“需要审慎从事”，否则会一着不慎，全盘皆输；二是与经济体制改革相比，政治体制改革不是“根本改革”，没有大破大立问题；三是政治体制改革既不能照搬西方资本主义国家的“多党制”、“两院制”、“三权分立”制度，也不能照搬其他社会主义国家的经验，而要发挥我们自己的优势。我国实行的是全国人民代表大会的一院制。这是我国人民在实践中的伟大创造，既能保证人民当家作主，又能解决人民实际上不可能直接决定一切国家大事而带来的种种困难，有利于实现民主和效率的双重目标，最符合中国国情。政治体制改革的目标是：巩固社会主义制度；发展社会主义社会的生产力；发扬社会主义民主，调动广大人民的积极性。

我国政治体制改革相继出台的措施有：取消原来的人民公社体制，改为基层政权组织；实行村级组织、居委会组织直选；改善共产党的领导，完善人民代表大会制度，完善共产党领导的多党合作和政治协商制度；建设各种监督机制，有党内监督、群众对干部的监督、党外监督、民主党派对执政党的监督、政府对党与党对政府的监督；舆论监督；废除最高领导终身制，实行干部年轻化，建立正常的离退休制度；党政分开，政企分开，权力下放，精简党政机构，转变政府职能；改革人事制度，实施公务员制度，实行聘用制等等。但是国际上有一种舆论：中国只搞经济改革，不搞政治改革。邓小平反驳他们说：“这不对。”从十一届三中全会以后，我国政治体制改革从未间断，只是没有按照西方的政治模式搞“改革”，如果那样做，就中了他们的圈套，改革的将不是体制而是基本制度。

（五）正确处理改革、发展、稳定之间的关系

正确处理改革、发展、稳定三者之间的相互关系，是贯穿改革过程中的一个重大课题。改革是动力，它能够解放和发展生产力，促进发展。发展是目的，是“硬道理”，“问题的最终解决还是靠经济的发展”，只有发展，中国才能尽快摆脱贫穷落后状态，才能进入世界现代化国家的行列；发展反过来又会促进改革，同时它又是社会稳定和国家长治久安的基础。稳定是前提，是发展经济和顺利进行改革的必不可少的条件，社会动荡会使改革夭折。我们任何时候都要注意把握好改革的力度、发展的速度、社会的稳定，使三者之间保持平衡。邓小平多次指出：中国的问题压倒一切的是需要稳定，没有稳定的环境什么都搞不成，已经取得的成果也要失掉；我们搞四化，搞改革开放，关键是稳定；中国不能乱；中国的最高利益是稳定。我国社会稳定、政治稳定的局面保证了改革的步子迈得更

稳、更好、更快。

三、坚定不移地实行对外开放

中国实行社会主义市场经济，为了充分开发和利用国内市场和国际市场、国内资源和国际资源，就必然要求对外经济开放。

（一）现在的世界是开放的世界

早在18世纪60年代至19世纪60年代，欧美先进国家先后完成了产业革命，资本主义生产从工场手工业过渡到了机器大工业，社会分工突破民族国家的界限发展成为国际分工。它使地球上大部分国家和地区成为主要从事农业生产的地区，并服务于主要从事工业生产的少数先进资本主义国家。在工农业国际分工的基础上，国际商品交换不断扩大，世界货币随之出现，从而促进了世界市场的形成和发展。正如马克思和恩格斯在《共产党宣言》中所指出的："资产阶级，由于开拓了世界市场，使一切国家的生产和消费都成为世界性的了……过去那种地方的和民族的自给自足和闭关自守状态，被各民族的各方面的互相往来和各方面的互相依赖所代替了。物质生产是如此，精神的生产也是如此。"①

随着国际分工的发展，各国经济对国际资源和国际市场的依赖程度也越来越高。国际分工已深入发展为不同工业产品之间、同一产品不同零部件之间，甚至不同工艺之间的分工；发展为工业部门内部制成品与初级产品之间、资本和技术、密集型产品与劳动密集型产品之间的分工。纵横交错的国际分工，使世界各国的社会再生产更加紧密地联结成一体，互相依存，互相交错。国际分工的发展拓宽了国际经济联系的渠道。各国之间的经济联系，除了通过国际商品交换的流通渠道以外，越来越多地通过国际直接投资、国际经济联合等渠道进行，使生产要素配置更加优化，国际市场利用更加广泛，开创了世界经济开放的新时代。

（二）社会主义制度是开放的制度

社会主义要能巩固、发展、壮大并最终战胜和取代资本主义，必须创造出比资本主义更高的劳动生产率，更高的物质文明和精神文明。为此，社会主义就必须"大胆吸收和借鉴人类社会创造的一切文明成果"。邓小平认为："中国在西方国家产业革命以后变得落后了，一个重要原因就是闭关自守。建国以后，人家封锁我们，在某种程度上我们也还是闭关自守，这给我们带来了一些困难。三十几年的经验教训告诉我们，关起门来搞建设是不行的，发展不起来。"② 从而得

① 马克思恩格斯选集（第1卷）. 北京：人民出版社，1995. 276.

② 邓小平文选（第3卷）. 北京：人民出版社，1993. 64.

出了“中国的发展离不开世界”的科学结论。所谓中国的发展离不开世界，并不意味着中国对世界的单向依赖关系，这是一种双向的相互依存关系，因为世界也需要中国。而沟通中国和世界相互依存关系的钥匙是相互开放，世界对中国开放，中国也对世界开放。

对外经济开放本身并不是目的，而是一种手段。实行对外经济开放的根本目的在于加速社会生产力的发展，在于加速实现“三步走”的现代化发展战略，在于坚持社会主义。邓小平曾深刻地指出：要坚持社会主义，首先要摆脱贫穷落后的状态，大大发展生产力，这就“必须改变闭关自守的状态，必须调动人民的积极性，这样才制定了开放和改革的政策”。他还从实现“三步走”的现代化战略角度，强调了对外开放的目的和任务，指出“没有对外开放政策这一着，翻两番困难，翻两番之后再前进更困难”。因此，实行对外经济开放时必须牢牢把握有利于促进和发展生产力，并以此作为检验对外开放成败得失的标准。

（三）市场经济是开放的经济

市场经济是通过市场供求来配置社会经济资源的一种经济组织方式，价值规律是其运转的基本规律。市场经济从它一产生就是开放的经济，其运行机制和运行规则是世界通用的。每个市场主体为了力求以最少的投入获得最大的产出，使其产品的个别价值低于一国范围内的国别价值和世界范围的国际价值，必须要在国内各地区之间、世界各国之间寻求资源的最佳配置，寻求有利的商品销售市场和投资场所。因此，开放是市场经济运行的基本条件之一。邓小平强调我国的对外开放是全面的开放，开放的对象是世界所有的国家，包括各种类型的国家，既包括西方发达国家，又包括前苏联和东欧国家，还包括发展中国家和地区。

（四）社会主义对外开放的指导思想

对外开放要解放思想，实事求是，一切从中国的基本国情出发。在对外开放中，必须坚持四项基本原则；必须坚持独立自主、自力更生、艰苦奋斗的方针；必须坚持平等互利的原则；必须加强社会主义精神文明建设，抵制资产阶级腐朽堕落的道德观念和行为准则；必须保持国内安定团结的政治局面和社会环境；必须一手抓对外开放和对内搞活经济的政策，一手抓坚持打击经济犯罪活动等等。盲目引进、重复引进、不加消化吸收的引进，都是与开放的基本国策相违背的。在利用外资方面，要讲求经济效益，要合理确定利用外资的规模，与实际能力相适应，要及时调整外资的来源结构、产业投资结构、地区投向结构及组织结构，要加强宏观管理。

四、改革开放之路就是中国特色社会主义理论发展的道路

（一）通过拨乱反正恢复实事求是的思想路线

邓小平理论是在拨乱反正的过程中形成和发展起来的，经历过那个过程的人都知道，当时有一种大起大落、震耳欲聋的感觉。历时十年的“文化大革命”，使中国对社会主义道路的探索走了弯路，经过真理标准问题的讨论，批判了“两个凡是”论，通过十一届三中全会平反了冤假错案，实现了拨乱反正，纠正了“文革”的错误，实现了“团结一致向前看”，重新恢复和确立了实事求是的思想路线，开启了实行改革开放政策的历史新时期。正如邓小平所说的那样：“只有思想解放了，我们才能正确地以马列主义、毛泽东思想为指导，解决过去遗留的问题，解决新出现的一系列问题，正确地改革同生产力迅速发展不相适应的生产关系和上层建筑，根据我国的实际情况，确定实现四个现代化的具体道路、方针、方法和措施。”① 改革开放的实践已经充分证明：“只有思想解放了”，才能“正确地改革”，才能“确定实现四个现代化的具体道路、方针、方法和措施”。

有一段时间，邓小平理论曾经被一些人认为是“谈话集”、“语录体”，没有“大部头”。但是随着学习和认识的进一步深化，人民群众已充分认识了它的博大精深，并自觉地高举起这一伟大旗帜指导自己的实践。所谓继承与发展、一脉相承，其基本理论即辩证唯物主义与历史唯物主义是不用再作专门的“大部头”阐述了，也不用再写毛泽东 1937 年所作《矛盾论》、《实践论》那样的经典著作。需要的是其精髓，即解放思想、实事求是的思想路线。因此，解放思想推动了中国特色社会主义理论的创立，同时也开辟了改革开放道路。所有中国特色社会主义理论的新观点、新思想、新论断，都是解放思想、实事求是的重大成果，同时又进一步推动了思想的解放。每一次的理论创新都伴随着新的实践，伴随着改革开放之路的延伸，同时也发展着中国特色社会主义理论。

（二）通过大胆地试验、大胆地闯，开辟新道路

改革是通过大胆地试验、大胆地闯，开辟新道路的。例如，我国开放的实践就经历了试点与扩展阶段。试点阶段是 1979—1983 年，对外开放的主要内容是对广东、福建两省在对外经济活动中实行特殊政策和灵活措施。目的在于发挥这两地作为侨乡和毗邻港澳的人文、地理优势，抓紧有利的国际机遇，在对外开放中先行一步。为了取得对外开放的经验，首先在两省内创建了深圳、珠海、汕

---

① 邓小平文选（第 2 卷）. 北京：人民出版社，1994. 141.

头、厦门四个经济特区。扩展阶段是1984—1991年，在总结和肯定广东、福建两省和四个经济特区对外开放经验的基础上，使对外开放逐步由点到线、由线到面在沿海地区推进，形成了覆盖293个市县、2.8亿人口、42.6万平方公里的沿海开放地带。最后，将开放扩大到沿（长）江、沿边（境）直至全国。对外开放的深度也从一般的互通有无、扩大经贸合作，升华到优化生产要素组合，使国内经济同国际经济更好地结合起来。

在干这桩伟大事业的过程中上下求索，“什么是社会主义，怎样建设社会主义”，探索中的前进让前途越来越光明。建设有中国特色社会主义，摸着石头过河，大胆地试，大胆地闯，憋着一股气与劲，卧薪尝胆、韬光养晦、埋头苦干，新道路就是这样开辟出来的。就我国改革引起社会变革的广度和深度来说，可以说是又开始了一场新的革命。这次革命是在第一次革命的基础上，比第一次革命更加宏伟、更加壮观、更具时代气息的社会大变革，这就赋予第二次革命以新的时代内容。这场“革命”有如下特点：一是在过去革命取得胜利和社会主义建设取得巨大成就的基础上进行的，改革是历史连续性和变革性的统一，不能只讲变革性，不要连续性，否定以往社会主义的历史；二是在中国共产党的领导下自上而下有计划、有步骤地进行的，改革不能削弱和否定党的领导；三是改革是社会主义制度的自我完善，而不是要改变我国的社会主义制度；四是改革是经济体制的根本变革，而不是原有经济体制的细枝末节的修补。所以，中国特色社会主义理论发展的道路就是改革开放之路。

第三节　高举邓小平理论伟大旗帜的历史进程

一、改革开放的总设计师——旗帜问题的提出

1989年6月，党的十三届四中全会完成了第二代中央领导集体向第三代中央领导集体的交接，江泽民任中共中央总书记。当时国内外最关注的问题是：中国的改革开放政策会不会变？全会上，江泽民发表讲话，对这个问题作出了明确的回答，他指出：“我们党已经制定和形成了一条建设有中国特色社会主义的路线和一系列基本政策。概括地说，就是小平同志多次指出，最近再次强调的，以经济建设为中心，坚持四项基本原则，坚持改革开放……这次中央领导核心作出了一些人事调整，但是，党的十一届三中全会以来的路线和基本政策没有变，必须坚决贯彻执行。”他说：“在这个最根本的问题上，我要十分明确地讲两句话：

一句是坚定不移，毫不动摇；一句是全面执行，一以贯之。”①

在讲话中，江泽民提出了一个在党的历史上从未出现过的称谓——“总设计师”。他说：“改革开放的总设计师和指导者是邓小平同志。”“总设计师”，大工程蓝图统揽全局者也；“指导者”就是领导者。这个“总设计师”和“指导者”的用法一经提出，便立刻为全党和全国人民所接受，在相当长时间内，出现在各种文章、书籍之中。因为这是事实，如果现在回过头来看，也可以叫历史的真实。

1989年9月29日，江泽民在庆祝中华人民共和国成立四十周年大会上发表重要讲话时指出：“邓小平同志关于建设有中国特色社会主义的理论，是经过十年实践检验而为亿万人民所认识和接受的科学理论，是指引我们继续前进的旗帜。”② 这是党继七大提出高举毛泽东思想旗帜之后，再一次提出“旗帜”问题，而且明确指出这面旗帜就是邓小平建设有中国特色社会主义理论。

早在1989年的9月4日，邓小平写信给中央政治局，提出辞去现在担任的中共中央军事委员会主席职务。同年11月9日，党的十三届五中全会通过了《中国共产党第十三届五中全会关于同意邓小平同志辞去中共中央军事委员会主席职务的决定》，全会高度评价了邓小平的历史功绩并强调指出：“邓小平同志根据马克思列宁主义同中国革命实际相结合的原则提出的一系列规定和理论，特别是建设有中国特色的社会主义的基本理论，是毛泽东思想的重要组成部分，是毛泽东思想在新的历史条件下的继承和发展，是中国共产党和中国人民的宝贵精神财富。”③ 全会要求全党一定要认真学习邓小平的著作，使它今后在我国社会主义现代化建设的伟大进程中发挥更大的作用。上面引证的表述，不仅说明邓小平建设有中国特色社会主义理论“是毛泽东思想的重要组成部分”，而且明确表述为是“毛泽东思想在新的历史条件下的继承和发展”，这在党的文献中，还是第一次。

1990年12月30日，江泽民在党的十三届七中全会闭幕会上发表讲话指出：“这次全会通过的《建议》（指《中共中央关于制定国民经济和社会发展十年规划和“八五”计划的建议》），围绕建设有中国特色社会主义的问题，阐述了十二条原则。这些原则是我们党在社会主义建设时期特别是最近十多年来丰富经验的概括。实践证明，这些原则是完全正确的。”④ 这十二条原则包括：坚持工人

① 中央文献研究室．十三大以来重要文献选编（中）．北京：人民出版社，1991. 547.
② 中央文献研究室．十三大以来重要文献选编（中）．北京：人民出版社，1991. 617.
③ 中央文献研究室．十三大以来重要文献选编（中）．北京：人民出版社，1991. 678.
④ 中央文献研究室．十三大以来重要文献选编（中）．北京：人民出版社，1991. 1430.

阶级领导的以工农联盟为基础的人民民主专政；坚持把发展社会生产力作为社会主义的根本任务，通过改革不断完善社会主义的经济、政治体制和其他领域的管理体制；不断扩大对外开放；坚持以社会主义公有制为主体的多种经济成分并存的所有制结构；积极发展社会主义的有计划商品经济；实行以按劳分配为主体、其他分配方式为补充的分配制度；坚持以马克思列宁主义为指导，建设社会主义精神文明；建立和发展平等互助、团结合作、共同繁荣的社会主义民族关系；按照"一国两制"的构想和实践，促进祖国统一大业的逐步实现；坚持独立自主的和平外交政策；坚持共产党的领导，不断改善党的领导制度、领导作风和领导方法等。

江泽民在闭幕会上的讲话再次强调：邓小平建设有中国特色社会主义理论"是在新的历史条件下对马列主义、毛泽东思想的重大发展"。与以前的文件比较加了"重大"二字。

1991 年 7 月 1 日，党和国家领导人与首都万名群众在人民大会堂隆重集会，庆祝中国共产党成立 70 周年，江泽民在会上作了长达 2 万字、100 分钟的讲话。讲话指出："邓小平同志是捍卫、坚持和发展马列主义、毛泽东思想的杰出代表。他提出的关于建设有中国特色的社会主义的理论、路线、方针和原则，是集中全党智慧和经验的创造，是在新的历史条件下对马列主义、毛泽东思想的一个最重大的贡献，标志着我们党对社会主义建设规律的认识有了一个新的飞跃，标志着我们党对社会主义事业的发展和社会主义制度的完善进入了一个新的历史时期。"①

7 月 4 日，中共中央宣传部发出通知，要求全党认真学习江泽民"七一"讲话。《通知》指出："江泽民的讲话是集体智慧的结晶，是以江泽民同志为核心的党中央领导全党和全国各族人民沿着建设有中国特色社会主义道路继续前进的纲领性文件。"② 这表明，对邓小平建设有中国特色社会主义理论的认识，是第三代中央领导集体和全党的共识。

这一阶段第三代中央领导集体对邓小平理论的认识表现在以下几个方面：第一，充分肯定邓小平的历史功绩尤其是十一届三中全会以来的贡献，称他为改革开放的总设计师、领导者。第二，提出了"旗帜"问题，这面旗帜就是邓小平建设有中国特色社会主义理论。第三，高度评价邓小平建设有中国特色社会主义理论，称它为马列主义、毛泽东思想的继承与发展，是改革开放以来经验的概括，是全党智慧和经验的总结。第四，总结了邓小平建设有中国特色社会主义理论的大致框架——十二条原则。

---

① 中央文献研究室．十三大以来重要文献选编（下）．北京：人民出版社，1991. 1635.

② 中国振兴之路——改革开放纪事（第 3 册）．北京：中央党校出版社，1999. 493.

二、把邓小平建设有中国特色社会主义理论写到党的旗帜上

1992年1月18日至2月21日，邓小平视察南方并发表重要谈话，这个谈话，正如江泽民后来在党的十五大报告中所述："是在国际国内政治风波的严峻考验的重大历史关头，坚持十一届三中全会以来的理论和路线，深刻回答长期束缚人们思想的许多重大认识问题，把改革开放和现代化建设推进到新阶段的又一个解放思想、实事求是的宣言书。"①

1992年6月9日，江泽民在中央党校向省部级干部进修班的学员发表重要讲话，他说：小平同志最近的重要谈话贯穿了一个鲜明的中心思想，就是必须坚定不移地全面贯彻执行党的"一个中心，两个基本点"的基本路线，解放思想、实事求是，放开手脚，大胆试验，排除各种干扰，抓住有利时机，加快改革开放步伐，集中精力把经济建设搞上去，不断地把有中国特色社会主义事业全面地推向前进。他指出："有中国特色社会主义建设道路的开创及其理论、路线和方针政策的形成，标志着我们的社会主义事业进入了一个新的发展阶段，标志着我们党对社会主义的科学认识实现了一个新的飞跃。"②

1992年9月2日，中央政治局常委、中央党校校长乔石在中央党校秋季开学典礼上发表重要讲话，他指出："以邓小平为代表的中国共产党人，总结了历史上正反两方面的经验，提出并不断发展了建设有中国特色社会主义的理论，是把马克思主义基本原理同当代中国的实际密切结合的产物。我们要把中国特色的社会主义事业推向前进，就必须掌握这个强大的思想武器。"③"强大的思想武器"的表述，是第一次。9月3日，中共中央政治局会议通过了《中共中央关于加强和改进宣传思想工作，更好地为经济建设和改革开放服务的意见》和《中共中央关于加强党的建设，提高党在改革和建设中的战斗力的意见》，这两个《意见》对邓小平理论的历史地位从不同的角度作出了评价。前一个《意见》指出：邓小平同志建设有中国特色的社会主义的理论和路线，是对国际共产主义运动特别是我国几十年来社会主义建设正反两方面经验的正确总结，是马列主义、毛泽东思想在新的历史条件下的运用和发展，是中国人民创造历史的伟大成果和全党集体智慧的结晶。实践表明，这一理论和路线，为我国社会主义现代化开辟了唯一正确的道路，只有遵循这一理论和路线，我们才能统一思想，增强信心，

① 中央文献研究室．十五大以来重要文献选编（上）．北京：人民出版社，2000.10.

② 中央文献研究室．十三大以来重要文献选编（下）．北京：人民出版社，1991.2060.

③ 中国振兴之路——改革开放纪事（第3册）．北京：中央党校出版社，1999.693.

克服困难，胜利前进。后一个《意见》指出：邓小平同志建设有中国特色社会主义的理论，是马列主义、毛泽东思想同我国社会主义现代化建设具体实践相结合的产物，标志着我们党对社会主义的科学认识实现了一个新的飞跃，已经成为团结全党为实现新时期宏伟目标努力奋斗的思想基础。

乔石的讲话和两个《意见》对邓小平建设有中国特色社会主义理论作了进一步的评价和定位，并明确表述是“思想基础”，这就为后来党的十四大鲜明地把这个理论写到自己的旗帜上做好了准备。如果我们对照一下十一届六中全会中央所作的《关于建国以来党的若干历史问题的决议》中对毛泽东思想所下的定义，可以发现，评价和定位基本上是相同的，如马列主义与中国具体实践相结合的产物、对马列主义的继承和发展、集体智慧的结晶、新飞跃、被实践证明了的正确总结等。在这些评价和定位的前提下，得出了作为“思想基础”的结论。

1992 年 10 月，党的十四大全面系统地对邓小平理论产生的时代背景、实践基础、思想来源、历史地位等作出了科学的概括和评价。江泽民的政治报告将邓小平建设有中国特色社会主义理论的内容概括为九大部分。报告指出：“这个理论，第一次比较系统地初步回答了中国这样的经济文化比较落后的国家如何建设社会主义、如何巩固和发展社会主义的一系列基本问题，用新的思想、观点继承和发展了马克思主义。”同时郑重地提出：“建设有中国特色社会主义的理论，是马克思主义同中国实际相结合的最新成果，是当代中国的马克思主义，是指引我们实现新的历史任务的强大思想武器。”① 从而提出了用邓小平建设有中国特色社会主义理论武装全党的任务。

正如江泽民 1993 年 11 月 2 日在《邓小平文选》第三卷报告会上指出的那样：“从十一届三中全会开始，经过十二大、十三大到十四大，我们党又郑重地把邓小平建设有中国特色社会主义的理论写到了自己的旗帜上。”②

作为“开始”的党的十一届三中全会，重新确立了党的实事求是的思想路线，决定把工作的重点转移到经济建设上来，决定了改革开放的方针，从而大致确定了后来表述为“一个中心，两个基本点”的基本路线。1982 年 9 月 1 日，邓小平在十二大开幕词中，提出了“建设有中国特色的社会主义”的著名论断。学术界普遍认为，从十一届三中全会到党的十二大四年间，邓小平理论已经形成。这一点从 1987 年 10 月党的十三大报告中也可以看到，报告将邓小平建设有中国特色社会主义理论概括为十二个理论观点，而且对这一理论的历史地位作了初步的认定，指出：“有中国特色的社会主义，是马克思主义基本原理同中国现

① 中央文献研究室．十四大以来重要文献选编（上）．北京：人民出版社，1996. 39.

② 中央文献研究室．十四大以来重要文献选编（上）．北京：人民出版社，1996. 445.

代化建设相结合的产物，是扎根于当代中国的科学社会主义。”①

那么，十四大则提出用邓小平建设有中国特色社会主义理论武装全党的战略任务，也就是说把它作为思想基础写到了自己的旗帜上。

三、确立邓小平理论为党的指导思想

党的十四大以后，为实现用邓小平建设有中国特色社会主义理论武装全党的任务目标，党中央采取了一系列措施。1993 年 11 月 2 日，中共中央在人民大会堂举行学习《邓小平文选》第三卷报告会，全体政治局常委出席，江泽民作重要讲话，胡锦涛宣读了《中共中央关于学习〈邓小平文选〉第三卷的决定》。而在此之前的 10 月 4 日，中央已在中央党校开办了第一期“省部级主要领导干部学习邓小平建设有中国特色社会主义理论研讨班”。不仅这个班次，当时在中央党校学习的所有班次，都先期拿到了《邓小平文选》第三卷并开始学习。同年 11 月 3 日至 30 日，第二期省部级主要领导干部学习《邓小平文选》第三卷理论研讨班继续在中央党校开办。每次，胡锦涛都出席了开班仪式并作重要讲话。1994 年 1 月，在中央党校还举办了民主党派、无党派领导干部理论研讨班，仍以学习《邓小平文选》第三卷为主要内容，胡锦涛亦到会祝贺并发表重要讲话。由此，从高层到基层，从党内到党外，一个学习邓小平建设有中国特色社会主义理论尤其是读原著第三卷的热潮在全国蓬勃兴起。

1997 年 2 月 28 日，在邓小平 1992 年视察南方五周年之际，中央财经领导小组在北京举行学习邓小平经济理论座谈会，出版发行《邓小平经济理论学习纲要》，江泽民为这本书作了题为《坚持把邓小平建设有中国特色社会主义理论的学习引向深入》的序言，“序言”指出：“邓小平建设有中国特色社会主义理论内容丰富，博大精深，涉及马克思主义哲学、政治经济学和科学社会主义各个领域，涵盖现阶段我国经济、政治、文化、教育、外交、法制和党的建设各个方面。其中，建设有中国特色社会主义经济理论，内容尤为丰富、集中，占有十分突出的地位。”② 当时的中央政治局常委、国务院副总理朱镕基出席了理论座谈会并作重要讲话，他说：“邓小平同志在经济领域中提出的一系列重大论断、基本观点和战略思想，深刻地揭示了中国社会主义经济建设和发展的规律，形成了完整的经济理论体系，是邓小平建设有中国特色社会主义理论的重要组成部分。他的一系列划时代的经济思想的提出，充分反映了邓小平同志非凡的理论勇气、求实精神和政治胆略，是马克思列宁主义、毛泽东思想在新时期的重大发展。”

① 中央文献研究室．十三大以来重要文献选编（上）．北京：人民出版社，1991. 55.

② 中央财经领导小组办公室．邓小平经济理论学习纲要．北京：人民出版社，1997. 3.

他强调指出："要按照江泽民同志在《邓小平经济理论学习纲要》的序言中提出的要求，进一步深入学习邓小平同志博大精深的经济理论，完整准确地掌握邓小平经济理论的科学内涵和精神实质。在学习中，要特别注意学习邓小平同志运用马克思主义的立场、观点和方法，研究新情况，解决新问题的科学态度和创造精神。"①

1997年2月19日，邓小平逝世。中共中央发布了悼念邓小平的三篇重要文献，对邓小平伟大光辉的一生作了全面系统的评价。关于邓小平建设有中国特色的社会主义理论的历史地位和重要作用，文献概括为："它是马克思主义与当代中国实际和时代特征相结合的产物，是毛泽东思想的继承和发展，是当代中国的马克思主义。它是全党全国人民集体智慧的结晶，是中国共产党的指导思想和中华民族的精神支柱。"文献还强调指出："没有邓小平同志创立的这个理论，就不会有今天中国改革开放的新局面和中国社会主义现代化的光明前景。"②

同年5月29日，江泽民在中央党校发表重要讲话，讲话除再次强调上述评价之外还指出："在当代中国，只有这个理论而没有别的理论能够解决社会主义的前途和命运问题。"他强调："旗帜问题至关紧要。旗帜就是方向，旗帜就是形象。""高举邓小平建设有中国特色社会主义理论的旗帜，就是真正高举马克思列宁主义、毛泽东思想的旗帜。"③

这个讲话是中共十五大的理论准备。同年10月12日，江泽民所作十五大报告进一步阐述了"5·29"讲话的基本观点，大会的主题明确地定位在"高举邓小平理论伟大旗帜，把建设有中国特色社会主义全面推向21世纪"。在这个主题之下，全面阐述了"邓小平理论的历史地位和指导意义"。概括起来，十五大报告有这样几个特点：其一，将长期以来使用的"邓小平建设有中国特色社会主义理论"表述为"邓小平理论"。其二，把邓小平理论正式确立为党的指导思想并写入大会通过的党章。其三，将邓小平理论称为"是马克思主义在中国发展的新阶段"，是一个新的重要评价，既确认邓小平理论是毛泽东思想的继承和发展，又肯定其具有相对独立性的"新阶段"历史地位。其四，详细阐述了"新"在何处，即简称为"新境界"、"新水平"、"新判断"、"新体系"四个方面。

至此，第三代中央领导集体完成了高举邓小平理论旗帜、把它确立为党的指导思想的过程。这个过程，既是一个"高举"旗帜的过程，也是伴随着邓小平

---

① 中国振兴之路——改革开放纪事（第3册）．北京：中央党校出版社，1999. 563.

② 中央文献研究室．十四大以来重要文献选编（下）．北京：人民出版社，1996. 2311.

③ 中国振兴之路——改革开放纪事（第3册）．北京：中央党校出版社，1999. 601.

理论的最终形成（“南方谈话”）和对它的不断学习、认识、进一步深化的过程。同时，还是第三代中央领导集体在实践中不断创新的过程，例如：确立社会主义市场经济体制；建设党的新的伟大工程；把社会主义精神文明建设提到一个新的高度；面对新情况推行“一国两制”完成和平统一祖国大业的新方针和新实践等等。这一“创新”，在十五大以后的实践中得到证明并有了更大的发展。

总之，鲜明地高举邓小平理论的伟大旗帜，表达了全党和全国人民的共识和意愿，表明了以江泽民为核心的第三代中央领导集体沿着邓小平所开创的道路，把建设有中国特色社会主义事业全面推向21世纪的决心和气魄，为新世纪中华民族的发展与振兴提供了强大的精神武器和行动指南，为把中国建设成富强、民主、文明的社会主义现代化国家提供了可靠的政治保证。

【本章小结】

邓小平理论是马克思列宁主义基本原理与当代中国和时代特征相结合的产物，是毛泽东思想的继承和发展，是全党全国人民集体智慧的结晶，是中国共产党和中国人民最可宝贵的精神财富。这一理论的形成和发展，经历了酝酿、提出、充实、发展、深化、走向成熟和形成科学体系的过程，经历了四个发展阶段。以邓小平为代表的中国共产党人，创造性地开辟了中国特色社会主义的道路，即改革开放，使中国各方面取得巨大成就。1997年，党的十五大把邓小平理论确立为我党的指导思想。

【关键术语和概念】

1. 邓小平理论：马克思主义基本原理与中国具体实际相结合的第二大理论成果。邓小平建设有中国特色社会主义理论是马克思列宁主义基本原理与当代中国和时代特征相结合的产物，是毛泽东思想的继承和发展，是全党全国人民集体智慧的结晶，是中国共产党和中国人民最为宝贵的精神财富。

2. 解放思想：邓小平曾作过非常科学准确的论述，1980年，他在《坚持党的路线，改进工作方法》的讲话中指出：“我们讲解放思想，是指在马克思主义指导下打破习惯势力和主观偏见的束缚，研究新情况，解决新问题。”

3. 基本矛盾：生产力与生产关系、上层建筑与经济基础之间的矛盾是任何社会制度的基本矛盾。生产力是生产方式中最积极最活跃的因素，是生产力决定生产关系，而不是生产关系决定生产力；是生产关系必须适应生产力的性质和水平，而不是生产力必须适应生产关系。生产关系对生产力，滞后了不行，超越了也不行。但是社会主义社会的这种矛盾与旧的阶级社会不同，不带有对抗的性质，可以在社会主义制度范围内，通过改革不断地加以解决。

4. 社会主义建设的根本任务：我国社会主义建设的根本任务，是进一步解放生产力，发展生产力，逐步实现社会主义现代化，并为此而改革生产关系和上层建筑中不适应生产力发展的方面和环节。

【思考题】

1. 邓小平理论形成的背景。

2. 解放思想与实事求是的相互关系。

3. 案例分析：

杀出一条血路来

早春时节的北京中南海。湖面的冰层刚刚化开，湖水在阳光照耀下波光粼粼。

这是一个生机勃勃的春天。

湖边，有三个人正在散步，后面远远地跟着警卫人员。

在融融春光中，这三个人的脚步很缓慢，也显得很沉重。这是邓小平和广东省委的两个负责同志。

“文化大革命”像一场噩梦刚过去不久，怎么把失去的时间夺回来，重振中华民族的雄风，这个问题沉甸甸地压在每个人的心头。

广东省委的负责同志毫不隐讳地把当前存在的矛盾、广东的劣势和优势一五一十地向邓小平作汇报。

邓小平听着汇报，低头不语，默默地走着，思索着，一个早就萦绕在他心头的想法成熟了。他抬起头来，两眼炯炯地望着身边的这两位负责人：“你们可以划出一块地方，叫做特区。”

见听者有些不解，他又补充说：“陕甘宁就是特区嘛！中央没有钱，要你们自己搞，杀出一条血路来。”

广东省委的两位负责人都经历过陕甘宁特区的阶段，当然知道特区是怎么回事，他们交换了一下眼色，坚定地点了点头。

一群报春的燕子，叫喳喳地从他们头上飞过，春天的阳光更暖和了。

几个月后，中央正式批准广东、福建两省在深圳、珠海、汕头、厦门试办特区，当时称“出口特区”。1980 年 3 月，“出口特区”又正式定名为“经济特区”。

1984 年 1 月 24 日中午，一列从广州开来的火车缓缓驶入深圳火车站，年近八旬的邓小平身穿灰色中山装，红光满面地走下火车。

他是专门来看特区的。还在广州时，他就满怀深情地对广东省的负责同志说：“办特区是我倡议的，中央定的，是不是能够成功，我要来看一看。”

特区的领导衷心地欢迎邓小平的到来。因为，尽管特区有了很大发展，但也存在不少问题，无数双眼睛在盯着这座新兴的城市，也有众说纷纭的评论，他们期待着总设计师的评价。

深圳在兴办特区前，是宝安县的一个小镇，以农业为主，收入很低，人员外流严重。但是，这里毗邻香港，风景秀丽，海岸线长，气候宜人，有着良好的自然环境。

兴办特区后，深圳的变化日新月异。1983 年的工业产值超过了办特区前即 1979 年的 10 倍，职工和农民的收入水平也提高了几倍。特区还同外商签订协议 2378 项，协议投资 118 亿港元，引进 15000 多台（套）设备。

特区的领导汇报了 40 分钟，邓小平听得聚精会神，还不时插话询问。但是，他最后的表态是："这个地方正在发展中，你们谈的这些我都装在脑袋里，我暂不发表意见。"

说完，邓小平手一挥："到外面看看去！"

邓小平登上当时楼层最高的国贸大厦，俯瞰市容，接着，他来到上步工业区，参观了一家电脑公司。随后，他又到了一个渔村，与渔民亲切交谈，合影留念。

1 月 26 日，他离开深圳前，又驱车前往蛇口工业区，视察蛇口港。他看到的是一派欣欣向荣的景象。微笑不时在他的脸上浮现。但是，他还是没有表态。

1 月 26 日下午，邓小平从蛇口登船去珠海视察。几天后，珠海传过来一个消息，小平同志题了词："珠海特区好！"

深圳人沉不住气了。珠海特区好，深圳怎么样呢？总设计师为什么不表态呢？

深圳的领导决定派接待处处长张荣到广州去，试探一下有没有为深圳题词的可能。

张荣连夜出发了。深圳人在焦急地等待。

邓小平对深圳特区是满意的，但是，他要多听听，多看看，才能作出结论，才能知道这条血路是不是杀出来了。

大年三十这天，阳光明媚。邓小平下榻的珠岛宾馆，鲜花盛开，鸟语花香。邓小平在庭院中散着步，思索着。

回到房间，他看到纸和笔都放好了，张荣正坐在一边等。他笑了。

邓小平坐下，喝了一口茶，问张荣："题什么？"

张荣激动得不知怎么说，连忙从包里拿出几张草拟好的题词稿递给邓小平，说："随首长吧，首长题什么，我们都高兴。"

邓小平看了这几张题词稿，不作声地推在一边。然后站到桌前，饱蘸浓墨，挥笔一气呵成：

深圳的发展和经验证明，我们建立经济特区的政策是正确的。

邓小平

一九八四年一月二十六日

这是邓小平反复斟酌了的话，这是他对建立经济特区的肯定。

有了总设计师的肯定，深圳特区的建设速度更快了，各个特区也都加快了步伐，带动了全国的发展。

这条血路终于杀出来了。

（案例来源：魏晓文，杨慧民．毛泽东思想、邓小平理论和"三个代表"重要思想概论课教学案例解析．北京：高等教育出版社，2007.）

讨论：

1. 中国经济特区的崛起，是同邓小平的倡导密切相关的。邓小平不仅是创办经济特区的主要倡导者、决策者和支持者，而且以洞察风云的世界眼光和辩证思维推动着经济特区的发展。请问：邓小平倡导兴办经济特区主要是基于何种考虑？

2. 经济特区的建立极大地推动了中国经济和社会的发展。请从经济特区建设效果的角度谈谈你如何理解改革是社会主义社会发展的动力？

第五章　邓小平理论的基石——社会主义初级阶段理论

本章学习要点：

1. 社会主义初级阶段的含义
2. 社会主义初级阶段的基本路线和基本纲领
3. 社会主义初级阶段的发展战略

第一节　基本国情与社会主要矛盾“两个没有变”

党的十七大报告指出：“我国仍处于并将长期处于社会主义初级阶段的基本国情没有变，人民日益增长的物质文化需要同落后的社会生产之间的矛盾这一社会主要矛盾没有变。”“两个没有变”是对我国现状的历史性定位。

一、社会主义初级阶段理论的形成和发展

社会主义初级阶段理论是邓小平理论的基石和基础，也称为第一个基本理论问题，是对中国基本国情和社会主义发展阶段的基本估计。所谓“一切从实际出发”，就要从这个中国最大的国情出发。毛泽东曾说：“认清中国的社会性质，就是说，认清中国的国情，乃是认清一切革命问题的基本的根据。”① 因此，初级阶段理论是我们制定路线方针政策的立足点和出发点，是邓小平理论的立论基础。同时，不了解这样一个国情，就不能解决“什么是社会主义，怎样建设社会主义”的问题。党的十五大报告曾指出：面对改革攻坚和开创新局面的艰巨任务，我们解决种种矛盾，澄清种种疑惑，认识为什么必须实行这样的路线和政策，而不实行别样的路线和政策，关键还在于对所处社会主义初级阶段的基本国情要有统一认识和准确把握。

社会主义初级阶段理论的形成和发展有一个历史过程，考察这一过程，有助于我们加深理解社会主义初级阶段理论。

---

① 毛泽东选集（第2卷）. 北京：人民出版社，1991. 633.

马克思曾经在《哥达纲领批判》中，第一次提出了共产主义社会两个发展阶段的学说，即共产主义社会将经历“第一阶段”到“高级阶段”的发展过程。列宁在《国家与革命》中把共产主义社会第一阶段作为社会主义，以区别于它的高级阶段；在《共产主义运动中的“左”派幼稚病》中，又提出了社会主义划分为几个阶段的思想。这些思想的提出，为中国共产党人探索社会主义道路和发展的问题，提供了世界观和方法论。经过新民主主义过渡到社会主义，是中国共产党人的一个重要思想。当中国共产党宣布社会主义改造基本完成，中国进入社会主义的时候，毛泽东在 1956 年 1 月关于知识分子问题的会议上指出，社会主义社会已经进入，但尚未完成。可见，此时毛泽东已将社会主义分为“进入”和“完成”两种状态。1957 年 2 月，毛泽东在《关于正确处理人民内部矛盾》中说：“社会主义制度还刚刚建立，还没有完全建成，还不完全巩固。”① 又将社会主义的“建立”和“建成”作了严格区别。同时，提出了“社会主义生产关系已经建立起来”，但是，“它又很不完善”的观点。1959 年，他在读《政治经济学教科书》时指出：“社会主义这个阶段，又可能分为两个阶段，第一个阶段是不发达的社会主义，第二个阶段是比较发达的社会主义。”② 那么，“建成”社会主义，或者“比较发达的社会主义”需要多长的时间呢？毛泽东在 1962 年 1 月的中央工作会议（七千人大会）上说：“建设强大的社会主义经济，在中国，五十年不行，会要一百年，或者更多的时间。”③ 这一结论，是在与资本主义 300 多年发展程度比较的基础上得出的。同时，他还批评一些同志认为 50 年即建成社会主义的想法，其理由是“中国的人口多，底子薄，经济落后”，加上“在社会主义建设上，我们还有很大的盲目性”，因此，“要赶上和超过世界最先进的资本主义国家，没有一百年的时间，我看是不行的”。

由于种种原因，毛泽东的这一开拓性探索没有继续进行下去，但是，毛泽东关于社会主义在发展中要分两个阶段，中国处于“不发达的社会主义”阶段，中国的国情是“人口多，底子薄，经济落后”，建成社会主义要 100 多年时间的观点，以及后来的错误给人们的深刻教训，无疑从正反两个方面给人以重要启示，为社会主义初级阶段理论的产生打下了基础。

党的十一届三中全会以后，总结历史的经验教训，正确地分析、认识我国国情和所处的历史发展阶段等问题，不可避免地被提了出来。1979 年党的十一届

---

① 毛泽东著作选读（下）. 北京：人民出版社，1986. 768.

② 中共党史教学参考资料（第 23 册）. 北京：国防大学党史党建政工教研室，1986. 278.

③ 毛泽东著作选读（下）. 北京：人民出版社，1986. 827.

四中全会通过的叶剑英《在庆祝中华人民共和国成立三十周年大会上的讲话》指出："我国现在还是发展中的社会主义国家，社会主义制度还不发达"，"同已经有了三四百年历史的资本主义制度相比，社会主义制度还处在幼年时期。"[①]在20年之后，重提中国的"社会主义制度还不发达"，指出"还处在幼年时期"，表明党开始探讨社会主义的发展阶段问题。

1981年党的十一届六中全会通过的《关于建国以来党的若干历史问题的决议》首次在党的文献中提出了社会主义初级阶段的论断，原文是："尽管我们的社会主义制度还是处于初级的阶段，但是毫无疑问，我国已经建立了社会主义制度，进入了社会主义社会，任何否认这个基本事实的观点都是错误的。"并且进一步提出："我们的社会主义制度由比较不完善到比较完善，必然要经历一个长久的过程。"[②] 虽然当时对这个问题没有作进一步的阐述，但这一论断的提出，是在系统地总结32年正反两方面的历史经验中得出的，是建立在"社会主义运动的历史不长，社会主义国家的历史更短，社会主义社会和发展规律有些已比较清楚，更多的还有待于继续探索"这一科学认识基础上的。

1982年9月党的十二大报告，再次出现了社会主义初级阶段的提法，报告说："我国的社会主义社会现在还处在初级发展阶段，物质文明还不发达。"[③]1986年9月28日，党的十二届六中全会通过的《关于社会主义精神文明建设的决议》中，又提出了"社会主义初级阶段"的问题，决议说："我国还处在社会主义的初级阶段，不但必须实行按劳分配，发展社会主义的商品经济和竞争，而且在相当长历史时期内，还要在公有制为主体的前提下发展各种经济成分，在共同富裕的目标下鼓励一部分人先富起来。"[④]

1987年4月26日，邓小平在《社会主义必须摆脱贫穷》的谈话中说："现在虽说我们也在搞社会主义，但事实上不够格。只有到了下世纪中叶，达到了中等发达国家的水平，才能说真的搞了社会主义。"[⑤] 1987年8月29日，也就是十三大召开前夕，他在会见意大利共产党人时明确指出："我们党的十三大要阐述中国社会主义是处在一个什么阶段，就是处在初级阶段，是初级阶段的社会主

---

① 中共中央文献研究室．三中全会以来重要文献选编（上）．北京：人民出版社，1982. 197、205.

② 中共中央文献研究室．三中全会以来重要文献选编（下）．北京：人民出版社，1982. 784、786.

③ 中共中央文献研究室．十二大以来重要文献选编（上）．北京：人民出版社，1986. 26.

④ 中共中央文件选编．北京：中共中央党校出版社，1992. 349.

⑤ 邓小平文选（第3卷）．北京：人民出版社，1993. 225.

义。社会主义本身是共产主义的初级阶段，而我们中国又处在社会主义的初级阶段，就是不发达的阶段。一切都要从这个实际出发，根据这个实际来制定规划。”①

党的十三大最突出的贡献，就是系统地阐述了社会主义初级阶段的理论，并且将它作为“我国制定和执行正确的路线和政策的根本依据”。十三大报告所阐述的社会主义初级阶段理论的基本内容有四个方面：第一，我国的社会主义初级阶段，是指我国这样一个经济文化不发达的国家，社会主义社会成熟程度上的一个特殊阶段。从社会性质来说，我国已经是社会主义社会，从发展程度来说是初级阶段。第二，社会主义初级阶段既有社会主义因素，又有非社会主义因素，而以社会主义因素占主导地位。第三，社会主义初级阶段，时间上从 20 世纪 50 年代中期社会主义改造基本完成，到 21 世纪中叶社会主义现代化的基本完成，至少需要上百年时间。第四，“它不是泛指任何国家进入社会主义都会经历的起始阶段，而是特指我国在生产力落后，商品经济不发达条件下建设社会主义必然要经历的特定阶段。”在这个认识基础上，十三大报告正式提出了“一个中心，两个基本点”的基本路线的完整表述，并明确界定它是“社会主义初级阶段的基本路线”。

因此，“社会主义初级阶段”，不只是明确了一个时间概念，而且是确定了党的基本路线的一个科学的立足点。党的十四大报告对此予以充分的肯定，十四大报告说：“1987 年召开了党的第十三次全国代表大会。这次大会的主要历史功绩，是比较系统地论述了我国社会主义初级阶段的理论，明确概括和全面阐述了党的‘一个中心，两个基本点’的基本路线。”② 正像邓小平在十三大闭幕后不久所说的：“我们党的十三大报告是集体创作，集中了几千人的智慧……党的十三大的特点，一个是阐述了中国社会主义初级阶段的理论，在这个理论指导下，坚定地贯彻党的十一届三中全会以来的路线、方针和政策”。③ 由此可见，社会主义初级阶段理论的形成经历了一个较长的历史过程，是两代领导人探索的结果，是解放思想、实事求是的产物，是中国共产党集体智慧的结晶，是对马克思主义关于社会主义发展阶段理论的丰富和发展。

第三代中央领导集体产生以后，坚持党的基本路线，坚持社会主义初级阶段理论。1989 年 9 月 29 日，江泽民在《在庆祝中华人民共和国成立四十周年大会上的讲话》中强调说：“在整个社会主义初级阶段，我们必须坚定不移地执行十

---

① 邓小平文选（第 3 卷）. 北京：人民出版社，1993. 252.

② 十四大以来重要文献选编（上）. 北京：人民出版社，1998. 7.

③ 邓小平文选（第 3 卷）. 北京：人民出版社，1993. 258.

三大的基本路线。”[①] 在党的十三届七中全会上，党中央对社会主义初级阶段理论作了一个历史性的总结：“在邓小平同志倡导下，我们党从十一届三中全会开始，经过十二大和十三大，根据马克思主义普遍真理同中国具体实践相结合的原则，在深刻总结历史的和当前的实践经验的基础上，作出了我国处于社会主义初级阶段的科学论断，形成了以经济建设为中心、坚持四项基本原则、坚持改革开放的基本路线，以及一系列行之有效的方针政策，全党对建设有中国特色社会主义的基本理论和基本实践取得了共同的认识。”[②] 这时党中央明确表示：社会主义初级阶段理论是建设有中国特色社会主义理论的立论基础。1991 年，江泽民《在庆祝中国共产党成立七十周年大会上的讲话》中提出了建设有中国特色社会主义经济、政治、文化的重要思想，并系统地阐述了三者的内容和相互关系，为党的十五大提出社会主义初级阶段的基本纲领奠定了基础。

邓小平 1992 年发表南方谈话，再次提出了社会主义初级阶段的问题，他说：“我们搞社会主义才几十年，还处在初级阶段。巩固和发展社会主义制度，还需要一个很长的历史阶段，需要我们几代人、十几代人的，甚至几十代人坚持不懈地努力奋斗，决不能掉以轻心。”[③] 再次提醒全党要注意社会主义初级阶段的长期性、艰巨性，并且提出了“巩固和发展社会主义制度”的问题。也就是说，即使社会主义初级阶段的任务完成之后，社会主义制度要巩固和发展，也要坚持不懈，不能掉以轻心。

党的十四大决定以邓小平建设有中国特色社会主义理论武装全党。十四大报告在阐述建设有中国特色社会主义理论时，将初级阶段理论作为中国特色社会主义理论的重要内容，报告说：建设有中国特色社会主义理论“在社会主义的发展阶段问题上，作出了我国还处在社会主义初级阶段的科学论断，强调这是一个至少上百年的很长的历史阶段，制定一切方针政策都必须以这个基本国情为依据，不能脱离实际，超越阶段。”[④] 为此，十四大通过的关于《中国共产党章程（修正案）》提出：在总纲第七自然段中，增写我国社会主义初级阶段理论的重要内容[⑤]，增写后的党章为：“我们正处于社会主义初级阶段。这是在经济文化落后的中国建设社会主义现代化不可逾越的历史阶段，需要上百年的时间。我国的社会主义建设，必须从我国的国情出发，走有中国特色的社会主义道路。”后

---

① 十三大以来重要文献选编（中）. 北京：人民出版社，1992. 617.

② 十三大以来重要文献选编（下）. 北京：人民出版社，1993. 1377.

③ 邓小平文选（第 3 卷）. 北京：人民出版社，1993. 379、380.

④ 十四大以来重要文献选编（上）. 北京：人民出版社，1998. 10、11.

⑤ 十四大以来重要文献选编（上）. 北京：人民出版社，1998. 52.

来，1993 年 3 月 29 日第八届全国人大一次会议通过的《中华人民共和国宪法（修正案）》，也对此作了相应的修正，将宪法序言第七自然段后两句修改为："我国正处于社会主义初级阶段。国家的根本任务是，根据建设有中国特色社会主义的理论，集中力量进行社会主义现代化建设。"① 至此，"社会主义初级阶段"的概念和理论以党和国家两个根本大法的形式确定下来。

1997 年 5 月 29 日，江泽民在中央党校省部级干部培训班毕业典礼上的讲话，提出高举建设有中国特色社会主义理论的旗帜不动摇，同时指出：社会主义初级阶段的科学论断，"是邓小平建设有中国特色社会主义理论的重要基础"。之所以重新强调这个问题，"是因为：面对前所未有的机遇和挑战，面对改革攻坚和开创新局面的艰巨任务，我们解决种种矛盾、澄清种种疑惑，认识为什么必须实行现在这样的路线和政策而不能实行别样的路线和政策，关键还是在于对所处社会主义初级阶段的基本国情要有统一认识和准确把握。"② 这也是党的十五大报告"进一步强调这个问题"的原因。

党的十五大报告对社会主义初级阶段理论的阐述又有了重大发展，可以概括为以下几个方面：第一，将五个阶段（特征）进一步扩展成九个阶段（特征），深化了对社会主义初级阶段的认识。增加的四个阶段，强调了科技、教育、文化逐步发达，生活水平由贫到富，经济上缩小地区差距和树立共同理想，努力建设精神文明等方面。这些增加的新内容，一是围绕提高人的素质和全面发展的目标；二是紧密结合当前改革开放和现代化建设提出的新问题。第二，提出了社会主义初级阶段的基本纲领，即建设有中国特色社会主义的经济、政治、文化的基本目标和基本政策，正像十五大报告所说：这个纲领，是邓小平理论的重要内容，是党的基本路线在经济、政治、文化等方面的展开，是这些年来最主要的经验总结。第三，增加了不少新的思想内容，如"逐步摆脱不发达状态，基本实现社会主义现代化"；"建立和完善比较成熟的充满活力的社会主义市场经济体制"；"在社会主义条件下发展市场经济，不断解放和发展生产力"；"建设社会主义法治国家"等等。

党的十五大报告指出："马克思主义必定随着时代、实践和科学的发展而不断发展，不可能一成不变。"社会主义初级阶段理论也是这样，是生长在中国大地上的马克思主义，既有一个历史的发展过程，也必将随着社会主义在中国的实践发展而不断发展。

① 中华人民共和国法律汇编．北京：人民出版社，1994. 2.

② 人民日报，1997－05－30.

二、社会主义初级阶段的科学含义和主要特征

社会主义初级阶段，不是泛指任何国家进入社会主义都要经历的起始阶段，而是特指我国在生产力落后，商品经济不发达条件下建设社会主义必然要经历的特定阶段。

其一，是定性。我国已经进入社会主义，这是指的社会性质，表现在社会主义的经济制度、政治制度已经建立起来了，马克思主义在意识形态的指导地位已经确立起来，经济建设和科学文化建设有了很大的发展。因此，我们要坚持社会主义方向和走社会主义道路。社会性质的定性，为我们防止“右”提供了有力的思想武器，要求我们坚定中国特色社会主义道路的信念。

其二，是定位。我国的社会主义还处在不发达阶段，这是从发展程度来讲。不发达阶段的主要表现有：人口多，底子薄，人均国民生产值位于世界后列，排在第102位；生产力落后，大部分人口从事农业，主要还是靠手工工具搞饭吃；一部分现代化工业，同大量落后于现代化水平的工业同时存在；一部分经济比较发达的地区同广大不发达地区和贫困地区同时存在；少量具有世界先进水平的科学技术（如我国是世界上第三个拥有载人航天飞船的国家）同普遍的科技水平不高，文化教育落后，文盲、半文盲人口较多同时存在。在生产关系方面，商品经济和国内市场还不发达，自然经济和半自然经济还占相当比重，社会主义市场经济还不成熟，不完善。在上层建筑方面，建设高度的社会主义民主政治所必需的一系列经济文化条件还不充分，封建主义残余、资本主义腐朽思想和小生产习惯势力在社会上还有广泛影响，并且经常侵袭党的干部和国家公务员队伍。

因此，初级阶段不仅是经济意义上的判断，也是一种政治的、文化的判断。基本特征可以概括为：生产力不发达、生产关系不成熟、上层建筑不完善。这一认识告诉我们，不能超越生产力的发展水平去制定方针、政策和计划，从而为我们提供了防止“左”的有力的思想武器。这个过程，是逐步摆脱贫穷、摆脱落后的阶段，是由农业人口占大多数的手工劳动为基础的农业国，逐步变为非农业人口占多数的现代化工业国的阶段；是由自然经济、半自然经济占很大比重，变为市场经济发达的阶段；是通过改革和探索，建立和发展充满活力的社会主义经济、政治、文化体制的阶段；是全民奋起，勤俭建国，艰苦创业，实现中华民族伟大复兴的阶段。

三、社会主义初级阶段的长期性

社会主义初级阶段，就是指我国在生产力落后，商品经济不发达的条件下建

设社会主义必然要经历的特定阶段，既从我国进入社会主义到基本实现社会主义现代化的整个历史阶段。中国什么时候进入社会主义？1956 年 9 月，党的八大宣布：社会主义改造已经基本完成，中国进入了社会主义。什么时候基本实现现代化呢？20 世纪 50 年代至 21 世纪中叶，这中间也就是一百年左右的时间。

这个阶段是个什么情况呢？是生产力落后，商品经济不发达的阶段。邓小平说，虽然我们也在搞社会主义，但事实上不够格。也就是说，这个阶段是“不够格”的社会主义，是一个从不够格走向够格的历史阶段。了解这一点，就需要我们充分认识初级阶段的长期性、艰巨性。

进入社会主义以来，我们曾经在这个问题上犯过两种错误，一种是超前的：例如 1958 年的“大跃进”，提出要“跑步进入共产主义”，以为“共产主义在我国的实现已经不是什么遥远将来的事情了”。这是没有正确认识国情，犯了急躁冒进的错误。另一种错误是 1962 年以后逐步提出无产阶级专政下继续革命的理论，并最终形成了“以阶级斗争为纲”的政治路线，认为无产阶级与资产阶级、社会主义与资本主义谁胜谁负的问题还没有解决，认为社会主义尚处于两个阶级、两条道路激烈斗争的过渡时期。这个错误的实质是什么呢？那就在实际上否定了中国进入了社会主义。

恩格斯曾说过：历史从哪里开始，思想的进程也应当从哪里开始。中国是如何进入社会主义的呢？中国是从一个半殖民地半封建的国家，经过短暂的新民主主义社会过渡到社会主义的，而不是马克思、恩格斯设想的发达资本主义国家。问题的症结是：东方落后国家在生产关系方面跨越了“卡夫丁峡谷”——建立起社会主义制度，并且取得了巨大的成就，但是，在生产力方面没有也无法跨越“生产力高度发达”这个阶段，这是一个客观经济规律。所以，老祖宗给我们留下了“什么是社会主义，怎样建设社会主义”的课题。而解决这个课题的过程，也将是一个长期的、复杂的、艰巨的过程。

第二节　社会主义初级阶段的基本路线和基本纲领

一、社会主义初级阶段的主要矛盾

揭示社会主义初级阶段的主要矛盾，反映基本矛盾的运动规律，是制定社会主义初级阶段基本路线的客观依据。“在社会主义改造基本完成以后，我国所要解决的主要矛盾，是人民日益增长的物质文化需要同落后的社会生产之间的矛盾。”根据对这个主要矛盾的分析，确定了根本任务。主要矛盾与根本任务是辩证统一的关系，主要矛盾决定了我国社会的根本任务是以经济建设为中心，大力发展社会生产力，推动社会全面进步，早日摆脱贫穷落后，实现祖国的繁荣富强。这样，“一个中心，两个基本点”的基本路线就确立起来了。

二、社会主义初级阶段的基本路线

（一）基本路线的内容

现阶段党的基本路线是：“领导和团结全国各族人民，以经济建设为中心，坚持四项基本原则，坚持改革开放，自力更生，艰苦创业，为把我国建设成为富强、民主、文明的社会主义现代化国家而奋斗。”

“领导和团结全国各族人民”，在这里边，谁领导？党的基本路线主语就是中国共产党，是对我国现代化事业领导力量的明确规定。依靠力量是谁？全国各族人民。这是社会主义事业取得胜利的根本保证。中国共产党是由先进分子组成的，是全国人民利益的忠实代表，是革命和建设的领导核心。坚持党的领导，是社会主义现代化建设的首要前提条件。人民群众是历史的创造者，充分相信和依靠人民，是实现党的坚强领导的基础，也是社会主义事业发展的力量源泉。

“以经济建设为中心，坚持四项基本原则，坚持改革开放”，集中概括了党指导社会主义现代化建设的总方针和总政策，是这条基本路线的主要内容。以经济建设为中心，是由社会主义初级阶段的主要矛盾决定的。社会主义现代化建设的核心是经济建设，经济发展是解决其他一切问题的基础，扭住经济建设不放，加快发展生产力，促进我国社会的全面进步，这是社会主义的根本任务，也是满足人民不断增长的物质文化需要，让人民共同富裕起来的现实要求。这是社会主义的本质要求和全国人民的根本利益所在。

“坚持四项基本原则，坚持改革开放”。四项基本原则是立国之本。它从领导力量、经济制度、国家政权和社会意识形态等方面，科学而完整地回答了当代中国社会的发展道路和方向问题，因而是全国各族人民团结奋斗的共同政治基础。改革开放是强国之路。在社会主义社会，促进生产力和经济社会发展的直接动力是改革开放，通过改革，使社会主义制度自我完善和自我发展，解放和发展生产力，充分发挥社会主义制度的优越性；通过开放，引进和吸收人类文明的一切成果，发展和壮大社会主义。所以，我们一定要把这两者统一起来，共同服务于经济建设这个中心。

“自力更生，艰苦创业”，集中概括了中国共产党人的奋斗精神，是我们完成现代化任务的立足点。革命和建设都要把我们的立足点放在依靠自己力量的基点上，都要以高度的事业心和责任感，进行艰苦卓绝的努力。

“为把我国建设成为富强、民主、文明的社会主义现代化国家而奋斗”，包含着社会主义初级阶段经济、政治、文化三位一体、协调发展的总要求，是我们的奋斗目标。上述基本路线的各项，都是为了实现这一总的目标。富强，就是生产力发达，经济繁荣，国力强盛，人民生活富裕；民主，就是人民当家作主，民主法制健全，依法治国，建立起社会主义法治国家；文明，就是在物质文明高度发展的同时建设高度的精神文明，全民族思想道德素质和科学文化水平空前提高。这是一个涵盖经济、政治、文化等社会各方面，包括物质文明建设、民主政治建设和精神文明建设，实现社会和人的全面发展的奋斗目标。其中，“富强”的目标用“以经济建设为中心”、“发展是第一要务”、“科学发展观”来实现；“民主”的目标用政治文明建设来实现；“文明”的目标用精神文明建设、先进文化建设来实现。

党在社会主义初级阶段的基本路线，体现了社会主义的本质要求，反映了中国社会主义发展的客观规律，指明了中国特色社会主义的发展道路。党的基本路线是关系到我国社会主义现代化建设全局的大问题，能否毫不动摇地坚持它，关系到我国社会主义事业的成败兴衰。

（二）准确把握“一个中心”和“两个基本点”的辩证关系

“一个中心”与“两个基本点”是紧密联系、相辅相成、有机统一的整体。在党的基本路线中，各个要素所处的地位和作用是不同的。其中，经济建设是中心，四项基本原则和改革开放这“两个基本点”都必须服从和服务于这个中心，经济建设这个中心也不能离开四项基本原则和改革开放这“两个基本点”。

坚持以经济建设为中心，是由我国社会主义初级阶段的主要矛盾和根本任务决定的。中国处于社会主义初级阶段，生产力不发达，人民日益增长的物质文化需要同落后的社会生产之间形成尖锐的矛盾。要从根本上改变生产力的落后状况，解决社会主要矛盾，就必须集中力量大力发展社会生产力。因此，发展生产力的任务尤为突出，尤为重要。集中力量发展社会生产力，就必须坚持以经济建设为中心，这是解决当代中国一切问题的关键。只有坚持发展经济，才能增强综合国力，改善人民生活；才能巩固和完善社会主义制度，保持稳定局面；才能顶住霸权主义和强权政治的压力，维护国家的主权和独立；才能从根本上摆脱经济落后状况，跻身于世界现代化国家之林。因此，经济建设是党在新时期的中心任务。

坚持以经济建设为中心，离不开坚持四项基本原则和改革开放这“两个基本点”。离开四项基本原则和改革开放，经济建设就会迷失方向和丧失动力。四项基本原则是经济建设顺利进行和各项事业健康发展的政治前提和根本保证。四项基本原则对改革开放和现代化建设主要起着三方面的政治保证作用：一是保证有一个坚定正确的政治方向；二是保证有一个团结稳定的环境；三是保证有统一的意志和统一的行动。离开四项基本原则，我们的事业就没有根基，没有方向。如果动摇了这四项基本原则中的任何一项，那就动摇了整个社会主义事业，整个现代化建设事业。

四项基本原则是立国之本。所谓“立国之本”指的是：国家的各项基本经济制度、政治制度和思想文化制度，都要以四项基本原则为基础来确立、完善和发展；党和政府的各项方针、政策和措施，都要以四项基本原则为依据来制定、贯彻和实施；我们的言论和行动，都不能违背四项基本原则的要求。四项基本原则是全国各族人民团结奋斗的共同政治基础，是我们必须始终坚持、丝毫不能动摇的基本政治立场。因此，我们的改革开放，必须以坚持四项基本原则为前提。这是一个政治方向问题。离开了四项基本原则这个前提，改革开放和现代化建设将失去强有力的政治保证，就会背离社会主义的方向，违背全国人民的意愿，危害社会主义事业。所以，四项基本原则规定了改革的社会主义方向，是改革开放健康发展的保证。所以邓小平说：“在整个改革开放的过程中，必须始终注意坚持四项基本原则。”①

改革开放作为社会主义的强国之路，它又赋予四项基本原则以新的时代内容，为在新的历史条件下更好地坚持和发展四项基本原则开辟了新的途径。四项基本原则，是在改革开放的背景下，与改革开放紧密相连的、保证改革开放顺利进行的四项基本原则，而正是改革开放给四项基本原则注入了新的时代精神，使四项基本原则的内容得到了丰富和发展，显示出强大的生命力，为在新的形势下坚持并且发展四项基本原则开辟了崭新的途径。坚持四项基本原则和坚持改革开放相辅相成、内在统一，两者的出发点和落脚点是一致的，都是为了更好地解放和发展生产力。这种统一性，反映了初级阶段社会主义发展的本质规律，反映了建设中国特色社会主义理论和实践的统一，推进了中国特色社会主义事业全面发展。

改革开放以来的巨大成就已经证明，这条基本路线完全正确。

三、社会主义初级阶段的基本纲领

在基本路线的框架之下，党提出了在经济、政治、文化三个方面的基本纲领。这个纲领，最早是1991年江泽民在庆祝中国共产党成立70周年大会上的讲话中提出来的。1997年，他在党的十五大报告中作了更加完备和系统的阐述：建设有中国特色社会主义的经济，就是在社会主义条件下发展市场经济，不断解

① 邓小平文选（第3卷）．北京：人民出版社，1993. 379.

放和发展生产力。这就要坚持和完善社会主义公有制为主体、多种所有制经济共同发展的基本经济制度；坚持和完善社会主义市场经济体制，使市场在国家宏观调控下对资源配置起基础性作用；坚持和完善按劳分配为主体的多种分配方式，允许一部分地区一部分人先富起来，带动和帮助后富，逐步走向共同富裕；坚持和完善对外开放，积极参与国际经济合作和竞争。保证国民经济持续快速健康发展，人民共享经济繁荣成果。

建设有中国特色的社会主义政治，就是在中国共产党的领导下，在人民当家作主的基础上，依法治国，发展社会主义民主政治。这就要坚持和完善工人阶级领导的、以工农联盟为基础的人民民主专政；坚持和完善人民代表大会制度和共产党领导的多党合作、政治协商制度以及民族区域自治制度；发展民主，健全法制，建设社会主义法治国家；实现社会安定，政府廉洁高效，全国各族人民团结和睦，生动活泼的政治局面。

建设有中国特色社会主义文化，就是以马克思主义为指导，以培育有理想、有道德、有文化、有纪律的公民为目标，发展面向现代化、面向世界、面向未来的，民族的、科学的、大众的社会主义文化。具体来说，就是坚持用邓小平理论武装全党，教育人民；努力提高全民族的思想道德素质和教育科学文化水平；坚持为人民服务、为社会主义服务的方向和百花齐放、百家争鸣的方针；重在建设，繁荣学术和文艺；建设立足中国现实、继承历史文化优秀传统、吸取外国文化有益成果的社会主义精神文明。

纲领体现着党的指导思想、价值体系，规定着党的根本任务、奋斗目标以及实现目标的途径等，是一个政党全部政治主张的集中反映，是昭示社会的政治宣言，也是据以判断政党阶级属性、政治倾向基本水准的主要标志。

社会主义初级阶段理论是邓小平理论的基础和基石。但是，邓小平从来就没有放弃共产党人的最高理想。他说："我们过去几十年艰苦奋斗，就是靠用坚定的信念把人民团结起来，为人民自己的利益而奋斗。没有这样的信念，就没有凝聚力。没有这样的信念，就没有一切。我们共产党人的最高理想是实现共产主义，在不同历史阶段又有代表那个阶段最广大人民利益的奋斗纲领。因此我们才能够团结和动员广大的人民群众，叫做万众一心。"①"在不同历史阶段又有代表那个阶段最广大人民利益的奋斗纲领"，这种认识，将远大目标与阶段性目标有机统一起来，本身也是建立在社会主义初级阶段基本国情上的。既然社会主义初级阶段是"不可逾越的历史阶段"，那么，我们就要从社会主义初级阶段基本国情出发探索实现党的政治理想的途径。

---

① 邓小平文选（第3卷）. 北京：人民出版社，1993. 190.

第三节 社会主义初级阶段的发展战略

一、三步走的发展战略

周恩来总理提出的第一步，“用十五年时间，即在1980年以前，建成一个独立的比较完整的工业体系和国民经济体系”的设想预期完成。1981年，党的十一届六中全会通过的《关于建国以来党的若干历史问题的决议》认为“一个独立的比较完整的国民经济体系”已经建立起来。改革开放以后现代化建设分“三步走”的战略构想，是邓小平依据国情，在第一代中央领导集体“两步走”的发展战略基础上提出来的。1979年12月，邓小平在会见日本首相大平正芳时，提出了中国到20世纪末实现现代化的蓝图问题。1980年12月，在中央工作会议上正式明确提出经济发展中国家的战略构想：“经过二十年的时间，使我国现代化经济建设的发展达到小康水平，然后继续前进，逐步达到更高程度的现代化。”[①] 1984年，邓小平又提出了更长远的战略构想：“我们确定了一个政治目标：发展经济，到20世纪末翻两番，国民生产总值按人口平均达到八百美元。这个目标对发达国家来说是微不足道的，但对中国来说，是一个雄心壮志，是一个宏伟的目标。更为重要的是，在这个基础上，再发展三十年到五十年，力争接近世界发达国家的水平。”[②] 1987年4月，邓小平在会见西班牙客人时全面阐述了“三步走”的发展战略：“我们原定的目标是，第一步在80年代翻一番。以1980年为基数，当时国民生产总值人均只有250美元，翻一番，达到500美元。第二步是到20世纪末，再翻一番，人均达到1000美元。实现这个目标意味着我们进入小康社会，把贫困的中国变成小康的中国。那时国民生产总值超过一万亿美元，虽然人均数还很低，但是国家的力量有很大增加。我们制定的目标更重要的还是第三步，在21世纪用三十到五十年再翻两番，大体上达到人均4000美元。做到这一步，中国就达到中等发达的水平。这是我们的雄心壮志。”[③]

1987年10月，党的十三大正式将“三步走”的构想作为我们党的经济发展战略。其具体内容是：第一步，从1981年至1990年国民生产总值翻一番，解决人民的温饱问题；第二步，从1991年到20世纪末国民生产总值再翻一番，人民生活达到小康水平；第三步，到21世纪中叶，人均国民生产总值达到中等发达

① 邓小平文选（第2卷）．北京：人民出版社，1994. 356.
② 邓小平文选（第3卷）．北京：人民出版社，1993. 77.
③ 邓小平文选（第3卷）．北京：人民出版社，1993. 226.

国家水平，人民生活比较富裕，基本实现现代化。

2000年，我们已胜利地实现了“三步走”战略的第一、第二步目标，全国人民的生活总体上达到了小康水平，实现了从温饱到小康的历史性跨越。这是中华民族发展史上的一个里程碑。接下来将开始全面建设小康社会，即达到中等发达国家程度的现代化发展战略第三步目标。

二、科教兴国的发展战略

科教兴国的发展战略是社会主义初级阶段发展战略中又一项重要战略。

“五四”时期高举的两面大旗，一面叫“民主”，一面叫“科学”。实际上，从有人“睁眼看世界”以来，就有人模模糊糊地将科学作为建国方案提了出来，当时的重点是救国，因此，“科学救国”、“实业救国”、“教育报国”等救国方案都提出过。可是，当一个民族被三座大山压着的时候，这一切都无从谈起。从一定意义上说，“兴国”也是“救国”，因为中国人从自己惨痛的历史中得出一条教训：落后就要挨打。国之不兴，必将挨打；被打败了就要救！

三座大山推翻之后，中国又面临一个“兴”的问题，并且面临一个如何“兴”的问题，这是要对孙中山“振兴中华”的口号作出回答。当时间来到一个新的历史时期的时候，有人对此再次作出了回答。

1977年7月邓小平恢复工作后，主动要求抓教育、科技和文化工作，率先坚决果断地在这些“文革”时期的“重灾区”进行艰难的拨乱反正。在他的倡导下，1977年全国顺利恢复了高考制度，1978年中共中央和国务院召开了全国科学大会，极大地鼓舞了全国人民特别是知识分子和青年学生，被称为“科学的春天”来到了。中共十一届三中全会后，逐步确定了“经济建设必须依靠科学技术，科技工作必须面向经济建设”的方针。1985年，中共中央分别发出《关于科学技术体制改革的决定》和《关于教育体制改革的决定》。1987年党的十三大提出：要把发展科学技术和教育事业放在经济发展战略的首要位置，使经济建设转到依靠科技进步和提高劳动者素质的轨道上来。

在经济全球化时代，以教育为基础的科学技术已经成为衡量国家综合国力强弱和国际地位高低的决定性因素。1991年5月，江泽民代表中共中央在中国科协四大上发表讲话说：“坚持科学技术是第一生产力，把经济建设真正转移到依靠科学技术进步和提高劳动者素质的轨道上来，是一场广泛而深刻的变革。”江泽民强调：这样做“是十一届三中全会决定的工作重点转移的进一步深化，是把这个转移推到一个更高的阶段，同样具有战略意义”。[①] 1995年5月，江泽民在全国科学技术大会上明确表述了科教兴国的思想，明确宣布了科教兴国的发展战略。他说：“党中央、国务院决定在全国实施科教兴国战略，是总结历史经验和根据我国现实情况所作出的重大部署”。何为“科教兴国”？他在讲话中说：“科教兴国，是指全面落实科学技术是第一生产力的思想，坚持教育为本，把科技和教育摆在经济、社会发展的重要位置，增强国家的科技实力及向现实生产力转化的能力，提高全民族的科技文化素质，把经济建设转移到科技进步和提高劳动者素质的轨道上来，加速实现国家的繁荣强盛。这是顺利实现三步走战略目标的正确抉择。实施科教兴国战略，必将大大提高我国经济发展的质量和水平，使生产力有一个新的解放和更大的发展”。[②] 对如何实施这一战略，江泽民在讲话中提出了五个结合：科技与经济的结合、近期目标与长远目标的结合、自主研究开发与引进国外先进技术的结合、市场机制与宏观管理的结合、自然科学与社会科学的结合。会后，中共中央、国务院发布《关于加速科技进步的决定》，动员全党和全社会实施科教兴国战略，加速全社会科技进步。

在第九、十、十一个五年计划中，这一战略都得到体现，在政府总理向人大作的政府工作报告中，这一战略的实施情况亦是报告的一项重要内容。近年来，这一战略的实施大大地促进了科技和教育的改革，并且在实施过程中取得了积极而显著的成效。

三、全面建设小康社会

最初提出“小康社会”这个概念是为了纠正过去我们在建设现代化问题上急于求成的倾向。1978年10月，邓小平提出了“实事求是问题涉及四个现代化”。1979年3月，在党的理论工作务虚会上，他强调，要使中国实现四个现代化，至少有两个重要的特点是必须看到的，一个是底子薄，第二个是人口多。中国式的现代化，必须从中国的特点出发。为此他使用了一个新的说法，叫做“中国式的四个现代化”。1979年10月，他在谈到四个现代化是最大的政治时说，“我们开了一个大口，20世纪末实现四个现代化。后来改了口，叫中国式的四个现代化，就是把现代化的标准放低一些。”1979年12月6日，邓小平在会见日本首相大平正芳的时候就使用“小康”这个概念来描述中国式的现代化。他指出：“我们要实现的四个现代化，是中国式的四个现代化，我们的四个现代化的概念，不是像你们那样的现代化的概念，而是‘小康之家’。到20世纪末，

① 江泽民．论科学技术．北京：中央文献出版社，2001.21.

② 江泽民．论科学技术．北京：中央文献出版社，2001.51.

中国的四个现代化即使达到了某种目标，我们的国民生产总值人均水平也还是很低的，要达到第三世界中比较富裕一点的国家的水平，比如国民生产总值人均一千美元，也还得付出很大的努力。就算达到那样的水平，同西方来比，也还是落后的。所以，我只能说，中国到那时也还是一个小康的状态。”① 这是我们党第一次提出的小康概念。1984 年，邓小平又进一步补充说：所谓小康，就是到 20 世纪末，国民生产总值人均 800 美元。

1991 年，在党中央、国务院制定的《关于国民经济和社会发展十年规划和第八个五年计划纲要》的报告中，关于小康的内涵，确定了两个方面：一是小康的社会属性方面，即“是适应我国生产力发展水平，体现社会主义基本原则的”。二是小康的实现水平方面，“既包括物质生活的改善，也包括精神生活的充实；既包括居民个人消费水平的提高，也包括社会福利和劳动环境的改善”。1997 年，党的十五大对小康社会的目标作了进一步的规划。

【本章小结】

我国现在正处于并将长期处于社会主义初级阶段，是中国共产党对当代中国基本国情所作出的科学判断。社会主义初级阶段的主要矛盾是人民日益增长的物质文化需要同落后的社会生产之间的矛盾。在社会主义初级阶段必须坚持“一个中心，两个基本点”的基本路线。党在社会主义初级阶段的基本纲领，明确了中国特色社会主义经济、政治和文化的基本目标和基本政策。为基本实现现代化，党制定了社会主义初级阶段“三步走”的发展战略、科教兴国的发展战略，开始了全面建设小康社会的伟大征程。

【关键术语和概念】

1. 社会主义初级阶段：社会主义初级阶段，是我国的基本国情，是指我国在生产力落后，商品经济不发达的条件下建设社会主义必然要经历的特定阶段，即从我国进入社会主义到基本实现社会主义现代化的整个历史阶段。

2. 基本路线：党的基本路线，又称党的总路线，是党在一定的历史时期指导全局的总任务、总方针、总政策的集中概括，是党的指导思想和基本理论的集中体现，是党在一定历史时期全部实践的指南和依据。不同的历史时期，有不同内容的基本路线。但中国共产党能否制定和贯彻一条正确的基本路线，直接关系到党的事业兴衰成败。

---

① 邓小平文选（第 2 卷）. 北京：人民出版社，1994. 237.

3. 基本纲领、最高纲领和最低纲领：中国共产党是最高纲领和最低纲领的统一论者。在革命、建设和改革的各个历史阶段中，我们党既有每个阶段的基本纲领，也有确定长远奋斗目标的最高纲领。最低纲领也称基本纲领、最近目标，是指党在某个阶段上提出的关于奋斗目标和任务的简明规定。最高纲领也叫最高理想、最高目标，是关于党的最终目标和任务的简明规定。无产阶级政党的最高纲领是实现共产主义。

4. “小康”含义的演化：据考证，小康一词最早出自《诗经》，其中有“民亦劳止，汔可小康”。意思是说：人们有劳有逸，日子就能好过。后来，儒家把比大同社会较低级的一种社会称之为小康。按《礼记》的描述，所谓大同社会就是“天下为公”、“故人不独亲其亲，不独子其子；使老有所终，壮有所用，幼有所长，鳏寡孤独废疾者皆有所养”的理想社会。而所谓小康社会则是“天下为家，各亲其亲，各子其子，货力为己”，人们能维持中等生活水准的社会。近代康有为等人对“大同”和“小康”的含义进行了自己的阐发，在海内外华人中有广泛影响。在当代中国现代化进程中，邓小平古为今用，给“小康”这一在中国有广泛文化共识的概念赋予新的时代内涵，指出：“所谓小康社会，就是虽不富裕，但日子好过。”邓小平的小康社会思想通俗易懂，既明确了中国现代化发展的阶段性目标，又突破了仅仅从经济上看问题的狭隘观点，把现代化进程看作一个社会全面发展的过程，起到了动员亿万人民群众的作用。

【思考题】

1. 社会主义初级阶段的科学含义和基本特征。
2. 社会主义初级阶段理论的重要意义。
3. 为什么要坚持党的基本路线不动摇？
4. 你心目中的小康社会是怎样的？
5. 小康社会与和谐社会有什么关系？
6. 案例分析：

中国离发达国家有多远

2005年2月，中国现代化战略研究课题组发表的研究报告指出，中国仍然属于经济欠发达国家，到2050年，中国将成为世界中等发达国家，综合经济水平相当于2002年美国的水平，进入世界前40名；然后再用50年，进入世界前10名。“报告”提醒人们要充分认识，中国从经济欠发达国家迈向发达国家仍任重道远。

（一）保持清醒头脑

中国要成为发达国家并自立于世界强国之林，必须提高综合经济水平、实现全面现代化和增强综合国力，在这个问题上中国有着沉痛的教训。据荷兰经济史专家麦迪逊在《世界经济二百年回顾》一书中统计，1820 年中国国内生产总值（GDP）占世界 GDP 的 28.7%，大大高于英国 GDP 所占 5.2% 和日本 GDP 所占 3.1% 的份额；据美国史学家保罗·肯尼迪在《大国的兴衰》一书中提供的数字，1830 年中国制造业产量占世界制造业生产量的 29.8%，略低于整个欧洲所占 34.2%，但大大高于英国和日本分别所占 9.5% 和 2.8% 的份额。因此，清朝统治者仍自恃“天朝物产丰富，无所不有”和抱着“祖宗之法不可变”的陈旧观念，自闭于世界之外，中国科学技术和军事实力越来越落后。1840 年鸦片战争后的百年内，中国多次遭受西方列强的侵略、掠夺和破坏，终于沦为半封建半殖民地社会。中国兴衰史告诫我们，中国要振兴，必须增强综合国力。

综合国力包括“硬实力”和“软实力”。“硬实力”主要包括经济、科技和军事实力；“软实力”主要包括民族凝聚力、文化普及程度、在国际事务中的地位和作用。经济是综合国力的基础。但是，衡量一个国家的经济实力，不仅要比较经济规模，而且要看综合经济和现代化水平。

在进行大量数据分析和科学比较后，中国现代化战略研究课题组指出，2002 年中国综合经济现代化指数在世界 108 个国家中排在第 69 位。如果把人均 GDP 和经济结构的综合年代差理解为中国经济现代化水平与其他国家的年代差距，那么，2002 年，中国经济现代化水平相当于 1858 年的英国、1892 年的美国、1957 年的日本和 1976 年的韩国经济现代化水平。课题组负责人何传启说：“我们的结论，是在对世界 300 年的历史进行科学分析的基础上得出的。我们必须面对现实，客观评价中国的经济现代化水平，在外界异乎寻常的赞誉面前保持清醒的头脑。”

专家们研究发现，从 1980 年至 2000 年，在世界 106 个国家中，大约 88% 的发达国家仍是发达国家，约 95% 的欠发达国家仍是欠发达国家。中国现代化战略研究课题组研究认为，在 21 世纪头 20 年内，约 90% 的发达国家仍将是发达国家，约 90% 的欠发达国家仍将是欠发达国家。到 2050 年前后中国要达到世界中等发达国家水平，也不是轻易能够实现的，中国经济现代化至少将面临经济质量、经济结构和国际经济竞争力三大瓶颈，其中“重中之重”的是提升经济效益和核心竞争力。

改革开放 26 年，中国经济年均增长率达 9.4%，创世界之最。但是，经济持续快速增长过程中积累起来的一些深层次问题和矛盾，已经到了不解决就难以实现经济和资源、发展与环境、人与自然协调与和谐发展。

（二）要走出一条新型工业化、现代化道路

中国已经没有条件走发达国家工业化的老路，必须走出一条新型工业化、现代化的道路。

发达国家从农业经济时代迈向工业经济时代，都曾大量消耗资源和造成严重污染，经历了“资源——产品——污染”或“先污染，后治理”的发展模式。世界环境与发展委员会于 1987 年向联合国提交了题为《我们共同的未来》的研究报告，正式提出了可持续发展的新设想。从 20 世纪 80 年代起发达国家经济从工业经济时代迈向知识经济时代，经济结构和增长方式发生质的变化。据世界银行统计，2003 年农业、工业和服务业增加值占 GDP 的比重，美国分别为 2%、23% 和 75%，日本分别为 1%、31% 和 68%，德国分别为 1%、30% 和 69%。由于农业所占比重已经很少，劳动密集型和资源密集型产业逐渐转移到发展中国家，国内主要从事高技术和高附加值产品生产，服务业所占比重越来越大，发达国家单位产值能耗仅相当于 20 世纪 70 年代的 50% 左右，经济和社会发展越来越依靠知识和技术。

2003 年，农业、工业和服务业增加值分别占中国 GDP 的 15%、53% 和 32%，特别是进入 21 世纪以来，中国出现了几乎全国性的产业结构重型化趋势，有相当多的省份都提出要实现重工业化。特别是传统经济增长方式没有发生根本性变化。因此，单位产值的资源消耗大大高于发达国家。2003 年，中国 GDP 占世界 GDP 的 3.9%，但石油、煤炭、铁矿石、钢材、氧化铝和水泥的消耗量都分别占世界消耗量的 7.4%、31%、30%、27%、25% 和 40%。据世界银行 2002 年报告分析，中国每创造 1 美元 GDP 所消耗的能源是西方 7 个发达国家的 5.9 倍，是美国的 4.3 倍、法国的 7.7 倍和日本的 11.5 倍。中国的能源利用率仅为美国的 26.9% 和日本的 11.5%。

据国土资源部估计，在 45 种战略性资源中，中国国内资源能够满足需求的，到 2010 年将只有 24 种，到 2020 年将仅有 6 种，特别是石油、铁矿石等重要资源的供求矛盾将越来越尖锐。国际能源机构预测，从 2004 年至 2030 年，世界能源需求增长近 60%，其中中国和印度两国能源需求增加将占 2/3。1990 年中国进口铁矿石 1400 万吨，2004 年达到 2.08 亿吨，进口依存度达到 60%。

重化工业建设和传统经济增长方式没有根本变化，导致自然资源和生态环境遭到严重破坏。据国家林业局 2004 年 6 月统计，全国荒漠化面积已达 267.4 万平方公里，占全国面积的 27.9%；全国沙化土地 174.3 万平方公里，已占全国土地面积的 18.2%，并仍以平均每年 3436 平方公里的速度扩展。2004 年中国已从农产品净出口国变成净进口国，农产品贸易首次出现 55 亿美元逆差。世界银行估计，2005 年、2010 年和 2020 年中国净进口粮食将分别达到 1400 万吨、1900 万吨和 3200 万吨。据环保总局 2005 年 1 月监测，长江、黄河等七大江河水系劣 V 类水质已占 28.4%。由于全国 70% 以上的江河湖泊遭受不同程度污染，全国已有 3.2 亿人饮用水不安全。值得关注的是，水污染已出现由支流向主干延伸、由城市向农村蔓延、从地表水向地下水渗透和从陆地向海域扩展的趋势。

大量事实提醒我们，传统经济增长方式已经走向尽头。不转变增长方式，资源将难以支撑；不转变增长方式，环境将难以承受；不转变增长方式，竞争力将难以提升；不转变增长方式，经济持续增长和平稳运行的安全性将受到影响，因资源问题而引发国际冲突的可能性也将增加。因此，中国必须走出一条科技含量高、经济效益好、资源消耗低、环境污染少、人力资源优势得到充分发挥的新型工业化、现代化道路。中国现代化战略研究课题组提出了一个有中国特色的经济现代化模式，即“中国经济现代化的运河战略”。所谓“运河战略”，就是中国不走发达国家先工业化后知识化的道路，可以在工业经济和知识经济两个阶段之间开辟一条“经济运河”，使新型工业化和知识化协调发展，从而大大加快综合现代化进程。

（三）大力提高科技自主创新能力

中国与发达国家的主要差距集中表现在科技自主创新能力、高新技术产业发展和核心竞争力滞后。要加快从欠发达国家步入发达国家，中国必须大力提高科技自主创新能力。

中国在生物、航天和信息等一些科技领域已跻身世界先进行列。但是，从总体上比较，还有较大的差距。科技专家参照国际科技创新能力综合评价方法，选用12项核心指标进行计算，结果表明：2001年中国科技创新能力在49个主要国家（占世界GDP的92%）中，居于第28位。中国要大力提高科技自主创新能力，尽快缩小同世界先进水平的差距，必须处理好以下三大关系：

第一，政府和企业都要增加研究与开发投资，但要以企业为主。

如今，世界研发投资的80%，技术创新的71%，均由500强企业所创造和拥有，62%的技术转让在500强企业内进行。2000年美国研发投资2653亿美元，其中企业占66%，政府占29%；企业研发的重点是应用技术，美国85%的发展研究，60%的应用研究中66%的基础研究在企业进行；2000年日本研发投资98252美元，其中企业占72%，政府仅占19%，形成了“企业为主，政府为辅”的科技发展格局。

中国原拟到2000年使研发投资占GDP 1.5%的目标没有实现。据美国《财富》杂志统计，2001年中国政府的研发投资占中国GDP的1.1%；美国的研发投资占美国GDP的2.8%。2004年中国研发投资仅占GDP的1.36%，而许多发达国家已超过3%。中国研发投资增长缓慢的主要原因是企业没有大幅度增加研发投资。

国资委提出要加快培养和发展80家到100家大公司大企业集团。这些大公司大企业集团能否成为国家微观经济的重要基础、科技自主创新的主体和参与两个市场竞争的主力军，从而成为保障国家经济安全，经济持续快速发展和社会稳定的强大力量，已成为一个重要的战略问题。

第二，引进技术和自主创新要相辅相成，但要立足于自主创新。

任何一个国家所需技术都不能完全从原始创新开始，能够引进的技术必须积极引进。日本和韩国提供的主要经验是把引进技术与消化、吸收和创新紧密结合、相辅相成，特别是重点放在自主创新。日本和韩国对引进技术与消化、吸收和创新的投资之比为1：10，形成了“引进一代、提高一代”的良性发展。

中国企业用于引进技术与消化、吸收与创新的投资之比是1：0.078，计算机领域是100：1。据统计，2003年中国规模以上工业企业引进技术开支为405.4亿元，消化和吸收开支27.1亿元，购买国内技术54.3亿元，引进技术与消化吸收开支之比为1：0.067。如果不能从认识和实践上解决引进技术与消化吸收和创新投资的比例，那么，就将陷入“引进一代、落后一代”恶性发展的怪圈。

我们必须更加坚定地把科技进步和创新作为经济社会发展的首要推动力量，把提高自主创新能力作为调整经济结构、转变增长方式、提高国家竞争力的中心环节，把建设创新型国家作为面向未来的重大战略。

第三，依赖贴牌并非长久之计，必须坚定不移地实施品牌战略。

中国出口商品中90%是贴牌产品，2002年占全国出口1/3强的广东省的自主品牌出口额仅占全省出口额的3%，上海市、浙江省自主品牌出口额所占比例也不到10%。

美国国会曾通过一个《购买美国产品法》，要求联邦政府采购要购买本国产品，即在美国生产的，增值达到50%以上的产品，进口零部件组装的产品不算本国产品。根据这个界定，中国重大装备制造生产品市场和出口产品的大部分不是中国自主品牌产品。中科院院士、科技部副部长程津培，2005年8月31日在第四届中国科学家论坛上的报告中指出，光纤制造设备100%、集成电路85%、纺织制造设备70%、石化设备80%和高端医疗设备差不多90%～100%都依靠进口。国家工商行政管理总局经过一年调查，于2004年5月发表的调查报告指出，包括微软和伊士曼柯达在内的多家跨国公司已经在中国市场的相关领域占据了垄断地位。长此下去，即使中国外贸总额从世界第三位跃居到第一位，中国也不可能成为贸易强国。

据联合国工业计划署统计，世界名牌商品共约8.5万种，其中发达国家和新兴工业化经济体占据90%以上的名牌拥有权，处于垄断地位。

商务部会同发改委、财政部和科技部等七部委局于2005年6月联合发布《关于扶持出口名牌发展的指导意见》，提出了打造出口名牌的战略目标。发达国家和新兴工业化经济体的经验表明，实施出口名牌战略，加强自主品牌建设，培育一些出口名牌，是增强国际竞争力和综合国力的重要手段，是转变外贸增长方式、实现外贸可持续发展的必然选择。

（四）从人口大国迈向人力资源强国

中国最大的特点是人口众多，据预测，2034年中国人口将达到14.86亿。就业压力巨大。2020年，中国适龄劳动人口将超过9亿，比发达国家劳动力的总和还多3亿。特别是农村剩余劳动力将超过2亿。提高劳动者素质、确立人力资源是第一资源，实施人才强国战略，这是中国从欠发达国家迈向发达国家的根本动力。

2003年一次公民科学素质调查表明，中国达到公民科学素质标准的人口比例不到2%，而美国在两年前已达17%。据近期一项同日本、美国、欧盟15国的比较调查，中国公众对科学知识、科学方法的了解程度均为倒数第一，主要原因是普及教育不够。到2003年，中国15岁及以上人口中受过高等教育的人口比例为4.6%，而世界平均水平为12.6%，发展中国家平均为6.5%，发达国家平均为28.1%，转型国家为13.9%，我国比发达国家滞后约50年。

中国经济现代化曾经错失三次历史性机遇，第一次是1793年错失第一次工业革命扩散的机遇；第二次是1842年至1860年错失第二次工业革命起步的机遇；特别是不该错失第三次机遇，从20世纪50年代中期至70年代中期，是世界经济高速增长的“黄金时期”，是第三次工业革命技术转移时期。这次机遇的错失，使中国与日本的经济差距明显拉大。改革开放以来，中国经济持续快速增长，但由于基数小、人口多，中国GDP在世界上所占比重没有大幅度上升。2004年，世界GDP达到406705.38亿元，其中美国GDP占28.5%，日本GDP占11.48%，中国GDP占4.06%，居世界第7位，但中国人均GDP在全球184个国家和地区中居100位左右。

我们一定要增强忧患意识，做到居安思危，紧紧抓住和用好主要战略机遇期，有效应对前进道路上的各种风险和挑战。我们要充分认识，从欠发达国家迈向发达国家，实现综合现代化和中华民族的伟大复兴，仍需几代乃至十几代中华儿女前赴后继的艰苦奋斗。

（案例来源：魏晓文，杨慧民．毛泽东思想、邓小平理论和“三个代表”重要思想概论课教学案例解析．北京：高等教育出版社，2007.）

讨论：

1. 中国工业化道路与西方国家曾经走过的工业化道路有什么不同？
2. 结合本案例，谈一谈我国社会主义初级阶段的特征。

第六章　邓小平理论的首要问题——社会主义本质论

本章学习要点：

1. 社会主义本质论的内容和意义
2. 完整准确地理解邓小平关于“什么是社会主义”的论述
3. 中国坚持走社会主义道路的意义

第一节　社会主义本质论的内容与意义

“什么是社会主义，怎样建设社会主义”，是邓小平在领导改革开放和现代化建设的过程中，不断提出和反复思考的首要的基本的理论问题。因为这个问题具有重要的理论和实践意义。搞不清这个问题，就无法确定中国正确的发展道路，就无法巩固和发展社会主义。从实践上看，我国社会主义在改革开放前所经历的曲折和失误，归根到底就在于对这个问题没有完全搞清。改革开放以来在前进中遇到的一些犹疑和困惑，归根到底也在于对这个问题没有完全搞清。搞清楚“什么是社会主义，怎样建设社会主义”，关键是要在坚持社会主义基本制度的基础上进一步认清社会主义的本质。所以说，邓小平理论的根本问题或者叫首要的基本理论问题，是解决“什么是社会主义，怎样建设社会主义”的问题。

一、社会主义本质论的内容

20世纪80年代初，我国刚刚实行改革开放的时候，针对一些人因政策的调整而产生的困惑和疑虑，邓小平在论述怎样才能发挥社会主义制度的优越性的问题时，第一次提出了社会主义本质这个概念，鉴于我们过去搞了20多年的社会主义建设实践，人民生活水平提高不多，发展生产力不够理想，同世界先进水平差距拉大的实际情况，他指出：“社会主义是一个很好的名词，但是如果搞不好，不能正确理解，不能采取正确的政策，那就体现不出社会主义的本质。”①

---

① 邓小平文选（第2卷）. 北京：人民出版社，1994. 313.

他认为，讲社会主义，首先要使生产力发展，这是主要的，只有这样，才能表明社会主义的优越性。社会主义经济政策对不对，归根到底要看生产力是否发展、人民收入是否增加。他把发展生产和增加人民收入称之为压倒一切的标准，实际上已经提出了社会主义本质的核心内容。同时，邓小平对不符合社会主义本质要求的思想进行了深刻地剖析，他认为，贫穷不是社会主义，发展太慢也不是社会主义，平均主义不是社会主义，两极分化也不是社会主义，没有民主就没有社会主义。

发展生产，增加人民收入，最终是为了实现全体人民的共同富裕。1986 年 9 月，邓小平在回答美国记者关于“致富光荣的口号同社会主义的关系”时说：“社会主义财富属于人民，社会主义的致富是全民共同致富。社会主义原则，第一是发展生产，第二是共同致富。我们允许一部分人先好起来，一部分地区先好起来，目的是更快地实现共同富裕。正因为如此，我们的政策是不使社会两极分化，就是说，不会导致富的越富，贫的越贫。坦率地说，我们不会容许产生新的资产阶级。”① 这段话成为社会主义本质论的雏形。1990 年 12 月，邓小平又一次强调共同富裕的问题，指出：“共同致富，我们从改革一开始就讲，将来总有一天要成为中心课题。社会主义不是少数人富起来、大多数人穷，不是那个样子。社会主义最大的优越性就是共同富裕，这是体现社会主义本质的一个东西。如果搞两极分化，情况就不同了，民族矛盾、区域间矛盾、阶级矛盾都会发展，相应地中央和地方的矛盾也会发展，就可能出乱子。”②

在全面总结我国社会主义实践的历史经验和改革开放新鲜经验的基础上，邓小平在 1992 年视察南方的谈话中明确提出了关于社会主义本质的著名论断。对这个问题探索的最大成果就是社会主义本质论：解放生产力，发展生产力，消灭剥削，消除两极分化，最终达到共同富裕。这一新的理论概括，从历来关于社会主义经济、政治、社会等多个方面的特征中，抽象出“社会主义本质”这一范畴，从更深的层次上使人们科学地理解什么是社会主义，从而也为探索建设和发展社会主义的新道路和新方法，提供了坚实的理论基础。

在这里，我们又可以将这段话分解为三个部分：

基础：解放生产力，发展生产力。

条件：消灭剥削，消除两极分化。

目的：最终达到共同富裕。

我们分别从这三个方面来阐述本质论的内容：

---

① 邓小平文选（第 3 卷）. 北京：人民出版社，1993. 172.

② 邓小平文选（第 3 卷）. 北京：人民出版社，1993. 364.

（一）基础：解放生产力，发展生产力

1. 生产力是最活跃的因素，是一切社会发展的最终决定力量

这是马克思、恩格斯在《共产党宣言》中的著名论断，是历史唯物主义的基本观点，是马克思主义的一条基本原则。马克思主义认为，资本主义之所以灭亡，就是因为生产关系束缚了生产力的发展；社会主义之所以能够取代资本主义，就是因为它能够适应并促进生产力的发展。

2. 发展生产力是解决我国社会主要矛盾的根本途径

我国还处于社会主义初级阶段，生产力落后，这决定了我们必须把消灭落后和贫穷放在一切工作的首位，决定了我国社会的主要矛盾是人民日益增长的物质文化需要同落后的社会生产之间的矛盾。只有牢牢抓住这个主要矛盾和工作中心，才能集中精力搞经济建设，才能把握住社会矛盾的全局，有效地促进各种社会矛盾的解决。我国是一个经济落后的发展中大国，摆脱贫穷落后、实现现代化、充分体现社会主义优于资本主义的特点，显得尤为紧迫。实现共同富裕的目标又要求我们必须改变贫穷落后的状况，必须发展生产力。因为，发展生产力的目标和实现共同富裕的目标是互为条件的，全体人民的共同富裕只能以生产力的发展为物质前提。

邓小平曾经明确提出，“讲社会主义，首先就要使生产力发展”，“社会主义阶段的最根本任务就是发展生产力”，类似的论述还很多，仅《邓小平文选》第三卷中就有 20 多处，这是深刻总结我国社会主义建设经验教训得出的结论。这个结论就是：发展才是硬道理，落后就要挨打。社会主义要创造比资本主义更高更快的生产力，必须把解放和发展生产力放在首位；社会主义要消灭剥削和两极分化，实现共同富裕，必须大力解放和发展生产力。社会主义本质也决定了社会主义根本任务。

3. 发展生产力是社会主义优越性的根本体现，是巩固社会主义制度的需要

人们之所以选择社会主义制度，就是因为社会主义比资本主义优越，能够比资本主义创造更高的劳动生产率，能够最终实现共同富裕。社会主义作为一种先进的社会制度，它的巩固和发展只能以生产力的高度发展为基础，只有在这一基础上，社会主义才能增加它的吸引力，得到人民群众的衷心拥护。过去我们脱离生产力抽象地谈论社会主义，在实践中犯了种种空想的错误。因此，将解放生产力和发展生产力放在首要的基础地位，既是对过去社会主义建设历史经验的总结，也是为进一步改革开放开辟了道路。由于历史原因，我们的生产力发展落后，在很大程度上抑制了社会主义优越性的发挥。我们只有把发展生产力作为根本的任务，才能尽快弥补历史的缺憾，使社会主义优越性充分体现出来。因此，发展生产力是巩固社会主义制度的迫切需要。

革命是解放生产力，改革也是解放生产力。革命是解放生产力，这是历史唯物主义的一个基本问题。中国共产党领导的新民主主义革命，其根本目的就是要打破半殖民地半封建社会生产关系对生产力的桎梏，为生产力的发展开辟道路。但是，在社会主义改造后期，人们思想上普遍出现了急于求成、盲目求纯的倾向。在完成社会主义改造的同时，我国形成了高度集中的经济政治体制，这种体制存在着种种弊端，束缚了人民群众的积极性，阻碍了生产力的发展和人民生活水平的提高，因此，必须通过改革来解放生产力，为生产力的发展开辟道路。1992 年，邓小平在南方谈话中指出："革命是解放生产力，改革也是解放生产力。推翻帝国主义、封建主义、官僚资本主义的反动统治，使中国人民的生产力获得解放，这是革命，所以革命是解放生产力。社会主义基本制度确立之后，还要从根本上改变束缚生产力发展的经济体制，建立起充满生机和活力的社会主义经济体制，促进生产力的发展，这是改革，所以改革也是解放生产力。过去，只讲在社会主义条件下发展生产力，没有讲还要通过改革解放生产力，这样讲不完全，应该把解放生产力和发展生产力两个讲全了。"①

（二）目的：共同富裕

在邓小平的一系列论述中，关于这个问题有这样一些思想：贫穷不是社会主义；少数人富，大多数人穷不是社会主义；共同富裕并非平均主义；共同富裕不等于"同时富裕"；共同富裕是一个由贫穷走向富裕的过程。在社会主义本质论里，共同富裕是社会主义与资本主义的根本区别。因为，共同富裕突出了社会主义的价值目标。这个价值目标，是社会主义与资本主义的本质区别。1988 年，邓小平指出，社会主义的特点不是穷，而是富，但这种富是人民共同富裕；1990 年底，邓小平又强调指出，社会主义最大的优越性就是共同富裕，这是体现社会主义本质的一个东西。

任何社会都要讲发展生产力，资本主义社会的生产力，特别是发达资本主义国家的生产力已经达到很高的程度。但是，他们不可能做到共同富裕，只能是少数人发财致富，这正是资本主义社会的显著特点和弊病。社会主义解放生产力和发展生产力的根本目的就是为了使全体社会成员都过上共同富裕的生活。所以，如果只讲"解放生产力，发展生产力"，不讲"共同富裕"的目标，结果只能是两极分化，就不能充分地、完整地体现社会主义的本质。但是，无产阶级夺取政权，只是消灭了剥削制度和剥削阶级，消除了产生两极分化的根源，而要彻底消灭剥削现象，消除贫富差距，实现共同富裕的目标，还有赖于生产力的高度发

① 邓小平文选（第 3 卷）. 北京：人民出版社，1993. 370.

展。也就是说，人们只能在生产力所决定和所允许的范围内逐步实现共同富裕。如果经济落后，生产力发展水平低下，那么无论用什么办法进行分配，都无法实现共同富裕；只有先把经济搞上去，再以适当方式进行分配，每个人所得的份额才会较大，共同富裕才能成为事实；如果企图立即实现消灭剥削和同步富裕，搞平均主义的分配政策，必然使劳动者的生产积极性受到压抑，经济发展受到挫折，其结果只能是带来共同贫穷，谁都富裕不了。

"共同"即大多数，体现了共产党视人民利益高于一切的价值观，明确了改革受益的主体，是对党的基本路线所要达到的"富强"这一目标的高度概括，是人民群众的强大精神武器。同时，这个共同理想是实现最高理想共产主义的必经阶段。

（三）条件：消灭剥削，消除两极分化

两极分化是同剥削制度相联系的一个概念，是剥削制度的一种社会现象，是一个带有阶级性的概念。私有制产生的必然是剥削制度，因此，其社会后果必定是"两极分化"。邓小平说过："如果我们的政策导致两极分化，我们就失败了；如果产生了什么新的资产阶级，那我们就真是走了邪路了。"①

消灭剥削，消除两极分化，这个条件或者说手段，从生产关系上保证了"共同富裕"目标的实现。以前，有人对本质论提出过一些疑问，认为本质论没有讲生产关系。实际上这个手段就是讲的生产关系。1985 年 10 月 23 日，邓小平在《社会主义和市场经济不存在根本矛盾》的讲话中说："因为我们在改革中坚持了两条，一条是公有制经济始终占主导地位，一条是发展经济要走共同富裕的道路，始终避免两极分化。我们吸收外资，允许个体经济发展，不会影响以公有制为主体这一基本点。相反地，吸收外资也好，允许个体经济的存在也好，归根到底，是要更有力地发展生产力，加强公有制经济。只要我国经济中公有制占主导地位，就可以避免两极分化。"② 为什么呢？因为经济是政治的基础，政治是经济的集中表现。公有制的主体地位是社会主义制度不可动摇的经济基础，也是我们必须坚持的一个政治原则。是否坚持以公有制为主体的问题，不但是一个经济问题，而且也是一个政治问题。因为公有制为主体确立了我国的国体和共产党的领导地位，如果没有公有制为主体的地位，又有什么资格确立工人阶级在国家中的领导地位、强调人民是国家的主人？工人阶级的先锋队中国共产党的执政地位又凭什么去写入宪法呢？

具体来讲是这样的：

---

① 邓小平文选（第 3 卷）. 北京：人民出版社，1993. 111.

② 邓小平文选（第 3 卷）. 北京：人民出版社，1993. 149.

第一，坚持公有制的主体地位才能保证工人阶级的领导地位。

生产资料所有制是生产关系的基础，它决定着生产关系中的其他方面，决定了人们在社会中的地位和财富的分配形式。社会主义公有制即劳动者成为有产者——成为拥有生产资料的劳动者。在这个基础上，劳动者的联合劳动就具有自主劳动的性质，成为自由的联合劳动。

私有制社会，则是以生产资料私有化为基础，就是普遍剥夺劳动者的所有权，以社会上绝大多数人没有生产资料为特征。由于资本与劳动的分离，导致了资本主义的剥削关系。因此，它的社会进步是以广大劳动者的牺牲为代价的，社会的发展是在阶级对抗的表现中实现的。

在社会主义国家里，以公有制占主体地位，表明生产资料的主要部分已掌握在劳动人民手中。劳动者成为基本生产资料的主人，也就成为社会的主人、国家的主人。正是在这个意义上，宪法确立我们国家的性质是工人阶级领导的、以工农联盟为基础的人民民主专政的社会主义国家。这个国家性质非常重要，就是人们通常所说的"国体"，国体一变，国家性质将全盘改变。之所以能够由宪法规定这一国体，当然是由其经济基础所决定的，即公有制为主体决定了工人阶级的领导地位和农民阶级的同盟军地位。假如没有了公有制为主体的经济基础作支撑的话，必然没有工人阶级和农民阶级的这种地位。这是一个经济基础决定上层建筑的简单道理。

中国工人阶级的领导地位是在民主革命和社会主义革命的历史中形成的，是由工人阶级的历史地位和作用所决定的，是党和国家的性质、社会主义制度性质所决定的，而工人阶级在政治上的领导地位和"主人翁"地位是建立在生产资料所有者这个基础上的。所谓"当家作主"，正是因为其有一份不小的公有制占主体地位的"家业"，如果没有这份"家业"，既当不了"家"，也作不了"主"；如果失去了公有制为主体地位的"家业"，工人阶级就失去了领导地位的经济基础。工人阶级是党的阶级基础，中国共产党是工人阶级的先锋队，没有工人阶级的主人翁地位，也就没有共产党的执政地位，当然也就没有广大工人、农民、知识分子的根本利益可言。因此，工人阶级的主人翁地位是建立在经济权利与政治权利高度统一的基础上的，没有经济上的作主，也就没有政治上的地位。要保证工人阶级的领导地位，就必须坚持以公有制为主体。

坚持以公有制为主体的原则，就是不允许国家的经济命脉掌握在少数人手里，不允许社会财富的绝大部分掌握在少数人手里，也不允许私有制资本控制关系国计民生的重要经济部门和战略部门。这一点，邓小平说得非常清楚："在改革中，我们坚持两条根本原则，一是以社会主义公有制为主体，一是共同富裕。”① 所以，党的十五大报告强调，公有制为主体，是社会主义不可动摇的基本原则。

第二，坚持公有制为主体，才能确保人民民主专政的实现。

人民，是一个表示绝大多数人的集合概念，我们的国家之所以能实现大多数人的统治即人民民主专政，就是因为人民成为了“有产者”，多数人掌握了国家经济命脉，掌握了社会财富的大部分，能够控制重要的经济部门和战略部门。这些，也是由公有制为主体而得以实现的，是“政治是经济的集中表现”的高度体现。因此，以公有制为主体又是人民民主专政的社会主义国家制度的经济基础和生产关系基础，如果没有这一条，人民民主专政这个上层建筑就失去了立足之本。

只有人民掌握了基本的生产资料，才能掌握政权和国家机器。这种掌握不仅体现在对国家机器如军队、警察、法律等的控制和运用中，还体现在国民经济发展和市场经济活动的过程中，能够有效地实现宏观调控和行政干预。社会主义市场经济的发展要求能够体现社会公众的最大利益和社会发展的总体利益与长远利益，为实现这一目的，就必然要借助于国家政权的力量引导和组织、有效地实施宏观管理、宏观调控和行政干预。公有制为主体在国家的总体地位是不能改变的，至于采用什么样的实现形式则是改革中需要认真探索的。

第三，坚持公有制为主体，才能实现共同富裕。

私有制社会是以生产资料与劳动分离为前提的。大多数生产资料集中在少数人手里，劳动者没有生产资料，而劳动者为了生存，就不得不出卖自己的劳动力，不得不与私人占有的生产资料相结合。劳动力归别人支配，他们的产品和剩余产品就必然归别人支配。在这种条件下，必然实行以按资分配为主的分配制度，人们在很大程度上是“凭借已经占有的金钱来攫取更多的金钱”。因此，剩余劳动为少数人占有，就必然出现贫富悬殊，导致两极分化。有人常常以比尔·盖茨为例来证明剩余价值论的“破产”，但是也有人列出了这样一组数据使“破产论”不攻自破：当盖茨只有 5 个人时，其利润是几十万美元；当他有 128 人时，利润是 5000 万；当他有 17000 人时，利润 60 亿美元；当他有 31000 人时，利润是 230 亿美元。所有雇员收入的总和只是利润的一个零头，而他的雇员多数是软件业的顶级高手。这能证明剩余价值论破产吗？盖茨获得的只不过是超额利润而已。

以公有制为主体，劳动与生产资料分离的状态已经结束。在这种条件下，人

---

① 邓小平文选（第 3 卷）. 北京：人民出版社，1993. 142.

们在生产过程中的关系是联合劳动、分工合作、按劳分配的关系，不再是剥削与被剥削的关系。因此，只有坚持公有制主体地位，才能排除资产者在整个社会和国民经济主要领域凭借私有的生产资料占有劳动者劳动成果的特权，避免少数人无偿占有大多数人的剩余劳动，避免一极是少数人积累财富，一极是多数人积累贫困的后果。所以，生产资料所有制性质是决定分配方式的根本前提，产品的分配则是所有制关系的实现。社会主义市场经济写进了按劳分配为主，但是，按劳分配为主的分配制度，只有在公有制占主体的条件下才能得以实现。

共同富裕是社会主义的本质特征，是体现社会主义优越性之所在。这一点，是相对于资本主义而言的。由于资本主义在以生产资料私有制为基础的生产关系上导致剥削，它的基本经济规律是剩余价值规律，它的目标是剩余价值最大化，它的经济主体以追求最大利益为绝对、唯一的目的，其结果就只能是两极分化。因此，只有“消灭剥削，消除两极分化”，才能实现共同富裕，反映社会主义的本质特征。但是，共同富裕又只有依赖于生产资料公有制占主体地位才能得以实现。江泽民曾经在党的十四届五中全会上指出：“只有确保公有制主体地位，才能防止两极分化，实现共同富裕。”

共同富裕是社会主义改革和建设的目的，是全国各族人民建设中国特色社会主义，把我国建设成为富强、民主、文明的社会主义现代化国家这一共同理想的高度概括。这一目的集中了人民的利益和愿望，是保证全体人民在政治上、精神上团结一致、克服困难、争取胜利的强大精神武器。这一目的，体现了共产党全心全意为人民服务的根本宗旨，体现了从人民大众的利益出发、人民利益高于一切的价值观念。邓小平曾经斩钉截铁、坚定不移地说：“总之，一个公有制占主体，一个共同富裕，这是我们必须坚持的社会主义的根本原则。我们就是要坚决执行和实现这些社会主义的原则。从长远说，最终是过渡到共产主义。现在有人担心中国会不会变成资本主义。这个担心不能说没有一点道理。我们不能拿空话而是要拿事实来解除他们的这个忧虑，并且回答那些希望我们变成资本主义的人。我们的报刊、电视和所有的宣传工作都要注意这个问题。……一定要让我们的人民，包括我们的孩子知道，我们是坚持共产主义的，我们采取的各方面的政策，都是为了发展社会主义，为了将来实现共产主义。”① 所以，公有制为主体和共同富裕两个基本原则，就规定了我国经济改革的政治方向。

第四，只有以公有制为主体才能够确立马克思列宁主义、毛泽东思想、邓小平理论、“三个代表”重要思想的指导地位。

马克思早在1844年《德意志意识形态》一文中就说过：“统治阶级的思想

① 邓小平文选（第3卷）. 北京：人民出版社，1993. 111、112.

在每一时代都是占统治地位的思想。这就是说，一个阶级是社会上占统治地位的物质力量，同时也是社会上占统治地位的精神力量。支配着物质生产资料的阶级，同时也支配着精神生产资料，因此，那些没有精神生产资料的人的思想，一般的是隶属于这个阶级的。占统治地位的思想不过是占统治地位的物质关系在观念上的表现，不过是以思想的形式表现出来的占统治地位的物质关系。因而，这就是那些使某一个阶级成为统治阶级的关系在观念上的表现，因而这也就是这个阶级的统治思想。"① 在我国，工人阶级及其同盟军是领导阶级或者说"统治阶级"，这个统治阶级的思想武器是马克思主义，这个主义之所以能够成为占统治地位的思想，就是因为有着占统治地位的物质力量。世界上虽然有很多个国家的共产党组织信奉马克思主义，但这个主义却不能在其国家成为统治思想，其原因就是没有占统治地位的物质力量。所以，只有以公有制为主体才能够确立马克思列宁主义、毛泽东思想、邓小平理论、"三个代表"重要思想的指导思想地位。

当然，我们也不是讲公有制程度越高越好。这个问题在党的十五大已经解决。十五大政治报告不但坚持公有制为主体，更强调公有制的多种实现形式，其要点是：公有制在总资产上占优势，在关键领域占支配地位，对整个经济发展起主导作用即体现在控制力上。所以，我们现在所搞的社会主义既不同于马克思、恩格斯所设想的社会主义，也不同于斯大林模式的社会主义，还不同于改革开放前我们所实行的超越阶段的道路，是真正的中国特色的社会主义。

二、社会主义本质论的重要意义

对什么是社会主义的问题，列宁曾经作过这样的探讨，一共有三个方面：其一，社会主义的根本任务是发展生产力，列宁提出了一个著名的公式：苏维埃政权＋普鲁士的铁路管理制度＋美国的技术和托拉斯组织＋美国的国民教育等等等等＋＋＝总和＝社会主义。后来，列宁又将其概括为：社会主义＝苏维埃政权＋全国电气化。其二，社会主义的生产关系的特征是"生产资料公有制和按每个人的劳动量分配产品"，即公有制加按劳分配。其三，社会主义时期的政治特征是无产阶级的国家政权，体现了国家政权性质与无产阶级专政的思想。

邓小平针对中国的实际情况和探索社会主义建设得出的经验，对"什么是社会主义，怎样建设社会主义"作出了新的回答，进一步发展了马克思列宁主义。

1. 社会主义本质理论把我们对社会主义的认识提高到了一个新的科学水平

社会主义本质理论把我们对社会主义的认识，从主要强调关于公有制、按劳

---

① 马克思恩格斯选集（第1卷）. 北京：人民出版社，1995. 98.

分配等特征，进一步深入到实现共同富裕这个建设社会主义的根本目标上。为判断改革开放的是非得失提供了强大的思想武器，有力地促进了社会主义现代化建设事业大踏步地向前发展。

2. 社会主义本质理论对探索怎样建设社会主义具有重要的实践意义

社会主义本质理论把搞清楚“什么是社会主义”、“怎样建设社会主义”紧密地结合起来，揭示了实现社会主义本质与建设社会主义道路之间的内在逻辑关系。

3. 邓小平对社会主义本质所作的理论概括，对科学社会主义理论既是坚持和继承，又是发展和创新，为我们真正搞清楚什么是社会主义、怎样建设社会主义，并在实践中创造出充满活力的社会主义奠定了科学的思想基础

首先，社会主义本质理论突出地强调“解放生产力，发展生产力”，纠正了过去忽视生产力发展的错误观念，明确了社会主义基本制度建立后还必须通过改革进一步解放生产力，必须特别注意发展生产力。其次，突出地强调了“最终达到共同富裕”，阐明了社会主义社会的发展目标和我们发展生产力的性质，又说明要实现这个目标必须以解决和发展生产力为基础。再次，“消灭剥削、消除两极分化”的科学概括，从生产关系方面，为我们坚持公有制并完善和发展公有制指明了方向。维护公有制和按劳分配的主体地位，是体现社会主义本质的前提，以公有制为主体的所有制结构和公有制的实现形式，归根到底只有根据生产力解放和发展的实际要求，根据逐步实现共同富裕的实际进程来确定。

总之，邓小平关于社会主义本质的概括，反映了人民利益和时代的要求，廓清了不合乎时代进步和社会发展规律的模糊概念，摆脱了长期以来拘泥于具体模式而忽略社会主义本质的错误倾向。它对于我们在坚持社会主义制度的基础上推进改革，对于建设中国特色社会主义，具有重大的政治意义、理论意义和实践意义。

三、中国为什么要坚持走社会主义道路

如何认识社会主义发展的历史进程、中国为什么要坚持走社会主义道路，在谈到社会主义本质理论的时候，确实有必要阐述一番。

中国的“一国两制”取得了成功，为世界解决历史遗留问题留下了光辉的范例。但是令人难以理解的是，当世界上出现除资本主义以外的另一种社会制度——社会主义时，总是有些人将其视如洪水猛兽、无端地切齿痛恨、暴跳如雷，必欲除之而后快呢？为什么就不能容纳“一球两制”呢？为什么对一个目标是没有剥削压迫、人们过上幸福生活，生产力极大发展、每个人自由而全面发展的社会就那么惧怕呢？为什么作为人类进步和发展的理想、制度、实践就不允

许"大胆地试一试、闯一闯"呢？从第一个社会主义国家建立之初，就曾遭到当时14个帝国主义国家的联合绞杀，所以，前面所说的"无端"就在于此，试验刚刚开始，成功与否尚不得而知，是否为真理尚未开始实践和检验，又何必仓促上阵开始打杀？这能用"小气"、"无知"来作解释吗？这只能说明他们对社会主义的极端、"无端"的仇视，是帝国主义和一切社会主义敌对势力的本能。这一点，看看那些所谓的发达国家一些人提出的抵制2008北京奥运的腔调，看看他们在圣火传递过程中的丑恶表演还不明白吗？

从社会主义制度诞生的那一天起，不，从科学社会主义理论诞生的那一天起，它就处于重重包围之中，这一点，《共产党宣言》中早已说得很明白了。看看社会主义国家在世界诞生80多年以来的命运吧，有哪一个国家不是处于被打杀之中？打杀的手段卑鄙无耻，无所不用其极：战争、冷战、颠覆、经济制裁、政治孤立、军事包围、制造分裂、扶持社会主义国家内部的敌对势力、对待恐怖主义的双重标准、人权问题的内政干涉以至于和平演变的种种手段，凡是一切人间想得出的手段统统用过了。这样做的结果是使那些怀疑社会主义制度的人也产生了疑问：为什么要这样做？别的国家走哪一条路是那个国家人民的选择，用得着你来暴跳如雷吗？你不好好地解决本国的各种问题、谋求本国的发展，却那么劳神费力又费钱地干涉别国走哪条路干什么？如果你有本事就好好地与社会主义比试比试，让实践检验一下真理不就行了？单从这一点看，人们也会发现，社会主义确实魅力无穷！难怪有那么多人要坚持四项基本原则，坚持走社会主义道路。

事实胜于雄辩，让我们看一看社会主义制度的优越性之所在吧。

20世纪30年代，社会主义制度的优越性在苏联第一次得到充分的展示：1928年，苏联开始全面建设社会主义，经过10年的努力，苏联的经济生活和人民生活水平有了很大的提高。在经济实力上，1913年，俄国的工业在欧洲仅排第四位，列世界第五位，到1917年的十月革命前工业产值仅及美国的6.9%。而1940年的苏联工业产值却超过英、法、德三国，跃居欧洲第一位、世界第二位，用12年的时间就跑完了主要资本主义国家用50年至100年走过的路程。这期间，苏联工业年均增长10%，而美国只有2%。工人的实际工资1940年比1913年增长5倍，农民的货币收入与1917年相比，平均增加了2.58倍。当时就有人说：苏联建立20年来比在此之前俄国200年所给予世界的还要多。20世纪40年代，社会主义制度的优越性在第二次世界大战中再次得到显示，如果没有苏联，整个世界现代史都要全部改写。因为在当时，法西斯德国的进攻势如破竹，横扫欧洲大陆，占领了14个国家，法国投降，英国岌岌可危。作为第二次世界大战中流砥柱的苏联，顶住了德国的进攻，扭转了反法西斯战争的局面，

“中流砥柱”当之无愧地属于苏联。虽然人们今天分析苏联曾在1936年宣布“建成”社会主义是“冒了”、“左了”，但是当时的实践确实也证明社会主义国家的物质基础是强大的、有力量的，若没有这个物质基础要成为“中流砥柱”是不可能的。1940年，苏联生产了1500万吨生铁、1830万吨钢，16600万吨煤、3100万吨石油、3830万吨商品粮。苏联在1942—1944年，平均每年能生产3万多辆坦克、火箭炮和装甲车，4万架飞机、12万门大炮，45万架重机枪，300万支步枪，10万门迫击炮。武装到牙齿的法西斯强盗在这种物质力量和创造这种物质力量的人民面前，不得不举手投降。要说较量的话，这也许是社会主义和帝国主义的第一次正面较量，较量的结果是社会主义从1个扩展到13个。20世纪50年代，社会主义的优越性再次得到显示，1957年，社会主义各国的工业生产比1937年增加了4倍，而同期资本主义各国的工业生产只增加1倍。当苏联的人造地球卫星第一次在太空环绕时，引起了资本主义世界的极大恐慌，进一步增强了他们对社会主义的仇恨。因为，当马克思恩格斯宣布社会主义比资本主义优越在当时还只是理论上的证明，那么这个时候，这种优越性已经被实践所证明了！在苏联建立的73年里，按其经济增长速度的平均值来计算，GDP的平均年增长达到6.3%，远远超过世界上其他国家在73年内的增长水平。但是有些人对此视而不见，这不是很奇怪吗？

中国的实践亦对此作了充分证明：1957年中国的工业总产值比1952年增长了128%，五年内平均增长18%。1952—1957年，中国共生产钢1667万吨，等于旧中国从1900—1948年49年间钢的总产量760万吨的2倍还多。在农业方面，1957年农业总产值比1952年增长了25%，平均每年增长4.5%；1957年粮产量达1950亿公斤，比1952年增长了19%；1957年同1952年比较，全国消费基金增长36.8%，职工工资增长42%，农民收入增长30%，1957年全国储蓄存款比1952年增长了2倍多。中国社会主义在其他时间段的成就已在本书中多处表述，不再赘言。

还有一个例证可以显示，就是卡斯特罗在演讲中经常提到的问题：美国人怎么不能对付古巴？美国这个庞然大物曾经在近50年的时间里对身边的这个小小古巴用尽封锁、威胁和侵略的手段，还有每周500多小时抨击古巴的电台广播，以及对卡斯特罗600多次的暗杀。但是正如卡斯特罗所说的那样：“我们抵抗住了战争，像在所有战争中一样，不论是军事战争或是意识形态的战争。”① 令人不可思议的较量结果是：“今天古巴已有6.4万名医生，每176位居民中就有一

① ［古巴］．菲德尔·卡斯特罗．全球化与现代资本主义．北京：社会科学文献出版社，2000.32.

名医生，比所有第一世界中工业化最发达的国家中人口平均所拥有的医生数目高了一倍。”[①] 在美国，“有1100万美国儿童没有医疗保障”，“这一般指的是黑人、混血种人、印度人和拉丁美洲籍移民的孩子们……在拉丁美洲籍移民居住的地方死亡率是30‰或30‰多。”“他们那里的婴儿死亡率比古巴这个被封锁的国家高。这个被他们打过，并被抢走了3000名医生的国家，今天一岁的婴儿的死亡率仅为7.1‰。”[②] 正因为如此，卡斯特罗不无自豪地宣布：我们要坚持多久就能坚持多久！

如果在这些事实面前提出责难的话，那么人们就不得不怀疑这些人的动机了。邓小平早在二十几年前就说过，中国有10亿人口，只要中国站住了，社会主义就站住了。时至今日，中国已经有13亿人口，我们是否能够说，只要中国站住了，社会主义就更加站住了！

第二节　完整准确地理解邓小平关于“什么是社会主义”的论述

如前所述，“什么是社会主义、怎样建设社会主义”是邓小平理论所要回答和解决的根本问题。但是，有人在讲解、说明这个问题或者反思历史时，说我们以前“不知道”什么是社会主义。在这种情形下，人们不禁产生一个天大的疑问：“不知道”什么是社会主义，为什么选择社会主义？如果连什么是社会主义都不知道，那么中国共产党和中国人民的选择岂不是盲目的？毛泽东说“只有社会主义才能救中国”，邓小平说“只有社会主义才能发展中国”，如果连社会主义是什么都“不知道”，又何出此言，何谈坚持？对这个问题，有必要加以解释，以求完整准确地理解邓小平对这个问题的论述。

一、没有“完全”搞清楚，还在摸索之中

没有“完全”搞清楚，不是“完全”不清楚或“不知道”。邓小平之所以提出“什么是社会主义、怎样建设社会主义”这一重大的理论课题，就是针对“不完全”清楚而言的，请看邓小平对这个问题的几段论述：“我们总结了几十

---

① [古巴]．菲德尔·卡斯特罗．全球化与现代资本主义．北京：社会科学文献出版社，2000.65.

② [古巴]．菲德尔·卡斯特罗．全球化与现代资本主义．北京：社会科学文献出版社，2000.60.

年搞社会主义的经验。社会主义是什么，马克思主义是什么，过去我们并没有完全搞清楚。”① “什么叫社会主义，什么叫马克思主义；我们过去对这个问题的认识不是完全清醒的。”② “我们建设社会主义的方向是完全正确的，但什么叫社会主义，怎样建设社会主义，还在摸索之中。”③ 由此可见，对“什么是社会主义”是“不完全”清楚，因此，也就必然地提出摸索的任务。“不完全清楚”同“完全不清楚”或者“不知道”是大大不一样的。

但是，邓小平为什么又充分肯定“我们建设社会主义的方向是完全正确的”呢？这是源于邓小平对社会主义亦有着“完全清楚”的一面，《邓小平文选》中有几十次表达了这种“清楚”。他说：“我们多年奋斗就是为了共产主义，我们的信念理想就是要搞共产主义。……共产主义是没有人剥削人的制度，产品极大丰富，各尽所能，按需分配。”④ “社会主义特征是搞集体富裕，它不产生剥削阶级。”⑤ “社会主义的目的就是要全国人民共同富裕，不是两极分化。”⑥ 如果“不知道”什么是社会主义怎么办？对青年人来说，“他们不知道什么是资本主义，什么是社会主义，因此要对他们进行教育”。⑦ 由此可见，之所以坚持共产主义信念，选择和坚持社会主义制度，是因为有些问题是很清楚的，例如：消灭剥削制度、生产力极大发展、所有制问题、政权问题、工人阶级政党问题、社会主义意识形态问题等等。在这个基础上，在解放思想、实事求是的思想路线指引下，经过改革开放以来的探索和实践，又搞清楚了很多问题。例如：社会主义本质和根本任务、社会主义社会的发展阶段、社会主义社会的发展动力、社会主义市场经济、社会主义和资本主义的相互关系等等。

对于这个问题，党的十五大报告有清楚的表述：“邓小平理论坚持科学社会主义理论和实践的基本成果，抓住‘什么是社会主义、怎样建设社会主义’这个根本问题，深刻地揭示社会主义的本质，把对社会主义的认识提高到新的科学水平。”因此，“基本成果”不能丢，“什么是社会主义、怎样建设社会主义”是在坚持科学社会主义“基本成果”的基础上提出来的，也是在坚持科学社会主义理论必须经受实践检验和不断向前发展的思想指导下求解的。这是我们把握邓小平关于“什么是社会主义、怎样建设社会主义”这个根本问题的一个基本点。

---

① 邓小平文选（第3卷）．北京：人民出版社，1993. 137.
② 邓小平文选（第3卷）．北京：人民出版社，1993. 63.
③ 邓小平文选（第3卷）．北京：人民出版社，1993. 227.
④ 邓小平文选（第3卷）．北京：人民出版社，1993. 137.
⑤ 邓小平文选（第2卷）．北京：人民出版社，1994. 236.
⑥ 邓小平文选（第3卷）．北京：人民出版社，1993. 110、111.
⑦ 邓小平文选（第3卷）．北京：人民出版社，1993. 229.

二、批判“四人帮”的谬论，总结历史教训

“什么是社会主义”这个根本问题的提出，本身就是“解放思想、实事求是”的结果，同时，也是在批判“四人帮”的谬论，在总结历史教训的过程中提出来的。在谈到这一问题时，邓小平曾多次批判了“四人帮”，深刻总结了历史教训。例如，他在《吸取历史经验，防止错误倾向》一文中提出：“什么是社会主义、怎样建设社会主义”还在摸索之中，接着总结了新中国成立以来的历史，怒斥“四人帮”要人们安于贫困落后，说什么宁要贫困的社会主义和共产主义，不要富裕的资本主义。“这就是‘四人帮’搞的那一套，哪有什么贫困的社会主义、贫困的共产主义！”① 在《社会主义必须摆脱贫穷》一文中提出：“现在的方针政策，就是对‘文化大革命’进行总结的结果。最根本的一条经验教训，就是要弄清什么是社会主义和共产主义，怎样搞社会主义。”很准确，这个问题的提出源于“经验教训”。接着他指出：“‘文化大革命’当中，‘四人帮’更荒谬地提出，宁要贫穷的社会主义和共产主义，不要富裕的资本主义……结果中国停滞了。”② 他在《改革是中国发展生产力的必由之路》中，“总结了几十年搞社会主义的经验”，对“左”的批判，从1957年一直历数到“文革”，在这个前提下，提出社会主义是什么，马克思主义是什么，“过去我们并没有完全搞清楚”。③

通读《邓小平文选》完全可见，提出“什么是社会主义、怎样建设社会主义”的问题，都是有前因后果的，都是在批判“四人帮”贫穷的社会主义荒谬论调、批判“以阶级斗争为纲”造成社会停滞、批判“左”的思想影响忽视发展生产力、批判那种不顾国情片面强调公有化程度越高越好的社会主义、批判闭关自守不吸收资本主义文明成果的社会主义等情况下提出来的。同时，在总结历史经验教训的过程中，被歪曲和错误理解的社会主义基本理论得到澄清，正确的实践成果愈益明确。这种科学认识体现在邓小平指出的：贫穷不是社会主义，发展太慢也不是社会主义，平均主义不是社会主义，两极分化也不是社会主义；僵化封闭不能发展社会主义，照抄照搬也不能发展社会主义；全盘西化不是社会主义，“四个坚持”才是社会主义；没有民主就没有社会主义，没有法制也没有社会主义；不搞好物质文明建设不是社会主义，不搞好精神文明建设也不是社会主义等等。

---

① 邓小平文选（第3卷）．北京：人民出版社，1993. 227、228.

② 邓小平文选（第3卷）．北京：人民出版社，1993. 223、224.

③ 邓小平文选（第3卷）．北京：人民出版社，1993. 136、137.

三、搞清楚“什么是社会主义”是为了坚持社会主义

提出“什么是社会主义、怎样建设社会主义”这个问题，不是说“不知道”什么是社会主义，更不是说“讲不清楚什么是社会主义”。不完全清楚就要搞清楚，这是唯物主义的科学态度，如果不坚持社会主义，还搞清楚它干什么？因此，提出“什么是社会主义”，是以坚持社会主义为前提的。中国停滞了，“这才迫使我们重新考虑问题。考虑的第一条就是要坚持社会主义……”[①] 什么叫中国特色社会主义？其基本内容包括两个方面：科学社会主义的基本原理同中国的基本国情。作为中国特色社会主义的基本理论问题，回答“什么是社会主义、怎样建设社会主义”，正是将科学社会主义基本原理同中国的基本国情相结合的产物。

我们是不断发展论者。“我们的理论不是教条，而是对包含着一连串互相衔接的阶段的发展过程的阐明。”[②] 这个发展过程，在当代中国就包括搞清楚什么是社会主义的过程。1986 年 12 月 30 日，邓小平指出：“我们要发展生产力，发展社会主义公有制，增加全民所得。我们允许一些地区、一些人先富起来，是为了达到共同富裕，所以要防止两极分化。这就叫社会主义。”[③] 这样的回答，在《邓小平文选》中有过多处。正是在这一过程中，科学社会主义理论和实践发展达到了新的阶段。社会主义思想、社会主义运动、社会主义制度从无到有、从理论到实践、从不成熟到成熟、从不完善到完善；“什么是社会主义、怎样建设社会主义”的认识，从不完全清楚到基本清楚、再到完全清楚，既是一个历史过程，也是一种历史必然。马克思主义必定随着时代、实践和科学的发展而不断发展，不可能一成不变。那么，“什么是社会主义、怎样建设社会主义”的问题，也必然是这样。

四、在 20 世纪末达到小康水平的时候，就要提出和解决两极分化的问题

晚年的邓小平在 1990 年到 1993 年，曾先后四次谈到消除两极分化、实现共同富裕的极端重要性。1990 年 7 月 3 日，邓小平在视察国家奥林匹克体育中心场馆时警告说：“中国有十一亿人口，如果十分之一富裕，就是一亿多人富裕，

---

① 邓小平文选（第 3 卷）. 北京：人民出版社，1993. 224.

② 马克思恩格斯选集（第 4 卷）. 北京：人民出版社，1995. 680.

③ 邓小平文选（第 3 卷）. 北京：人民出版社，1993. 195.

相应地有九亿多人摆脱不了贫困，就不能不革命啊！九亿多人就要革命。所以，中国只能搞社会主义，不能搞两极分化。”① 他认为，现在有些地区，允许早一点、快一点发展起来，到一定程度就要调节分配。1992 年 2 月在视察南方的谈话中，邓小平尖锐地指出：“如果富的愈来愈富，穷的愈来愈穷，两极分化就会产生，而社会主义制度就应该而且能够避免两极分化。解决的办法之一，就是先富起来的地区多交点利税，支持贫困地区的发展。”② 对于什么时候解决贫富差距过大、两极分化的问题，邓小平也作出了前瞻性论断。他说：“什么时候突出地提出和解决这个问题，在什么基础上提出和解决这个问题，要研究。可以设想，在 20 世纪末达到小康水平的时候，就要提出和解决这个问题。”③ “在 20 世纪末达到小康水平的时候，就要提出和解决这个问题”，高瞻远瞩，这是一个解决问题的时间判断。

1992 年 12 月，邓小平在阅读了《中国将成为最大的经济国》和《马克思主义新挑战更加令人生畏》这两篇文章后指出：“中国发展到一定的程度后，一定要考虑分配问题……如果仅仅是少数人富有，那就会落到资本主义去了。要研究提出分配这个问题和它的意义。到 20 世纪末就应该考虑这个问题了。我们的政策应该是既不能鼓励懒汉，又不能打‘内战’。”④ 这是他第二次期望“到 20 世纪末就应该考虑这个问题”了，而且不仅提出了时间，也指出了问题发生的后果——“打‘内战’”、“落到资本主义去了”。

1993 年 9 月，邓小平在与弟弟邓垦谈话时再一次讲到：“十二亿人口怎样实现富裕，富裕起来以后财富怎样分配，这都是大问题。题目已经出来了，解决这个问题比解决发展起来的问题还困难。分配问题大得很。我们讲要防止两极分化，实际上两极分化自然出现。”邓小平还说，“少部分人获得那么多财富，大多数人没有，这样发展下去总有一天会出问题。分配不公，会导致两极分化，到一定时候问题就会出来，这个问题要解决。过去我们讲先发展起来，现在看，发展起来以后的问题不比不发展时少。”⑤ “发展起来以后的问题不比不发展时少”，这就是前两年那场改革争论的原因。

如前所述，邓小平曾经表述过：共同富裕并非平均主义；共同富裕不等于“同时富裕”；共同富裕是一个由贫穷走向富裕的过程。因此他提出：先让一部

---

① 冷溶，汪作玲．邓小平年谱（1975—1997）．北京：中央文献出版社，2004. 1317.

② 邓小平文选（第 3 卷）．北京：人民出版社，1993. 374.

③ 邓小平文选（第 3 卷）．北京：人民出版社，1993. 374.

④ 冷溶，汪作玲．邓小平年谱（1975—1997）．北京：中央文献出版社，2004. 1356.

⑤ 冷溶，汪作玲．邓小平年谱（1975—1997）．北京：中央文献出版社，2004. 1364.

分人富起来，然后带动其他人共同富裕。改革开放发展到今天，可以说，“使一部分人先富起来”的目标已经达到，难的是“共同富裕”。为什么？因为“自己富裕”是每个人所追求的目标，但是“共同富裕”却不是每个人所追求的目标，而是党、社会制度、政府或者说他们所代表的整体所追求的目标。因此，先富起来的人是不会主动地去帮助贫穷的人富裕起来的，否则就不会产生两极分化。这一点无论古今中外还是改革开放以来的中国都是如此。富是与穷相比较而存在的，甚至富就是建立在穷的基础上的。而贫富差距巨大、两极分化严重，只能带来或加剧社会的不稳定。

怎么才能够实现共同富裕的目标，体现社会主义的本质？今天的认识当然不是劫富济贫，但也还是得靠法律、制度、体制并且体现到分配中去解决。改革的成果要惠及绝大多数人，这个“惠”可以体现在多个方面，例如：减少乃至消灭贫困人口，建立完善的社会保障体系，享受公平的受教育权，普及文化科学技术知识，建立良好的生态环境，提高人们的生活质量等等。在这些基本之“惠”的基础上，使人们的生活水平进一步得到提高，从而实现建立全面的高水平小康社会的目标。如果没有绝大多数人的实惠，实现全面小康社会的目标就是空话。

中国是一个人口众多、地域辽阔、发展不平衡的发展中大国，是世界上自然地理、人口资源、经济发展和社会发展差距最大的国家之一。中国国情的基本特征之一是各地区条件差异显著、发展极不平衡。

专家们研究发现，1980—2000 年，在世界 106 个国家中，大约 88% 的发达国家仍是发达国家，约 95% 的欠发达国家仍是欠发达国家。中国现代化战略研究课题组研究认为，在 21 世纪头 20 年内，约 90% 的发达国家仍将是发达国家，约 90% 的欠发达国家仍将是欠发达国家。国际上是这样，国内也是这样，发展不平衡这个国情的基本特征是难以在短期内消除的。但是，中国又是社会主义国家，必须实现共同富裕。当收入差距过大已经成为影响社会阶层关系和社会稳定的重大问题的时候，着手解决贫富差距问题就是应该“突出”解决的问题，也是提高党的执政能力的新课题。

【本章小结】

邓小平对“什么是社会主义、怎样建设社会主义”的理论思考，把我们对社会主义的认识提高到了一个新的科学水平。准确理解和把握社会主义本质理论，对于中国特色社会主义现代化事业具有重大的政治意义、理论意义和实践意义。

【关键术语和概念】

1. 社会主义的本质：社会主义本质是解放生产力，发展生产力，消灭剥削，消除两极分化，最终达到共同富裕。这一新的理论概括，从历来关于社会主义经济、政治、社会等多个方面的特征中，抽象出“社会主义的本质”这一范畴，从更深的层次上使人们科学地理解什么是社会主义，从而也为探索建设和发展社会主义的新道路和新方法，提供了坚实的理论基础。

2. 共同富裕：全体人民通过辛勤劳动和相互帮助最终达到丰衣足食的生活水平。它是邓小平社会主义本质论的重要内容之一。“共同”即大多数，体现了党视人民利益高于一切的价值观，明确了改革受益的主体，是对党的基本路线所要达到的“富强”这一目标的高度概括，是人民群众的强大精神武器。中国人多地广，共同富裕不是同时富裕，而是一部分人、一部分地区先富起来，先富的帮助后富的，逐步实现共同富裕。当然，市场经济条件下要实现共同富裕是一个漫长的过程。

3. 两极分化：原指在私有制商品经济条件下，不断从小商品生产者中产生少数脱离劳动的资本家和大量出卖劳动力的雇佣劳动者这样两个极端的趋势。这个趋势的后果是社会财富向少数人手中聚集，少数人富裕，多数人贫穷，两极分化是价值规律在私有制商品经济中发生作用的必然结果。社会主义的本质特征是“共同富裕”，国家可以在这个理论的指导下通过法律和政策的宏观调控，使公民收入的差距保持在合理合法的范围，消除两极分化。

【思考题】

1. 怎样全面、准确地把握邓小平关于社会主义本质的新概括？
2. 为什么要坚持公有制为主体？
3. 案例分析：

“共富”，一个世纪课题的求解

细心的人们或许会发现，在《中共中央关于制定国民经济和社会发展第十一个五年规划的建议》中，出现了许多耐人寻味的提法，譬如，“坚持用科学发展观统领经济社会发展全局”、“更加注重经济社会协调发展”、“更加注重社会公平”、“积极促进社会和谐”、“合理调节收入分配”、“特别要注意就业机会和分配过程的公平”等。从这些字眼和提法中，人们不难解读出一个重要的信息：我国改革发展的指导思想有重大发展，改革发展的政策及价值取向正发生变化。追求共同富裕，实现科学发展，成为中国共产党执政治国的根本理念和方略。

（一）势在必行的转变——由非均衡发展到统领全局

改革开放以来，我们走的是一条“让一部分人、一部分地区先富起来，带动和帮助其他人和地区共同富裕”的先富帮后富的非均衡的发展思路和模式。这26年来，我国经济以每年平均9.4%的增长速度发展，人民生活总体达到小康水平，综合国力大为提升。发展的成就证明，我们走的先富帮后富的非均衡发展之路，具有划时代的意义。但不容否认的现实是，非均衡的发展在给我们带来举世瞩目的成就的同时，负面的影响也显而易见，其表现在于，城乡差距、国民收入差距在扩大。调查统计显示，反映国民收入分配差距的基尼系数已经超出了国际公认的警戒线0.4。有研究者指出，1995年至2002年期间，中国个人财产分布的基尼系数从0.4上升到0.5，上升幅度高达近40%。

这种收入差距的扩大表现在城乡上最为明显。研究报告表明，中国城乡居民人均收入差距1984年是1.8倍，1995年为2.5倍，2004年达到3.2倍，如果把城市居民获得的各种补贴和非货币收入也计算在内，其差距可能达到5倍以上。

迅速扩大的贫富差距和分配不公，已成为阻碍我国经济社会发展，影响社会和谐不可忽视的因素。据统计测算，“十五”期间，中国各类社会案件数量急剧上升，诉讼金额占GDP的7%左右。1986年以来，中国治安案件的年均增长速度超过了10%。看来，解决贫富差距、收入分配不公问题已是势在必行。

（二）无法回避的课题——总设计师的心之所系

晚年的邓小平在1990年到1993年，曾先后四次谈到消除两极分化、实现共同富裕的极端重要性。

1990年7月3日，邓小平在视察国家奥林匹克体育中心场馆时警告说：“中国有十一亿人口，如果十分之一富裕，就是一亿多人富裕，相应地有九亿多人摆脱不了贫困，就不能不革命啊！九亿多人就要革命。所以，中国只能搞社会主义，不能搞两极分化。”他认为，现在有些地区，允许早一点、快一点发展起来，到一定程度就要调节分配。

1992年2月在视察南方的谈话中，邓小平尖锐地指出：“如果富的愈来愈富，穷的愈来愈穷，两极分化就会产生，而社会主义制度就应该而且能够避免两极分化。解决的办法之一，就是先富起来的地区多交点利税，支持贫困地区的发展。”他期望在20世纪末达到小康水平的时候，“就要突出地提出和解决这个问题”。

1992年12月邓小平在阅读了《中国将成为最大的经济国》和《马克思主义新挑战更加令人生畏》这两篇文章后指出，“中国发展到一定的程度后，一定要考虑分配问题”，“如果仅仅是少数人富有，那就会落到资本主义去了。要研究提出分配这个问题和它的意义”。他再一次期望“到本世纪末就应该考虑这个问题”。

1993年9月邓小平在与弟弟邓垦谈话时再一次讲到：“十二亿人口怎样实现富裕，富裕起来以后财富怎样分配，这都是大问题。解决这个问题比解决发展起来的问题还困难。”邓小平又警告说：“少部分人获得那么多财富，大多数人没有，这样发展下去总有一天会出问题。分配不公，会导致两极分化，到一定时候问题就会出来。这个问题要解决。”

（三）世纪课题的答案——让全体人民共享发展成果

党的十六届五中全会的召开，为解决这一“世纪性课题”给出了答案。

十六届五中全会及其通过的《中共中央关于制定国民经济和社会发展第十一个五年规划的建议》，从最广大人民的根本利益出发谋发展，高度关注关系人民群众切身利益的一系列重大问题，其鲜明的特点，就是坚持用科学发展观统领经济社会发展的全局。

特别值得关注的是，鉴于当前收入分配领域存在的突出矛盾和问题，《建议》高度重视合理调节收入分配的问题。明确提出了逐步解决收入分配差距过大的原则和政策，强调要着力提高低收入者收入水平，逐步扩大中等收入者比重，有效调节过高收入，规范个人收入分配秩序，努力缓解地区之间和部分社会成员收入分配差距扩大的趋势。

实现共同富裕，让全体人民共享改革发展的成果，已成为党和政府制定大政方针的坐标和奋斗目标。这表明：我国经济社会的发展开始转入全面协调可持续发展的轨道；我国开始了一个新的发展取向：由“先富”到“共富”的转变。邓小平提出的“消除两极分化，实现共同富裕”的世纪课题，被提到了治国理政的重要议程。

（案例来源：魏晓文，杨慧民．毛泽东思想、邓小平理论和“三个代表”重要思想概论课教学案例解析．北京：高等教育出版社，2007.）

讨论：

1. 把实现共同富裕作为社会主义的根本目标，对于中国的社会发展具有怎样重大的意义？

2. 结合本案例，谈一谈如何让全体人民共享发展成果？

第七章　第三代中央领导集体创立的“三个代表”重要思想

本章学习要点：

1. “三个代表”重要思想的内容及相互关系
2. “三个代表”重要思想与“三个有利于”标准的关系
3. “三个代表”重要思想在中国特色社会主义理论体系中的地位

第一节　承上启下、继往开来的“三个代表”重要思想

党的十七大报告指出：“改革开放伟大事业，是以江泽民同志为核心的党的第三代中央领导集体带领全党全国各族人民继承、发展并成功推向21世纪的。”成功推向21世纪的一个重要原因，就是“创立‘三个代表’重要思想，继续引领改革开放的航船沿着正确方向破浪前进”。

一、“三个代表”重要思想的提出

2000年2月，全党正在进行讲学习、讲政治、讲正气的“三讲”活动，当时的七位政治局常委每个人都分了一个联系点，江泽民分在广东省的高州市。他在全市“三讲”干部会议上讲话时，第一次提出了“三个代表”的要求。后来他在广州、顺德考察党建工作时，对此又作了进一步的说明。同年5月，江泽民继续在浙江、上海、江苏考察党建工作，对“三个代表”作了比较深入的理论阐述。2001年，在庆祝中国共产党成立80周年大会上的讲话中，江泽民对“三个代表”重要思想的科学内涵进行了深刻阐述：中国共产党必须始终代表中国先进生产力的发展要求，始终代表中国先进文化的前进方向，始终代表中国最广大人民的根本利益。它深刻总结了中国共产党80多年的历史经验，科学地判断了中国共产党的历史方位，反映了当代世界国际和国内形势的新变化对党和国家工作的新要求，是加强和改进党的建设，推进我国社会主义自我完善和发展的强大理论武器。其后，中共中央向全党发出通知，要求深入学习贯彻“三个代表”

重要思想。2002年10月党的十六大召开，“三个代表”重要思想成为政治报告的主题，在大会修改的党章中，增加了“三个代表”重要思想作为党的指导思想。

“三个代表”重要思想是第三代中央领导集体在新的历史条件下创立的，与马克思列宁主义、毛泽东思想、邓小平理论是一脉相承的科学体系，是马克思主义基本原理与中国具体实际相结合的第三大理论成果。“三个代表”不是孤立的，而是相互联系、相互促进的辩证统一关系。发展先进的生产力，是发展先进文化、实现最广大人民根本利益的基础和条件；人民群众是先进生产力和先进文化的创造主体，也是实现自身利益的根本力量；不断发展先进生产力和先进文化，归根到底都是为了满足人民群众日益增长的物质文化生活需要，不断实现最广大人民的根本利益。

二、创立“三个代表”重要思想的时代背景和实践基础

20世纪80年代末90年代初以后，尽管我们所面临的时代主题、主要矛盾和主要任务没有根本性的改变，但是国际、国内和党内的情况都发生了重大的变化，党所处的地位和环境、党所肩负的历史任务、党的自身状况，都出现了许多新的情况。具体来说，国际局势和世界格局的深刻变化，是“三个代表”重要思想形成的时代背景；改革开放以来特别是十三届四中全会以来党和人民建设中国特色社会主义的伟大探索，是“三个代表”重要思想形成的实践基础；党的建设面临的新形势新任务，是“三个代表”重要思想形成的现实依据。正是在上述世情、国情、党情发生变化的背景下，党的十三届四中全会以来，以江泽民为核心的党的第三代中央领导集体，高举邓小平理论伟大旗帜，在科学判断党的历史方位的基础上，在建设中国特色社会主义的伟大实践中，逐步将治党治国治军新的经验加以概括和总结，创立了“三个代表”重要思想。正如十七大报告所说的那样：“十六大以来，我们以邓小平理论和‘三个代表’重要思想为指导，顺应国内外形势发展变化，抓住重要战略机遇期，发扬求真务实、开拓进取精神，坚持理论创新和实践创新，着力推动科学发展、促进社会和谐，完善社会主义市场经济体制，在全面建设小康社会实践中坚定不移地把改革开放伟大事业继续推向前进。新时期最鲜明的特点是改革开放，新时期最显著的成就是快速发展，新时期最突出的标志是与时俱进。社会主义和马克思主义在中国大地上焕发出勃勃生机，给人民带来更多福祉，使中华民族大踏步赶上时代前进潮流、迎来伟大复兴的光明前景。”

从实践中来，主要是基于“两个转变”的认识：一是从革命党到执政党的转变；二是从在比较封闭的条件下到全面改革开放的条件下搞建设。江泽民在纪

念建党80周年的“七一”讲话中说：中国共产党“已经从一个领导人民为夺取全国政权而奋斗的党，成为一个领导人民掌握着全国政权并长期执政的党”；“已经从一个在受到外部封锁的状态下领导国家建设的党，成为在全面改革开放条件下领导国家建设的党”。新中国成立后，中国共产党实现了由革命党向执政党的转变；十一届三中全会以后，又实现了执政党在比较封闭的环境下搞建设向全面改革开放条件下搞建设的转变。这两大转变都是很深刻的。但是在相当长的时期内我们对这个问题缺乏全面的认识，比较强调我们国家的特殊性，而对于现代社会政党政治的共同性缺乏应有的认识。在比较封闭的环境下，依靠我们的政治优势还能保持我们的执政党地位，但是在全面改革开放条件下，继续实施过去封闭环境下的领导方式和执政方式，要长期巩固执政党的地位不能不面对巨大的困难。只有既坚持共产党在社会主义制度下执政的特殊规律，同时又充分认识现代社会执政党建设的普遍规律，将两者很好地结合起来，才能真正解决中国共产党作为执政党的建设问题。管理和解决十几亿人口的生存和发展问题在世界上几乎是个特例，古今中外的政治家都没有接触过，更没有处理过。在这种条件下，必然要用改革的精神来改进执政党的建设。

在这种认识之下，江泽民提出了四个“一定要看到”：“我们一定要看到《共产党宣言》发表一百五十年来世界政治、经济、文化、科技发生的重大变化，一定要看到我国社会主义建设发生的重大变化，一定要看到广大党员干部和人民群众工作生活条件和社会环境发生的重大变化，一定要充分估计这些变化对我们党执政提出的严峻挑战和崭新课题。”① 这“四个一定要看到”，用历史唯物主义和辩证唯物主义的方法，为全党提供了一个宽广的视角，为在新环境和条件下观察和分析国际国内形势提出了具体的思路，令人眼前一亮，同时也为进一步加强和改进党的建设提供了思路。正是在清醒地“看到”和科学分析这些变化的基础上，江泽民提出：加强和改进党的建设，要做到“四个一定要”：“一定要高举邓小平理论伟大旗帜，全面贯彻‘三个代表’重要思想，保证党的路线方针政策全面反映人民的根本利益和时代发展要求；一定要坚持党要管党、从严治党的方针，进一步解决提高党的领导水平和执政水平、提高拒腐防变和抵御风险能力这两大历史性课题；一定要准确把握当代中国社会前进的脉搏，改革和完善党的领导方式和执政方式、领导体制和工作制度，使党的工作充满活力；一定要把思想建设、组织建设和作风建设有机地结合起来，把制度建设贯穿其中，既

① 江泽民同志在中央党校省部级领导干部培训班结业典礼上的讲话．人民日报，2002-06-01.

立足于做好经常性的工作，又抓紧解决存在的突出问题。”① 认真做到这“四个一定要”，是党在相当长时间内坚持、加强和改进党的建设的方向，只要全党做到这“四个一定要”，就一定能立于不败之地。

三、“三个代表”重要思想在中国特色社会主义理论体系中的地位

“三个代表”重要思想紧密结合时代发展的新形势、我国广大人民群众的新要求、我国改革开放和社会主义现代化建设的新实践，从经济、政治、文化、社会、国防和军队建设等方面对什么是社会主义、怎样建设社会主义这个根本问题进行了全方位的探索和创新，标志着我们党对共产党执政规律、社会主义建设规律、人类社会发展规律的认识、把握、运用水平都有了进一步提高。“三个代表”重要思想是面向21世纪的中国化的马克思主义，“三个代表”重要思想形成的社会历史条件，是在科学判断当今国际局势、科学认识当代中国发展变化、科学分析党的现状的基础上逐步形成的；“三个代表”重要思想，是在邓小平理论的基础上，进一步回答了什么是社会主义、怎样建设社会主义的问题，创造性地回答了建设什么样的党、怎样建设党的问题；“三个代表”重要思想是马克思主义中国化的第三个重大理论成果，是中国特色社会主义理论体系的重要组成部分，是推进我国社会主义自我完善和发展的强大理论武器。

中国共产党第三代领导集体之所以提出“三个代表”重要思想，是因为在世纪之交我们党面临的世情、国情和党情发生了一系列重大的变化，出现了一系列亟待解决的重大问题，其中要解决的根本问题是：什么是社会主义，怎样建设社会主义；建设什么样的党，怎样建设党。江泽民在党的十三届四中全会主持中央工作以后，要解决的根本问题仍然是这两个问题，但是环境和条件变化了，要解决的问题也更为复杂了。讲环境和条件变化了，最大的变化：其一，苏联、东欧发生剧变，世界社会主义运动遭受严重挫折，在中国坚持社会主义，推进改革和发展，遇到了来自国际的和国内的、来自“左”和“右”的干扰。与此同时，第二次世界大战以后形成的两极格局终结，国际关系中的不确定因素增加，面临的局面更加复杂；其二，在解放思想、实事求是的思想路线指导下，改革开放不断推进，与此同时，在一系列多样化的格局下，我国社会主义物质文明、政治文明、精神文明建设和社会建设遇到许多新问题，甚至在工作中出现了不应该有的

① 江泽民．全面建设小康社会，开创中国特色社会主义事业新局面——在中国共产党第十六次全国代表大会上的报告．

失误；其三，经济全球化迅速发展，有利于我们在开放中引进先进的技术和管理经验，尽快地增强我们的综合国力，与此同时，这种发达资本主义国家在经济、科技方面占优势与主导背景下的全球化，对我们这样的发展中国家是把“双刃剑”，经济安全、文化安全问题更加突出，“西化”、“分化”问题也日益突出；其四，党的建设包括制度建设从拨乱反正一开始就不断得到加强，与此同时，党的领导方式和执政能力同新形势不很适应的问题也日趋突出，尤其是党内腐败现象滋生蔓延的情况尚未根本改变，人民群众非常不满意。

这一切，对执政的中国共产党人如何提高自己的执政能力，如何永远保持党的先进性，提出了更高的要求。列宁曾经说，党是无产阶级的先进觉悟阶层，是无产阶级的先锋队；这个先锋队的力量比它的人数大10倍，100倍，甚至更多。“三个代表”重要思想突出的内容就是回答党如何保持先锋队的先进性问题。这一治国理政和治党兴国思想要解决的问题，正是我们今天致力于解决的重大课题，有很强的现实针对性。因此，“三个代表”重要思想对于我们今天的实践，有着现实的重大指导意义。

“三个代表”重要思想进一步回答了建设中国特色社会主义的发展道路、发展阶段、发展战略、根本目的、根本任务、发展动力、依靠力量、国际战略、祖国统一等重大问题。上述这些问题，是党的十四大所总结的邓小平建设有中国特色社会主义理论的九大内容。所谓“进一步回答”，就是对马克思主义理论的重大贡献。其中的新论断、新思想，坚持了马克思主义基本原理，具有鲜明的时代特征，进一步深刻认识和回答了“什么是社会主义、怎样建设社会主义”这个根本问题。

中国共产党第三代中央领导集体，在形成和创立“三个代表”重要思想的过程中，毫不动摇地坚持邓小平的发展理论，又不断从新的实践出发提出一系列具有时代特点的新观点、新思想，丰富和发展了邓小平的发展理论。例如：强调发展是党执政兴国的第一要务，要毫不动摇地坚持以经济建设为中心，同时要坚持经济、政治、文化协调发展，物质文明、政治文明、精神文明相互促进，推动社会全面进步；要不断深化经济体制改革，建立和完善社会主义市场经济体制，坚持和完善公有制为主体、多种所有制经济共同发展的基本经济制度，在充分发挥市场机制的同时健全宏观调控体系，保证国民经济持续、快速、健康发展；要实现经济结构的战略性调整和经济增长方式的转变，实施科教兴国战略和国家知识创新体系，提高自主创新能力，把经济建设的重点转移到依靠科技进步和提高劳动者素质的轨道上来，迎接科技革命和知识经济的挑战；要把经济发展同人口、资源、环境问题结合起来，实施可持续发展战略；要进一步促进区域经济协调发展，有条件的地方应率先基本实现现代化，同时要加快中西部地区发展，实施西部大开发战略；要高度重视农业、农村、农民问题，积极探索扶持、保护、促进农业发展的新机制、新办法，坚持开发式扶贫的方针；要积极稳妥地推进政治体制改革，发展社会主义民主政治，实施依法治国的基本方略，建设社会主义法治国家，巩固和发展民主团结、生动活泼、安定和谐的政治局面；要发展社会主义先进文化，弘扬民族精神，把“三个面向”与“民族的、科学的、大众的社会主义文化”统一起来，建设中国特色社会主义文化；要把改革的力度、发展的速度和社会可承受的程度有机地统一起来，正确处理改革、发展、稳定的关系；要以宽广的眼光观察世界，认识到世界的大转折就是中国的大机遇，同时要提高承受和抵御各种风险的能力；要分三步走实现邓小平提出的第三步发展战略，特别是要紧紧抓住21世纪头20年这一重要战略机遇期，全面建设惠及十几亿人口的更高水平的小康社会；要把实现好、维护好、保障好人民群众的根本利益作为我们工作的出发点和归宿，统筹兼顾好各方面群众的利益关系，关注困难群众的生产和生活问题，最广泛、最充分地调动一切积极因素，实现人的全面发展等等。

这些重要思想所包含的丰富内容和科学内涵，对于我们今天树立和落实科学发展观，构建社会主义和谐社会，提供了重要的理论基础。

“三个代表”重要思想还表现在创造性地提出了执政党建设理论，明确地指出提高党的执政能力和领导水平、增强党的拒腐防变和抵御风险的能力，是党所面临的两大历史性课题，对于我们进一步加强党的执政能力建设和先进性建设，提供了科学的理论指南。“三个代表”重要思想的精神实质，就是十六大报告强调的三句话：“贯彻‘三个代表’重要思想，关键在坚持与时俱进，核心在坚持党的先进性，本质在坚持执政为民。”这个“精神实质”鲜明地回答了“建设一个什么样的党，怎样建设党”的问题，是富有独创性的理论成果。这些重大思想，是在新的历史条件下对马克思主义党建理论的重大发展。十六大以后，以胡锦涛为总书记的党中央根据这一重要思想，提出了“加强党的先进性建设”这一崭新命题，并进一步强调要以提高党的执政能力为重点加强和改进党的建设。

“三个代表”重要思想最鲜明的特点和最突出的贡献，就在于用一系列紧密联系、相互贯通的新思想、新观点、新论断，深化了我们对新的时代条件下推进中国特色社会主义事业和加强党的建设的规律的认识，是21世纪中国化的马克思主义，在中国特色社会主义理论体系中居于承上启下、继往开来的地位。

第二节　“三个代表”是一个有机的整体

“三个代表”的理论新概括，不仅是“概括”，同时又是一次理论提升；不仅是对80多年党的建设的经验总结，又充分体现了站在时代前列的要求；不仅仅在于更好地认识过去，更重要的是汲取经验开辟未来。这样，就具有鲜明的时代特征，为如何站在时代前列指明了方向并有了可靠的理论依据。同时，从党的根本性质、根本宗旨和根本任务中，提炼出党的建设的目标，进一步回答了建设一个什么样的党和如何建设党的问题。

一、始终代表先进的社会生产力发展要求

（一）什么是先进的社会生产力

在当今时代，所谓先进的社会生产力就是智能化的生产力、社会化的生产力、市场化的生产力。

1. 智能化的生产力

马克思主义认为，生产力是一个动态的不断前进的概念。生产工具的水平是最能够体现生产力发展状况的，原始社会使用的劳动工具是石器也称之为石器时代，奴隶社会使用的工具是青铜器则称之为青铜器时代，封建社会铁器得到普遍使用就称之为铁器时代，资本主义的典型特征是使用机器则称为机器时代、电气化时代。所以，恩格斯说：“手推磨产生的是封建主的社会，蒸汽磨产生的是工业资本家的社会。”① 由此可见，社会发展的重要标志是生产力的发展水平。随着生产力的不断发展进步，原子时代、信息时代来到了，如果考察其中规律的话，可以发现，生产工具越进步，其中人的智力含量就越高，也就是我们通常所说的科技含量很高的知识经济。生产力的几次质的飞跃都是科学技术的飞跃，科学技术是推动历史前进的“最具革命性的有力杠杆”。随着信息技术等的发展，世界各国都清楚地认识到，科学技术的发明及应用对现代生产力的发展起到了决定性的作用。科学技术是哪里来的呢？当然是人创造的，是人类的智慧结晶，在这种条件下的生产力当然是智能化的生产力。

2. 社会化的生产力

现代化生产的典型特征就是生产的社会化。社会化生产的后果是成本低、劳

① 马克思恩格斯选集（第1卷）．北京：人民出版社，1995. 142.

动生产率高，一低一高决定了商品价格便宜、利润高、质量好、有销路。更何况一个地区、一个国家的资源是有限的，利用全球资源来生产就成为现代化生产的普遍特征，因此这种生产力是社会化的甚至是全球化的。有人统计，美国波音公司生产的波音 747 客机有 200 万个零部件，竟然是在 64 个国家的近 5 万家公司生产的。由此可见，生产的社会化已经达到何种程度。

3. 市场化的生产力

市场经济是一种资源的配置方式，它的产生有 400 年左右的时间。今天，人们常常说全球经济一体化，就是说事情已经发展到这样的地步：在这个世界上已经谁也离不开谁了；在这种情况下，哪里有市场，哪里就有资本、劳动力；哪里的商品价格便宜，人们就去哪里采购；哪里的商品卖得更贵，人们就去哪里销售。

近代以来，人类历史上已经发生过两次科技革命，现在正经历第三次科技革命。能否抓住科技革命发生和发展的机遇，关系到一个民族的兴衰。第一次科技革命发生于 18 世纪下半叶到 19 世纪上半叶，牛顿经典物理学革命引发了动力技术革命，导致了以蒸汽机的应用为核心的第一次产业革命；第二次科技革命发生于 19 世纪下半叶到 20 世纪初，电磁学理论和新的热力学理论引发了新的动力技术革命，导致了以电气化和内燃机的应用为核心的第二次产业革命。由于清政府的闭关自守和帝国主义的侵略，我们错过了前两次科技革命发展的良好机遇。第三次科技革命发生于 20 世纪下半叶，至今方兴未艾。党的十一届三中全会后，邓小平敏锐地把握新科技革命的趋势，作出“科学技术是第一生产力”的科学判断，通过改革开放的决策和一系列的发展战略，使我国开始自觉加入第三次科技革命、实现跨越式发展的历史进程。科学技术是第一生产力，就是先进生产力。就国内而言，以邓小平为代表的第二代中国共产党人，开创了改革开放和现代化建设新的历史时期，找到了建设中国特色社会主义的道路，使中华民族的复兴显示出强大的生机和活力。就国际环境而言，和平与发展的主流没有变，世界各国经济结构的调整，为我国加快现代化建设提供了难得的内外部环境，是一个中国基本实现现代化的重要战略机遇期。只要紧紧抓住这个重要战略机遇期，就一定能够实现中华民族的伟大复兴。

（二）代表先进生产力，全面建设小康社会的实践

经过全党全国人民的艰苦奋斗，1995 年，我国的国民生产总值达到 57600 亿元，提前五年完成了翻两番的任务，实现了第二步发展战略目标，人民生活总体上达到了小康水平。在这个基础上，党又提出到 2000 年实现人均“翻两番”的目标。1997 年我国国内生产总值已达到了 74772 亿元，正朝着第三步发展目标奋勇前进，这是中华民族发展史上的一个新的里程碑。

邓小平设计的“三步走”战略，对第三步只作了一个大致的构想，时间跨距很大，长达50年之久。现在，在走完前两步的时候，要把第三步目标和步骤进一步具体化，作出新的战略规划，这是历史的必然和现实的要求。1997年，江泽民在党的十五大上指出：“展望下个世纪，我们的目标是，第一个十年实现国民生产总值比2000年翻一番，使人民的小康生活更加宽裕，形成比较完善的社会主义市场经济体制；再经过十年的努力，到建党一百年时，使国民经济更加发展，各项制度更加完善；到下个世纪中叶建国一百年时，基本实现现代化，建成富强、民主、文明的社会主义国家。”

这实际上是提出了又一个新的“三步走”发展战略。因此，人们称为“新三步”或“小三步”。按照这个战略部署，从20世纪末进入小康社会以后，将分2010年、2020年、2050年三个阶段，逐步达到现代化的目标。2010年前，是第一步，2010年国民经济和社会发展的主要奋斗目标是：实现国民生产总值比2000年翻一番，人民的小康生活更加宽裕，形成比较完善的社会主义市场经济体制。从2010年至2020年，是第二步，根据十六大的规划，到2020年实现国内生产总值比2000年翻两番的目标，新的“翻两番”意味着我国GDP将达到36万亿元，我国经济总量从目前占世界第4位提高到第3位，仅次于美日两国。届时我国人口大约可以控制在15亿以内，人均收入可以提高3倍，达到3000美元，相当于当时中等收入国家的平均水平。这一步，在党的十六大报告中称之为“全面建设惠及十几亿人口的更高水平的小康社会”，其标志是“经济更加发展、民主更加健全、科教更加进步、文化更加繁荣、社会更加和谐、人民生活更加殷实”。从2020年至2050年，是第三步，通过30年的奋斗，基本实现现代化。

“新三步走”战略是在新的历史起点上对邓小平提出的“三步走”战略的进一步展开。这对于全面继承和完成邓小平的现代化“三步走”战略，全面规划党和国家未来50年发展的蓝图，是非常必要的。对全面落实“三个代表”要求，凝聚全国人民的力量，向富强、民主、文明的社会主义现代化国家的目标迈进，实现中华民族的伟大复兴，也是非常有利的，是新世纪率领全党全国人民努力奋斗的方向和旗帜。比较起来，“新三步”战略在中华民族发展史上将具有更加重要的意义。“新三步”战略是在新的历史阶段和时代条件下，中国人民全面加速实现现代化的努力与追求。完成这个阶段之时，中国社会的面貌将焕然一新，不仅完全实现了小康，而且全面进入了现代化社会，中国人民千百年来梦寐以求的理想将得以实现。一个世界上人口最多的国家实现现代化，是世界上最伟大的事业和壮举，具有划时代的意义，可以说是开辟历史的新纪元。

从1989年的十三届四中全会到2002年十六大的13年里，是坚持以经济建设为中心，全面推进建设有中国特色社会主义的13年，四个现代化建设取得了辉煌的成就。但是，也应该看到，我们的小康社会还是低水平、不全面、发展不平衡的。据国家统计局研究的数据显示，2000 年末，全国初步达到小康水平的人口是 75%左右。具体为：有 3000 万人口温饱问题没有完全解决，城镇有将近 2000 万人生活在国家最低社会保障水平线以下，农村还有几千万人口是低水平的不巩固的温饱。所谓“低水平的不巩固的温饱”是说遇到天灾人祸，温饱就有可能成问题，加起来一亿多人口，还有人温饱解决了但没有达到小康，加起来是两亿人口，所以说是不平衡、不全面的。全面建设小康社会，就是没有解决温饱的要尽快解决温饱，并且要和全国其他地方一样，达到小康；温饱不巩固要巩固温饱，温饱解决了的要向小康前进，变成一种全面的小康。十六大所提出来的就是要建立一个惠及十几亿人口的更高水平的小康社会，这是一个非常宏伟的目标。

低水平、不全面、发展不平衡的小康是中国人民奔小康的过程中不可避免的一个阶段，也是从一部分地区、一部分人先富起来到最终实现共同富裕的历史进程中不可逾越的阶段。这个小康建设的总体特点是发展不平衡。从人口看，进入小康的人口在全国分布是不平衡的，城市与农村之间、东部与西部之间、不同收入群体之间发展水平存在差距；从地区看，东部地区进入小康的比重大，中西部地区则比重小；从城乡看，城市进入小康的比重大，农村进入小康的比重小；从收入差距看，高中低不同收入群体之间收入很不平衡，并且这种差距有扩大的趋势。所以十六大报告判断的中国的小康只是低水平的，不全面、不平衡的，是实事求是符合中国国情的。

二、始终代表先进文化的前进方向

（一）党为什么要代表先进文化的前进方向

党为什么要代表先进文化的前进方向？这是与党的世界观、价值观、经济观、文化观紧密相连的。

1. 先进文化给予经济、政治以伟大的影响和作用

“一定形态的文化，又给予伟大影响和作用于一定的政治和经济。”例如，从 14 世纪至 16 世纪，欧洲曾爆发过一次长达 200 多年的“人文主义”运动，这实际上就是一场文化运动，又是一场思想解放运动。在这个过程中，产生了一批人类历史上不可磨灭的名字：哥白尼、哥伦布、麦哲伦、伽利略等，如果没有“人文主义”运动，没有反对“神权”的伟大思想解放，也许就不会有这一连串的天文大发现、地理大发现、物理大发现。可见，我们承认“经济是基础”，但也决不可以小视文化对经济与政治的“伟大影响和作用”！再看文化对政治的影

响和作用：中国共产党是在“十月革命一声炮响，给中国送来了马克思主义”的条件下产生的，是和“五四”运动密不可分的，讲中共党史，必然要从“五四”时期讲起，反映了人们对历史的客观与正确的认识。可是人们也不会忘记，早在“五四”运动之前的1915年开始，就有一场影响深远的“新文化运动”，如果没有新文化运动，可能就没有“五四”，这也是为绝大多数史学家所认同的。否则新文化运动的旗手陈独秀怎么就成了“五四”运动的总司令呢？从“旗手”——“总司令”——“总书记”，不但是陈独秀的发展轨迹，从中也可以看到新文化运动发展的轨迹。中国共产党的产生和奋斗，使中国革命的面貌焕然一新，使中国的社会制度和社会形态都发生了根本的变化，这还不是文化尤其是其中的“主义”所产生的“伟大影响和作用”吗？毛泽东就说过，他曾经在各种主义和思潮的“房子”中住过，最后选择了马克思主义。正是因为有以毛泽东为代表的一大批共产党人作出了这种选择并有了全新的“主义”，中国社会和历史进程才发生如此深刻的变化。

历史已经证明：中国共产党不仅是先进文化的产物，而且是人类新文化的创造者。党在把马列主义普遍真理与中国革命的具体实践相结合的过程中，创立了毛泽东思想、邓小平理论、“三个代表”重要思想、科学发展观，它们都是中国特色社会主义先进文化的突出代表。说它们是先进文化的代表，中国人民有着切身的体会：毛泽东思想指引党领导人民实现了民族独立和人民解放并走上了社会主义道路；邓小平理论指引党带领人民改革开放、建设中国特色社会主义，描绘了“春天的故事”；以江泽民为核心的第三代领导集体高举“三个代表”的旗帜带领人民“走进新时代”；以胡锦涛为总书记的党中央坚持科学发展观构建和谐社会，为夺取全面建设小康社会新胜利继续奋斗。因此，只有代表先进文化，才能为生产力的发展提供强大的精神动力和智力支持，才能真正保持先锋队的性质，始终走在时代前列。

2. 要代表最广大人民的根本利益就要代表先进文化的前进方向

中国共产党代表最广大人民的根本利益是党章所规定的，是“三个代表”的出发点、落脚点和归宿。党所制定的基本路线，就是这一目标的具体体现。而基本路线的产生，则是基于对当代中国社会主要矛盾的分析而制定出来的，这个矛盾既然是“落后的社会生产与人民群众日益增长的物质文化需要之间的矛盾”，那么，人民群众的需要就是两个方面，物质需要和文化需要。物质方面的需要，主要通过发展生产力来解决；文化方面的需要，除了发展生产力以外，还要通过建设先进文化来解决。这也是在党的文献中将先前这一矛盾中表述的“落后的社会生产力”，改为“落后的社会生产”的原因。去掉一个“力”字，不仅说明“两个文明”建设的迫切需要，而且还包括步入小康社会以后人民要求提高“幸福指数”这样的指标。

因为，人除了物质需求之外，还有精神需求，所以人们常说，“人是文化的人，文化是人的文化”。但是，人的需求是无限的，而地球提供的物质是有限的。面对各种矛盾，人们提出了可持续发展的理论，即当代人的生存和发展，要以不牺牲和不影响下一代人的生存和发展为前提。这就是文化，是人们的意识，是人们从社会实践中，在吃了大量苦头之后所得出的结论。文化要解决什么问题呢？如公平、公正、民主、自由等等，就只能靠文化来解决；要分辨真善美，假恶丑，也只有靠文化才能解决；爱国主义、集体主义、社会主义这些需求都只能靠文化来解决。解决的方法就是世界观、人生观、价值观以及与此相适应的法律、制度、道德等等。面对这些问题，以解决物质需求为主要目标的生产力是无能为力的。

代表最广大人民的根本利益，当代中国先进文化必然地反映和体现社会主义经济和政治的本质要求，反映和体现有中国特色社会主义现代化建设的伟大实践，反映和体现最广大人民群众的根本利益。“三个有利于”是先进文化，“共同富裕”是先进文化，“两手抓，两手都要硬”是先进文化，培育“四有”公民是先进文化，改革开放和吸收人类一切文明成果是先进文化，建设和谐社会的理念与目标是先进文化……这些先进文化的内容，具体体现在党的理论、路线、纲领、政策的各个方面，是人民群众的迫切需要。代表先进文化的实践，就是代表最广大人民根本利益。

（二）如何判断文化的先进性

1. 先进文化要促进人的自由而全面发展

社会主义是全面发展的社会，不断推进人的全面发展是我们的目标。但是，推进人的全面发展同推进经济、文化的发展和改善人民物质文化生活是互为前提和基础的。人越全面发展，社会的物质文化财富就会创造得越多，人民的生活就越能得到改善；而物质条件越充分，又越能推进人的全面发展。这两个历史过程是相互结合、互为条件、相互促进的。在人与自然和谐共处，人与社会共同进步中，逐步实现每个人的自由全面发展，是建立社会主义新型文明的必由之路。

社会主义社会是全面发展的社会，毫无疑问，全面发展的主体因素是人，没有人就没有所谓的发展。在社会主义现代化进程中，人作为社会发展的主体，有两个方面的含义：一方面，人是社会生产力的首要因素，现代社会生产力的发展，首先是人的现代化素质的提高；另一方面，人的全面发展是社会发展的最高目标，通过一切有效的经济手段创造高度发达的社会生产力，其最高目标就是逐步实现人的全面发展。在社会主义初级阶段，既要着眼于人民现实物质文化的需要，同时又着眼于努力促进人的全面发展。

2. 先进文化要促进生产力发展

生产力的解放和发展是人类生存和发展的前提和基础，离开了这一前提和基础，文化就不可能产生和发展。同时，文化对生产力的发展又有巨大的促进作用。因此，先进文化只有为生产力的发展提供强大的精神动力和智力支持，才有先进性可言。社会主义的根本任务是发展生产力，但是，如果没有以提高和发展人的素质及能力为目的的文化建设与发展，经济的发展也是不可能实现的。任何国家、任何社会，经济发展都不是一种单纯的经济现象，经济的增长必然涉及政治、文化、科技、教育、意识、道德等广泛的社会领域，要求社会从各个方面与之相适应，要求以高于现实经济的文化意识和道德素质为之提供积极的文化氛围和思想动力，从而使经济增长保持健康的势头和内在的动力。

文化的发展程度，是综合国力的重要标志，在经济全球化过程中的竞争，必然包括“文化力”的竞争。其实质，是知识总量、人才素质和科技实力的竞争。在当今世界上，先进文化与先进科技密不可分，不与先进信息技术相结合的文化就不可能是先进文化。有人说，19 世纪是铁路的时代，20 世纪是高速公路的时代，21 世纪是信息高速公路的时代。这种描述，从一个侧面反映了科技革命的突变。与工业革命不同的是，这次信息革命在一定程度上本身就是文化领域的革命。先进文化正是这场革命的先导，先进文化也在参与、反映并利用这场革命。在这种情况下，必然地对先进文化促进生产力的发展提出了更高水平、更快速度的要求。人们已经看到，所谓知识经济，就是建立在知识的生产、分配和应用之上的经济，拥有更多知识的企业是市场的赢家，拥有更多知识的国家必然有着更多产出。

3. 先进文化要满足人民的精神生活需要

人民群众文化需求的功能、作用和内容、形式，比物质需求更复杂、更多样化。在人民的基本物质需求得到满足之后，精神文化需求愈显重要。社会主义现代化不仅应当有繁荣的经济，也要有繁荣的文化；人民群众不仅应该过上比较宽裕的物质生活，而且应该过上比较丰富的精神生活。先进文化不仅要有完善的价值系统，例如，科学的理论导向，正确的人生观、生命观和生活观，高尚的人格品质，完善的道德体系，健康的人文生态环境，还要为社会的公平、公正提供价值支持和舆论导向。这种支持与导向表现在全社会提倡什么、贬斥什么，宽容什么、制止什么，这种支持与导向的结果使多数人认同。这种价值支持和舆论导向的形式是多方面、多层次、多角度的，既有党和国家、政府有计划的文化发展计划和各种文化活动，也有来自学校、企业、社区乃至民间团体的健康文化活动，例如，乡镇文化、企业文化、社区文化的各项建设事业，还有来自家庭、个人的具体文化行为，包括生活样式、处事方式、人际关系、市场行为等等。总之，要形成合力和氛围，形成这种合力氛围的关键是“培育”，这种满足人民精神生活需要的培育长此以往就会形成人们的“认同”，这就是民族精神。

古罗马有一句名言：“健康的思想基于健康的身体。”先进文化必然要对人民的身心健康负责，必然引导人民走向健康与安宁，并且在这个过程中充分地代表最广大人民的根本利益。这就是先进文化的“化人”与“造人”，是“为万世开太平”的千秋功业。

（三）党如何代表先进文化的前进方向

1. 必须把弘扬和培育民族精神作为文化建设极为重要的任务

党的十六大政治报告中曾经提出过一项重要任务：必须把弘扬和培育民族精神作为文化建设极为重要的任务，使全体人民始终保持昂扬向上的精神状态。什么是民族精神？民族精神作为一种社会意识形态，它伴随民族历史的演进，不仅深深积淀于民族成员个人的意识深处，而且还以民族文化、民族风俗、民间信仰、地方习惯等形式成为民族心理的有机组成部分，甚至是民族本身的标志。

中国人的民族精神，曾哺育了无数的民族精灵。关于民族精神的特点，曾有人总结了很多，在党的十六大报告中是这样总结的：“在五千多年的发展中，中华民族形成了以爱国主义为核心的团结统一、爱好和平、勤劳勇敢、自强不息的伟大民族精神。”这里，我们可以用一些名句加以说明：其一，强烈的爱国主义精神。如“毁家纾难”；“先天下之忧而忧，后天下之乐而乐”；“天下兴亡，匹夫有责”；“位卑未敢忘忧国”；“人生自古谁无死，留取丹心照汗青”；“王师北定中原日，家祭勿忘告乃翁”。其二，勤劳勇敢、刚健有为、自强不息。如：精卫填海、愚公移山、大禹治水；还有，“生当作人杰，死亦为鬼雄”；“夫英雄者，有包藏宇宙之机吞吐天地之志者也”；“天将降大任于斯人也，必先苦其心志，劳其筋骨，饿其体肤，空乏其身，行拂乱其所为，所以动心忍性，增益其所不能”；“富贵不能淫，贫贱不能移，威武不能屈”。其三，爱好和平、以民为本。如“民为邦本，本固邦宁”；“民为贵，社稷次之，君为轻”；“得天下有道，得其民斯得天下”；“天视自我民视，天听自我民听”。其四，团结统一、厚德载物。如“夷夏之防”、“用夏变夷”、“怀柔远人”、“抚育四海”、“忠信仁义”、“正心诚意”、“讲信修睦”；“己所不欲，勿施于人”。其五，正确对待义利，重义轻利。“生亦我所欲也，义亦我所欲也。二者不可得兼，舍生而取义者也”；“君子喻于义，小人喻于利”；“君子尚义，小人尚利；尚利则乱，尚义则治”等等。同时，还有要求把个人的修养与国家的命运联系起来的格物、致知、诚意、正心、修身、齐家、治国、平天下。

2. 吸收传统文化、外来文化精华与建设先进文化相结合

民族精神是民族自信力的依据，是由民族文化凝聚而成，因此，人的行为无

时无刻不受民族传统文化的支配，民族的行为也无不受着传统文化的制约。中国传统文化，作为维系中华民族生存几千年的思想文化体系，对中国人民的政治、经济、精神、道德生活产生了重大的影响。这种影响必然通过各种方式反映到党的建设、社会建设中来。同时，中国传统文化中消极的东西，也带来不好的影响，甚至严重的后果。中国传统文化是农业文明的产物，自给自足的小农经济结构本身缺乏社会的凝聚力，要靠外在的行政力量，这也是中国的封建专制政治体制得以长期维持的一个重要原因。因此，在中国，任何想要改造社会，把中国引向现代文明的阶级或政党，如果不重视传统文化对中国人民的思想影响，不能用先进的思想和文化正确地改造这些传统文化从而改造中国人民的精神面貌，并使新思想新文化与传统文化结合，成为易于中国人民接受的东西，就不可能实现自己的目标。对待外来文化同样有一个如何吸收的问题。

3. 大力发展先进文化，培育新时代的民族精神

早已有人提出“文化全球化”的问题，该问题是否发生、何时发生姑且不论，但有一点是肯定的：在一个经济全球化的时代，文化同样面临着全球范围的竞争，只有先进文化才有可能在这场竞争中生存、发展、繁荣。为了我们的事业，我们也需要强大的意识形态，需要拥有丰富的思想文化资源，只有这样才能有效地凝聚党员、动员人民，才能站在时代前列引领社会潮流，才能代表先进文化的前进方向。影响先进文化发展的外在因素表现在两个方面：一是西方敌对势力对我“西化”的图谋与外来文化的强力影响；二是国内“三种文化”并存的格局，除了社会主义的主流文化即先进文化和健康有益的文化以外，还有落后文化和腐朽文化存在。“西化”的文化影响，主要表现在一系列文化理念上，如为霸权主义服务的“人权高于主权”；为私有制经济服务的极端个人主义理念；服务于现行“资本流向世界、利润流向西方”的国际经济格局的一系列经济学理论；为“两极分化”服务的“无阶级”、“无剥削”论；为转移经济危机而倡导的无限物质追求和消费观导致的人的物化、拜金主义等等。“西化”论者在全球推行其价值观是某些大国从不讳言的一贯政策，事实上，他们也无时无刻不在运用其强大的经济实力从事他们的这一“事业”。来自国内的落后文化与腐朽文化既有表现在世界观上的有神论、宿命论、封建迷信等，也有表现在价值观上的极端个人主义、拜金主义、享乐主义；还有表现在人生观上的腐化堕落、精神颓废等等。从其来源上看，有封建主义、资本主义的文化影响，还有民族虚无主义。这些情况都说明，增强社会主义意识形态的吸引力、凝聚力，绝非易事，是一项艰巨的、长期的、复杂的系统工程。

马克思主义认为，虽然意识形态的发展要从属于经济的发展，但它们的发展又具有相对的独立性，而且意识形态的发展往往表现出精神生产和物质生产的发

展不平衡。历史上由于某些特定的原因，那些经济发展落后的国家在思想文化领域内的成就可以超过经济上发达的国家，这就是历史上落后于英法的德国能够在哲学上“演奏第一小提琴”的原因。同理，经济上发达的国家不见得文化就是最先进的。所以，要代表先进文化的前进方向，就要站在时代前列，把握文化的前进方向。要创造出第一流的文化成果，在国内乃至国际思想文化界占据第一流的地位，才能在国际国内的文化竞争中处于优势。

大力发展先进文化，培育新时代的民族精神，实现社会的全面进步和人的全面发展，就要提倡以下几种文化精神：第一，科学理性精神，引导人们热爱科学、尊重科学、学习科学、运用科学，学会用科学的思维方法去分析问题、解决问题。既尊重客观规律，又不迷信传统，勇于创新、开拓进取。第二，社会主义人文精神。弘扬社会主义、集体主义和爱国主义传统，推动祖国统一、民族团结和社会进步的步伐，抵制封建主义、资本主义思想对人的侵蚀，消除物质、技术对人的异化，超越工业文明的历史局限，确立人在社会中的主体地位。第三，发扬社会主义民主、法制、道德精神，强化公民的民主意识、权利意识、法律意识、公平意识、平等意识、是非意识、道德意识，促进民族团结与社会稳定，弘扬真善美，抵制假恶丑。

（四）江泽民先进文化建设思想总结

在先进文化理论产生和实践过程中，江泽民本人和以其为核心的第三代中央领导集体提出了一系列先进文化建设的思想，可以概括为：精神支柱论，文化纲领论，阵地意识论，综合国力论，民族文化论，博采众长论，主旋律与多样化论。

1. 精神支柱论

“一个民族、一个国家，如果没有自己的精神支柱，就等于没有灵魂，就会失去凝聚力和生命力。”① 人是需要一点精神的，即需要信念、理想，就是精神支柱，它是管方向的；一个国家，一个民族也是需要一种精神的，没有统一的精神支柱也会走偏方向。例如，用邓小平理论武装全党，教育干部和群众，这是统一全党全国人民意志的政治基础，也是夺取中国特色社会主义事业胜利的根本保证；而用邓小平理论武装全党和全国人民，最根本的就是要在全社会形成中国特色社会主义的共同理想。一个国家，一个民族有了共同理想，就能够齐心协力，励精图治，昂首于世界民族之林。“回顾我们党几十年的历史，从中可以看到，革命的理想和精神，对推动中国革命和建设的发展，有多么大的作用。我们党成

---

① 十五大以来重要文献选编（上）. 北京：人民出版社，2000. 36.

立之初，只有几十个党员，经过几十年的奋斗，不断发展壮大，领导人民取得中国革命和建设的胜利，这到底靠什么？靠的是找到了马克思列宁主义，使中国人民在精神上从被动转为主动；靠的是把马列主义的基本原理与中国的具体情况相结合，认识和掌握中国社会历史发展的客观规律，克服种种错误倾向，形成正确的理论、路线、方针、政策；靠的是用革命的理想、精神教育和武装广大工人、农民、知识分子，团结和鼓舞他们为实现自己的根本利益而奋斗。”① 因此，在全社会形成共同理想和精神支柱，是中国特色社会主义文化建设的根本。

“中华民族有着自己的伟大民族精神。这个民族精神，积千年之精华，博大精深，根深蒂固，是中华民族生命机体中不可分割的重要成分。中华民族在五千年的发展中，历经磨难而信念愈坚，饱尝艰辛而斗志更坚，开发建设了祖国的大好河山，创造了灿烂的中华文明，为人类文明进步作出了不可磨灭的贡献。”这是 1998 年 9 月 28 日江泽民在全国抗洪抢险总结表彰大会上的讲话中说的。总结自己的民族精神，其结论是：“有没有高昂的民族精神，是衡量一个国家综合国力强弱的一个重要尺度。”② 那么，这一精神支柱的核心内容是什么呢？江泽民在学习《邓小平文选》第三卷报告会上的讲话中曾说：“爱国主义、社会主义是凝聚中华民族，推动中国发展的伟大精神动力。我们要把这种精神一代一代传下去，任何时候都要维护我国的独立自主，不信邪，不怕压，不怕威胁，百折不挠地把我们的伟大民族振兴起来。”③

江泽民在十六大报告中又说：“在五千多年的发展中，中华民族形成了以爱国主义为核心的团结统一、爱好和平、勤劳勇敢、自强不息的伟大民族精神。”④ 今天，继承伟大民族精神的理想、价值观念、精神支柱，就是有着丰富内涵的爱国主义、集体主义、社会主义，它们是新时期推动中国发展的伟大精神动力。因此，我们要“坚持弘扬和培育民族精神。民族精神是一个民族赖以生存和发展的精神支撑。一个民族，没有振奋的精神和高尚的品格，不可能自立于世界民族之林”⑤。基于这一认识，在先进文化的建设过程中，党中央非常重视在全党、全国人民中间深入地开展爱国主义、集体主义、社会主义教育。

2001 年 1 月 10 日，江泽民与出席全国宣传部长会议的同志座谈时指出：伟大的事业需要并将产生崇高的精神，崇高的精神支撑和推动着伟大的事业。在中

---

① 十四大以来重要文献选编（下）. 北京：人民出版社，1999. 2078.

② 江泽民文选（第 2 卷）. 北京：人民出版社，2006. 230、231.

③ 十四大以来重要文献选编（上）. 北京：人民出版社，1996. 449.

④ 江泽民文选（第 3 卷）. 北京：人民出版社，2006. 559.

⑤ 江泽民文选（第 3 卷）. 北京：人民出版社，2006. 559.

国人民中产生了怎样的崇高精神？支撑和推动着伟大事业的崇高精神是什么呢？他在讲话中总结了五种，后来人们在学习中就简称为“五种精神”，即：解放思想、实事求是的精神；紧跟时代，勇于创新的精神；知难而进、一往无前的精神；艰苦奋斗、务求实效的精神；淡泊名利、无私奉献的精神。这五种精神，是我们党在 80 多年的奋斗历程中所形成的崇高精神之总结，是中华民族优秀文化传统的继承与发展，它既是中国共产党的传统精神，又是时代精神，对于建设先进文化和“在全社会形成共同理想和精神支柱”，具有重大的现实意义。

2. 文化纲领论

最早提出建设有中国特色社会主义的文化问题，是 1991 年江泽民在纪念建党 70 周年的讲话中提出来的：建设有中国特色社会主义的经济、政治、文化，以适应和促进社会生产力的不断发展和社会全面进步，实现社会主义现代化。在阐述有中国特色社会主义文化时，讲话说：必须以马克思列宁主义为指导，不能搞指导思想的多元化；必须坚持为人民服务、为社会主义服务的方向和“百花齐放、百家争鸣”的方针，繁荣和发展社会主义文化，不许毒害人民、污染社会和反社会主义的东西泛滥；必须继承发扬民族优秀传统文化而又充分体现社会主义时代精神，立足本国而又吸收世界优秀文化成果，不允许搞民族虚无主义和全盘西化。

在党的十五大报告中，江泽民更加全面地阐发了党的经济、政治、文化纲领。文化纲领对发展社会主义文化事业提出了明确的目标和任务：建设有中国特色社会主义的文化，就是以马克思主义为指导，以培育有理想、有道德、有文化、有纪律的公民为目标，发展面向现代化、面向世界、面向未来的，民族的、科学的、大众的社会主义文化。这个文化纲领，是对党探索先进文化过程中的历史性总结，既有继承，又有发展：“民族的、科学的、大众的”的文化，是毛泽东在新民主主义文化纲领中就提出来的，一直作为中国共产党建设新文化的方向；培育“四有”新人，是邓小平提出的社会主义精神文明建设的目标；“面向现代化、面向世界、面向未来”是适应新的历史条件、紧跟时代、与时俱进的结果。

江泽民在报告中指出：实现这一文化纲领，就要坚持用邓小平理论武装全党，教育人民；努力提高全民族的思想道德素质和教育科学文化水平；坚持为人民服务、为社会主义服务的方向和“百花齐放、百家争鸣”的方针，重在建设、繁荣学术和文艺，建设立足中国现实、继承历史文化优秀传统、吸收外国文化有益成果的社会主义精神文明。社会主义现代化应该有繁荣的经济，也应该有繁荣的文化。我国现代化建设的进程，在很大程度上取决于国民素质的提高和人才资源的开发。面对科学技术的迅猛发展和综合国力的激烈竞争，面对世界范围各种思想文化相互激荡，面对小康社会人民群众日益增长的文化需求，党必须从社会主义事业兴旺发达和民族振兴的高度，充分认识文化建设的重要性和紧迫性。文化纲领正是基于这些认识而提出来的。

3. 阵地意识论

2000 年 6 月 28 日，江泽民在中央思想政治工作会议上强调指出："大量事实证明，思想文化阵地，马克思主义、无产阶级的思想不去占领，各种非马克思主义、非无产阶级的思想甚至反马克思主义的思想就会去占领。从上到下的一切思想文化阵地，包括理论、新闻、出版、报刊、小说、诗歌、音乐、绘画、舞蹈、戏剧、电影、电视、广播、网络等，都应该成为我们宣传科学理论、传播先进文化、塑造美好心灵的阵地，绝不能给违反四项基本原则、违反改革开放政策、违反党的方针政策的错误观点，以及危害人民特别是青少年身心健康的东西提供传播渠道。"① 他要求，"各级党委都要增强阵地意识，切实加强对思想文化阵地的领导。每一个思想文化单位的党组织都要认真执行党的方针、政策和国家法律法规，真正做到守土有责"②。

之所以提出"用马克思主义占领思想阵地"的任务，是基于对国际形势和国内情况的分析而提出的。"世界正在向多极化方向发展，经济全球化也正在加快，世界科学技术的进步更是日新月异。在这种情况下，各种思潮相互交错、相互激荡。这必然会对我国的思想领域、对我们的干部和群众的思想意识产生影响。这种影响有积极的一面，也有消极的一面……东欧剧变、苏联解体，就与西方国家长期进行的意识形态渗透有密切关系。"③

所谓全球一体化，西方发达国家不仅在经济上搞一体化，而且在政治、文化尤其是意识形态上也企图走向一体化。显然，由于西方发达国家在经济上占有明显的优势，这种全球化是单向的，不是双向的，在文化与信息的传播方面发达国家占有明显的优势。这种优势突出地表现在他们的价值观念伴随着资本、技术、人流在其他国家包括我国得到迅速的扩张；表现在霸权主义方面则有了新的内容、方式并找到了新的载体。在对外开放过程中，西方资产阶级的政治主张、价值观念和生活方式乘隙而入。因此，在复杂的国际条件下，我们在这方面面临着许多新的挑战。

从国内来看，我国社会"由于经济成分、组织形式、物质利益和就业方式日趋多样化，人们思想活动的独立性、异质性、多变性明显增加"，也必然给人

---

① 江泽民文选（第 3 卷）. 北京：人民出版社，2006. 97.

② 江泽民文选（第 3 卷）. 北京：人民出版社，2006. 97.

③ 十五大以来重要文献选编（中）. 北京：人民出版社，2001. 1337.

们的思想观念、价值取向、文化生活带来巨大影响。随着市场经济的发展，商品交换原则、市场经济的负面影响，已经侵蚀到社会政治生活和人们的精神领域，引发了见利忘义、权钱交易，甚至导致国家意识、集体意识和互助精神、奉献精神的减弱等等。“我国社会长期存在的封建主义残余思想，包括封建迷信和愚昧落后的思想观念，在新的历史条件下也会沉渣泛起。”①

因此，提出用马克思主义占领思想阵地也是由思想文化领域存在的严重问题所决定的。例如，有人提出马克思主义只是百家中的一家，没有资格指导别的“家”；认为马克思主义是一百多年前的理论，已经过时而不适合现在的情况；认为苏东剧变和我国过去遭受的挫折，证明马克思主义失败了等等。社会主义初级阶段的长期性，也在客观上决定了意识形态领域里的矛盾和斗争的长期性、复杂性和尖锐性。在我国的不少地区，封建迷信、愚昧落后的东西还有一定的市场。这些东西一旦遇到合适的机会，就会通过各式各样的形式顽固地表现出来与我们争夺思想阵地。这种情况，正如党的十五大政治报告中所分析的那样，在社会主义初级阶段，社会主义的主流文化、落后文化与腐朽文化将长期并存。“法轮功”邪教组织的出现就清楚地表明，在我们的现实生活中，马克思主义与反马克思主义的斗争、无神论与有神论的斗争、科学与伪科学的斗争，将是长期的、复杂的，有时甚至是很激烈的。对此，江泽民曾反复告诫全党：一定要注意分清一些“基本界限”，即分清：“马克思主义同反马克思主义的界限，社会主义公有制为主体、多种经济成分共同发展同私有化的界限，社会主义民主同西方议会民主的界限，辩证唯物主义同唯心主义形而上学的界限，社会主义思想同封建主义、资本主义腐朽思想的界限，学习西方先进东西同崇洋媚外的界限，文明健康生活方式同消极颓废生活方式的界限”等等。②

强化“阵地意识”，必须努力巩固和发展社会主义的意识形态。在指导思想上决不搞多元化，坚持马克思主义在意识形态的指导地位。因此，努力加强马克思主义在哲学、经济学、法学、历史学、文艺学、新闻学、社会学、伦理学、教育学、管理学等学科的建设，是巩固和发展社会主义意识形态的一项重要任务。强化“阵地意识”，就要用马克思主义和社会主义思想指导理论、宣传、教育、新闻、出版、文学、艺术等部门的工作，要运用一切现代化的高科技传播手段，扩大宣传的覆盖面、提高受众率，全面占领思想文化阵地，把握正确的舆论导向，丰富群众的文化生活；强化“阵地意识”，就要加强思想道德教育的阵地建设，一切大众传媒、一切文化场所、一切精神产品，都要成为宣传科学理论、传

---

① 十五大以来重要文献选编（中）．北京：人民出版社，2001. 1336.

② 江泽民论社会主义精神文明．北京：中央文献出版社，1999. 417.

播先进文化、塑造美好心灵、弘扬社会正气、倡导科学精神的重要阵地，决不给错误思想言论和文化垃圾提供传播渠道；强化“阵地意识”，就要重视发挥文化的社会教育功能，因此要大力发展社区文化、村镇文化、企业文化、校园文化，狠抓精品生产，把更多更好的精神食粮奉献给人民，不断满足人民群众日益增长的精神文化需求，深入持久地开展“扫黄打非”斗争，营造健康向上的社会文化环境。

4. 综合国力论

江泽民在党的十五大报告中说：“有中国特色的社会主义文化，是凝聚和激励全国各族人民的重要力量，是综合国力的重要标志。”① 为什么是“综合国力的重要标志”，江泽民曾经解释道：“综合国力，主要是经济实力、技术实力，这种物质力量是基础，但也离不开民族精神、民族凝聚力，精神力量也是综合国力的重要组成部分。按照马克思主义的唯物辩证法观点，在一定条件下，精神可以变物质，精神的力量可以转化为物质的力量。强大的精神力量不仅可以促进物质技术力量的发展，而且可以使一定的物质技术力量发挥出更好更大的作用。”② 因为，“当今世界激烈的综合国力竞争，不仅包括经济实力、科技实力、国防实力等方面的竞争，也包括文化方面的竞争”③。基于这一分析与认识，江泽民在党的十六大报告中号召“全党同志要深刻认识文化建设的战略意义”，报告说：“在当今世界，文化与经济和政治相互交融，在综合国力竞争中的地位和作用越来越突出。文化的力量，深深熔铸在民族的生命力、创造力和凝聚力之中。全党同志要深刻认识文化建设的战略意义，推动社会主义文化的发展繁荣。”④

在科学技术飞速发展的时代，科学技术无处不在，它不仅极大地改变着人类的物质生活，也给人类的思想文化和精神领域带来强大的影响和冲击，为人类精神和文化发展注入了新的活力。因此，把握先进文化的前进方向，建设有中国特色的社会主义文化，必须高度重视现代科学技术的影响和作用。“当今各国特别是大国之间的关系，集中表现为经济实力、科技实力、民族凝聚力在内的综合国力的较量与竞争。这种全球政治和经济发展的特点，在21世纪将持续很长一段时间。”⑤

纵观人类文明发展史，科学技术的每一次重大突破，无不使人类社会产生深

① 江泽民文选（第2卷）. 北京：人民出版社，2006. 32.
② 十五大以来重要文献选编（上）. 北京：人民出版社，2000. 36.
③ 江泽民论中国特色社会主义（专题摘编）. 北京：中央文献出版社，2002. 390.
④ 江泽民文选（第3卷）. 北京：人民出版社，2006. 277.
⑤ 江泽民论党的建设. 北京：中央文献出版社，2001. 418.

刻的变革和巨大的进步。可以说，一部人类文明史也是科学技术发展史。科学技术既是人类文明的重要组成部分，又是人类文明发展的强大动力，是推进文化发展的巨大杠杆。所以，“科技创新能力，已越来越成为国际综合国力竞争的决定性因素，越来越成为一个民族兴旺发达的决定性因素”①。可见，科学技术是精神文明建设的重要基石，因此，要深刻认识文化建设的战略意义。

5. 民族文化论

我们要建设的先进文化，首先是中国式的即民族的文化，这在党的文化纲领中已经讲得很明白了。但是，民族的先进文化又不是从天而降的，不是从外国可以“引进”的，它必然是生长在中国大地上的，是继承中国历史优秀传统的本土文化。因为，文化是人类在改造世界的实践中智慧与力量的结晶，需要经过一代代人的创造、积累和传播，才能得以传承和发展。每一代人都需要在继承前人所创造的文化的基础上，继续创造和发展新的文化，先进文化建设也是如此。“继承和发扬优秀的民族文化传统，大力繁荣社会主义的教育、科学、文化事业，这是建设社会主义精神文明的迫切要求，也是保证中华民族振兴和发展，保证整个社会主义现代化事业取得成功的根本大计。”②

1997 年，江泽民访问美国在哈佛大学的演讲中，曾经对中国传统文化进行过一个简要的概括：团结统一的传统；独立自主的传统；爱好和平的传统；自强不息的传统。这个讲话在当地人民和海外侨胞中引起了很大反响。但是，我国的民族文化又是经历了几千年的奴隶社会和封建社会而逐渐形成的，并且是由统治阶级筛选、采纳和倡导而流传下来的，因而深受封建统治阶级的思想影响，带有所处封建时代的鲜明印记。所以，在创造民族新文化的时候，“要用科学的态度对待我们的民族传统文化和外来文化。我们民族历经沧桑，创造了人类发展史上灿烂的中华文明，形成了具有强大生命力的传统文化。我们要取其精华，去其糟粕，很好地继承这一珍贵遗产”③。中国特色社会主义的先进文化，是凝聚和激励全国各族人民的重要力量，既源于中华民族五千年文明史，又植根于有中国特色社会主义的实践，具有鲜明的时代特点。它反映我国社会主义经济和社会主义政治的特点，又对经济和政治的发展起巨大促进作用。“中国共产党是马克思主义真理的坚定实践者，也是中华民族优良传统的真正继承者。”④ 继承是有时代性的，继承是为了发展，继承是为了现实。例如，1995 年 1 月 30 日，江泽民在

① 江泽民论中国特色社会主义（专题摘编）. 北京：中央文献出版社，2002. 253.

② 十四大以来重要文献选编（上）. 北京：人民出版社，1996. 625.

③ 十四大以来重要文献选编（上）. 北京：人民出版社，1996. 658.

④ 十四大以来重要文献选编（下）. 北京：人民出版社，1999. 2277.

《为促进祖国统一大业的完成而继续奋斗》的讲话中说：“中华各族儿女共同创造的五千年灿烂文化，始终是维系全体中国人的精神纽带，也是实现和平统一的一个重要基础。两岸同胞要共同继承和发扬中华文化的优秀传统。”这既是史实又是现实。因此，“中华民族的优秀文化传统，党和人民从五四运动以来形成的革命文化传统——我们都要积极继承和发扬”①。

6. 博采众长论

1996 年 1 月 24 日，江泽民在全国宣传部长会议上的讲话中说：“我们能不能继承和发扬中华民族的优秀传统文化，吸收世界各国的优秀文化成果，建设有中国特色社会主义的文化，这是事关中华民族振兴的大问题，事关建设有中国特色社会主义事业取得全面胜利的大问题。”② 把“吸收世界各国的优秀文化成果，建设有中国特色社会主义的文化”，当作“事关中华民族振兴的大问题”，“事关建设有中国特色社会主义事业取得全面胜利的大问题”，可以说把这件事情提高到了一个前所未有的高度。列宁曾说：“无产阶级文化应当是人类在资本主义社会、地主社会和官僚社会压迫下创造出来的全部知识合乎规律的发展。”③ 向哪些国家学、怎么学，江泽民曾强调说：“我们必须树立一个明确认识，不管是哪种社会制度下创造的文明成果，只要是进步的优秀的东西，都应积极学习和运用。”④

我们的先进文化建设是面向世界、面向未来的，具有鲜明的开放性特征，因此，需要融汇世界各个国家和民族的一切优秀思想和文化成果。世界文化的多样性，不仅使世界充满活力，也使不同文化相互激荡，从而使先进文化获得向前发展的动力。当然，我们也有自己的立场，不是全盘照搬，是兼收并蓄，是吸取精华，剔除糟粕。因此，江泽民在党的十五大报告中曾指出：“我国文化的发展，不能离开人类文明的共同成果。要坚持以我为主、为我所用的原则，开展多种形式的对外文化交流，博采各国文化之长，向世界展示中国文化建设的成就。坚决抵制各种腐朽思想文化的侵蚀。”⑤

之所以提出“坚决抵制各种腐朽思想文化的侵蚀”，原因是，中国经济社会的发展继续朝着国际社会迈进，我国在面向世界和全方位开放的条件下，面临着同其他意识形态与腐朽文化既相互渗透，又相互冲突的局面，并日益受到后者的

① 江泽民论三个代表．北京：中央文献出版社，2001. 160.

② 江泽民文选（第 1 卷）．北京：人民出版社，2006. 507.

③ 列宁选集（第 4 卷）．北京：人民出版社，1995. 285.

④ 毛泽东邓小平江泽民论社会主义道德建设．北京：学习出版社，2001. 67.

⑤ 江泽民文选（第 2 卷）．北京：人民出版社，2006. 35.

深刻影响。在这种情况下，境外价值观念与生活方式对我国社会和民众的影响势必进一步增强，使人们思想上的波动性增大。因此，我们在“博采各国文化之长”的同时又要“坚决抵制各种腐朽思想文化的侵蚀”。

7. 主旋律与多样化论

1994 年 1 月 24 日，江泽民在全国宣传思想工作会议上提出了“弘扬主旋律，提倡多样化”的要求，他认为：“弘扬主旋律，提倡多样化，是坚持‘二为’方向和‘双百’方针的具体体现。弘扬主旋律，就是要在建设有中国特色社会主义的理论和党的基本路线指导下，大力倡导一切有利于发扬爱国主义、集体主义、社会主义的思想和精神，大力倡导一切有利于改革开放和现代化建设的思想和精神，大力倡导一切有利于民族团结、社会进步、人民幸福的思想和精神，大力倡导一切用诚实劳动争取美好生活的思想和精神。”提倡多样化，是因为“社会生活是丰富多彩的，人民群众的精神文化需求也是多方面的、多层次的。只要是能够使人民得到教育和启发、得到娱乐和美的享受的精神产品，都应该受到欢迎和鼓励”①。

这一要求提出之后，已经成为党关于文化发展和文艺创作的一项基本政策。弘扬主旋律主要指我们的精神产品要表现时代的本质和主流，要讴歌代表时代发展方向和社会本质的思想和精神，要表达人民美好的思想感情。提倡多样化是要求精神产品的内容和题材多种多样，形式和风格丰富多彩，以及对主流文化之外的其他非主流文化存在权利的尊重。

在全球化影响下，我国对内、对外更加开放，多种所有制与多种分配制度使国内社会阶层分化，多元化的相互激荡强化了价值取向的多样化，大众传媒与互联网所提供的大量信息，增加了个人认同选择机会。因此，我国统一的传统政治生活面临冲击，政治生活的分散化已经出现，民众的思想、信仰分散化，个人的独特性、选择性与变更性日趋明显。这种发展趋向，意味着国家意识形态的主导性面临着新的矛盾与挑战。一方面，经济全球化和市场体制不可避免地导致价值取向、思想观念的多样化；另一方面，我国在全球化进程中，必须坚持社会主义意识形态的主导性。“弘扬主旋律”，实际上就是坚持社会主义意识形态的主导性；“提倡多样化”，既是为了适应民众价值取向、思想观念的多样化，又是为了丰富和繁荣民族文化，适应人们群众文化生活的多种需求。坚持弘扬主旋律、提倡多样化的方针和原则，体现了文化发展的客观规律，是文化工作实践经验的总结，也是党领导文化事业的经验总结。弘扬主旋律、提倡多样化，就要坚持百花齐放、百家争鸣的方针；就要坚持古为今用、洋为中用、推陈出新；就要坚持

① 十四大以来重要文献选编（上）. 北京：人民出版社，1996. 655、656.

以科学的理论武装人、以正确的舆论引导人、以高尚的精神塑造人、以优秀的作品鼓舞人；就要坚持一手抓繁荣、一手抓管理等等。

江泽民曾经在纪念建党 80 周年的讲话中指出：“坚持什么样的文化方向，推动建设什么样的文化，是一个政党在思想上精神上的一面旗帜。”① 在新的历史时期，党在思想上、精神上又高举起代表先进文化前进方向的旗帜，开创了建设先进文化的新局面。

三、始终代表最广大人民的根本利益

（一）代表最广大人民的根本利益是由党的世界观和价值观所决定的

全心全意为人民服务、代表最广大人民的根本利益，是中国共产党依据唯物史观基本原理而得出的必然结论。历史究竟是谁创造的，人们曾长期争论不休。只有马克思主义历史唯物论才第一次科学地回答了这个问题，认为真正创造历史的不是个别英雄、杰出人物，而是人民群众。人民，只有人民才是创造世界历史的动力。人民群众是历史的主体，是人类物质财富和精神文化财富的创造者，无论是发展先进生产力或先进文化，都必须依靠人民。既然人民是物质财富与精神财富的创造者，那么，他们就应该是这种财富的享有者。因此，全心全意为人民服务，努力实现最广大人民的根本利益，是中国共产党人奉行的最高准则。党除了谋求最广大人民的根本利益外没有任何特殊的私利。

可是，有些人不能理解或者根本就不赞成共产党人全心全意为人民服务的宗旨，不能理解共产党人怎么不去谋自己一党、一己的利益，却要去代表最广大人民的根本利益。而共产党之所以成为共产党，恰恰就是利他的，有利于人民的。《共产党宣言》说：过去的一切运动都是少数人的或者为少数人谋利益的，而无产阶级解放运动是多数人的和为最大多数人谋利益的。毛泽东说全心全意为人民服务是党的宗旨；邓小平提出“三个有利于”，说制定路线、方针、政策的出发点和立足点，就是以人民群众赞成不赞成、拥护不拥护、满意不满意、高兴不高兴为标准；江泽民提出党始终代表最广大人民的根本利益；胡锦涛提出情为民所系、权为民所用、利为民所谋。在这个世界观、价值观问题上，他们都是一脉相承的，这是共产党人的世界观和价值观所决定的，是共产党安身立命之处，如果把这一条抽去，共产党就不成其为共产党了。不断发展先进生产力和先进文化，归根到底都是为了满足人民群众日益增长的物质文化生活的需要，不断实现最广

① 江泽民文选（第 3 卷）. 北京：人民出版社，2006. 277.

大人民的根本利益。

（二）马克思主义的世界观决定了共产党人先进的人生观

马克思主义的世界观决定了共产党人先进的人生观。它以奉献、贡献作为人生价值衡量标准，把追求共产主义作为人生的理想。例如，认为人的生命是可贵的，但个人的生命不是归个人所有，生命是属于党的事业、属于人民的，如果为此而牺牲生命，就死得其所，重于泰山。在这种人生观支配之下，他们牢记为人民服务的宗旨，"要把有限的生命投入到无限的为人民服务之中去"，投身到中国特色社会主义事业的建设中去。这种人生观强调人民的利益高于一切，以人民的利益为重并志愿为之奉献。为此，他们站在人民的立场上立身处世，以人民的利益为行动的宗旨，充分尊重人民群众。他们把个人利益和社会利益、自我价值的实现与社会整体价值的实现统一起来，强调人民的利益高于一切、一切从人民利益出发、自觉服从社会利益、必要时牺牲个人利益。持这种人生观态度的人能正视现实、乐观向上、顽强奋斗、意志坚强，以积极的姿态服务社会和参与社会生活，以大无畏的精神迎接人生历程的各种考验。在对人生道路、生活内容等的评价方面，持这种人生观的人为实现了自己的理想和价值而在精神上产生幸福感。在为国家、民族、人民的事业奋斗中，由于脑力和体力上付出劳动而产生精神欣慰和快乐，这就是人们常说的"幸福之花为勇士而开"。他们强调集体幸福和个人幸福的辩证统一，强调幸福都是劳动创造的。在对待荣辱的问题上，认为荣辱不是地位、权势，而是由于履行了自己应遵循的道德而感到光荣，为由于背离了自己的道德义务而在心中遭到贬斥。

不同的人可以选择不同的人生观，但是，当共产党员站在党旗下面举起右手作出了自己的选择之后，就必然要接受由马克思主义的世界观所决定的共产党人的先进人生观。保持了这种人生观，也就保持了共产党员的先进性。

第三节 "三个代表"是对"三个有利于"的继承与发展

1992年2月，邓小平在南方谈话中发表了家喻户晓的"三个有利于"的重要论断：判断姓"资"姓"社"的标准，"应该主要看是否有利于发展社会主义社会的生产力，是否有利于增强社会主义国家的综合国力，是否有利于提高人民的生活水平"。2000年2月，江泽民在南方发表了"三个代表"的谈话。通过比较可以看到："三个代表"是对"三个有利于"的继承和发展，是理论上的创新和升华。

一、从“三个有利于”到“三个代表”的发展进程

党的十四大确立了用邓小平建设有中国特色社会主义理论武装全党的任务，江泽民在十四大报告中将这一理论概括为九大内容。在第三大内容即社会主义的根本任务问题上，提出了判断各方面工作的是非得失，归根到底，要以“三个有利于”为标准。十四届三中全会通过的《关于建立社会主义市场经济体制若干问题的决议》中又说：在建立社会主义市场经济体制的进程中，我们应当在党的基本理论和基本路线指引下，始终坚持以“三个有利于”作为决定各项改革措施取舍和检验其得失的根本标准。十四届四中全会上通过的《关于加强党的建设几个重大问题的决定》中鲜明地指出：新时期党的建设的指导思想有力地推动我国的社会生产力、综合国力和人民物质文化生活水平再上新的台阶。十四届五中全会通过的《关于制定国民经济和社会发展“九五”计划和2010年远景目标的建议》向全党重申，要把“三个有利于”作为检验各项工作的标准。十四届六中全会通过的《关于加强社会主义精神文明建设若干重要问题的决议》又提出：发展社会主义市场经济不仅有利于解放和发展生产力，增强综合国力，提高人民生活水平，而且也有利于社会主义的精神文明建设，使社会主义的优越性进一步发挥出来。

由此可以看到，南方谈话发表以来，党中央的历次重大决策，都与“三个有利于”息息相关，指导思想突出“三个有利于”；建立社会主义市场经济体制是有利于“三个有利于”；加强党的建设是为了“三个有利于”；经济发展战略要体现“三个有利于”；精神文明建设是围绕“三个有利于”。1997年2月，江泽民在邓小平追悼大会致悼词时指出：邓小平“时刻关注最广大人民的利益和愿望，总是把是否有利于发展社会主义社会的生产力、是否有利于增强社会主义国家的综合国力、是否有利于提高人民的生活水平作为制定路线、方针、政策的出发点和归属”。请注意该段文字中的两点：其一，“三个有利于”的提出是“时刻关注最广大人民的利益和愿望”的结果，“三个有利于”本身是最广大人民的利益和愿望，作为“制定路线、方针、政策的出发点和归属”，就是代表人民的利益和愿望。其二，“总是”把“三个有利于”作为出发点和归属的“总是”，在中文里如果换句话说实际上就是“始终”的意思。由此可见，到此时，“三个代表”思想在“三个有利于”的基础上呼之欲出了。

在十五大报告中，江泽民指出，在走向新世纪的形势下，我们仍然要根据邓小平理论的要求，一切以“三个有利于”为根本判断标准，不断开拓我们事业的新局面。同时，江泽民郑重地向全党提出了“建设一个什么样的党，怎样建设党”的问题。“三个代表”的重要思想，正是在经过数年的实践和思考之后对

这一问题的回答。而这个回答，又是源自邓小平“三个有利于”的思想，这里面，既有继承，又有发展。

二、“三个有利于”体现了“三个代表”的行动方法

第一个“有利于”是要看“是否有利于发展社会主义的生产力”，这个“有利于”讲的就是生产力的问题，应该说和“三个代表”中的第一个“代表”是相吻合的。但是南方谈话中的“主要看”，即看“判断的标准”，判断姓“资”还是姓“社”，判断社会制度，判断理论路线、方针、政策，更注重实践层面的概括和具体行动方法。另外，既然是“有利于”，就必然是符合或代表生产力的发展要求，否则，只能是“不利于”或者束缚生产力的发展。这正是代表先进生产力发展要求的立论基础。

第二个“有利于”是综合国力。对于“综合国力”人们早已有比较一致的共识，就是不仅体现在生产力或者经济发展水平上，还体现在文化上，体现在民族凝聚力上，体现在政治、社会稳定等诸多方面。如果将判断综合国力方面的生产力另列的话，可以看到，其核心将体现在文化方面。民族凝聚力主要来源于文化、政治、社会的稳定与否，国家管理水平的高低，指导思想正确与否，人民的精神风貌如何，这些可以从意识形态中找到根源，归根结底是属于文化的内容。代表先进文化的前进方向，正是高度概括了这些内容，是提升综合国力的重要一环。因为，先进文化是人类文明进步的结晶，是推动人类社会进步的思想保证、精神动力和智力支持。

第三个“有利于”是提高人民的生活水平，这正是第三个“代表”的代表最广大人民的根本利益。这个“根本利益”的具体体现、落脚点，就是人民的生活水平。这个“水平”，不仅包括生活的好坏，也包括它的高低。所谓“高低”，即生活的质量。这个质量，不仅包括经济生活质量，更包括文化生活质量，即包括促进全民族思想道德素质和科学文化素质的不断提高。因为精神文明建设不仅是手段，本身也是目的。发展先进文化，就是建设社会主义精神文明。这些，就是提高人民的生活水平。如何“提高”？通过发展生产力不断提高人民群众的物质生活水平，通过发展先进文化提高人民的精神生活水平。可以说，第三个“有利于”是前两个有利于的出发点、目的和归宿。第三个“代表”也是前面两个代表的出发点、目的和归宿。

因此，“三个有利于”，是在社会主义初级阶段基本实现社会主义现代化的历史进程中，判断党的理论、路线、方针、政策正确与否的标准，是检验各项工作的试金石。而党是否能够做到“三个代表”，就看是否能够实现“三个有利于”。所以说，“三个代表”是“三个有利于”的继承和发展。

【本章小结】

“三个代表”重要思想：始终代表社会先进生产力的发展要求、始终代表先进文化的前进方向、始终代表最广大人民的根本利益。是与马克思列宁主义、毛泽东思想、邓小平理论一脉相承的科学体系，是马克思主义中国化的第三个重大理论成果，是中国特色社会主义理论体系的重要组成部分，是推进我国社会主义自我完善和发展的强大理论武器。“三个代表”重要思想不是孤立的，而是相互联系、相互促进的有机统一的整体，它是对邓小平“三个有利于”标准的继承与发展，是理论上的创新和升华。

【关键术语和概念】

1. “三个代表”重要思想：与马克思列宁主义、毛泽东思想、邓小平理论一脉相承的科学体系，是马克思主义基本原理与中国具体实际相结合的第三大理论成果。它深刻总结了中国共产党 80 多年的历史经验，科学地判断了中国共产党的历史方位，反映了当代世界国际和国内形势的新变化对党和国家工作的新要求，是加强和改进党的建设，推进我国社会主义自我完善和发展的强大理论武器，是中国共产党必须长期坚持的指导思想。

2. “两个转变”：一是从革命党到执政党的转变；二是从在比较封闭的条件下到全面改革开放的条件下搞建设。

3. 四个“一定要看到”：我们一定要看到《共产党宣言》发表一百五十年来世界政治、经济、文化、科技发生的重大变化，一定要看到我国社会主义建设发生的重大变化，一定要看到广大党员干部和人民群众工作生活条件和社会环境发生的重大变化，一定要充分估计这些变化对我们党执政提出的严峻挑战和崭新课题。

4. “三个有利于”标准：“三个有利于”标准是判断我们一切工作是非得失的根本标准，即是否有利于发展社会主义社会的生产力，是否有利于增强社会主义国家的综合国力，是否有利于提高人民的生活水平。

【思考题】

1. “三个代表”重要思想形成的社会历史条件是什么？

2. 如何正确理解“三个代表”重要思想的科学内涵？

3. 为什么说“三个代表”重要思想同马克思列宁主义、毛泽东思想和邓小平理论是一脉相承的科学体系？

4. 案例分析：

公安局局长任长霞因公殉职引起群众无限哀思

在中原大地上，任长霞，一个曾为人们所熟知的名字，再次被广为传扬。在她因公殉职以来的日子里，人们以各种方式悼念她，缅怀她的事迹，寄托心中的无限哀思。一场广泛深入地向任长霞同志学习的活动，已在中原大地率先开展起来。任长霞生前是河南省登封市公安局局长，也是河南省唯一的一位女公安局局长。2004 年 4 月 14 日晚，任长霞在郑州市公安局汇报完工作，连夜赶回登封部署案件侦破途中不幸遭遇车祸，经抢救无效，于 15 日凌晨 1 时许去世，年仅 40 岁。消息传开后，人们无不为她感到惋惜。

她的遗体运回登封后，干部群众纷纷自发前往吊唁，三天三夜人流不息。记者曾在她的灵棚前看到，每天不断有群众来敬献花圈、花篮，有的还主动为她守灵。她生前收养的孤女刘春雨为她披麻戴孝，哭喊着“任妈妈”；曾被歹徒绑架而被她解救的少女冯一景全家，打着挽幛，吹着哀乐，从几十里外山村赶来；曾遭到黑帮残害又为她铲除黑帮欢呼的农民冯长庚，早已哭瘫在地，泣不成声；就连她生前经常关心的上访户苗凤英，闻讯后也远道赶来再看她最后一眼，口中不住地念叨“好闺女，你咋就这样走了呢?”

4 月 17 日，举行遗体告别仪式那天，登封十里长街挽幛如云，人如潮涌，气氛悲壮，哀声一片。送灵的车队缓缓前行，人们默默无语。许多人眼含热泪，紧随着灵车，送过一程又一程。“长霞，你慢走!”“长霞，你别走!”“长霞，你好走!”登封 20 万干部群众以最为庄严、隆重的方式，送别自己心目中的英雄。河南省、郑州市领导及全国总工会、全国妇联、公安部的代表也专程参加了遗体告别仪式，为任长霞送行。

任长霞从警 21 年来，因工作成绩突出，被共青团中央、劳动人事部授予“全国青年岗位能手”称号，被公安部授予“全国优秀人民警察”荣誉称号，被全国妇联评为“全国三八红旗手”、“第四届中国十大女杰”，今年又荣获全国“五一”劳动奖章，并被公安部追授为全国公安一级英模。

[案例来源：新华网北京 2004 年 6 月 2 日电（记者朱玉、程红根）]

讨论：

1. 任长霞为什么受到那么多人的拥戴?
2. 结合案例说明新时期党提出执政为民的重要意义。

第八章 “三个代表”重要思想开辟党的建设新的伟大工程

本章学习要点：

1. 党的性质
2. 中国共产党保持先进性的历史经验
3. 为了坚持和加强党的领导，必须改进党的建设

第一节 用改革的精神推进党的建设

一、为了坚持和加强党的领导，必须改进党的建设

坚持中国共产党的领导，是建设中国特色社会主义伟大事业的根本保证，因为：只有坚持党的领导，才能制定和执行正确的路线、方针、政策，保证现代化建设事业不断取得进步，才能把马克思主义基本原理同中国实际结合起来，为中国社会主义现代化建设提供科学的指导思想；只有坚持党的领导，才能够保证现代化建设事业沿着社会主义方向前进，才能保证中国现代化的成功；只有坚持党的领导，才能凝聚全国人民的力量，保持社会政治稳定，保证国家的长治久安，为建设中国特色社会主义现代化事业创造一个安定团结的政治局面和社会环境；只有坚持党的领导，才能正确处理各种复杂的社会矛盾，正确调节和协调各方面的利益关系。

但是，邓小平也多次强调：“为了坚持党的领导，必须努力改善党的领导。”其基本原理是：为了坚持和加强党的领导，必须努力改进党的建设。只有改进党的建设，才能更好地坚持和加强党的领导。为什么？因为我们党所处的环境和工作内容都发生了很大的变化，一系列的变化必然要求我们党的领导方式、工作方式和领导制度相应地发生变化，根据新的工作内容和新的历史条件进行改革和创新。在这里，既包括改革和完善党的领导方式和执政方式，也包括以改革的精神，全面推进党的思想、作风、组织、制度建设的新的伟大工程，还包括“借鉴人类一切政治文明的有益成果”。

邓小平关于“为了坚持和加强党的领导，必须努力改进党的建设；只有改进党的建设，才能更好地坚持和加强党的领导”的思想，为党的建设提供了一系列课题。“三个代表”重要思想在新的历史条件下与时俱进开拓创新，继承并发展了邓小平关于党的建设理论，在党的建设、提高党的领导水平和执政水平方面有一系列的创新，科学地回答了“建设一个什么样的党、怎样建设党”的课题，开辟了党的建设新的伟大工程。

二、执政党的地位，使我们党面临着新的考验

在1956年党的八大上，邓小平在《关于修改党章的报告》中明确提出：“执政党的地位，使我们党面临着新的考验。”① 1980年2月，他在《坚持党的路线，改进工作方法》的讲话中认为：“要进一步明确党在四个现代化建设中的地位和作用。”同时提出了一个尖锐的问题：“执政党应该是一个什么样的党，执政党的党员应该怎样才合格，党怎样才叫善于领导?”② 由于党的中心工作发生了变化，邓小平一直在思考建设一个什么样的党和寻求怎样建设党的答案。1989年6月，邓小平在《第三代领导集体的当务之急》的讲话中说：“常委会的同志要聚精会神地抓党的建设，这个党该抓了，不抓不行了。”③ 这个讲话，人们称之为是邓小平对以江泽民为核心的第三代中央领导集体的重要政治交代。

从那以后，党中央一刻也没有停止过抓党的建设。1989年8月，中央发出《关于加强党的建设的通知》；12月，江泽民在党建研究班发表了《为把党建设成为更加坚强的工人阶级先锋队而斗争的讲话》；1990年，中央作出《关于加强党同人民群众联系的决定》；1992年，党的十四大提出了用邓小平建设有中国特色社会主义理论武装全党的战略任务；1994年，党的十四届四中全会作出《关于加强党的建设几个重大问题的决定》；1997年，党的十五大郑重地向全党提出：“建设一个什么样的党、怎样建设党”的战略性课题。2001年，十五届六中全会作出《中共中央关于加强和改进党的作风建设的决定》。而“三个代表”重要思想的提出，正是十余年来党的建设实践经验的总结，是在此基础上对“建设一个什么样的党、怎样建设党”这个大课题的回答。

回答的出发点是：“党的领导和党的建设，历来是同党的历史任务，同党为实现这些任务而确立的理论和路线联系在一起的。”④ 回答的首要问题，就是回

---

① 邓小平文选（第1卷）. 北京：人民出版社，1994. 214.
② 邓小平文选（第2卷）. 北京：人民出版社，1994. 276.
③ 邓小平文选（第3卷）. 北京：人民出版社，1993. 314.
④ 江泽民. 论党的建设. 北京：中央文献出版社，2001. 262.

答什么是“立党之本，执政之基、力量之源”。“三个代表”重要思想将党的性质、宗旨、任务，作出了一个新的理论概括。这个思想的核心是保持党的先进性，将加强和改进党的建设，保持党的先进性，巩固执政党的地位，统一于党领导人民进行改革开放和社会主义现代化建设的全过程。因此，是加强党的建设的伟大纲领，也是先锋队保持先进性的纲领。“把‘三个代表’的要求贯彻落实到党的全部工作中去”，执政党地位面临新考验的难点找准了。“执政党应该是一个什么样的党，执政党的党员应该怎样才合格?”在这里得到了明确的回答。所以，只要坚持了“三个代表”，就无愧于先锋队，就能保持先进性。这一课题的破解，是解放思想、实事求是的结果，又是与时俱进、开拓创新的重大理论成果。

三、用政治文明破解两大历史性课题

如前所述，对国际国内一系列的变化，江泽民曾经把它总结为这样两条：已经从一个领导人民为夺取全国政权而奋斗的党，成为一个领导人民掌握着全国政权并长期执政的党；已经从一个在受到外部封锁的状态下领导国家建设的党，成为在全面改革开放条件下领导国家建设的党。在这种分析之下，结合党内的状况，向全党提出了两大历史性课题：提高党的执政能力和领导水平；提高拒腐防变和抵御风险的能力。如何应对这两大历史性课题，党提出了一个重要的决策：建设社会主义政治文明。

党的工作重心转移到经济建设上来，主要是解决物质需求的问题，建设物质文明；精神文明建设，主要是解决精神需求或者说文化需求的问题。但是，如果物质文明、精神文明建设没有民主、法制、公平、正义、制度的保证，物质文明、精神文明建设也难以搞好。所以党的十六大报告提出：“中国共产党领导人民发展社会主义民主政治，建设社会主义政治文明。”并且认为：“发展社会主义民主政治，建设社会主义政治文明，是全面建设小康社会的重要目标。”把建设社会主义政治文明确定为党的历史使命和全面建设小康社会的重要目标，在党的历史上是第一次，具有重大的现实意义和深远的历史意义。把社会文明大系统一分为三：物质文明、精神文明、政治文明，从两个文明建设到三个文明建设，从“两手抓”到“三手抓”，是对中国特色社会主义认识的进一步深化。

建设社会主义政治文明的重大意义还在于，它是实现“三个代表”重要思想由理论创新走向实践创新的一个中介。实践“三个代表”的重要思想，决不是仅仅靠教育党员和领导干部要坚持身体力行、率先垂范的个人行为，就万事大吉的。制度建设更带有根本性、全局性、稳定性和长期性。实践创新的一个重要内容，就是加强制度建设，进行体制创新和制度创新，即从党和国家的领导制度方面，将那些与“三个代表”重要思想所要求的先进性不相适应的传统体制和机制进行更大力度的改革，从而达到推进我国社会主义制度自我完善和发展的目的。由于权力腐败、权钱交易的现象比较突出，严重地伤害了党和人民群众的关系，影响党在人民群众中的形象，这种状况不改变，“党的执政地位就有丧失的危险，党就有可能走向自我毁灭”。所以，社会主义政治文明建设，是解决两大历史性课题，事关党和国家长治久安的带有全局性、战略性、根本性和长期性的重大决策。

一是坚持和完善社会主义民主制度。人民当家做主，是社会主义政治文明的本质要求。为了实现这一目的，要坚持和完善人民代表大会制度，坚持和完善共产党领导的多党合作和政治协商制度，坚持和完善民族区域自治制度。全面贯彻党的宗教信仰自由政策，依法管理宗教事务，健全基层自治组织和民主管理制度，扩大基层民主。

二是加强立法工作，提高立法质量，形成有中国特色社会主义法律体系。要从制度上保证审判机关和检察机关依法独立公正地行使审判权和检察权，保障公民和法人的合法权益。

三是加强对权力的制约和监督。拒腐防变是我们党面临的长期而艰巨的任务，邓小平、江泽民都曾反复强调，反对腐败是关系着党和国家生死存亡的大问题，在整个改革开放过程中都要反对腐败。其中的一个重要环节，就是建立结构合理、配置科学、程序严密、制约有效的权力运行机制，从决策和执行等环节加强监督。因为，民主本身就是监督。监督与民主，不仅互为前提，而且互为实现的方式。没有监督，就等于没有民主；没有民主，也就形不成监督；监督的过程就是民主的实现过程，而民主的过程一定包含着监督。

党的十六大报告指出：“发展社会主义民主政治，最根本的是要把坚持党的领导、人民当家做主和依法治国有机统一起来。”这是划清了社会主义政治文明与资产阶级和其他一切非社会主义政治文明的界限，是社会主义政治文明本质的规定性的反映，这三大支柱在社会主义政治文明系统结构中相互支撑，其功能相互影响，在运作机制上相互协调，然后反作用于社会主义物质文明和精神文明，充分发挥它的支撑作用和保证作用，开创了人类社会文明史上社会文明整体推进的新实践。

党的基本路线规定的奋斗目标是：建设“富强、民主、文明”的社会主义现代化强国。“富强”的目标用“以经济建设为中心”来解决，“文明”的目标用发展先进文化来解决。但是“民主”的目标用什么来解决？社会主义政治文明建设的提出，就使“民主”的目标有了具体实践的载体，这样有利于推进社会主义民主政治的制度化、规范化、程序化。

第二节 党的先进性是具体的、历史的

一、中国要出问题，还是出在共产党内部

如果回顾一下现代世界政党史的话，可以发现，从20世纪90年代以来，世界上有一些曾经长期执政的党纷纷垮台或者说失去了执政地位，例如，苏联共产党执政74年，日本自民党执政40年，印度国大党执政45年，墨西哥革命制度党执政71年，台湾地区国民党执政50年，却像多米诺骨牌一样，在差不多的时间内一个个失去了执政地位。为什么会出现这种现象，这是很值得总结的。

苏联在解体前，曾有机构作过关于苏共支持率的调查，支持苏共的党员只占7%，支持苏共的群众则只占4%。因此，当戈尔巴乔夫宣布解散苏联共产党时，没有遭到任何大的抵抗，出奇的平静。这说明，最终是苏共的党员和苏联人民抛弃了自己的党。看看苏东剧变，有哪一个原社会主义国家是在军事上被打倒的呢？当苏共拥有20万党员时，建立了第一个社会主义国家；当它有200万党员时，抵抗住了德国法西斯的进攻，成为第二次世界大战反法西斯的中流砥柱；但是，当它拥有2000万党员时却轻易垮台了，这还不令人深思吗？所以，是否能够巩固执政党地位，或者说是否能够“代表”人民，关键在党本身。一些社会主义国家，曾经在相当长的时间内执政，受到人民的拥护，并有过自己的辉煌，也就是说，都曾经“代表”过人民。通过这些教训可以看到，“代表”是一个动态的过程，昨天“代表”得好，不能说明今天就一定“代表”得好；今天能够“代表”，也不能说明明天也能“代表”。

总结这些经验教训，是否能做到“始终”代表，在严峻的国际挑战面前，社会主义国家能否长治久安，共产党如何巩固执政党的地位，有三个因素至关重要：一是社会主义国家社会生产力的发展状况；二是能否坚持和巩固马克思主义在文化领域的指导地位；三是人民对执政党的态度。“三个代表”重要思想正是全面涵盖了这三个基本要素，它继承历史，立足现实，前瞻未来，既是对历史经验教训的深刻总结，又是开辟美好未来的基本方略。对于马克思主义政党来说，就是要坚持立党为公、执政为民，实现好、维护好、发展好最广大人民的根本利益，这是马克思主义政党全部奋斗的目的，是马克思主义政党的理论、路线、方针、政策和全部工作所在。只有顺民意、谋民利，才能得民心，党才能永远立于不败之地。

在当今绝大多数国家都实行政党政治（政党政治就是由政党组织政府，行使管理国家的职能）的条件下，政党为了执政，可以开出许多价码，作出各种

令人眼花缭乱的承诺，以表示其作为选民代表而登台执政的理由。但是，当一个政党、总统为了竞选而花费某一财团或几个财团几亿甚至十几亿美元的时候，其执政之后，将会最大限度地代表谁的利益则已经是非常清楚的事情了。纵观以上讲的国际上一些执政的大党老党垮台，尽管原因很复杂，但人心向背的变化是一个根本原因。一个政权也好，一个政党也好，其前途与命运最终取决于人心向背，不能赢得最广大群众的支持，就必然垮台。唐太宗说过：水可载舟，亦可覆舟。封建时代的政治家都明白的问题，我们岂能不明白？共产党作为执政党，必须高度关注人心向背问题。所谓立党之本、执政之基、力量之源，这里的“本”、“基”、“源”，说到底就是人民群众的支持和拥护。只有一切为了群众、一切相信群众、一切依靠群众，党才能获得取之不尽的力量源泉。

对于共产党人来讲，任何时候都必须坚持尊重社会发展规律与尊重人民历史主体地位的一致性，坚持为崇高理想奋斗与为最广大人民谋利益的一致性，坚持完成党的各项工作与实现人民利益的一致性。1945 年 7 月，著名的民主人士黄炎培先生访问延安，毛泽东在回答黄炎培提出的共产党在执掌全国政权后，怎样才能跳出“其兴也勃焉，其亡也忽焉”的历史周期率这一问题时，曾明确地指出：我们已经找到新路，我们能跳出周期率，这条新路就是民主。只有让人民来监督政府，政府才不敢松懈。只有人人起来负责，才不会人亡政息。

20 世纪 90 年代初，在国际风云变幻、世界社会主义遭受严重挫折之际，邓小平以其深邃的战略眼光，谆谆告诫全党同志：“中国要出问题，还是出在共产党内部”，强调“对这个问题要清醒”。[①] 在全面改革开放条件下，只有既坚持共产党在社会主义制度下执政的特殊规律，同时又充分认识现代社会政党政治时代执政党建设的普遍规律，将两者很好地结合起来，才能真正解决中国共产党作为执政党的建设问题。但是，“当今世界和我们所处的时代，同过去相比发生了很多深刻的变化。无论从国际还是从国内看，我们都面临着许多新情况新问题，必须从理论上和实践上作出回答并加以解决”。[②] 回答的答案是：永远保持党的先进性。

二、中国共产党保持先进性的历史经验

“三个代表”重要思想是一个系统的科学理论，内容丰富，应抓住“关键在坚持与时俱进”、“核心在坚持党的先进性”、“本质在坚持执政为民”这三个主要方面。核心在坚持党的先进性，必须放到推动当代中国先进生产力和先进文化

---

① 邓小平文选（第 3 卷）. 北京：人民出版社，1993. 380.

② 江泽民. 论党的建设. 北京：中央文献出版社，2001. 537.

的发展中去考察，落实到人民利益方面去考察。具体地说就是：代表先进社会生产力的发展要求，是作为马克思主义执政党始终保持先进性的根本基础；代表先进文化的前进方向，是马克思主义执政党始终保持先进性的根本保证；代表最广大人民的根本利益，是马克思主义执政党始终保持先进性的本质因素。这正是“三个代表”重要思想的核心所在。要解决两大历史性课题，要提高党的领导水平和执政能力，提高拒腐防变的能力，就要坚持党的先进性。要坚持党的先进性，就必须坚持和改善党的领导，必须坚持党的指导思想和党的性质，必须坚持党的最低纲领和最高纲领的统一，必须坚持党的阶级基础和扩大党的群众基础的统一，必须充分发挥共产党员的先锋模范作用。

胡锦涛总书记曾经在保持共产党员先进性专题报告会上指出：“80 多年来，我们党始终高度重视保持党的先进性，总是把党的先进性建设摆在突出位置来抓。以毛泽东同志、邓小平同志和江泽民同志为核心的党的三代中央领导集体关于加强党的先进性建设的理论和实践一脉相承，为我们开展党的先进性建设积累了丰富的实践经验，奠定了坚实的理论基础，提供了科学的思想指南。”确实，三代中央领导集体关于加强党的先进性建设的理论和实践，是党保持先进性的宝贵财富，值得总结。

（一）坚持全心全意为人民服务的宗旨

毛泽东说过，全心全意为人民服务，是我们党区别于其他政党的一个显著标志之一。全心全意为人民服务，努力实现最广大人民的根本利益，是中国共产党人奉行的最高准则。“三个代表”重要思想，其落脚点是代表最广大人民的根本利益。加强党的先进性建设，提高党的执政能力，最终要落实到实现好、维护好、发展好最广大人民的根本利益上来，这是衡量党的一切工作是非得失的根本标准，也是衡量党的先进性的根本标准。党在 80 多年的奋斗历程中，为实现国家独立、实现中华民族的伟大复兴，作出了伟大的贡献，是共产党全心全意为人民服务宗旨的体现，是党的“先进性”的表现。只要真正代表人民的利益，就能坚持党的先进性。

（二）坚持共产党人的理想

理想信念是党的事业不断取得胜利的根本保证，是共产党员保持先进性的力量源泉，是共产党员之所以成为共产党员的思想基础。“坚持理想信念，坚定不移地为建设中国特色社会主义而奋斗”的要求可以分为两个层次：首先“要坚持理想信念”，其次才能做到“坚定不移地为建设中国特色社会主义而奋斗”，这两个层次是互相联系，密不可分的。全党同志既要树立共产主义的远大理想，坚定信念，以高尚的思想道德要求和鞭策自己，更要脚踏实地，为实现党在现阶段的基本纲领而不懈努力，扎扎实实地做好现阶段的每一项工作。老一辈无产阶级革命家不仅在理想信念问题上作过大量的阐述，他们自己在这方面的坚定执著，亦给我们树立了光辉的榜样。

（三）加强党的思想建设

思想建设是党的政治建设的前提，是党的组织建设的思想基础，同党的作风建设更是密不可分。因为，党的先进性必须具体地落实到共产党员和各个党组织的思想和工作实践中去。而行为是受思想所支配的，按照马克思主义的认识论来说，它不会从天上掉下来，不是人的大脑中固有的，只能来源于社会实践，来自于对党的理想、理论、纲领、宗旨的认同，也就是说，要接受党的世界观、价值观。所以，加强思想建设是使党员能够自觉地为实现党的路线和纲领而奋斗的重要任务。只有把党的先进性要求转化为全体党员的实际行动，党才能永远保持先进性。

（四）坚持与时俱进、开拓创新

党的十七大报告指出："思想理论建设是党的根本建设，党的理论创新引领各方面创新"；要"坚持用发展着的马克思主义指导客观世界和主观世界的改造，进一步把握共产党执政规律、社会主义建设规律、人类社会发展规律，提高运用科学理论分析和解决实际问题能力"。所以，坚持党的思想路线，解放思想、实事求是、与时俱进，是我们党坚持先进性和增加创造力的决定性因素。与时俱进，就是党的全部理论和工作要体现时代性，把握规律性。要使党和国家的事业不停顿，首先理论上不能停顿。"发展着的马克思主义"，给坚持与时俱进、开拓创新提出了新任务，一部马克思主义史就是一部与时俱进的马克思主义发展史。中国特色社会主义理论体系的发展已经充分说明了这一点。

（五）发挥党员的先锋模范作用

党员是构成党组织的细胞。因此，阶级的先进性、党的先进性，要靠党员的先进性来体现，这种体现，具体表现在共产党员的先锋模范作用上。这种先锋模范作用说明党的先进性与共产党员的先进性是高度一致的。党的先进性要求党员成为"三个代表"的实践者，走在群众的前列。如果离开了广大党员的先锋模范作用，党的先进性就无从谈起，先锋队的作用就不能发挥。党员要用自己的先进行为去实践自己信仰的先进思想与先进理论。这种实践，要落实到自己的工作中，落实到社会行为中去，要在社会主义物质文明、精神文明、政治文明建设和社会建设中充分发挥出来。"平时看得出，关键时刻站得出"，是人民群众对党员的基本要求。所以，先锋模范作用不是空洞的口号，而是实实在在的行动要求。革命战争年代有一句话：共产党员是特殊材料做成的。这个"特殊"，就是指他的理想、信念、觉悟、党性、灵魂等等。先锋模范作用发挥出来了，先进性就体现出来了。

1938年，毛泽东在六届六中全会上曾专门讲了共产党员的模范作用问题，他要求共产党员应该成为英勇作战的模范、政治工作的模范、团结统一的模范；应该成为十分廉洁、不谋私利、多做工作、少取报酬的模范；应该是实事求是的模范，又是具有远见卓识的模范。邓小平也说过：在长期革命战争中，我们在正确的政治方向指导下，从分析实际情况出发，发扬革命精神和拼命精神，严守纪律和自我牺牲精神，大公无私和先人后己精神，压倒一切敌人、压倒一切困难的精神，坚持革命乐观主义、排除万难去争取胜利的精神，取得了伟大的胜利。搞社会主义建设，实现四个现代化，同样要在党中央的正确领导下，大力发扬这些精神。如果一个共产党员没有这些精神，就决不能算是一个合格的共产党员。邓小平所说的这些精神就是党员先锋模范作用的体现，是共产党员先进性的概括。

在党的十四大、十五大政治报告中，都曾对共产党员的先进性问题作了专门的阐述，要求“把共产党人的先进性在社会主义物质文明和精神文明建设中充分发挥出来”。江泽民曾经要求领导干部经常对自己进行“三问”：“入党为什么，参加工作干什么，身后留下什么”，就是要党员牢固树立全心全意为人民服务的思想，发挥先锋模范作用。这一“作用”是否能够发挥得好，关系到党的形象，只有广大党员具备先进性，整个党的先进性才会有坚实的组织基础和坚强的组织保证，才能发挥好党组织的战斗堡垒作用。

（六）保持艰苦奋斗的优良作风

艰苦奋斗是中国共产党人在长期的革命、建设和改革的实践中形成的奋发图强、不畏艰辛的革命斗志和勤俭节约、艰苦朴素，与人民群众同甘共苦的优良传统和作风。“进京赶考”之前，也就是进城之前，毛泽东在西柏坡党的七届二中全会上提出了“两个务必”的著名论述：务必使同志们继续保持谦虚、谨慎、不骄、不躁的作风，务必使同志们继续保持艰苦奋斗的作风。毛泽东还说：艰苦奋斗是我们的政治本色，它集中反映了共产党人对待党的事业、对待困难、对待物质生活的根本态度。1991年9月江泽民到了西柏坡，发表了保持艰苦奋斗优良作风的重要讲话，将艰苦奋斗称之为共产党人的政治本色。保持艰苦奋斗优良作风，是因为我们在一个经济文化比较落后的国家进行革命和建设，我们所进行的新民主主义革命所面对的敌人极其凶恶强大，我们是在“敌强我弱”的情况下与敌人拼搏的，那种“小米加步枪”的史诗般的战斗，就是依靠艰苦奋斗而取得胜利的。我们从事的社会主义建设家底极为薄弱，没有艰苦奋斗的精神，很难想象如何能取得今天的成就，并继续开创中国特色社会主义的新局面。

邓小平早就说过：艰苦奋斗是我们的传统，艰苦朴素的教育今后要抓紧，一直抓60至70年。我们的国家越发展，越要抓艰苦奋斗。提倡艰苦奋斗精神，也有助于克服腐败现象。所以，艰苦奋斗作为一种精神是永恒的，然而，艰苦奋斗的内容却是相对变化的，它随着党的任务、环境的变化而有着不同的要求和表现。

第三节　两个先锋队

一、中国共产党是中国工人阶级的先锋队，同时是中国人民和中华民族的先锋队

（一）从“一个先锋队”到“两个先锋队”的发展

“中国共产党是中国工人阶级的先锋队组织，是中国社会主义的领导核心，是中国各族人民利益的忠实代表。”党章中的这一规定是一个关系到党的性质的大问题。十二大到十五大党章一直是这样规定的。“工人阶级的先锋队”，反映了党的阶级属性，是阶级属性的规定；“中国社会主义的领导核心”，规定了中国工人阶级及其先锋队的执政党地位；“是中国各族人民利益的忠实代表”，这是它的归属。生产力是一切社会发展的最终决定力量，而工人阶级的特点和优点的第一个方面，就与先进的生产力相联系，在现代化建设中，它总是走在科技革命的前列。因此，它当之无愧地成为我们国家的领导阶级。今天，我国工人阶级队伍不断扩大，由新中国成立初期的800万人，发展到3.5亿人。不但人数增加而且整体素质大大提高了，又有在长期的革命斗争和建设实践中积累起来的丰富的经验，政治上更加成熟，特别能吃苦、特别能战斗，不愧是我们国家的领导阶级。因此，工人阶级是党的阶级基础，它的先进性是党的力量源泉。

十六大修改后的党章改为：中国共产党是中国工人阶级的先锋队，同时是中国人民和中华民族的先锋队。增加了中国人民和中华民族的先锋队，即人们通常所说的从“一个先锋队”增加为“两个先锋队”。这一重大的理论发展也是经历了一个过程的，在党内甚至引起过激烈的争论。江泽民《在庆祝中国共产党成立八十周年的大会上的讲话》曾作过这样的表述：“看一个政党是否先进，是不是工人阶级先锋队，主要应看它的理论和纲领是不是马克思主义的，是不是代表社会发展的正确方向，是不是代表最广大人民的根本利益。”[①] 这就明确回答了先进性的首要问题，化解了在此之前人们在这个问题上的重重疑虑，如增加“中国人民和中华民族”为先锋队，党是否会改变阶级性质、是否会失去先进

---

① 江泽民．论党的建设．北京：中央文献出版社，2001. 512.

性、是否会成为“全民党”等等。这个表述实际上是党成立80年来的经验总结。中国共产党成立以后，在自己的目标、纲领中就写进了自己的两大历史任务：民族独立，国家富强。这其实也就是近代以来中国人民前赴后继所追求的目标。其主题是为实现中华民族的伟大复兴，是代表中国最广大人民的根本利益。在这个奋斗过程中，中国共产党在实践中早已成为中华民族和中国人民的先锋队。

从“一个先锋队”增加为“两个先锋队”，是对党成立80多年来的经验总结。中国共产党执政以前，曾为民族独立赴汤蹈火、冲锋陷阵；执政以后为国家富强、人民利益建设中国特色社会主义。所以，我们要实现中华民族的伟大复兴，是全民族的复兴，不仅仅是工人阶级与共产党的复兴，是代表中国最广大人民的根本利益。

从与“三个代表”的联系来看，要代表最广大人民的根本利益，也必然地提出如何“代表”的问题。在1935年瓦窑堡会议上，毛泽东就提出了“两个先锋队”的问题，毛泽东说：“为什么要把工农共和国改变为人民共和国呢？我们的政府不但是代表工农的，而且是代表民族的——我们党的第六次全国代表大会所规定的十大政纲，不但代表了工农的利益，也代表了民族的利益……人民共和国去掉帝国主义的压迫，使中国自由独立，去掉地主的压迫，使中国离开半封建制度，这些事情就不但使工农得了利益，也使其他人民得了利益……人民共和国是代表反帝国主义、反封建势力的各阶层人民利益的。”① 所以，党没有任何私利，它始终关注的是工人阶级、中国人民和中华民族的利益。如何代表呢？做先锋队才能代表，二者并不矛盾。邓小平曾经说过：“我们党提出的各项重大任务，没有一项不是依靠广大人民的艰苦努力来完成的。”② 这说明工人阶级利益和最广大人民的根本利益是完全一致的。从一个先锋队到两个先锋队，在党章中除了工人阶级先锋队又加上了中国人民和中华民族的先锋队，表明了在党的性质问题认识上的发展，同时又是紧密结合当代中国的实际，是一种与时俱进的结果。

（二）必须最广泛最充分地调动一切积极因素，不断为中华民族伟大复兴增添新力量

党以前依靠的队伍主要有五种力量，即工人、农民、知识分子、干部、解放军。随着改革开放的社会发展，在社会变革中又出现了一些新的社会阶层，党的十六大政治报告将新的社会阶层归结为六种人：民营科技企业的创业人员和技术

① 毛泽东选集（第1卷）. 北京：人民出版社，1991. 156、157.

② 邓小平文选（第3卷）. 北京：人民出版社，1993. 4.

人员、受聘于外资企业的管理技术人员、个体户、私营企业主、中介组织的从业人员、自由职业人员等社会阶层。十六大政治报告中提出要“巩固阶级基础，扩大群众基础”；提出“必须最广泛最充分地调动一切积极因素，不断为中华民族伟大复兴增添新力量”。“巩固阶级基础”即原来的五种力量自不待说，“扩大群众基础”就是指党的组织要吸收上面所说的六种人。除了“私营企业主”以外，吸收民营科技企业的创业人员和技术人员、受聘于外资企业的管理技术人员、个体户、中介组织的从业人员、自由职业人员等社会阶层的成员加入党组织，是没有争议的。但是对是否吸收“私营企业主”入党，党内在一段时间内曾有过争论，争论的焦点是“私营企业主”是否有剥削，他们的利润是否是剩余价值。如前所述社会主义本质论是消灭剥削，如果有剥削，吸收他们参加工人阶级先锋队肯定与本质论相悖。

但是这里我们应该面对两个基本的事实：一是改革开放以来我国社会财富迅速增长、人民生活总体达到小康水平，这种历史性跨越和伟大成就是怎么得来的？是出现了新的资产阶级靠剥削得来的，还是靠亿万人民群众辛勤劳动创造的？显然是后者。二是在社会主义市场经济竞争中，有些人成功了，说他是剥削者、是坏的，不成功的人却是先进的，那这个社会还有希望吗？市场经济还怎么搞下去？所以十六大政治报告还指出：“一切合法的劳动收入和合法的非劳动收入都应该得到保护。不能简单地把有没有财产、有多少财产当作判断人们政治上先进和落后的标准，而主要看他们的思想状况和现实表现，看他们的财产是怎么得来的以及对财产怎么支配和使用，看他们以自己的劳动对中国特色社会主义事业所作的贡献。”所以，“有没有财产、有多少财产”不能当作判断人们政治上先进和落后的标准，以自己的劳动对中国特色社会主义事业所作的贡献才是判断标准。这里，需要介绍一个重要的基本理论，叫做民营经济必须服从于“普照的光”。马克思说：“在一切社会形式中都有一种一定的生产决定其他一切生产的地位和影响，因而它的关系也决定其他一切关系的地位和影响。这是一种普照的光，它掩盖了一切其他色彩，改善着它们的特点。”① 那么，公有制为主体，多种所有制共同发展的基本经济制度，这个主体地位，就是普照的光，在这一照耀之下的私营经济也是为发展社会主义生产力服务的经济，是社会主义市场经济的重要组成部分，在发展生产力、繁荣市场经济、满足人民生活、安排就业等方面发挥作用，成为现代化建设中不可缺少的组成部分。

所以，十六大政治报告中指出这六种人，都是中国特色社会主义事业的建设者，给他们定性为“建设者”的话，就与党在市场经济的问题上，将除公有制

---

① 马克思恩格斯选集（第2卷）. 北京：人民出版社，1995. 24.

以外的其他各种经济成分，都认定为社会主义市场经济的重要组成部分统一起来了。既然同是中国特色社会主义事业的建设者，“能否自觉地为实现党的路线和纲领而奋斗，是否符合党员条件，是吸收新党员的主要标准”。

值得注意的是，对两个先锋队如何统一、增强党的阶级基础和扩大党的群众基础如何统一，在十六大政治报告的第十部分表述得很有分寸：“重点做好在工人、农民、知识分子、军人和干部中发展党员的工作，壮大党的队伍最基本的组成部分和骨干力量。注意在生产、工作第一线和高知识群体、青年中发展党员。要把承认党的纲领和章程、自觉为党的路线和纲领而奋斗、经过长期考验、符合党员条件的其他社会阶层的先进分子吸收到党内来，增强党在全社会的影响力和凝聚力。”首先，五种力量仍然是“重点”，“重点做好在工人、农民、知识分子、军人和干部中发展党员的工作”；其次是“注意”，“注意在生产、工作第一线和高知识群体、青年中发展党员”；再次是“要把”，“要把符合党员条件的其他社会阶层的先进分子吸收到党内来”。

二、既要坚定共产主义信念又要脚踏实地工作

社会主义初级阶段理论是邓小平理论的基础和基石，但是，邓小平从来就没有放弃共产党人的最高理想。他说：“我们过去几十年艰苦奋斗，就是靠用坚定的信念把人民团结起来，为人民自己的利益而奋斗。没有这样的信念，就没有凝聚力。没有这样的信念，就没有一切。我们共产党人的最高理想是实现共产主义，在不同历史阶段又有代表那个阶段最广大人民利益的奋斗纲领。因此，我们才能够团结和动员广大的人民群众，叫做万众一心。”[①]“在不同历史阶段又有代表那个阶段最广大人民利益的奋斗纲领”，这种认识，将远大目标与阶段性目标有机统一起来，本身也是建立在社会主义初级阶段基本国情上的。

怎样面对、怎样去实现自己的政治目标？在庆祝建党80周年的“七一”讲话中，江泽民对党的最高纲领要实现的目标，作了如下描述：物质财富极大丰富、人民精神境界极大提高、每个人自由而全面的发展。与传统的共产主义蓝图相比较这个描述更加简约，为什么？“讲话”说：对遥远的未来不可能也不必要作具体的设想和描绘；未来的事情总应该由未来的实践来回答，人的认识是受时代限制的。“讲话”还指出：过去，我们对这个问题的认识是肤浅的，因为，在这方面我们是有深刻的经验教训的。例如，在大跃进的年代就曾宣布，共产主义在我国实现已经不是什么遥远和将来的事情了；提出要“跑步进入共产主义”。

---

① 邓小平文选（第3卷）. 北京：人民出版社，1993. 190.

苏联也犯过这样的错误，他们曾经在1936年宣布建成社会主义，三年后又提出“向共产主义前进”的口号，赫鲁晓夫上台后，提出要用20年时间在苏联建成共产主义，虽然勃列日涅夫从赫鲁晓夫的立场后退了一些，但仍提出苏联进入了“发达社会主义”社会。

在如何认识资本主义与社会主义的问题上，正确的态度是，我们既要充分认识资本主义的新变化，也要看到它的基本矛盾没有变，因而灭亡的趋势就没有变，因此从社会主义的巨大生命力和伟大成就中更加坚定共产主义必胜的信念。同时，要认识到这将是一个长期的历史过程。“七一”讲话中就引用了1859年马克思在《〈政治经济学批判〉序言》中说过的一段话：“无论哪一个社会形态，在它所能容纳的全部生产力发挥出来以前，是决不会灭亡的；而新的更高的生产关系，在它的物质存在条件在旧社会的胎胞里成熟以前，是决不会出现的。”① 这就是两个“决不会”与“两个必然”的辩证关系。动摇了“两个必然”，就会丧失根本，迷失方向；忽略了“两个决不会”，就会脱离实际，急躁冒进。“七一”讲话在这个问题上保持了高度的清醒，明确提出：“全党同志既要树立共产主义的远大理想，坚定信念，以高尚的思想道德要求和鞭策自己，更要脚踏实地，为实现党在现阶段的基本纲领而不懈努力，扎扎实实地做好现阶段的每一项工作。”也就是说，只有脚踏实地做好现阶段的每一项工作，才能最终实现共产主义的远大目标；只有胸怀共产主义远大目标，才能在实际工作中坚定正确的方向。离开基本纲领，脱离社会主义初级阶段的实际讲共产主义，就容易成为空谈。

这些思想已载入十六大通过的新党章，在总纲中增加了以下内容：“马克思列宁主义揭示了人类社会历史发展的规律，他的基本原理是正确的，具有强大的生命力。中国共产党人追求的共产主义最高理想，只有在社会主义社会充分发展和高度发达的基础上才能实现。社会主义制度的发展和完善是一个长期的历史过程。坚持马克思列宁主义的基本原理，走中国人民自愿选择的适合中国国情的道路，中国的社会主义事业必将取得最终的胜利。”这个表述反映在党的政治纲领中，决定了我们是最低纲领与最高纲领的辩证统一论者。胡锦涛2003年7月1日在学习“三个代表”重要思想理论研讨会上指出：“三个代表”重要思想坚持了这两者的统一，为我们坚持马克思主义的最终奋斗目标、根据实际制定和实施推动我国社会主义发展的科学战略提供了新的理论基础；同时又为在锲而不舍的努力中不断朝着实现共产党人的远大理想和最终目标胜利前进指明了现实途径。

中国特色社会主义是否能站住脚，是否真如毛泽东同志所说：只有社会主义

① 马克思恩格斯选集（第2卷）. 北京：人民出版社，1995. 33.

才能救中国。如邓小平所说：只有社会主义才能发展中国。新中国成立59年、改革开放30年的巨大成就已作了最好的说明。至于它以后的前途，我们可以学习十六大党章总纲第三段，并且重温一下两个伟人说的话。一段是1930年1月5日毛泽东在《星星之火，可以燎原》中说的，当时是写给林彪的回信，回答林彪提出的“红旗到底能打多久”的问题，文中的“它”指中国革命的高潮：“它是站在海岸，遥望海中已经看得见桅杆尖头了的一只航船，它是立于高山之巅，远看东方已见光芒四射喷薄欲出的一轮朝日，它是躁动于母腹中的快要成熟了的一个婴儿。”① 后来的事实已经完全验证了毛泽东当年的“浪漫”预言。可是，当共产党被称为“共匪”而在山沟里打转时，又有多少人会预料或者相信毛泽东在19年之后就能够在天安门城楼上升起五星红旗呢？

另一段是邓小平在“南方谈话”中讲的：“我坚信，世界上赞成马克思主义的人会多起来的，因为马克思主义是科学。它运用历史唯物主义揭示了人类社会发展的规律。封建社会代替奴隶社会，资本主义代替封建主义，社会主义经历一个长过程发展后必然代替资本主义。这是社会历史发展不可逆转的总趋势，但道路是曲折的。资本主义代替封建主义的几百年间，发生过多少次王朝复辟？所以，从一定意义上说，某种暂时复辟也是难以完全避免的规律性现象。一些国家出现严重曲折，社会主义好像被削弱了，但人民经受锻炼，从中吸取教训，将促使社会主义向着更加健康的方向发展。因此，不要惊慌失措，不要认为马克思主义就消失了，没用了，失败了。哪有这回事！”② 是的，哪有这回事！当西方一些政治家宣布共产主义将是20世纪的历史名词的时候，又有多少人能相信中国的崛起呢？

三、党内民主建设理论发展的历史与经验

党的十七大报告指出：“党内民主是增强党的创新活力、巩固党的团结统一的重要保证。要以扩大党内民主带动人民民主，以增进党内和谐促进社会和谐。”但是，对党内民主本身的探索来说，已经有80多年的历程了，今天，无论从内容、形式还是制度规范上都达到了一个前所未有的高度，是党的四代中央领导集体不懈探求的结果。介绍其发展的历史并总结经验，对认识中国特色社会主义理论体系继承与发展的关系是有帮助的。

（一）党内民主建设理论发展的历史回顾

党内民主建设的理论，按其发展的情况可以分为以下几个阶段：

---

① 毛泽东选集（第1卷）．北京：人民出版社，1991. 106.

② 邓小平文选（第3卷）．北京：人民出版社，1993. 382、383.

1. 从民主集中制的确立到党内民主的提出

1927 年 6 月，中央政治局讨论和通过了依据中共五大精神所形成的《中国共产党第三次修正章程决议案》，在“党的建设”一章中第一次规定：“党部的指导原则为民主集中制”；“按照民主集中制的原则在一定区域建立这一区域内党的最高机关，管理这一区域内党的部分组织。党部之执行机关概以党员大会或其代表大会选举，上级机关批准为原则；但特殊情形之下，上级机关得指定之。”① 从此，民主集中制成为党的根本组织制度。抗日战争前后，通过正反两方面经验教训的总结，结合党的政治路线建设，又提出了党内民主建设的任务。1937 年 5 月 2 ~ 14 日，在延安召开了中国共产党全国代表会议，提出了“巩固和平”、“争取民主”、“实现抗战”三位一体的口号，毛泽东在会议所作的结论即《为争取千百万群众进入抗日民族统一战线而斗争》中专门设置了“民主问题”和“党内民主问题”各一节，在“民主问题”中说：“对于抗日任务，民主也是新阶段中最本质的东西，为民主即是为抗日。”在“党内民主问题”一节中说：“要达到这种目的，党内的民主是必要的。要党有力量，依靠实行党的民主集中制去发动全党的积极性。在反动和内战时期，集中制表现得多一些。在新时期，集中制应该密切联系于民主制。用民主制的实行，发挥全党的积极性。”②“用民主制的实行，发挥全党的积极性”，就是党内民主及其作用。同时，从这里也可以看出，在那个时候，党的建设就是围绕党的基本路线进行的。

1938 年 10 月 14 日，毛泽东在六届六中全会上所作《论新阶段》的报告中，又专门用一节篇幅讲了“党内民主”的问题，他指出：“处在伟大斗争面前的中国共产党，要求整个党的领导机关，全党的党员和干部，高度地发挥其积极性，才能取得胜利。所谓发挥积极性，必须具体地表现在领导机关、干部和党员的创造能力，负责精神，工作的活跃，敢于和善于提出问题、发表意见、批评缺点，以及对于领导机关和领导干部从维护观点出发的监督作用。没有这些，所谓积极性就是空的。而这些积极性的发挥，有赖于党内生活的民主化。党内缺乏民主生活，发挥积极性的目的就不能达到。大批能干人才的创造，也只有在民主生活中才有可能。由于我们的国家是一个小生产的家长制占优势的国家，又在全国范围内至今还没有民主生活，这种情况反映到我们党内，就产生了民主生活不足的现象。这种现象，妨碍着全党积极性的发挥。”因此他强调指出：“扩大党内民主，应看作是巩固党和发展党的必要的步骤，是使党在伟大斗争中生动活跃，胜任愉

① 中共中央文件选集（第 3 集）. 北京：中共中央党校出版社，1989. 144、155.
② 毛泽东选集（第 1 卷）. 北京：人民出版社，1991. 275、278.

快，生长新的力量，突破战争难关的一个重要的武器。”① 张闻天则在讲话中提出了发展党内民主的四条措施：召集必要的经常的会议、大会，集体讨论，共同决定问题，交换意见与总结经验，报告工作等；各级党委负责人的选举及定期的改选；发展党内的自我批评，下级可越级控告；上级对下级多采用说服教育工作方法。②

全会通过了党的建设史上三个重要文件，即《关于中央委员会工作规则与纪律的决定》、《关于各级党部工作规则与纪律的决定》、《关于各级党委暂行组织机构的决定》，从制度上进一步保证了党的民主集中制、党内民主、党内纪律的实现，是党内民主建设史上的一个良好开端。

1945年5月，刘少奇在《关于修改党的章程》的报告中说：“现在必须放手地扩大我们党内的民主生活，必须实行高度的党内民主，同时，在实行高度民主的基础上实行党的领导上的高度集中。”“然而，就全党来说，就各个地方来说，党内民主生活至今还是不足的，还应该继续发展。因此，党章上有许多扩大党内民主的规定。”③ 例如，七大党章明确规定：“党的各级领导机关，必须遵照党内民主的原则进行工作，才能发扬党员的革命积极性、创造性与巩固党的纪律，并使这种纪律成为自觉的而不是机械的纪律，才能使领导机关的领导工作臻于正确，才能建立与巩固在民主基础上的集中制。”④ 在这里，以党内根本大法的形式将民主集中制与党内民主统一起来了。

2. 党内民主的新认识与新设想

新认识：监督的关键在于发展党和国家的民主生活。

新中国成立头七年，党一直在探讨如何实现党内民主的问题，刘少奇的多篇文章都曾专门谈及这个问题，例如：1951年，刘少奇在第一次全国组织工作会议上说，“适当地扩大党内民主，实际地而不是形式地建立党的各级党委制、代表会议与代表大会制，并使他们加强工作，是加强我们党的各级组织机构的重要环节。”⑤ 1954年2月6日，刘少奇在《为增强党的团结而斗争》的讲话中说：“为了增强党的团结，我们党不但不允许缩小党内民主和缩小党内的批评与自我批评，而且必须保证充分发展党内民主，充分发展党内的批评与自我批评。”⑥

---

① 毛泽东选集（第2卷）. 北京：人民出版社，1991. 528、529.

② 陈至立. 中国共产党建设史. 上海：上海人民出版社，1991. 337.

③ 刘少奇选集（上）. 北京：人民出版社，1981. 366.

④ 中国共产党党章汇编. 北京：人民出版社，1979. 59.

⑤ 建国以来重要文献选编（第1集）. 北京：中央文献出版社，1992. 190.

⑥ 刘少奇论党的建设. 北京：中央文献出版社，1991. 260.

1956年，邓小平在党的八大上所作《关于修改党的章程》的报告中说："党除了应该加强对于党员的思想教育之外，更重要的还在于从各方面加强党的领导作用，并且从国家制度和党的制度上作出适当的规定，以便对于党的组织和党员实行严格的监督。"他还强调，"我们需要实行党的内部监督，也需要来自人民群众和党外人士对于我们党的组织和党员的监督。无论党内的监督和党外的监督，其关键都在于发展党和国家的民主生活，发扬我们党的传统作风"①。这个"关键"就是毛泽东后来所说的："我们的目标，是想造成一个又有集中又有民主，又有纪律又有自由，又有统一意志、又有个人心情舒畅、生动活泼，那样一种政治局面。"②

新设想：党代表常任制的提出。

1956年4月28日，毛泽东在中央政治局扩大会议上的总结讲话中说："是否可以仿照人民代表大会的办法，设党的常任代表。我们有人民的国会，有党的国会，党的国会就是党的代表大会。设常任代表有什么好处呢？就是可以一年开一次代表大会。我们已经有10年没有开党的代表大会了，有了常任代表制度，每年就非开会不可。是不是可以考虑采用这个办法，比如五年一任。这还没有写到党章草案上去，提出来请大家考虑，看是否可以。"③

根据毛泽东的设想和提议，1956年9月16日，邓小平在《关于修改党的章程的报告》中对此作了详尽的说明，他说：党内民主生活中的一个重要缺点，就是党的各级代表大会没有充分发挥作用，"为了彻底克服这个缺点，把党的民主生活提高到更高的水平，党中央委员会在党章草案中，决定采取一项根本的改革，就是把党的全国的、省一级的和县一级的代表大会都改作常任制，多少类似各级人民代表大会那样"。"代表大会常任制的最大好处，是使代表大会可以成为党的充分有效的最高决策机关和最高监督机关，它的效果，是几年开会一次和每次重新选举代表的原有制度所难以达到的。按照新的制度，党的最重要的决定，都可以经过代表大会讨论。党的中央、省、县委员会每年必须向它报告工作，听取它的批评，答复它的询问。代表由于是常任的，要向选举他们的选举单位负责，就便于经常地集中下级组织的、党员群众和人民群众的意见和经验，他们在代表大会会议上，就有了更大的代表性，而且在代表大会闭会期间，也可以按照适当的方式，监督党的机关的工作。因此，我们相信，这种改革，必然可以

① 邓小平文选（第1卷）. 北京：人民出版社，1994. 214、215.

② 建国以来重要文献选编（第10集）. 北京：中央文献出版社，1995. 485.

③ 毛泽东文集（第7卷）. 北京：人民出版社，1999. 54.

使党内民主得到重大的发展。”[1]

为此，将党代表常任制度写进了八大通过的党章。根据这一规定，八大二次会议于1958年5月5日至23日在北京举行。后来，由于种种原因，这一制度终未按党章规定实行。再后来，由于对国内主要矛盾以及党内阶级斗争任务的提出，党内民主遭到了彻底破坏。

3. 党内民主建设的恢复与发展

1980年2月，在北京举行了党的十一届五中全会，通过了《关于党内政治生活的若干准则》。这是一个党内生活规范的重要文件，制定《准则》的一个重要目的就是“健全党的民主生活”。《准则》说：“为了全面恢复和进一步发扬党的优良传统和作风，要健全党的民主生活，维护党的集中统一，增强党的团结，巩固党的组织和纪律，提高党的战斗力。”[2]《准则》共有十二条，关于党内民主的内容就有六条：坚持集体领导，反对个人专断；要讲真话，言行一致；发扬党内民主，正确对待不同意见；保障党员的权利不受侵犯；党内选举要充分体现选举人的意志；接受党和群众的监督，不搞特权。《准则》也是当时的纪律条例和监督条例。《准则》既提出了“发扬党内民主”的任务，也规定了党内纪律并提出了监督的任务。

其后几年，党内民主与监督机制有了进一步的发展。1987年党的十三大政治报告提出：“健全党的集体领导制度和民主集中制，要从中央做起。主要是：建立中央政治局常委向中央政治局、中央政治局向中央全会定期汇报工作的制度；适当增加中央全会每年开会的次数，使中央委员会更好地发挥集体决策的作用；建立中央政治局、中央政治局常委会、中央书记处的工作规则和生活会制度，使集体领导制度化，加强对党的领导人的监督和制约。”报告还强调指出：“要疏通党内民主渠道和健全民主生活，使党员对党内事务有更多的了解和直接参与的机会。”[3]

4. 两个《条例》的产生——党内民主有了制度保障

邓小平曾经强调指出：“在总结经验的基础上，党的十一届三中全会提出一系列新的政策。就国内政策而言，最重大的有两条，一条是政治上发展民主，一条是经济上进行改革，同时相应地进行社会其他领域的改革。”[4] 事实正是如此，党内民主制度的建设也是与经济改革共同发展的。1990年3月12日，十三届六

① 邓小平文选（第1卷）. 北京：人民出版社，1994. 233.

② 三中全会以来重要文献选编（上）. 北京：人民出版社，1982. 415.

③ 十三大以来重要文献选编（上）. 北京：人民出版社，1991. 51.

④ 邓小平文选（第3卷）. 北京：人民出版社，1993. 116.

中全会通过了《中共中央关于加强党同人民群众联系的决定》，首次明确提出要拟定党内监督条例，十四大之后即着手起草工作，1995年制定了《中国共产党党员权利保障条例（试行）》。2003年年底，出台了《中国共产党监督条例》和《中国共产党纪律处分条例》。这不仅是党的制度建设的重大发展，也是党内民主的重大举措。例如：规定中央政治局向中央委员会全体会议报告工作；中央纪委常委会向中央纪委全体会议报告工作；地方各级党委常委会、纪委常委会分别向委员会全体会议每年报告工作一次；设常委会的基层党组织的党委常委会、纪委常委会分别向委员会全体会议每年报告工作一次。监督条例规定了一系列党内民主的措施，为进一步发展党内民主提供了制度保障，使党内的民主氛围更加浓厚。

5. 党代表常任制的再次提出——把毛泽东、邓小平想做而没有做完的事做起来

邓小平曾经说："从许多方面来说，现在我们还是把毛泽东同志已经提出，但是没有做的事情做起来，把他反对错了的改正过来，把他没有做好的事情做好。"① 党的十六大，提出了一系列推进党内民主的新举措，例如，"扩大在市、县进行党的代表大会常任制的试点。积极探索党的代表大会闭会期间发挥代表作用的途径和形式"②。如果将其一系列表述与1956年党的八大政治报告比较一下的话，可以发现它们之间有如下共同特点：其一，目的都是为了推进党内民主；其二，充分发挥党代表作用；其三，使党的代表大会真正成为"党的国会"，成为最高决策机关和监督机关；其四，常任党代表制度便于集中群众的意见向党代会反映，真正体现代表性。在46年之后，党的代表大会报告重提党代表常任制，把毛泽东、邓小平想做而未做完的事情做起来，是新形势下加强和改进党的建设的需要，是坚持和健全民主集中制的需要，是对党内民主的有力推动。

党的十六届四中全会通过的《中共中央关于加强党的执政能力建设的决定》中指出："完善重大决策的规则和程序，通过多种渠道和形式广泛集中民智，使决策真正建立在科学、民主的基础之上。"③ 党代表常任制就是"通过多种渠道和形式广泛集中民智"，"使决策真正建立在科学、民主的基础之上"的重要举措。

6. 以党内民主推进人民民主——提高发展社会主义民主的能力

1987年10月，党的十三大报告曾经提出："以党内民主来逐步推动人民民

---

① 邓小平文选（第2卷）. 北京：人民出版社，1994. 300.

② 本书编写组. 十六大报告辅导读本. 北京：人民出版社，2002. 46.

③ 中共中央关于加强党的执政能力建设的决定. 北京：人民出版社，2004. 17.

主，是发展社会主义民主政治的一条切实可行、易于见效的途径。”① 这一思想到十六大有进一步的发展，十六大报告指出：“党内民主是党的生命，对人民民主具有重要的示范和带动作用。要以保障党员民主权利为基础，以完善党的代表大会制度和党的委员会制度为重点，从改革体制机制入手，建立健全充分反映党员和党组织意愿的党内民主制度。”这个思路不仅提出了以党内民主推进人民民主的任务，同时也是建设社会主义政治文明的思路，而且与全面建设小康社会紧密联系起来。因为在十六大报告中，已经把“发展社会主义民主政治，建设社会主义政治文明”作为全面建设小康社会的重要目标。

（二）党内民主建设理论发展的宝贵经验

回顾这段历史，可以总结出这样几条宝贵经验。

1. 党内民主的发展要围绕党的基本路线进行

党的建设要围绕党的基本路线进行，是我们党的历史经验总结，那么，作为党的建设的一个重要方面的党内民主建设，也必然是围绕党的基本路线进行的。在上面的历史回顾中，我们已经充分地认识到这一点。什么时候，党的建设搞得好，就是党内民主建设最好的历史时期，也是党的事业兴旺发达、不断胜利的历史时期。如前面所说的抗日战争中的六届六中全会以后、党的八大前后、十二大、十三大、十六大前后等时期。因为如果“民主生活不足”，就“妨碍着全党积极性的发挥”；党内民主建设得好，不仅不会造成个人专断、“一言堂”，而且“是巩固党和发展党的必要步骤，是使党在伟大斗争中生动活跃，胜任愉快，生长新的力量”的“重要的武器”。

2. 党内民主是党的民主集中制原则实施的有力保障

民主和集中、权利和义务是统一的，没有民主就没有集中，权利行使得不充分，承担义务就难免打折扣。集中是在民主基础上的集中。如果没有民主，只有集中和服从，有不同意见的人就不会心情舒畅，就不利于党的团结，即使有正确的决策，也不利于顺利和有效地实施。因此，充分发扬党内民主是正确处理党内矛盾和意见分歧的正确方法。还有，由于党组织中各个党员的经历和所处的环境不同，对实际情况了解的深浅程度不同，思想方法和觉悟程度不同等原因，在党员之间、党员个人与组织之间、党的各级组织之间，也经常会发生各种各样的矛盾。只有按照民主集中制的原则正确处理党内的各种矛盾，建立正常的党内生活秩序，才能使党的团结统一不断得到巩固和发展，更加朝气蓬勃和有战斗力，才能造成“又有集中又有民主，又有纪律又有自由，又有统一意志、又有个人心

① 十三大以来重要文献选编（上）. 北京：人民出版社，1991. 50、51.

情舒畅、生动活泼”的政治局面。

3. 民主本身就是监督

监督与民主，不仅互为前提，而且互为实现条件。没有监督，就等于没有民主；没有民主，也就形不成监督。因此，监督的过程就是民主的实现过程；而民主的过程也一定包含着监督。在党内民主建设中，党内监督的完善和发展一向是党内民主建设的重要内容，党内民主的本质又决定了党内民主的建设和发展方向。对于党内民主的建设和发展来说，民主生活是基础，民主监督是关键，民主决策是根本。所以，加强党内监督，是党内民主发展的内在要求。可以看到，每一个时期伴随着党内民主建设的一系列文件出台，也会有一系列与之相配套的党内监督的规定或文件的产生，如在《准则》中既提出了“发扬党内民主”的任务，也提出了“为了保持党和广大人民群众的密切联系，防止党的领导干部和党员由人民的公仆变成骑在人民头上的老爷，必须采取自下而上和自上而下相结合、党内和党外相结合的方法，加强党组织和群众对党的领导干部和党员的监督”的任务。

4. 纪律是维护党内民主运作的保证

纪律对于党内民主政治建设和发展来说，具有重要的意义。因为纪律的本质是维护党章、党规和党法，保证党章、党规和党法的有效执行。纪律在维护党章、党规和党法的同时，实际上就是维护了党内民主的正常运作。因此，制度是党内民主的基础，党内政治生活制度化是党内民主发展的动力，而这一切都需要严格的党内纪律作为保证，纪律执行的一个重要后果，必然是对违反纪律的处分。党的纪律与党内自由，决定了在党内民主中，纪律与自由是有机统一的：没有党的纪律，就没有党内民主；没有党内民主，党的纪律也无法确立。在每一个时期强调党内民主的时候也必然重申党的纪律。例如，党的六届六中全会在提出“扩大党内民主”的同时，通过了《关于中央委员会工作规则与纪律的决定》、《关于各级党部工作规则与纪律的决定》；党的十六大提出了一系列推进党内民主的新举措，不久则出台了《中国共产党纪律处分条例》。

今天，党作为执政党，党内民主建设的意义决不限于共产党自身，党内民主的不断推进，必将带动整个国家政治生活的民主化，正如十七大报告强调的那样：人民民主是社会主义的生命。发展社会主义民主政治是我们党始终不渝的奋斗目标。

【本章小结】

坚持中国共产党的领导，是建设中国特色社会主义伟大事业的根本保证。为了坚持和加强党的领导，必须改进党的建设。“三个代表”重要思想的提出，正是在总结十年来党的建设实践经验的基础上对“建设一个什么样的党、怎样建设党”这个大课题的破解。实现“三个代表”重要思想由理论创新走向实践创新的重要任务是建设社会主义政治文明。要坚持中国共产党的领导，必须坚持党内民主。党内民主是增强党的创新活力、巩固党的团结统一的重要保证。要以扩大党内民主推动人民民主，以增进党内和谐，促进社会和谐。

【关键术语和概念】

1. “两个必然”：“无论哪一个社会形态，在它所能容纳的全部生产力发挥出来以前，是决不会灭亡的；而新的更高的生产关系，在它的物质存在条件在旧社会的胎胞里成熟以前，是决不会出现的。”

2. 精神文明：精神文明是人类在改造客观世界和主观世界的过程中所取得的精神成果的总和，是人类智慧、道德的进步状态。社会主义精神文明是人类精神文明发展的重要阶段。它以马克思主义为指导，在社会主义经济政治制度下形成的人类历史上新型的精神文明，是社会主义社会的重要特征，是现代化建设的重要目标和重要特征。它包括思想道德建设和教育科学文化建设，渗透在整个物质文明建设之中，体现在政治、经济、文化生活的各个方面。

3. 党内民主：党内民主是党的生命，对人民民主具有重要的示范和带动作用。发展党内民主，不仅是党自身生存发展的内在要求，而且是推进人民民主、建设社会主义政治文明的客观需要。党的十七大报告指出：“党内民主是增强党的创新活力、巩固党的团结统一的重要保证。要以扩大党内民主带动人民民主，以增进党内和谐，促进社会和谐。”以党内民主推动人民民主，是建设中国特色社会主义政治文明的战略选择，是一条切实可行、易于见效的具有中国特色的民主政治发展之路。以党内民主推进人民民主，是由党的性质、地位和宗旨决定的。

4. 政治文明：政治文明是指人类改造社会的政治成果的总和，是人类社会文明的重要组成部分，是人类政治活动的进步状况和发展程度的标志，它是与政治蒙昧和政治野蛮相对立的范畴。社会主义的政治文明是中国共产党领导的政治文明，是人民当家作主的政治文明，是坚持以德治国和依法治国相结合基本方略的政治文明。社会主义政治文明可分为政治民主化、政治公开化、政治法制化、政治科学化、政治高效化、政治清廉化六个层面。因此，巩固和完善中国特色社会主义政党制度是社会主义政治文明的根本保证，巩固和完善中国特色社会主义的国体是社会主义政治文明的本质要求，巩固和完善中国特色社会主义的政体是社会主义政治文明的基本方略。

【思考题】

1. 怎样理解从“一个先锋队”到“两个先锋队”的发展？

2. 怎样加强和改进党的领导？

3. 案例分析：

新的伟大工程

毛泽东指出，“建设一个全国范围的、广大群众性的、思想上政治上组织上完全布尔什维克化的中国共产党”，“……为了中国革命的胜利，迫切需要建立这样一个党”，这是一件“伟大的工程”，这是我们党建立18年之后，毛泽东为中国共产党的建设提出的宏伟目标。为了实现这个目标，以毛泽东为核心的第一代中央领导集体，采取了许多有效的措施，成功地实施了党的建设的伟大工程，使我们的党不断发展壮大，胜利地领导了伟大的人民革命战争，并使党在中华人民共和国成立时成为领导全国政权的强大的执政党。

十一届三中全会以来，我们党的第二代中央领导集体和第三代中央领导集体，在领导中国第二次革命进程中，根据国内国际的新形势和党面临的新任务，向全党提出执政党建设的新的伟大目标，十四届四中全会豪迈地称之为新的“伟大工程”。党的十五大又重申：“以邓小平为核心的党的第二代领导集体，把马克思主义、毛泽东思想创造性地运用于当代中国，围绕在改革开放和现代化建设条件下建设一个什么样的党、怎样建设党的问题，开创了党的建设新的伟大工程，面向新世纪，党中央领导全党正继续推进这个新的伟大工程。就是要把党建设成用邓小平理论武装起来，全心全意为人民服务、思想上政治上组织上完全巩固、能够经受住各种风险、始终走在时代前列、领导全国人民建设有中国特色社会主义的马克思主义政党。”

［案例来源：邢贲思．邓小平理论宝库（下）．北京：中国言实出版社，1998. 2071、2072.］

讨论：

1. 在新世纪新阶段如何推进党的建设新的“伟大工程”？

2. 如何理解推进党的建设新的“伟大工程”是解决执政党建设的一项长期的、艰巨的任务，需要几代人的不断努力？

第九章　重大战略思想——科学发展观

本章学习要点：

1. 科学发展观提出的背景及重大意义
2. 科学发展观的科学内涵
3. 如何贯彻和落实科学发展观，发展中国特色社会主义

党的十六大以来，以胡锦涛为总书记的党中央结合新的实际，创造性地提出了“坚持以人为本，树立全面、协调、可持续的发展观，促进经济社会和人的全面发展”的科学发展观。党的十七大报告指出：“科学发展观，是对党的三代中央领导集体关于发展的重要思想的继承和发展，是马克思主义关于发展的世界观和方法论的集中体现，是同马克思列宁主义、毛泽东思想、邓小平理论和‘三个代表’重要思想既一脉相承又与时俱进的科学理论，是我国经济社会发展的重要指导方针，是发展中国特色社会主义必须坚持和贯彻的重大战略思想。”

第一节　科学发展观的提出

一、科学发展观形成的时代背景

科学发展观是中国共产党坚持马克思主义基本原理，立足社会主义初级阶段基本国情，总结我国发展实践，借鉴国外发展经验，适应新的发展要求提出来的。

（一）科学发展观的提出是基于我国基本国情的现实选择

坚持一切从国情出发，是我们的一个根本立足点。进入新世纪新阶段，我国的发展呈现一系列新的阶段性特征，主要是：经济实力显著增强，同时生产力水平总体上还不高，自主创新能力还不强，长期形成的结构性矛盾和粗放型增长方式尚未根本改变；社会主义市场经济体制初步建立，同时影响发展的体制机制、障碍依然存在，改革攻坚面临深层次矛盾和问题；人民生活总体上达到小康水平，同时收入分配差距拉大趋势还未根本扭转，城乡贫困人口和低收入人口还有

相当数量，统筹兼顾各方面利益难度加大；发展取得显著成绩，但是农业基础薄弱、农村发展滞后的局面尚未改变，缩小城乡、区域发展差距和促进经济社会协调发展任务艰巨；社会主义民主政治不断发展、依法治国基本方略扎实贯彻，同时民主法制建设与扩大人民民主和经济社会发展的要求还不完全适应，政治体制改革需要继续深化；社会主义文化更加繁荣，同时人民精神文化需求日趋旺盛，人们思想活动的独立性、选择性、多变性、差异性明显增强，对发展社会主义先进文化提出了更高要求；社会活力显著增强，同时社会结构、社会组织形式、社会利益格局发生深刻变化，社会建设和管理面临诸多新课题；对外开放日益扩大，同时面临的国际竞争日趋激烈，发达国家在经济科技上占优势的压力长期存在，可以预见和难以预见的风险增多，统筹国内发展和对外开放要求更高。科学发展观就是针对这些问题提出的，是基于我国基本国情的现实选择。

还有一件事，就是抗击非典斗争是科学发展观形成的一个重要的、直接的因素。2003 年突如其来的非典疫情，教训严重。这场灾害，前后只有两个多月，地区也只涉及个别省份，但对于经济发展特别是对旅游业、商业服务业、航空业、运输业、建筑业和部分制造业造成了很大的损失。第二季度的经济增长下降，正常的经济和政治社会生活因疫情而被打乱。疫情的发生和抗击疫情的艰苦提出了一个深刻的问题，这就是：我们在推动经济增长和人民生活水平提高的同时，还要搞好公共卫生、教育等各方面工作，要把对人的关爱放在我们工作的重要位置上。因此，在抗击非典取得决定性胜利后不久，党中央就提出要贯彻经济社会协调发展、城乡协调发展、区域协调发展、人与自然和谐发展的方针。

经过新中国成立以来特别是改革开放以来的不懈努力，我国取得了举世瞩目的发展成就，从生产力到生产关系、从经济基础到上层建筑都发生了意义深远的重大变化，但我国仍处于并将长期处于社会主义初级阶段的基本国情没有变，人民日益增长的物质文化需要同落后的社会生产之间的矛盾这一社会主要矛盾没有变。例如，我国人均耕地拥有量不到世界平均水平的 40%；农村的农民人均耕地只有几亩，长江以南农民人均耕地甚至 1 亩都不到；能源、矿产等资源也极为短缺，人均水资源拥有量仅为世界平均水平的 1/4，600 多个城市中 400 多个缺水，其中 110 个严重缺水；石油、天然气、铜和铅等重要矿产资源的人均储量仅分别相当于世界人均水平的 8.3%、4.1%、25.5% 和 9.7%。而在资源短缺的同时，多年来我们的经济建设又是粗放型发展，高消耗、高能耗、低产出。发展中的这些阶段性特征，是社会主义初级阶段基本国情在新世纪新阶段的具体表现。认清社会主义初级阶段基本国情，不是要妄自菲薄、自甘落后，也不是要脱离实际、急于求成，而是要坚持把它作为推进改革、谋划发展的根本依据。我们必须始终保持清醒头脑，立足社会主义初级阶段这个最大的实际，科学分析我国全面参与经济全球化的新机遇新挑战，全面认识工业化、信息化、城镇化、市场化、国际化深入发展的新形势新任务，深刻把握我国发展面临的新课题新矛盾，更加自觉地走科学发展道路，奋力开拓中国特色社会主义更为广阔的发展前景。

（二）科学发展观的提出是总结我国发展实践的理论创新

科学发展观总结了三十年来我国改革开放和现代化建设的成功经验，概括了战胜非典疫情给我们的重要启示，揭示了经济社会发展的客观规律，反映了党对发展问题的新认识。

新中国成立以后，党领导人民建立起社会主义基本制度，提出要以实现工业化为核心，逐步建立独立的比较完整的工业体系和国民经济体系，提出坚持统筹兼顾等方针，推进经济社会各项事业发展。由于种种复杂的原因，我国的发展也曾走过弯路。党的十一届三中全会以后，以邓小平为代表的中国共产党人认真总结经验教训，在正确判断社会主义初级阶段基本国情的基础上，形成了以“一个中心、两个基本点”为主要内容的基本路线，制定了一系列推进发展的方针政策，开辟了建设中国特色社会主义的道路。十三届四中全会后，第三代中央领导集体着眼于国际政治经济格局的深刻变化和国内改革发展的新任务，强调发展是党执政兴国的第一要务，并提出了要坚持用发展的思路解决前进中的问题，发展是社会主义物质文明、政治文明、精神文明全面发展，发展包括促进人的全面发展，要实现区域经济合理布局和协调发展，正确处理改革发展和稳定的关系、速度和效益的关系等一系列重大关系等理论，进一步丰富了社会主义现代化建设的理论。

进入 21 世纪以来，我们正面对着世界经济和科技前所未有的大发展，也面临着前所未有的激烈的国际竞争。在此背景下，如何继续保持中国共产党的先进性，如何实现中华民族的伟大复兴，如何坚定人们对社会主义和祖国未来前途的信念和信心，成为党所必须正确回应和解决的重大问题。十六大政治报告指出：“党要承担起推动中国社会进步的历史责任，必须始终紧紧抓住发展这个执政兴国的第一要务，把坚持党的先进性和发挥社会主义制度的优越性，落实到发展先进生产力、发展先进文化、实现最广大人民的根本利益上来，推动社会全面进步，促进人的全面发展。”① 这是中国共产党全面分析国际国内形势，科学总结社会主义建设的历史经验，从巩固党的执政地位和我国社会主义制度的战略高度所作出的重大判断，它丰富了邓小平关于“发展是硬道理”思想的内涵，深化了对社会主义根本任务的认识。

---

① 本书编写组．十六大报告辅导读本．北京：人民出版社，2002. 12.

党的十六大以来，党中央以邓小平理论和“三个代表”重要思想为指导，总结我国发展的历史经验特别是抗击非典的重要启示，根据新的形势和任务，明确提出以人为本、全面协调可持续发展的科学发展观，推动我国经济社会发展取得了新的成就。三十年改革开放的历程启示我们：社会发展的战略目标，不是单纯追求国内生产总值的增长，而是在经济发展的基础上促进社会全面进步，促进人的全面发展；经济体制改革不仅要有利于促进生产力的发展，而且要有利于全面体现社会主义现代化事业的要求，实现社会和谐和全面进步。为此，必须始终坚持以经济建设为中心，紧紧抓住发展这个党执政兴国的第一要务，坚持用发展和改革的办法解决前进中的问题；必须以满足人民日益增长的物质文化需要为目的，重视改善人民生活，把实现好、维护好、发展好最广大人民的根本利益落实到经济社会发展的各个方面，让广大人民共享改革发展的成果；必须坚持全面发展和协调发展，既强调全面推进经济建设、政治建设、文化建设、社会建设，又注重统筹城乡发展、区域发展、经济社会发展、人与自然和谐发展、国内发展和对外开放，从而实现经济发展和社会全面进步。这是对“发展是硬道理”和“发展是党执政兴国的第一要务”思想的继承和升华，是发展观念的创新。

（三）科学发展观的提出是借鉴国外发展经验的必然结果

中国共产党是一个立足中国面向世界的具有国际眼光的马克思主义政党，在领导中国革命和建设过程中，非常重视国际经验，并善于吸取和借鉴人类文明的有益成果。科学发展观就是党在准确把握世界趋势、合理借鉴国外发展经验基础上逐步形成的指导我国发展的理论成果。

人类社会近代以来对发展问题的认识是不断深化的。早期的发展观反映了工业革命的要求，强调的是物质生产资料的增长，那个时期把经济发展看作经济增长。国际社会对发展问题的普遍关注始于20世纪40年代。第二次世界大战后，全球经济受到严重破坏，战后重建、发展经济成为许多国家的首要任务，加快经济增长成为普遍共识，国内生产总值（GDP）成为衡量一个国家和地区经济发展的主要标尺。应该说，这种发展观对于促进战后的经济繁荣起到了重要作用。但由于片面追求经济增长，也带来了经济结构失衡、资源极大浪费、环境污染和生态恶化、社会财富分配不公等严重社会问题。

到20世纪60年代的时候，人们已经看到它的弊端和不足。因为光有经济的增长，并不能完全解决人类社会发展过程中的许多问题，所以出现了人力资本理论，把人的发展作为发展观的一个中心问题提了出来。其代表人物就是诺贝尔经济学奖获得者西奥多·舒尔茨。他把人力资本作为经济增长的重要源泉，这是关于发展问题的一种新认识。20世纪70年代发生的石油危机，是对西方国家传统工业化道路提出的严峻挑战。当时，法国经济学家弗朗索瓦·佩鲁在他的著作

《新发展观》中，对此作了系统的论述。在70年代，罗马俱乐部发表的研究报告《增长的极限》，进一步把经济增长、城市化同人口和资源等环境问题联系起来，提出了全球性的生态、人口、环境、资源等问题。尽管它是从悲观论的角度来谈这些问题，但这些问题确实是人类必须注意的。在此基础上，人类形成了可持续发展的理论，以积极的姿态来解决这些全球性问题。也就是说，不仅要重视经济发展，也不仅要重视人的发展，而是要把人与自然的协调以及子孙后代的发展都作为发展观的问题来考虑。1972年联合国斯德哥尔摩会议通过的《人类环境宣言》，1987年联合国世界与环境发展委员会发表的报告《我们共同的未来》，1992年联合国环境与发展大会通过的《里约环境和发展宣言》等文件，表明可持续发展问题已经受到国际社会的广泛关注。新发展观的特点是摒弃了传统的单纯追求经济增长、以大量能源和资源消耗以及环境破坏为代价的发展，而把充分就业、公平分配、消除贫困、节约资源、保护环境，以及促进人口、环境、经济、社会的可持续发展等作为发展的目标，也就是要实现经济社会的全面进步。

从这个简要的描述中可以看出，人们对发展问题有许多研究，这些研究是伴随着工业革命兴起和现代化的推进，伴随着工业革命和现代化过程中各种问题的暴露而逐步加深认识，逐步形成的一系列发展理论。但是不管哪一种发展理论，其主题都是讲发展，是为了更好地发展，而不是不发展。这些发展理论都是围绕发展的现实而展开的。中国作为世界上最大的发展中国家，要完成实现工业化和现代化的双重任务，面临着加快经济增长和保护资源环境的双重压力，这就决定了我们不能重复其他国家走过的老路，而必须走出一条具有中国特色的发展道路。

中国发展是世界发展的重要组成部分。当前，我国发展正处在一个关键阶段，即人均国内生产总值从1000美元向3000美元跨越的阶段。这是一个“发展机遇期”，也是一个“矛盾凸显期”。从世界其他国家的经验看，这个阶段在发展上采取不同的指导思想和政策，将会导致不同的结果。只有认真总结和吸取国际社会在发展问题上的经验教训，妥善解决我国经济社会发展中的各种问题和矛盾，我们才能在更高的水平上推进我国的现代化建设，实现国民经济又好又快的发展。科学发展观的提出，正是以宽广的世界眼光观察世界，正确认识当前国际国内发展环境，积极借鉴当代人类文明有益成果的具体体现，顺应了当今世界发展潮流，反映了当代世界最新发展理念。

二、科学发展观形成的过程

面对新形势新阶段提出的新要求，中国共产党必须有新的思路、新的对策和新的举措。党中央根据辩证唯物主义和历史唯物主义的基本原理，在总结国内外在发展问题上的经验教训，吸收人类文明精华成果的基础上，逐步提出和形成了科学发展观。它的形成经历了一个过程，这一过程具体可以分为三个阶段：

从2002年11月至2003年10月，是科学发展观基本命题的提出阶段。在这一阶段，胡锦涛从理论和实践方面阐释了发展的重要性和含义，强调了发展应以人为本，是在经济增长的基础上，进行社会全面、协调、可持续的发展。2002年11月16日，胡锦涛和其他十六届中央政治局常委在与中外记者见面会上，提出要聚精会神搞建设，一心一意谋发展。2003年4月10~15日，胡锦涛在广东考察工作时强调："抓住新机遇，增创新优势，开拓新局面，努力实现加快发展、率先发展、协调发展。"① 7月1日，胡锦涛在"七一"讲话中指出："发展是以经济建设为中心、经济政治文化相协调的发展，是促进人与自然相和谐的可持续发展。"② 7月28日，胡锦涛《在全国防治非典工作会议上的讲话》指出：发展是党执政兴国的第一要务，"我们要更好地坚持协调发展、全面发展、可持续发展的发展观，更加自觉地坚持推动社会主义物质文明、政治文明和精神文明协调发展，坚持在经济社会发展的基础上促进人的全面发展，坚持促进人和自然的和谐"③。中共十六届三中全会《中共中央关于完善社会主义市场经济体制若干问题的决定》，明确提出了"坚持以人为本，树立全面、协调、可持续发展观，促进经济社会和人的全面发展"④。强调统筹城乡发展、区域发展、经济社会的协调发展、人与自然和谐发展、国内发展和对外开放。这是在党的文件中第一次提出了科学发展观。

从2003年11月至2004年4月，是科学发展观基本理论的形成阶段。这一阶段，胡锦涛系统阐述了发展战略和科学发展观的理论基础、实践来源、深刻内涵、基本要求，形成了完整的科学发展观理论体系。在十六届三中全会上提出科学发展观后，胡锦涛和其他中央领导成员在多次讲话中，从各个侧面充实了科学发展观的内涵。2003年11月，中央经济工作会议提出了坚持立党为公、执政为民，牢固树立正确的政绩观；必须以树立正确的政绩观为前提，才能做到全面、协调、可持续发展。2004年2月，中共中央在中央党校举办省部级主要领导"树立和落实科学发展观"专题研究班。温家宝、曾庆红、曾培炎等中央领导先后在研究班上就如何"树立和落实科学发展观"作了专题报告，分别从不同角

---

① 胡锦涛．广东做好排头兵　南岭村要不停步．人民网．

② 胡锦涛．在"三个代表"研讨会上的重要讲话（全文）．人民网．

③ 胡锦涛．在全国防治非典工作会议上的讲话．人民网．

④ 中共中央文献研究室．十六大以来重要文献选编（上）．北京：中央文献出版社，2006. 465.

度对科学发展观的内涵作了阐述。同月，《中共中央国务院关于促进农民增加收入若干政策的意见》发布。这是新中国成立以来中央首次发布的有关农民增收的专门文件，提出了增加农民收入的基本思路和总体要求，体现了坚持以人为本，体现了科学的发展观和正确的政绩观。2004 年 3 月 10 日，在中央人口资源环境工作座谈会上，胡锦涛系统阐述了科学发展观的主要内容和基本要求："坚持以人为本就是要以实现人的全面发展为目标，从人民群众的根本利益出发谋发展、促发展，不断满足人民群众日益增长的物质文化需要，切实保障人民群众的经济、政治和文化权益，让发展的成果惠及全体人民。""全面发展，就是要以经济建设为中心，全面推进经济、政治、文化建设，实现经济发展和社会全面进步。协调发展，就是要统筹城乡发展、统筹区域发展、统筹经济社会发展、统筹人与自然和谐发展、统筹国内发展和对外开放，推进生产力和生产关系、经济基础和上层建筑相协调，推进经济、政治、文化建设各个环节、各方面相协调。可持续发展，就是要促进人与自然的和谐，实现经济发展和人口资源、环境相协调，坚持走生产发展、生活富裕、生态良好的文明发展，保证一代接一代地永续发展。"①

从 2004 年 4 月至 2007 年 10 月，是科学发展观基本理论定位阶段。这一阶段，胡锦涛着重强调了要紧抓科学发展观的落实工作，进一步完善了科学发展观。2004 年 9 月，十六届四中全会明确指出：党中央提出的以人为本、全面协调可持续的发展观，深刻总结了国内外在发展问题上的经验教训，站在历史和时代的高度，进一步回答了在全面建设小康社会新阶段我国必须发展和如何发展等重大问题。科学发展观既是我国经济社会发展必须长期坚持的重要指导思想，也是解决我国当前诸多矛盾和问题必须遵循的基本原则。2005 年 10 月，十六届五中全会审议通过的《中共中央关于制定国民经济和社会发展第十一个五年规划的建议》明确提出，制定"十一五"规划的指导思想是以邓小平理论和"三个代表"重要思想为指导，全面落实科学发展观。"十一五"计划是全面建设小康社会进程中的重要规划，也是科学发展观由理念全面转化为实践的第一个五年规划。2005 年 12 月 15 日，胡锦涛在青海考察工作结束时发表了《全面贯彻落实科学发展观，推进经济社会又快又好发展》的重要讲话，在讲话中对科学发展的重要意义和指导作用作了集中概括。他指出："科学发展观是我们党坚持以邓小平理论和'三个代表'重要思想为指导，在准确把握世界发展趋势、认真总结我国发展经验、深入分析我国发展阶段性特征的基础上提出的重大战略思想，是对经济社会发展一般规律认识的深化，是指导发展的世界观和方法论的集

---

① 胡锦涛．在中央人口资源环境工作座谈会上的讲话．光明日报，2004－04－05.

中体现，是推动社会主义经济建设、政治建设、文化建设、社会建设全面发展必须长期坚持的指导方针。”[①] 十七大报告把科学发展观定位为中国特色社会主义必须坚持和贯彻的重大战略思想，也是对社会主义现代化建设指导思想的重大发展，反映了社会主义现代化建设指导思想的与时俱进和理论创新。

三、科学发展观提出的重大意义

（一）科学发展观是对党的三代中央领导集体关于发展的重要思想的继承和发展

以毛泽东为核心的党的第一代中央领导集体，率先展开了对中国社会主义建设和发展的理论探索，提出要“以苏为鉴”，进行马克思主义与中国实际的第二次结合。1956 年 4 月，毛泽东作了《论十大关系》的重要讲话，深刻阐述了正确处理经济建设和社会发展中的一系列重大关系，党的八大强调要集中力量发展社会生产力，实现国家工业化，社会主义改造基本完成之后，毛泽东发表《关于正确处理人民内部矛盾的问题》，指出我们的根本任务已经由解放生产力变为在新的生产关系下面保护和发展生产力。尽管毛泽东同志晚年犯了“左”的错误，但他在社会主义发展起点、发展动力、发展道路等方面的初步探索符合中国国情的发展观，给我们留下了宝贵的精神财富。十一届三中全会后，以邓小平为核心的党的第二代中央领导集体，实现了党的工作重心转移，从以阶级斗争为纲转移到现代化建设上，明确提出了“发展才是硬道理”，确定了发展的路线、方针和政策，并确定了“三步走”发展战略，开辟了改革开放的新时代。十三届四中全会后，党的第三代中央领导集体，在发展社会主义市场经济的新的历史条件下，继承和发展邓小平发展才是硬道理的战略思想，明确提出“发展是党执政兴国的第一要务”，并就这一战略作出了一系列新的战略部署，继续推进了改革开放的伟大事业。进入全面建设小康社会新的历史阶段以后，党中央提出了科学发展观，既是对党的三代中央领导集体关于发展的重要思想的直接继承，又有全方位的重要发展，明确了以人为本的思想理念，明确全面、协调、可持续的基本要求，明确了统筹兼顾的根本方法。科学发展观的这些重要发展，深化了党对社会主义发展规律和党的执政规律的认识。

科学发展观是以马克思列宁主义、毛泽东思想、邓小平理论和“三个代表”重要思想为指导，紧密结合中国特色社会主义的伟大实践，吸收人类文明进步的新成果，站在历史和时代的高度，创造性地回答了关于发展的一系列重大问题。

① 胡锦涛．全面贯彻落实科学发展观，推动经济又好又快发展．求是，2006（1）．

科学发展观坚持发展是硬道理，坚持发展是党执政兴国的第一要务，坚持以经济建设为中心，坚持推进改革开放，坚持用发展的办法解决前进中的问题；同时根据实践发展的要求，提出了一系列新思想、新观点、新论断，进一步深化了对中国特色社会主义的发展道路、发展战略、发展布局、发展动力、发展目的的认识，使党对共产党执政规律、社会主义建设规律、人类社会发展规律的认识达到了一个新的水平。

（二）科学发展观是马克思主义关于发展的世界观和方法论的集中体现

发展观是人们关于发展的本质、目的、内涵和要求的总的看法和根本观点。马克思主义基本原理是科学发展观的理论基础，科学发展观赋予马克思主义关于发展的理论以新的时代内涵和实践要求，开辟了马克思主义的新境界。因为，科学发展观坚持和发展了马克思主义关于人类社会以物质生产为基础，社会主义首要任务是发展生产力的思想，关于人民群众是历史主体和实现人的全面发展的思想，关于生产力与生产关系、经济基础与上层建筑、社会生产各个部类、人与社会、人与自然要相互适应、相互促进的思想，关于经济社会发展要统筹兼顾、综合平衡的思想等。

有什么样的发展观，就会有什么样的发展道路、发展模式和发展战略，就会对发展实践产生根本性、全局性、长期性的重大影响。科学发展观运用马克思主义世界观和方法论，科学地回答了新世纪新阶段中国面临的“为什么发展”、“为谁发展”、“靠谁发展”和“怎样发展”等一系列重大问题，深刻揭示了中国现代化建设的发展道路、发展模式、发展战略、发展目标和发展手段等，集中体现了与时俱进的马克思主义关于发展的世界观和方法论。

科学发展观深刻回答了“中国为什么要发展”的问题，进一步明确了把发展作为党执政兴国第一要务的必要性和重要性。科学发展观深刻回答了“为谁发展”和“靠谁发展”的问题，进一步明确了中国经济社会发展的根本宗旨和基本动力。科学发展观强调的“以人为本”，就是要把人民群众作为经济社会发展的主体和原动力，贯彻“三个代表”的要求，坚持立党为公、执政为民，从人民群众的根本利益出发谋发展，通过全面建设小康社会使广大人民群众共享经济社会发展的成果，更加注重社会公平，最终实现共同富裕；就是要加强社会主义民主政治建设，为公民平等享有政治、经济和文化权益提供制度保障，使每个公民依法行使民主选举、民主决策、民主管理、民主监督的权利，参与经济文化和其他社会事务的管理；就是要不断提高人民群众的思想道德素质和科学文化素质，不断提高人民群众的生活质量和医疗保障条件，增强人民群众的健康体质。科学发展观创造性地回答了“怎样发展”的问题，进一步明确了中国经济社会发展的基本要求和基本思路。科学发展观在回答“为什么要发展”、“为谁发展”、“靠谁发展”的基础上，全面回答了“怎样发展”的问题。

（三）科学发展观是我国经济社会发展的重要指导方针

要夺取全面建设小康社会的新胜利，必须高举中国特色社会主义伟大旗帜，将科学发展观确立为我国经济社会发展的重要指导方针。这不仅是历史经验的深刻启示，还是实践发展的客观要求，更是全党全国人民的共同心愿。

十一届三中全会以来，特别是发展社会主义市场经济以来，我们坚持了正确的路线、方针、政策，实现了经济快速增长、人民生活水平显著提高的同时，也出现了一些思想认识和工作上的片面性，出现了一系列新的矛盾和问题。这个片面性，主要是把“发展当增长”，对“以经济建设为中心”认识和贯彻有片面性，如“一切服务于经济建设，一切服从于经济建设”，把经济建设当成了发展的根本和目的，忽视了社会事业和可持续的发展，对老百姓实际收入的提高注重不够，对社会保障体系的建立注重不够，对公民民主权利的支持和维护注重不够，对自然资源的合理利用和生态环境的保护注重不够，带来了许多新的问题、新的矛盾、新的弊端。从根本上解决这些问题，必须将科学发展观作为我国经济社会发展的重要指导方针，认真解决发展中存在的各方面的问题。

（四）科学发展观是坚持和平崛起发展道路的重要保证

改革开放以来我国持续快速的发展速度，引起了全球的关注。中国崛起成为一个热门的话题。与此同时，出现了两种敌视中国的声音：一种是“中国威胁论”，一种是“中国崩溃论”。事实上，改革开放的实践告诉我们，中国既不会崩溃，也不会威胁别人。这不仅是因为我们在发展上取得的成就还是初步的，而且还因为我们找到了一条和平崛起的发展道路。世界上，一些大国的崛起，往往是通过战争扩张等形式，掠夺别国的资源、能源乃至劳动力，来实现自己的工业化和现代化。我们是社会主义国家，决不能走这样的道路。

出路无非有两条：一是参与经济全球化，利用世界市场提供的资源，也利用我们国内的资源，以解决我们的能源短缺问题；二是树立和落实科学发展观，转变经济增长方式，依靠科技进步，降低能耗和资源的消耗，对各种能源、资源尽可能节约利用，并且寻找替代能源，或发挥可再生资源提供的能源（如太阳能、风能、水能），尽可能减少对世界能源、资源市场的冲击。也就是说，我们是通过参与经济全球化，在世界市场的竞争中，实现双赢、互利，拿到我国现代化所需要的资源、能源、资金、技术，不断增强我们的经济实力和综合国力。科学发展观对于我们坚持走好这样一条和平崛起的发展道路具有深远的意义。

（五）科学发展观是发展中国特色社会主义必须坚持和贯彻的重大战略思想

改革开放以来我们取得的成绩举世瞩目，取得这些成绩的根本原因在于：开辟了中国特色社会主义道路，形成了中国特色社会主义理论体系。高举中国特色社会主义伟大旗帜，最根本的就是要坚持这条道路和这个理论体系。道路属于实践范畴，理论体系属于思想范畴，坚持理论体系是坚持道路的思想前提和方向引导。因此，要坚持中国特色社会主义道路，发展中国特色社会主义，必须以中国特色社会主义理论体系作为指导思想。

中国特色社会主义理论体系是一个不断与时俱进的理论体系。《共产党宣言》发表以来近一百六十年的实践证明，马克思主义只有与本国国情相结合，与时代发展同进步，与人民群众同命运，才能焕发出强大的生命力、创造力和感召力。科学发展观是马克思主义基本原理同中国具体实际相结合的最新成果，是中国特色社会主义理论体系的最新内容。在当代中国，在新世纪、现阶段、新的起点上，坚持中国特色社会主义理论体系，就是坚持马克思主义；坚持科学发展观，就是坚持中国特色社会主义理论体系。要发展中国特色社会主义，必须把科学发展观作为重大战略思想，并在实践中认真坚持和贯彻落实。

第二节　科学发展观的内涵

十七大报告指出："科学发展观，第一要义是发展，核心是以人为本，基本要求是全面协调可持续，根本方法是统筹兼顾。"① 这是对科学发展观的科学内涵的完整概括。

一、发展是科学发展观的第一要义

胡锦涛指出："科学发展观，是用来指导发展的，不能离开发展这个主题，离开了发展这个主题就没有意义了。"② 这充分说明科学发展观的第一要义是发展。无论是全面、协调，还是可持续，最后都要落到"发展"两个字上，离开发展，就无所谓发展观。科学发展观的实质，就是要按照更加完善的思路来实现经济社会更好更快的发展。

---

① 本书编写组．十七大报告辅导读本．北京：人民出版社，2007. 14.

② 胡锦涛．在中央人口资源环境工作座谈会上的讲话．光明日报，2004－04－05.

建设中国特色社会主义，首先要发展。发展，对于全面建设小康社会、加快推进社会主义现代化，具有决定性意义。抓住发展，就抓住了社会主义现代化建设的根本任务和主要内容，抓住了中国特色社会主义事业的关键。改革开放以来我们所取得的一切成果，都是建立在发展基础之上的。改革开放以来，党的路线、方针、政策之所以得到全体人民的拥护，党之所以经得起国际国内各种风浪的考验，归根到底是由于我国经济持续快速发展，各项社会事业取得巨大进步，综合国力显著增强。在改革开放的过程中，党愈来愈认识到，能不能解决好发展问题，直接关系到人心向背、事业兴衰。这是中国共产党科学总结我国社会主义建设的历史经验，从巩固党的执政地位和我国社会主义制度的战略高度，作出的一个重大判断，提出的一项重大任务。

在新世纪新阶段，发展依然是全国人民关注的中心问题，依然是解决中国所有问题的关键。我们现在不算太穷了，但还远远算不上富裕。我们总体上进入了小康社会，但这个小康还是低水平的、不全面的、发展很不平衡的。人均国内生产总值达到1000多美元，纵向比较是跨过了一道重要的门槛，但横向比较我们还处于很低的水平。要实现全面的小康，实现社会主义现代化，我们所追求的发展，不应是孤立、片面的，不计代价、竭泽而渔、不能持续的发展，而是在科学发展道路上不断前进的发展；是以人为本、全面协调可持续的科学发展；是各方面事业有机统一、社会成员团结和睦的和谐发展；是既通过维护世界和平发展自己，又通过自身发展维护世界和平的发展。

发展是一个不断前进的过程。旧的问题不断解决，新的问题又会产生。目前，我们在经济社会各个领域面临着不少困难和问题，如下岗失业问题、农民收入增长缓慢问题、社会保障体系不健全问题、社会稳定问题等等。这些问题，有的是历史遗留的，有的是在新形势下产生的。解决这些问题，需要全面、协调、可持续的发展。这些年来，我们坚持用发展的办法解决前进中的问题，这已成为一条重要的经验。发展虽然也会出现这样或那样的问题，但只有发展，才能为各种问题的解决创造更好的条件，才能使很多复杂的问题逐步从根本上得到解决。坚持科学发展观，紧紧抓住发展这第一要义，就要时刻牢记发展是硬道理的战略思想，牢牢抓住经济建设这个中心，坚持聚精会神搞建设、一心一意谋发展，不断解放和发展社会生产力。为此，必须更好地实施科教兴国战略、人才强国战略、可持续发展战略，着力把握发展规律、创新发展理念、转变发展方式、破解发展难题、提高发展质量和效益，实现又好又快发展，为中国特色社会主义事业的科学发展、和谐发展、和平发展打下坚实的基础。

二、以人为本是科学发展观的核心

全心全意为人民服务是党的根本宗旨，党的一切奋斗和工作都是为了造福人民。要始终把实现好、维护好、发展好最广大人民的根本利益作为党和国家一切工作的出发点和落脚点，尊重人民主体地位，发挥人民首创精神，保障人民各项权益，走共同富裕道路，促进人的全面发展，做到发展为了人民、发展依靠人民、发展成果由人民共享。

坚持以人为本，是坚持立党为公、执政为民的必然要求。因此，强调以人为本，实现人民的愿望、满足人民的需要、维护人民的利益，是共产党人的根本出发点和落脚点。坚持权为民所用、情为民所系、利为民所谋，为群众诚心诚意办实事，尽心竭力解难事，坚持不懈做好事，都是为人民服务。这就叫做以人为本，以人民为本。坚持以人为本，就要从人民群众的根本利益出发谋发展、促发展，不断满足人民群众日益增长的物质文化需要，切实保障人民群众的经济、政治和文化权益，让发展的成果惠及全体人民。这又是科学发展观的基本价值取向，是把实现人的全面发展作为最高价值理想，是把人民群众作为最高价值主体，是把为最广大人民谋利益作为自己的最高价值追求。

坚持以人为本要做到发展依靠人民。生机勃勃的创造性的社会主义是由人民群众创造的。中国共产党一直把最广泛、最充分地调动一切积极因素建设社会主义作为一条重要方针。坚持以人为本，要求党相信群众、尊重群众、宣传群众、组织群众、依靠群众。尤其是要不断激发人民群众的创造活力，在使每个社会成员主动性、积极性、创造性充分发挥的基础上，充分发挥党和政府整合社会的功能，营造和形成全社会强大的凝聚力和向心力，从政策上支持、从制度上保障人才的成长和人们聪明才智的充分发挥，为社会成员充分施展才能提供机会和舞台，使社会各阶层的人们各获其岗、各司其职、各守其责、各尽其能、各得其所，使一切有利于社会进步的创造愿望得到尊重、创造活动得到支持、创造才能得到发挥、创造成果得到肯定。同时，形成与社会主义初级阶段基本经济制度相适应的思想观念和创业机制，营造鼓励人们干事业、支持人们干成事业的社会氛围，放手让一切劳动、知识、技术、管理和资本的活力竞相迸发，让一切创造社会财富的源泉充分涌流。坚持以人为本，一切依靠人，要求我国改革开放和现代化建设的过程中要不断地解放人、开发人、塑造人。解放人，就是不断破除一切束缚人的聪明才智，使其充分发挥的体制、机制、观念，我国经济体制、政治体制、文化体制、教育体制、科技体制、社会管理体制等方面的改革，既是解放生产力，也应当是解放人，即把人从旧的不适宜的观念和体制中解放出来，激发人的创造活力。开发人，就是要不断地开发每个人的聪明才智和创造力，变人口大国为人力资源强国。塑造人，就是要把人塑造成为有理想、有道德、有文化、有纪律的“四有”新人，塑造成为中国特色社会主义的建设者。

但是，现代化的后果之一，又往往是物欲横流和人际关系的疏离。所谓乡亲、乡情、乡音，所谓同志、战友、师傅等等，渐渐离人们远去；什么风土人情、民俗民风、四乡八邻，已经变成稀有之物。因此，以良好的环境、教育、道德、诚信、娱乐为纽带，把政府、市场、企业、社区、家庭、个人融为一体，必将增强人们的认同感，增强凝聚力，起到稳定社会，通力合作奔小康的作用。因为，人的共性必将促进人们之间的合作。所以，“以人为本”不是空洞的口号，而是应该在实际生活当中有着活生生的表现。

以人为本的“人”，是指最广大人民群众，坚持以人为本就是要以最广大人民群众的根本利益为本。在当代中国，就是以工人、农民、知识分子等劳动者为主体，包括社会各阶层在内的最广大人民群众。以人为本的“本”，就是最广大人民群众的根本利益，就是以人民的根本利益作为发展的出发点和落脚点。坚持以人为本，就要坚持承认和尊重人民群众在整个社会发展过程中的主体地位，充分发挥他们在建设中国特色社会主义和全面建设小康社会过程中的积极性、主动性和创造性；坚持以人为本，就要正确处理好人民群众的眼前利益与长远利益、局部利益与全局利益的相互关系和矛盾，反映和兼顾不同地区、不同部门、不同方面群众的利益，妥善协调各方面的利益关系；就要坚持在全国人民根本利益一致的基础上关心每个人的具体利益要求，体现社会主义的人道主义和人文关怀，满足人们的发展愿望和多样性的需求；尊重和保障人权，就要关注人的价值、权益和自由，关注人的生活质量、发展潜能和幸福指数，最终实现人的全面发展。坚持以人为本，还要始终把解决人民群众切身利益问题放在首位，在治国理政的过程中充分体现和代表人民的意愿，坚持发展为了人民、发展依靠人民、发展成果由人民共享，不断让人民群众得到实实在在的利益。只有切实保障人民群众的经济、政治和文化权益，确保群众的物质利益不断有所增加，使全体人民共同享受到经济社会发展的成果，才能团结和带领亿万人民投身于全面建设小康社会的伟大事业，共同创造我们的幸福生活和美好未来。

坚持以人为本的根本目标是要实现人的全面发展。实现人的自由全面发展是马克思主义的最高命题，是马克思、恩格斯对未来社会的本质规定。人的全面发展是指人的平等而完整的发展，包括人的需要、人的能力、人的社会关系、人的活动、人的个性等充分发展。人的自由发展，即作为主体的人自觉、自愿、自主的发展，不受环境和他人的支配，按照自己的愿望、兴趣和爱好发展自己多方面的才能，充分地展示和发展自己的个性，使人成为自然的主人、社会的主人、自身的主人。实现自由全面发展是人发展的一种最理想的状态。完全达到这种状态需要经过一个不断提高、不断完善的渐进过程。推进中国特色社会主义实践的同时，促进人的全面发展，把以人为本确立为发展观的选择，进一步升华了当代中国共产党人对社会主义的认识，集中反映了社会主义的本质要求，对于中国特色社会主义建设具有重要意义。

三、全面协调可持续是科学发展观的要求

科学发展观所追求的不是片面的发展、不计代价的发展，而是全面协调可持续的发展。全面，是指各个方面都要发展；协调，是指各个方面的发展要相互适应；可持续，是指发展进程要有持久性、连续性。

促进经济社会全面发展是树立科学发展观的重要目的，全面发展，就是要以经济建设为中心，全面推进经济建设、政治建设、文化建设和社会建设，实现经济发展和社会全面进步。它既包含着经济发展，也包含社会发展；既包括物质文明建设，也包括政治文明和精神文明建设。科学发展观所追求的全面发展，就是要按照中国特色社会主义事业总体布局，以经济建设为中心，全面推进中国特色社会主义经济、政治、文化、社会建设。这四个方面是紧密联系、相互影响的。其中，经济是基础，只有坚定不移地以经济建设为中心，大力发展社会主义社会的生产力，才能为政治、文化、社会建设提供坚实的物质基础；政治是经济的集中体现，对于经济、文化、社会建设有着重要的保证作用，只有积极发展社会主义民主政治，建设社会主义政治文明，才能为经济、文化、社会建设提供坚强的政治保证；文化是经济、政治、社会的反映，又对经济、政治、社会建设有着重要的影响作用，只有大力发展社会主义先进文化，才能为经济、政治、社会建设提供精神动力与智力支持；社会建设是经济、政治、文化建设在社会领域的综合体现，只有大力加强社会建设，构建社会主义和谐社会，才能为经济、政治、文化建设提供良好的社会环境。

促进社会协调发展是科学发展观的内在要求。唯物辩证法认为，世界是普遍联系的，任何事物的发展必然与其他事物相互联系、相互制约，只有协调好各方面关系，才能实现健康发展。否则，只能是畸形的发展。要实现全面发展，就必须立足新的历史起点，处理好由发展的阶段性特征所伴生的新矛盾和新问题，因此，协调发展是实现全面发展的正确道路和政策途径。通过协调发展有力地推进生产力和生产关系、经济基础和上层建筑相协调，推进经济建设、政治建设、文化建设、社会建设的各个环节、各个方面的相互协调。

实现可持续发展是科学发展观的重要体现和主要内容。可持续发展，就是要促进人与自然的和谐，实现经济发展和人口、资源、环境相协调，坚持走生产发展、生活富裕、生态良好的文明发展道路，保证一代接一代地永续发展。人类的

延续是社会发展的基本前提和基本要求，每一代人的发展都应该为下一代人的更好生存和发展留下空间和条件，当代人的发展必须以不牺牲后代人的发展为前提条件。因此，我们推进发展，必须充分考虑资源和环境的承受能力，既重视经济增长指标，又重视环境资源指标；必须统筹考虑当前发展和未来发展，既积极满足人民群众现实的物质文化需要，又为子孙后代留下充足的发展条件和发展空间。科学发展观所要求的可持续发展，就是要坚持生产发展、生活富裕、生态良好的文明发展道路，建设资源节约型、环境友好型社会，实现速度和结构质量效益相统一、经济发展与人口资源环境相协调，使人民在良好生态环境中生产生活，实现经济社会永续发展。值得注意的是，可持续发展是一个长期的战略目标，需要人类世世代代的共同奋斗。现在是从传统增长到可持续发展的转变时期，因而最近几代人的努力是成功的关键，我们必须从现在做起，坚定不移地沿着可持续发展的道路走下去。

总之，按照科学发展观推进科学发展，就必须总揽中国特色社会主义事业总体布局，全面推进经济建设、政治建设、文化建设、社会建设，促进现代化建设各个环节、各个方面相协调，促进生产关系与生产力、上层建筑与经济基础相协调。坚持生产发展、生活富裕、生态良好的文明发展道路，建设资源节约型、环境友好型社会，实现速度和结构质量效益相统一、经济发展与人口资源环境相协调，实现经济社会永续发展。

四、统筹兼顾是科学发展观的根本方法

所谓统筹兼顾，就是正确认识和妥善处理中国特色社会主义事业中的各种关系，它是党在长期革命、建设、改革实践中形成的一条宝贵经验，是进行现代化建设的一个基本方针。早在抗日战争时期，毛泽东就提出要军民兼顾、公私兼顾。新中国成立后，又把统筹兼顾作为社会主义建设的一条重要指导方针，强调“我们的方针是统筹兼顾、适当安排”。改革开放以后，邓小平进一步强调“必须按照统筹兼顾的原则来调节各种利益的相互关系”。党的十三届四中全会以后，江泽民强调，“我们所有的政策措施和工作，都应该正确反映并有利于妥善处理各种利益关系，都应认真考虑和兼顾不同阶层、不同方面群众的利益”。

科学的理论内含科学的方法，科学的方法支撑科学的理论。从方法论意义上讲，深入贯彻落实科学发展观，最根本的是要正确认识和妥善处理中国特色社会主义事业中的重大关系，切实做到统筹兼顾，既要总揽全局、统筹规划，又要抓住牵动全局的主要工作、事关群众利益的突出问题，着力推进、重点突破。党的十六届三中全会提出了“五个统筹”的思想，即统筹城乡发展、统筹区域发展、统筹经济社会发展、统筹人与自然和谐发展、统筹国内发展和对外开放。

统筹城乡发展是实现社会全面发展的重要基础。统筹城乡发展就是促进城乡二元经济结构的转变，就要求国家政策对解决“三农”问题给予更大支持，逐步通过工业化、城市化、市场化促进“三农”问题的根本解决。

统筹区域发展是实现协调发展的必然选择。统筹区域发展是实现不同地区共同发展，即要在继续发挥各个地区的优势和积极性的前提下，通过健全市场机制、合作机制、互助机制、扶持机制，逐步扭转区域发展差距拉大的趋势，形成东中西相互促进、优势互补、共同发展的新格局。

统筹经济社会发展是全面发展的核心。统筹经济社会发展是在经济发展的基础上实现社会全面进步，增进全体人民的福利。为此，就要在大力推进经济发展的同时，更加注重社会发展，加快科技、教育、文化、卫生、体育等社会事业发展，不断满足人民群众在精神文化、健康安全等方面的需求，把加快经济发展与促进社会进步结合起来。

统筹人与自然和谐发展是实现可持续发展的必经之路。统筹人与自然和谐发展，使人口适度增长、资源永续利用和保持良好的生态环境。它要求我们必须高度重视资源和生态环境问题，处理好经济建设、人口增长与资源利用、生态环境保护的关系，增强可持续发展的能力，推动整个社会走上生产发展、生活富裕、生态良好的文明发展道路。十七大报告在提出的全面建设小康社会目标中，增加了“建设生态文明”这个新要求。“建设生态文明”不仅仅要正确处理人与自然界的关系，也有生产关系即经济结构问题，还是一个以人为本的执政理念问题。建设生态文明，就要求形成节约能源资源和保护生态环境的产业结构、增长方式、消费模式；要求循环经济形成较大规模，可再生能源比重显著上升；要求主要污染物排放得到有效控制，生态环境质量明显改善；要求生态文明观念在全社会牢固树立。

统筹国内发展和对外开放是国民经济全方位发展的必然要求。统筹国内发展和对外开放是要更好地利用国内外两种资源、两个市场，顺利实现中国经济的振兴。为此要处理好国内发展和国际环境的关系，利用国际国内两个市场、两种资源，把扩大内需与扩大外需、利用内资与利用外资结合起来，努力实现国内改革发展和对外开放相协调。

党的十七大报告在“五个统筹”的基础上，进一步提出要统筹中央和地方关系，统筹个人利益和集体利益、局部利益和整体利益、当前利益和长远利益，充分调动各方面的积极性。还提出统筹国内国际两个大局，树立世界眼光，加强战略思维，善于从国际形势的发展变化中把握发展机遇、应对风险挑战，营造良好的国际环境。既要总揽全局、统筹规划，又要抓住牵动全局的主要工作、事关群众利益的突出问题，着力推进，重点突破。这些方面的统筹，拓展了统筹兼顾方针的内涵、对象和范围，体现了党对社会主义建设规律认识的深化，从而成为深入贯彻落实科学发展观的根本切入点和重要现实途径。

第三节　贯彻和落实科学发展观的四项要求

科学发展观是我国经济社会发展的重要指导方针。科学发展观提出后，受到广大干部群众的高度评价，在实践中发挥了重要的指导作用，取得了明显的成效。但同时也要看到，一些干部的思想和工作还没有真正转到科学发展观上来，一些影响科学发展的矛盾和问题还没有得到根本解决，科学发展观的保障机制和体制还没有完全形成。因此，夺取全面建设小康社会新胜利，必须进一步深入贯彻落实科学发展观。

党的十七大报告对如何贯彻落实科学发展观这一重大战略思想提出了四项要求，报告指出："深入贯彻落实科学发展观，要求我们始终坚持'一个中心，两个基本点'的基本路线。党的基本路线是党和国家的生命线，是实现科学发展的政治保证。以经济建设为中心是兴国之要，是我们党、我们国家兴旺发达和长治久安的根本要求；四项基本原则是立国之本，是我们党、我们国家生存发展的政治基石；改革开放是强国之路，是我们党、我们国家发展进步的活力源泉。要坚持把以经济建设为中心同四项基本原则、改革开放这两个基本点统一于中国特色社会主义的伟大实践，任何时候都决不能动摇。"

深入贯彻落实科学发展观，要求我们积极构建社会主义和谐社会。要通过发展增加社会物质财富、不断改善人民生活，又要通过发展保障社会公平正义、不断促进社会和谐。

深入贯彻落实科学发展观，要求我们继续深化改革开放。要把改革创新精神贯彻到治国理政各个环节，毫不动摇地坚持改革方向，提高改革决策的科学性，增强改革措施的协调性。要完善社会主义市场经济体制，推进各方面体制改革创新，加快重要领域和关键环节改革步伐，全面提高开放水平。

深入贯彻落实科学发展观，要求我们切实加强和改进党的建设。要站在完成党执政兴国使命的高度上，把提高党的执政能力，保持和发展党的先进性，体现在领导科学发展、促进社会和谐上来，落实到引领中国发展进步、更好地代表和实现最广大人民的根本利益上来，使党的工作和党的建设更加符合科学发展观的要求，为科学发展提供可靠的政治和组织保障。这四项要求是贯彻和落实科学发展观必须做到的。

一、始终坚持“一个中心，两个基本点”的基本路线

党的基本路线是发展中国特色社会主义的内在要求。中国特色社会主义是以解放和发展生产力为根本任务的社会主义。这就要求我们必须坚持以经济建设为中心，把解放和发展生产力作为根本任务。四项基本原则是当代中国一切发展进步的根本政治前提和制度基础。动摇了其中的任何一项，就动摇了整个社会主义事业，动摇了整个现代化事业。改革开放作为党在新时期带领人民进行的新的伟大革命，目的就是要解放和发展生产力，实现国家现代化，让中国人民富裕起来，振兴伟大的中华民族。

党的基本路线是党和国家的生命线。这个基本路线是在深刻认识社会主义初级阶段基本国情的基础上制定的，集中体现了我国各族人民的根本利益和愿望要求，反映了我国社会主义现代化建设的规律，是党和国家的生命线。社会主义初级阶段是逐步摆脱不发达状态、基本实现社会主义现代化、实现中华民族伟大复兴的历史阶段。这是一个长期的历史阶段。我们将长期面对社会主义初级阶段这一基本国情，长期面对人民日益增长的物质文化需要同落后的社会生产之间的矛盾这一社会主要矛盾。对此，我们必须始终保持清醒头脑，立足社会主义初级阶段这个最大的实际，坚持党的基本路线不动摇，把以经济建设为中心同四项基本原则、改革开放这两个基本点统一于中国特色社会主义的伟大实践，为党和国家事业的胜利推进提供可靠的保证。

坚持党的基本路线不动摇，是改革开放以来我们最重要的宝贵经验。新中国成立以来特别是改革开放以来的实践证明，以经济建设为中心是兴国之要，是我们国家兴旺发达和长治久安的根本要求。四项基本原则是立国之本，是我们国家生存发展的政治基石；改革开放是强国之路，是国家发展进步的活力源泉。以经济建设为中心和四项基本原则、改革开放，是相互联系、相互促进、不可分割的统一整体。一个中心、两个基本点这种相互联系、相互促进的作用，只有在发展中国特色社会主义的伟大实践中才能实现。改革开放三十年来，正是因为党坚持把一个中心、两个基本点统一于中国特色社会主义的伟大实践，才推动我国经济建设取得了举世瞩目的伟大成就，推动我国社会主义各项事业取得了长足发展和进步，使中国特色社会主义伟大旗帜高高飘扬，使中华民族伟大复兴展现出光明的前景。

二、积极构建社会主义和谐社会

积极构建社会主义和谐社会为贯彻落实科学发展观提供社会环境。党的十六

届四中全会以科学发展观为指导，进一步提出了构建社会主义和谐社会的任务，并将“构建社会主义和谐社会”正式列为中国共产党全面提高执政能力的五大能力之一。社会主义现代化建设事业的总体布局由经济建设、政治建设、文化建设三位一体，扩展为经济建设、政治建设、文化建设、社会建设四位一体，既体现了科学发展观的要求，也体现了党科学执政、民主执政、依法执政的要求，丰富了社会主义现代化建设的战略思想。社会和谐是中国特色社会主义的本质属性。科学发展和社会和谐是内在统一的。没有科学发展就没有社会和谐，没有社会和谐也难以实现科学发展。构建社会主义和谐社会是贯穿中国特色社会主义事业全过程的历史任务，是在发展的基础上正确处理各种社会矛盾的历史过程和社会结果。要通过发展增加社会物质财富、不断改善人民生活，又要通过发展保障社会公平正义、不断促进社会和谐。实现社会公平正义是中国共产党人的一贯主张，是发展中国特色社会主义的重大任务。要按照民主法治、公平正义、诚信友爱、充满活力、安定有序、人与自然和谐相处的总要求和共同建设、共同享有的原则，着力解决人民最关心、最直接、最现实的利益问题，努力形成全体人民各尽其能、各得其所而又和谐相处的局面，为发展提供良好的社会环境。

党的十六大以来，党先后提出“科学发展观”和“社会主义和谐社会”两个新概念，就是为了把发展与和谐更好地统一起来，实现两者的良性互动，即在发展中实现和谐，在和谐中促进发展。社会主义和谐社会建设是贯彻落实科学发展观的坚实载体和完备体系。构建社会主义和谐社会是以人为本、全面协调可持续发展的科学发展观在社会主义建设层面合乎逻辑的展开，它拓展了新的历史阶段我国社会主义现代化建设总体格局的科学内涵，体现了物质文明、政治文明、精神文明与生态文明的和谐一致的发展，使科学发展观具有鲜明的价值目标和现实意义。构建社会主义和谐社会是科学发展观在实践中落到实处的具体体现，符合最广大人民群众的利益，顺应最广大人民群众的愿望，从而使科学发展观得到最广大人民的衷心拥护，使科学发展观成为最广大人民群众的自觉行动。可以说，构建社会主义和谐社会的过程就是贯彻落实科学发展观的过程。贯彻落实科学发展观与构建社会主义和谐社会是辩证统一的，两者统一于全面建设小康社会的奋斗目标之中，统一于中国特色社会主义的建设之中。

只有坚持以科学发展观统领经济社会发展全局，才能更好地推动社会主义经济建设、政治建设、文化建设与和谐社会建设全面发展；也只有不断构建社会主义和谐社会，才能保证科学发展观的真正落实和全面建设小康社会奋斗目标的真正实现。因此，科学发展观包含了构建和谐社会任务的内容，构建和谐社会任务的提出是科学发展观的必然归属。

三、继续深化改革开放

继续深化改革开放是贯彻落实科学发展观的体制机制保证。深入贯彻落实科学发展观，要把改革创新精神贯彻到治国理政各个环节，毫不动摇地坚持改革方向，提高改革决策的科学性，增强改革措施的协调性。要完善社会主义市场经济体制，推进各方面体制改革创新，加快重要领域和关键环节改革步伐，全面提高开放水平，着力构建充满活力、富有效率、更加开放、有利于科学发展的体制机制，为发展中国特色社会主义提供强大动力和体制保障。要坚持把改善人民生活作为正确处理改革发展稳定关系的结合点，使改革始终得到人民的拥护和支持。

改革开放是促进经济社会发展的强大动力，是强国富民的必由之路。党的十一届三中全会以来，我国经济实力、综合国力大幅跃升，人民生活显著改善，经济社会面貌发生了巨大变化。这一切成就的取得，都是同坚持不懈地推进改革开放分不开的。但我们必须清醒地看到，我国要建成完善的社会主义市场经济体制，还有很长的路要走，任务仍相当艰巨。我国经济社会发展中还存在不少突出矛盾和问题，包括经济结构不合理，经济增长方式粗放，自主创新能力不强，经济社会发展同资源、环境的矛盾加剧，城乡、地区发展不协调，社会事业发展滞后等，虽然同我国仍处于社会主义初级阶段、生产力不发达有关，但更直接的原因是体制机制还存在弊端。例如，固定资产投资过度扩张和低水平重复建设严重的问题，就与政府职能转变不到位，财税、金融、投资体制不合理，政绩评价体系不完善等问题密切相关。又如，高投入、高消耗、高污染、低效益的粗放型经济增长方式转变缓慢，这固然有多方面原因，但主要是由于企业改革尚未完成，现代市场体系不完善，资源性商品和生产要素价格不合理，保护资源、环境的法律法规和制度还不健全。再如，城乡、地区发展差距和居民收入差距持续拉大、发展不协调，重要原因是城乡二元结构以及财税体制、收入分配制度等方面存在问题。解决这些突出矛盾和问题，根本途径在于按照科学发展观的要求，深化改革，推进体制机制创新，把经济社会发展切实转入全面协调可持续发展的轨道。

理论和实践证明，只有深化改革，进一步改变生产关系和上层建筑中不适应经济社会发展的方面和环节，才能不断地为经济社会发展注入活力和动力；只有深化改革，更大程度地发挥市场机制的作用，才能更加有效地配置和利用资源，调整和优化经济结构，转变经济增长方式；只有深化改革，改变传统的发展模式，才能真正做到以人为本，促进城乡、区域、经济社会协调发展和人与自然和谐发展；只有深化改革，完善收入分配制度和社会保障体系，才能使广大人民群众共享改革发展成果，促进社会公平正义，建设和谐社会。总之，只有深化改革，才能构筑落实科学发展观的体制保障。

四、切实加强和改进党的建设

党的十七大通过的《中国共产党章程（修正案）》的决议指出："大会认为，着力加强党的执政能力建设和先进性建设，以改革创新精神全面推进党的建设新的伟大工程，坚持立党为公、执政为民，做到科学执政、民主执政、依法执政，不断推进马克思主义中国化，坚持权为民所用、情为民所系、利为民所谋，保障党员民主权利，坚持标本兼治、综合治理、惩防并举、注重预防的方针，建立健全惩治和预防腐败体系，是十六大以来我们党在党的建设方面取得的重大认识和成果。把这些内容写入党章，有利于进一步加强和改进党的建设，不断提高党的执政能力，保持和发展党的先进性，使党始终成为中国特色社会主义事业的坚强领导核心。"

深入贯彻落实科学发展观，要求切实加强和改进党的建设，因为，切实加强和改进党的建设是贯彻落实科学发展观的组织保证。要站在完成党执政兴国使命的高度，把提高党的执政能力、保持和发展党的先进性，体现到领导科学发展、促进社会和谐上来，落实到引领中国发展进步、更好地代表和实现最广大人民的根本利益上来，使党的工作和党的建设更加符合科学发展观的要求，为科学发展提供可靠的政治和组织保障。

要把贯彻落实科学发展观同党的先进性建设紧密结合起来。党历来高度重视党的先进性建设。科学发展观赋予党的先进性建设以新的时代内涵和历史任务，强调把党的先进性落实到不断发展先进生产力、发展民主政治、发展先进文化、构建和谐社会、实现最广大人民的根本利益上，所有这些理论创建，都是党在新的历史条件下不断加强先进性建设，尤其是理论建设的成果体现，是党带领人民群众完成下阶段历史任务的理论纲领和战略思想。从这个意义上讲，创立、贯彻、落实和发展科学发展观，与加强党的先进性建设是并行不悖的两个历史任务，只有科学发展观贯彻、落实好了，党的先进性建设才能真正落到实处。而党的先进性建设成果如何，也直接影响到科学发展观贯彻、落实的最终效果。

要把贯彻、落实科学发展观同党的执政能力建设紧密结合起来。共产党是执政党，只有首先抓好了自身的执政能力建设这个主体，才能抓好贯彻、落实科学发展观这个客体。在坚持全面协调可持续发展，构建社会主义和谐社会的伟大实践中，我们将面临一系列制约发展的深层次体制、制度矛盾，需要在政府职能、经济社会管理、文化建设等方面进行大量的开创性工作，所有这些，都是摆在执政党面前的历史任务，也是深入贯彻、落实科学发展观过程中必将面临的问题和难题。只有党驾驭经济、社会以及文化事务的能力提高了，党的执政能力和执政水平提高了，才能更加有效地把科学发展观贯彻到经济社会发展事业中去。否则，没有党的执政能力作保证，没有党对科学发展观的强大的执行能力和实践能力，科学发展观只能成为空谈。党要管党，搞好自身的建设，但同时党也要执政，并执好政。在贯彻落实科学发展观过程中，必须进一步加强党的政治、思想、组织的领导，加强党的路线、方针、政策方面的领导。这是把中国特色社会主义事业不断推向前进的根本保证。

要把贯彻、落实科学发展观同党的理论创新能力紧密结合起来。科学发展观作为一个与时俱进的、发展着的理论体系，仍然面临如何结合国际国内发展的最新实际，进一步研究、阐发，不断丰富、完善的问题。从理论到实践，再从实践回到理论，如此往复，科学发展观才能为群众所掌握，才能最终掌握群众，也才能在科学指导我国发展建设实践的同时，不断提高理论自身的时代感和针对性。从科学发展观到我国发展建设的实际，从科学的理论到具体的实践，并不是一个自动完成的过程。对人民群众的丰富实践进行概括、总结、提升，并在此基础上进一步发展和丰富科学发展观，必须有一个关键的实践领导者和理论建设者，这个角色，只能由中国共产党来承担。

第四节　开创科学发展新局面

开创科学发展新局面，是坚持推进改革开放、推动经济社会又好又快发展、促进社会和谐稳定的迫切需要，是提高党的执政能力、保持和发展党的先进性的必然要求。要动员全党和全国人民开创科学发展的新局面，为实现党的十八大提出的宏伟蓝图和行动纲领而团结奋斗。

一、开创科学发展新局面的发展环境

我国已经出色地完成了“十一五”规划的奋斗目标，今年是“十二五”的关键一年。“十二五”时期是全面建设小康社会的关键时期，是深化改革开放、加快转变经济发展方式的攻坚时期。为此，我们必须深刻认识并准确把握国内外形势和新变化、新特点，继续抓住和用好重要战略机遇期，努力开创科学发展新局面。

“十一五”五年取得的成绩来之不易，积累的经验弥足珍贵，创造的精神财富影响深远。目前，我国经济结构调整步伐加快，农业特别是粮食生产连年获得好收成，产业结构优化升级取得积极进展，节能减排和生态环境保护扎实推进，控制温室气体排放取得积极成效，各具特色的区域发展格局初步形成。人民生活明显改善，就业规模持续扩大，城乡居民收入增长是改革开放以来最快的时期之

一，各级各类教育快速发展，社会保障体系逐步健全。体制改革有序推进，农村综合改革、医药卫生、财税金融、文化体制等改革取得新突破，发展活力不断显现。对外开放迈上新台阶，进出口总额位居世界第二位，利用外资水平提升，境外投资明显加快，我国国际地位和影响力显著提高。社会主义经济建设、政治建设、文化建设、社会建设以及生态文明建设取得重大进展，谱写了中国特色社会主义事业新篇章。

“十二五”时期，世情国情继续发生深刻变化，我国经济社会发展呈现新的阶段性特征。综合判断国际国内形势，我国发展仍处于可以大有作为的重要战略机遇期，既面临难得的历史机遇，也面对诸多可以预见和难以预见的风险挑战。我们要增强机遇意识和忧患意识，主动适应环境变化，有效化解各种矛盾，更加奋发有为地推进我国改革开放和社会主义现代化建设。

从国际看，和平、发展、合作仍是时代潮流，世界多极化、经济全球化深入发展，世界经济政治格局出现新变化，科技创新孕育新突破，国际环境总体上有利于我国和平发展。同时，国际金融危机影响深远，世界经济增长速度减缓，全球需求结构出现明显变化，围绕市场、资源、人才、技术、标准等的竞争更加激烈，气候变化以及能源资源安全、粮食安全等全球性问题更加突出，各种形式的保护主义抬头，我国发展的外部环境更趋复杂。我们必须坚持以更广阔的视野，冷静观察，沉着应对，统筹国内国际两个大局，把握好在全球经济分工中的新定位，积极创造参与国际经济合作和竞争的新优势。

从国内看，工业化、信息化、城镇化、市场化、国际化深入发展，人均国民收入稳步增加，经济结构转型加快，市场需求潜力巨大，资金供给充裕，科技和教育整体水平提升，劳动力素质改善，基础设施日益完善，体制活力显著增强，政府宏观调控和应对复杂局面能力明显提高，社会大局保持稳定，我们完全有条件推动经济社会发展和综合国力再上新台阶。同时，必须清醒地看到，我国发展中不平衡、不协调、不可持续问题依然突出，主要是，经济增长的资源环境约束强化，投资和消费关系失衡，收入分配差距较大，科技创新能力不强，产业结构不合理，农业基础仍然薄弱，城乡区域发展不协调，就业总量压力和结构性矛盾并存，物价上涨压力加大，社会矛盾明显增多，制约科学发展的体制机制障碍依然较多。我们必须科学判断和准确把握发展趋势，充分利用各种有利条件，加快解决突出矛盾和问题，集中力量办好自己的事情。

二、开创科学发展新局面的基本要求

高举中国特色社会主义伟大旗帜，以邓小平理论和“三个代表”重要思想为指导，深入贯彻落实科学发展观，适应国内外新形势和变化，顺应各族人民过上更好生活的新期待，以科学发展为主题，以加快转变经济发展方式为主线，深化改革开放，保障和改善民生，巩固和扩大应对国际金融危机冲击成果，促进经济长期平稳较快发展和社会和谐稳定，为全面建成小康社会打下具有决定性意义的基础。

以科学发展为主题，是时代的要求，关系改革开放和现代化建设全局。我国仍处于并将长期处于社会主义初级阶段，发展仍是解决我国所有问题的关键。坚持发展是硬道理的本质要求，就是坚持科学发展。以加快转变经济发展方式为主线，是推动科学发展的必由之路，是我国经济社会领域的一场深刻变革，是综合性、系统性、战略性的转变，必须贯穿经济社会发展全过程和各领域，在发展中促转变，在转变中谋发展。今后五年，要确保科学发展取得新的显著进步，确保转变经济发展方式取得实质性进展。基本要求是：

坚持把经济结构战略性调整作为加快转变经济发展方式的主攻方向。构建扩大内需长效机制，促进经济增长向依靠消费、投资、出口协调拉动转变。加强农业基础地位，提升制造业核心竞争力，发展战略性新兴产业，加快发展服务业，促进经济增长向依靠第一、第二、第三产业协同带动转变。统筹城乡发展，积极稳妥推进城镇化，加快推进社会主义新农村建设，促进区域良性互动、协调发展。

坚持把科技进步和创新作为加快转变经济发展方式的重要支撑。深入实施科教兴国战略和人才强国战略，充分发挥科技第一生产力和人才第一资源的作用，提高教育现代化水平，增强自主创新能力，壮大创新人才队伍，推动发展向主要依靠科技进步、劳动者素质提高、管理创新转变，加快建设创新型国家。

坚持把保障和改善民生作为加快转变经济发展方式的根本出发点和落脚点。完善保障和改善民生的制度安排，把促进就业放在经济社会发展优先位置，加快发展各项社会事业，推进基本公共服务均等化，加大收入分配调节力度，坚定不移地走共同富裕道路，使发展成果惠及全体人民。

坚持把建设资源节约型、环境友好型社会作为加快转变经济发展方式的重要着力点。深入贯彻节约资源和保护环境基本国策，节约能源，降低温室气体排放强度，发展循环经济，推广低碳技术，积极应对全球气候变化，促进经济社会发展与人口资源环境相协调，走可持续发展之路。

坚持把改革开放作为加快转变经济发展方式的强大动力。坚定推进经济、政治、文化、社会等领域改革，加快构建有利于科学发展的体制机制。实施互利共赢的开放战略，与国际社会共同应对全球性挑战，共同分享发展机遇。

三、开创科学发展新局面的主要目标

按照与应对国际金融危机冲击重大部署紧密衔接、与实现全面建设小康社会奋斗目标紧密衔接的要求，综合考虑未来发展趋势和条件，今后五年经济社会发展的主要目标是：经济平稳较快发展。“十二五”规划期间，国内生产总值年均增长7%，城镇新增就业4500万人，城镇登记失业率控制在5%以内，价格总水平基本稳定，国际收支趋向基本平衡，经济增长质量和效益明显提高。结构调整取得重大进展。居民消费率上升。农业基础进一步巩固，工业结构继续优化，战略性新兴产业发展取得突破，服务业增加值占国内生产总值比重提高4个百分点。城镇化率提高4个百分点，城乡区域发展的协调性进一步增强。

改革开放不断深化。财税金融、要素价格、垄断行业等重要领域和关键环节的改革取得明显进展，政府职能加快转变，政府公信力和行政效率进一步提高。对外开放广度和深度不断拓展，互利共赢开放格局进一步形成。人民生活持续改善。全国总人口控制在13.9亿人以内。人均预期寿命提高1岁，达到74.5岁。城镇居民人均可支配收入和农村居民人均纯收入分别年均增长7%以上。新型农村社会养老保险制度实现全覆盖，城镇参加基本养老保险人数达到3.57亿人，城乡三项基本医疗保险参保率提高3个百分点。城镇保障性安居工程建设3600万套。贫困人口显著减少。

科技教育水平明显提升。九年义务教育质量显著提高，九年义务教育巩固率达到93%，高中阶段教育毛入学率提高到87%。研究与试验发展经费支出占国内生产总值比重达到2.2%，每万人口发明专利拥有量提高到3.3件。社会建设明显加强。覆盖城乡居民的基本公共服务体系逐步完善。全民族思想道德素质、科学文化素质和健康素质不断提高。社会主义民主法制更加健全，人民权益得到切实保障。文化事业加快发展，文化产业占国民经济比重明显提高。社会管理制度趋于完善，社会更加和谐稳定。

资源节约、环境保护成效显著。耕地保有量保持在18.18亿亩。单位工业增加值用水量降低30%，农业灌溉用水有效利用系数提高到0.53。非化石能源占一次能源消费比重达到11.4%。单位国内生产总值能源消耗降低16%，单位国内生产总值二氧化碳排放降低17%。主要污染物排放总量显著减少，化学需氧量、二氧化硫排放分别减少8%，氨氮、氮氧化物排放分别减少10%。森林覆盖率提高到21.66%，森林蓄积量增加6亿立方米。

四、开创科学发展新局面的政策导向

实现经济社会发展目标，必须紧紧围绕推动科学发展、加快转变经济发展方式，统筹兼顾，改革创新，着力解决经济社会发展中不平衡、不协调、不可持续的问题，明确重大政策导向：

加强和改善宏观调控。巩固和扩大应对国际金融危机冲击成果，把短期调控政策和长期发展政策有机结合起来，加强财政、货币、投资、产业、土地等各项政策协调配合，提高宏观调控的科学性和预见性，增强针对性和灵活性，合理调控经济增长速度，更加积极稳妥地处理好保持经济平稳较快发展、调整经济结构、管理通胀预期的关系，实现经济增长速度和结构质量效益相统一。

建立扩大消费需求的长效机制。把扩大消费需求作为扩大内需的战略重点，通过积极稳妥推进城镇化、实施就业优先战略、深化收入分配制度改革、健全社会保障体系和营造良好的消费环境，增强居民消费能力，改善居民消费预期，促进消费结构升级，进一步释放城乡居民消费潜力，逐步使我国国内市场总体规模位居世界前列。

调整优化投资结构。发挥投资对扩大内需的重要作用，保持投资合理增长，完善投资体制机制，明确界定政府投资范围，规范国有企业投资行为，鼓励扩大民间投资，有效遏制盲目扩张和重复建设，促进投资消费良性互动，把扩大投资和增加就业、改善民生有机结合起来，创造最终需求。

同步推进工业化、城镇化和农业现代化。坚持工业反哺农业、城市支持农村和“多予、少取、放活”方针，充分发挥工业化、城镇化对发展现代农业、促进农民增收、加强农村基础设施和公共服务的辐射带动作用，夯实农业农村发展基础，加快现代农业发展步伐。

依靠科技创新推动产业升级。面向国内国际两个市场，发挥科技创新对产业结构优化升级的驱动作用，加快国家创新体系建设，强化企业在技术创新中的主体地位，引导资金、人才、技术等创新资源向企业聚集，推进产学研战略联盟，提升产业核心竞争力，推动三次产业在更高水平上协同发展。

促进区域协调互动发展。实施区域发展总体战略和主体功能区战略，把实施西部大开发战略放在区域发展总体战略优先位置，充分发挥各地区比较优势，促进区域间生产要素合理流动和产业有序转移，在中西部地区培育新的区域经济增长极，增强区域发展的协调性。

健全节能减排激励约束机制。优化能源结构，合理控制能源消费总量，完善资源性产品价格形成机制和资源环境税费制度，健全节能减排法律法规和标准，强化节能减排目标责任考核，把资源节约和环境保护贯穿于生产、流通、消费、建设各领域各环节，提升可持续发展能力。

推进基本公共服务均等化。把基本公共服务制度作为公共产品向全民提供，完善公共财政制度，提高政府保障能力，建立健全符合国情、比较完整、覆盖城乡、可持续的基本公共服务体系，逐步缩小城乡区域间人民生活水平和公共服务差距。

加快城乡居民收入增长。健全初次分配和再分配调节体系，合理调整国家、企业、个人分配关系，努力实现居民收入增长和经济发展同步、劳动报酬增长和劳动生产率提高同步，明显增加低收入者收入，持续扩大中等收入群体，努力扭转城乡、区域、行业和社会成员之间收入差距扩大趋势。着力解决影响社会和谐稳定的源头性、基础性、根本性问题，保持社会安定有序和充满活力。

【本章小结】

科学发展观是以邓小平理论和“三个代表”重要思想为指导，在立足社会主义初级阶段基本国情、总结我国发展实践、借鉴国外发展经验、适应新的发展要求的基础上提出的重大战略思想。它是马克思主义中国化的最新成果，是我国经济社会发展的重要指导方针，是发展中国特色社会主义必须坚持和贯彻的重大战略思想。科学发展观，第一要义是发展，核心是以人为本，基本要求是全面协调可持续，根本方法是统筹兼顾。深入贯彻、落实科学发展观，发展中国特色社会主义，要求我们始终坚持党的基本路线、继续深化改革开放、切实加强和改进党的建设以及积极构建社会主义和谐社会。

【关键术语和概念】

1. 科学发展观：发展观是关于发展的本质、目的、内涵和要求的总体看法和根本观点。以人为本、全面协调可持续的发展观，是对社会主义现代化建设指导思想的重大发展，是统领我国经济社会发展全局的根本指针。科学发展观是马克思主义中国化的最新成果，是在适应新的发展要求的基础上提出的重大战略思想，是我国经济社会发展的重要指导方针。

2. 以人为本：就是要把人民的利益作为一切工作的出发点和落脚点，把人民群众作为推动历史前进的主体，不断满足人的多方面需要和实现人的全面发展。

3. 全面协调可持续：所谓全面发展，就是按照中国特色社会主义事业“四位一体”的总体布局，全面推进经济建设、政治建设、文化建设、社会建设，并以此为基础促进和逐步实现人的全面发展。所谓协调发展，就是促进现代化建设各个环节、各个方面相协调，促进生产关系与生产力、上层建筑与经济基础相协调，实现速度和结构质量效益相统一、经济发展与人口资源环境相协调，确保各方面的发展相互衔接、相互促进、良性互动。所谓可持续发展，就是要大力加强自主创新，调整产业结构，形成依托人力资本的经济增长方式，采用循环经济发展模式，建设资源节约型、环境友好型社会。

4. 统筹兼顾：所谓统筹兼顾，就是正确认识和妥善处理中国特色社会主义事业中的重大关系。“五个统筹”即统筹城乡发展，就要坚决贯彻工业反哺农业、城市支持农村的方针，实行以城带乡、以工促农、城乡互动、协调发展；统筹区域发展，就要通过健全市场机制、合作机制、互助机制、扶持机制，形成东中西相互促进、优势互补、共同发展的新格局；统筹经济社会发展，就要更加注重、加快推进社会各项事业的发展，把加快经济发展与促进社会进步结合起来；统筹人与自然发展，就要推动整个社会走上生产发展、生活富裕、生态良好的文明发展道路，增强可持续发展能力；统筹国内发展和对外开放，就要利用好国内外两个市场、两种资源，把利用外部条件与发挥自身优势结合起来，努力实现国内改革与对外开放的协调。

5. 第一要义：“义”者，内容也，所谓“第一要义”，意即居于第一位的最重要的内容。

6. 四位一体的中国特色社会主义事业总体布局：胡锦涛在2005年省部级主要领导干部专题研讨班的重要讲话中，第一次明确地指出：“随着我国经济社会的不断发展，中国特色社会主义事业的总体布局，更加明确地由社会主义经济建设、政治建设、文化建设三位一体发展为社会主义经济建设、政治建设、文化建设、社会建设四位一体。”党的十六届六中全会通过《中共中央关于构建社会主义和谐社会若干重大问题的决定》，在此基础上，提出要“把我国建设成为富强民主文明和谐的社会主义现代化国家”。这样，就将十三大确立的“富强、民主、文明”三位一体的社会主义现代化战略目标发展为“富强民主文明和谐”四位一体。四位一体的中国特色社会主义事业总体布局与富强民主文明和谐的现代化战略目标是一致的。

【思考题】

1. 科学发展观的意义有哪些？
2. 科学发展观的科学内涵是什么？
3. 如何树立和落实科学发展观？
4. 案例分析：

白沙村事例剖析

白沙村位于浙江省临安市东北部，全村共有510人，总面积9.39平方公里，其中林业用地近1.15万亩，占95.3%。全村以陡坡为主，平均坡度大于30度，是一个典型的山村。

一、白沙村案例介绍

1. 破坏性发展阶段

过去白沙村生活十分贫困。1983年，白沙村根据上级有关政策，开展了林业“三定”（稳定山权林权，划定自留山，确定林业生产责任制），建立了家庭经营为主的林业经营体制。山林到户后，林农一是高兴自己真正成了山的主人，二是担心政策会变。为了尽快脱贫致富，纷纷上山砍树，烧炭，卖木材。短短几年间，森林覆盖率从91.9%下降到了90.4%，而村民的人均年收入还只有几百元。结果山头精光人更穷，一场暴雨就成灾，陷入了“山越砍越秃，人越来越穷”、“小伙子外出打工，小姑娘远嫁他乡”的困境。

2. 不自觉科学发展阶段

痛定思痛，白沙人开始反思。1990年前后，临安林业局王安国等科技人员来到白沙村，积极向村民宣传林地承包经营的长期性和稳定性，并及时指导林农对山里的山核桃、笋、茶叶等进行了科学的培育管理。1996年，一位名叫本诺沙的联合国官员在白沙村建议发展生态旅游，并出资6000美元搞了一个“生态旅游开发”项目。到1997年，村民人均年收入达到了3455元，其中非木质林产品收入占90%以上。1998年，白沙村又通过林地流转引进了临安生态旅游开发公司，开发太湖源生态景区，完成了从“经营山货”到“经营景观”的转变。从此，白沙村走出了“砍”树的怪圈，使得山上的森林得到了休养生息，并逐步走上了一条以发展农家乐为特色的森林旅游产业。

3. 自发性可持续发展阶段

而今的白沙村，森林覆盖率达到了97%，境内奇山秀水，满目葱翠，白沙人也从“砍树”人变成了“看树”人，他们有一个共同的心愿：守住这片青山绿水，那就是子孙后代永续利用的“金山银山”。2006年全村经济总收入1140万元，农民人均收入达到1.5万元，其中50%的收入来自竹笋、笋干、山核桃等，45%以上来自以森林旅游为特色的农家乐。白沙村先后获得全国山区综合开发示范村、浙江省新农村建设示范村、林业观光园区、杭州市旅游特色村等多项荣誉。

2007年7月，白沙村迎来了人民日报、新华社、中央电视台等十五家媒体，记者们以各自独特的角度诠释了中国林权制度改革“小岗村”——白沙村的故事（1978年12月，小岗18户农民以“敢为天下先”的胆识，按下了18颗红手印，搞起了“大包干”，揭开了中国农村改革的序幕，由此小岗村成为中国农村改革的代名词），白沙村也就成了全国林改的先进典型。央视还在新闻联播里对该村经验进行了专题宣传报道。

二、白沙村事例剖析

科学发展观的第一要义是发展，核心是以人为本，基本要求是全面协调可持续发展。这三个方面相互联系、有机统一，其实质是实现经济社会又好又快发展。

1. 说明了发展是硬道理这一科学发展观的第一要义

科学发展观所阐述的发展，是由传统的农业社会经过工业化、信息化向现代社会的变迁过程，是在生产力变革基础上的社会全面进步过程，也就是实现社会主义现代化的过程。在林区，只有让林区发展了，让林农生活富裕了，他们才有可能自觉地植绿、护绿、爱绿和兴绿。我们知道，森林资源是一个人类共同拥有的天然宝库，而打开这个宝库的金钥匙就是科技。只有把科技这把金钥匙掌握好、运用好，才不会出现我们务林人捧着“金饭碗”讨饭吃的情形。

白沙村事例表明，正是在1990年前后，临安科技人员积极指导村民发展竹笋、山核桃和茶叶等特色林产品，使山里人第一次认识了科技对传统林业产业的贡献，使林农第一次看到了现代林业发展的潜力。“不栽树是荒山，栽上树是宝山”、“要想代代富，多栽摇钱树”，这都是生活宽裕后林农的切身感受。生产发展了，林农富裕了，林农也更容易接受先进的发展理念了，林权制度也在实践中更趋完善了，这就为林业的可持续发展奠定了良好的基础。

2. 说明了坚持以人为本这一科学发展观的核心思想

坚持以人为本，就是要坚持人民在建设中国特色社会主义事业中的主体地位，坚持发展为了人民、发展依靠人民、发展成果由人民共享，发展成效让人民检验。对林业、林区、林农来说，坚持以人为本，就是要始终坚持“在兴林中富民，在富民中兴林”的理念，不断实现好、维护好、发展好最广大林农的根本利益。森林不仅能为我们提供绿色食品，而且具有净化水质、改善空气质量等功能，特别是能释放大量负氧离子，调节人体的生理机能，改善人体的呼吸和血液循环，延缓人体器官衰老，对多种疾病具有辅助治疗作用。

白沙村事例表明，林农在温饱问题解决以后，最期盼的就是健康长寿，这是衡量一个区域经济社会发展水平的综合性指标。四川彭山、广西巴马之所以能成为世界“长寿之乡”，其共同的特点就是森林覆盖率高，负氧离子丰富。在杭州，要想提高人民群众生活品质特别是环境生活品质，就是要通过严格保护和合理利用森林生态资源，营造一流的人居生活环境，让杭州天更蓝、水更清、山更绿、花更艳，让人民群众喝上干净的水、呼吸上新鲜的空气、看到郁郁葱葱的花草树木，享有优越的人居环境，进而达到让人民群众健康长寿的目的。杭州是全国第一个把老百姓人均预期寿命写入国民经济和社会发展“十一五”规划的城市。市委、市政府提出，“十一五”期间，要让杭州人均预期寿命达到80岁。实现这一目标，关键是要进一步改善人居环境。

3. 说明了全面协调可持续发展这一科学发展观的基本要求

科学发展观所倡导的发展，之所以是科学的，就在于它是全面协调可持续的发展。党的十七大第一次把建设生态文明写入党的行动纲领，作为全面建设小康社会的新目标和“四大文明”建设的组成部分，这是我们党科学发展、和谐发展理念的一次升华。森林作为陆地生态系统的主体，与湿地、海洋并称为全球三大生态系统，承担着调节气候、保持水土、涵养水源、防风固沙、降低噪音、美化环境、防灾减灾等多种生态功能，更值得一提的是森林能让老百姓充分享受到全面协调可持续发展所带来的生的满足感、安逸感、活力感和舒适感。

白沙村事例表明，正是在1996年，由联合国资助的一个“生态旅游开发”项目给白沙村带来了新的观念和新的发展方式。此后，白沙村又相继实施了20多项国内外科技项目，“可持续发展、非木质林开发、生物多样性保护、生态观光旅游”等新农村建设的新观念已深入白沙村村民之心。森林生态观光旅游的大力发展，既缓解了传统旅游景区的游客压力，又满足了富裕后的人们想亲近自然、参与农事、体验农活的强烈愿望。如今白沙人，已逐步摈弃了以前的“养儿防老”，转而信仰“绿色养老”的理念，这是一个严格保护产效的例子。而昌化林场的林木在2001年经FSC（Forest Stewardship Council）国际认证后（在欧美国际市场是被视为持有“绿色通行证”的优质产品），成为国内首家进行森林认证的国有林场，使这些木材比普通商品材每立方米价格高400元以上，并且供不应求，这是因可持续经营而尝到甜头的又一实例。环境就是生产力，环境就是竞争力。杭州唯一的战略资源就是环境，而生态环境建设仍然是我市的一块“短板”。2006年浙江省全面小康社会实现程度评价结果显示，我市实现程度最低的既不是经济发展社会发展方面的指标，也不是人民生活方面的指标，而是生态环境方面的指标。

4. 说明了城乡统筹兼顾这一科学发展观的根本要求

统筹兼顾是科学发展观的根本方法，它揭示了实现科学发展、促进社会和谐的基本途径。对林业来说，贯彻落实科学发展观，必须按照“五个统筹”的要求，贯彻落实“工业反哺农业、城市支持农村”的方针，逐步改变城乡二元经济结构，加快社会主义新农村建设，着力解决好“林业、林区、林农”问题，逐步缩小城乡发展差距，让山上绿起来，让林农富起来，更重要的是要通过我们的工作让人和自然和谐起来，加快建设资源节约型和环境友好型社会，促进经济发展与人口、资源、环境的协调发展。正如胡锦涛总书记指出的：“要牢固树立人与自然相和谐的观念。自然界是包括人类在内的一切生物的摇篮，是人类赖以生存和发展的基本条件。保护自然就是保护人类，建设自然就是造福人类。”

白沙村依托山区资源优势，通过深化集体林权制度改革，强化科技服务，成功摸索出了一条建设与保护并重、生态与产业并举、改革与发展并进的可持续发展道路，初步实现了林业生态、经济和社会效益的良性互动和和谐发展的初衷。近年来，社会经济全面快速发展后的杭州，坚持“多予少取放活”方针，制定和实施一系列工业反哺农业、城市支持农村的可行措施，出台了一系列以工促农、以城带乡的财政扶持政策和机制。在工作方法上，通过认真总结经验，把握发展方向，推进工作创新，适时提出并全面实施重点工程建设；在工作实践中，突破城市与农村的界限，突破山上林业与山下林业的界限，按照城乡统筹发展的要求，大力发展优势特色产业，全面提高城乡绿化水平。

从白沙村事例可以发现，白沙村的村民自觉或不自觉地践行了科学发展观。其中关键是白沙村虽身处偏远山区但实现了山定界、林定权、人定心的权责明晰的林业承包责任制，正确处理好了山区经济发展与生态保护的关系，切实转变了山区经济发展方式，从而使白沙村既长叶子，又长票子，山青水绿，强村富民，使新农村建设走上了可持续发展之路。“白沙村样本”的标本意义在于：新农村建设必须要有科学的发展理念和方法，科学发展观是支撑新农村建设的根本保证。

（案例来源：林福平．践行科学发展观案例分析．天堂山水，http.//www.hzls.gov.cn/files/20100517/4b206b8e－35d6－4f05－9c2f－68bb10ecd495.shtm）

讨论：

1. 如何做到“既长叶子，又长票子”？
2. 在迈向工业化的过程中，还能做到人与自然相和谐吗？

第十章　和谐社会是中国特色社会主义的新目标

本章学习要点：

1. 社会主义和谐社会理论提出的重大意义
2. 社会主义和谐社会的科学内涵和基本特征
3. 构建社会主义和谐社会的指导思想和目标任务
4. 如何构建社会主义和谐社会，发展中国特色社会主义

第一节　构建社会主义和谐社会理论的提出

社会和谐是中国特色社会主义的本质属性，是国家富强、民族振兴、人民幸福的重要保证。构建社会主义和谐社会，是中国共产党以马克思列宁主义、毛泽东思想、邓小平理论和“三个代表”重要思想为指导，全面贯彻落实科学发展观，从中国特色社会主义事业总体布局和全面建设小康社会全局出发提出的重大战略任务，是建设中国特色社会主义的新目标，反映了建设富强、民主、文明、和谐的社会主义现代化国家的内在要求，体现了全党全国各族人民的共同愿望。

一、构建社会主义和谐社会理论提出的时代背景

构建社会主义和谐社会，是根据新时代国内外形势的发展变化，从我国社会发展实际出发提出的重要战略任务，它既具有很强的时代性和针对性，又具有深远的指导意义。

（一）构建社会主义和谐社会的提出源于正确应对各种社会矛盾的现实需要

在改革发展的关键时期，经济体制、社会结构、利益格局和思想观念都发生了深刻变化。这种空前的社会变革，给我国发展进步带来了巨大活力，也带来了这样或那样的矛盾和问题。目前，我国社会总体上是和谐的，但是，也存在不少影响社会和谐的矛盾和问题，主要是：城乡、区域、经济社会发展很不平衡，人口资源环境压力加大；就业、社会保障、收入分配、教育、医疗、住房、安全生

产、社会治安等方面关系群众切身利益的问题比较突出；体制机制尚不完善，民主法制还不健全；一些社会成员诚信缺失、道德失范，一些领导干部的素质、能力和作风与新形势新任务的要求还不适应；一些领域的腐败现象仍然比较严重；敌对势力的渗透破坏活动危及国家安全和社会稳定。这些问题处理不好，会严重影响经济社会发展、社会和谐稳定和全面建设小康社会的大局。我们应当在深化改革和全面发展的过程中，使这些问题逐步得到解决。

（二）构建社会主义和谐社会理论的提出源于对国际形势和世界发展经验的准确把握

构建社会主义和谐社会，是为了在当今复杂多变的国际形势中能够有力地应对来自国际上的各种挑战和风险，以保证中国特色社会主义事业取得成功和胜利。和平与发展仍然是当今时代的主题，世界格局处于向多极化过渡的重要时期，我们应抓住一切机会，团结一切可以团结的力量，维护世界和平，提高我国的国际地位；经济全球化趋势不断深入发展，我们应抓住各种机遇搞好经济合作和开拓世界市场，加快推进我国的工业化和城镇化；科学技术正在突飞猛进发展，我们应借鉴西方的高科技发展经验，不断促进各行各业的科技创新，努力建设创新型国家。同时，国际环境复杂多变，综合国力竞争日趋激烈，影响和平与发展的不稳定、不确定因素增多：由于世界力量失衡的局面在短期内难以根本改变，世界多极化趋势的发展不会一帆风顺，围绕多极还是单极的斗争将长期存在，美国企图称霸世界和世界各国人民反对称霸的斗争还要反复较量；由于国际经济旧秩序没有根本改变，经济全球化趋势在推动世界经济发展的同时，也给各国特别是发展中国家带来挑战和风险，如金融危机的风险、经济危机的风险、垄断集团控制弱小和落后国家经济命脉的危险；由于传统安全威胁和非传统安全威胁的因素互相交织，民族宗教矛盾和边界领土争端导致的局部冲突时有起伏，恐怖活动依然猖獗，地区和国际形势仍然很严峻；美国等西方国家加紧在意识形态领域“打没有硝烟的战争”，企图向发展中国家特别是社会主义国家输出自己的政治制度、意识形态、价值观念和生活方式，继续对我国施行“西化”、“分化”战略，动摇我们的理论基础和理想信念。在这样复杂多变的国际形势下，党要有力地应对外部的各种挑战和风险，就必须把国内的事情办好，始终要保持国家统一、民族团结、社会稳定的和谐局面。

从国际经验看，人均 GDP1000～3000 美元这样一个时期是多事之秋。在这个阶段，既有因为举措得当从而促进经济快速发展和社会平稳进步的成功经验，也有因为应对失误从而导致经济徘徊不前和社会长期动荡的失败教训。这样一个阶段既是“黄金发展时期”，也是“矛盾突显时期”。目前我国已进入人均 GDP1000 美元阶段，为了避免可能出现的经济社会问题，巩固改革发展的成果，推动经济可持续发展，应积极维护社会稳定，促进社会和谐，重构社会结构，完善社会组织，调整社会关系，最大限度地激发社会各阶层、各群体、各组织的创造活力，化解各类矛盾和问题，构建和谐社会，全社会形成合力，努力实现我国经济与社会的协调发展。

二、构建社会主义和谐社会理论提出的思想渊源

实现社会和谐，建设美好社会，始终是人类孜孜以求的社会理想，也是包括中国共产党在内的马克思主义政党不懈追求的社会理想。

（一）我国古代的和谐思想

在我国悠久的历史长河中，产生过许多关于社会和谐的思想。孔子提倡“礼之用，和为贵 ”；墨子提出过“兼相爱，交相利”、“爱无差”等理想社会方案；孟子描绘了“老吾老以及人之老，幼吾幼以及人之幼”的社会状态；《礼记·礼运》中描绘过“大道之行也，天下为公，选贤与能，讲信修睦。故人不独亲其亲，不独子其子，使老有所终，壮有所用，幼有所长，鳏寡孤独废疾者皆有所养”这样一种理想社会；太平天国运动领袖洪秀全曾提出要建立务使天下共享的“有田同耕，有饭同食，有衣同穿，有钱同使，无处不均匀，无人不保暖”的社会；康有为则在《大同书》中提出要建立一个“人人相亲，人人平等，天下为公”的理想社会等等。这些思想虽然带有不同时代的烙印，但都在一定程度上反映了广大人民群众对美好生活的向往。

（二）西方社会的和谐思想

人类社会的终极追求就是要建立全面和谐的社会，这不仅是在中国，在全世界范围内的社会思想家们一直都在思考这个问题。古希腊哲学家毕达哥拉斯最早把“和谐”作为一个哲学范畴。赫拉克利特在肯定和谐价值的基础上提出“对立和谐观”，认为自然是从对立的东西产生和谐，而不是从相同的东西产生和谐。从苏格拉底开始，“和谐”被引入政治和社会领域。柏拉图阐述了“公正即和谐”的观点，提出统治者、军人和劳动者三个等级应各司其职、互不干扰、都有节制，这就是“理想国”。亚里士多德则认为，一个国家的政权应该由中等阶层来掌握，这样就能很好地协调贫富两个阶层的利益，避免矛盾和冲突，从而实现社会的稳定与和谐。16 世纪后，随着生产力的迅速发展，社会上出现了贫富分化严重、阶级矛盾突出、政治秩序混乱和社会生活极不和谐等现象。这种混乱的社会状态使一些思想家提出反对资本主义、向往理想社会的空想社会主义。空想社会主义者圣西门和傅立叶把他们设计的理想制度称为“和谐制度”。傅立叶认为，资本主义制度是不合理、不公正的，将被新的“和谐制度”所代替。

欧文对“和谐制度”进行了长期的实验，试图建立一种人与自然、工作与生活和谐的社会。但是，空想社会主义者的“和谐社会”是根据抽象的伦理道德和理性原则设计出来的，脱离现实社会的经济基础，因而不能不以失败而告终。

（三）马克思、恩格斯对社会和谐的认识

马克思、恩格斯在继承前人思想成果的基础上，创立了科学社会主义理论，这一理论包含了对未来社会的科学构想，勾画了未来美好社会的蓝图，这幅蓝图蕴含着丰富的社会和谐思想。他们以唯物史观和剩余价值学说为理论武器，通过剖析资本主义生产方式和交换方式，揭示了资本主义生产和剥削的秘密，指明了无产阶级与资产阶级对立的经济根源，找到了变革资本主义、实现社会主义的道路，使社会主义从空想变成为科学，并提出了关于未来和谐社会的设想：第一，实现和谐社会是人类历史发展的必然趋势。第二，生产力的高速发展是实现和谐社会的坚实物质基础。第三，和谐社会是以生产力与生产关系、经济基础与上层建筑相适应为基础的社会。第四，和谐社会的表现就是“人自由而全面的发展”。马克思、恩格斯关于和谐社会的构想，为我们今天构建社会主义和谐社会指明了方向。

（四）中国共产党构建社会主义和谐社会的探索

中国共产党领导人民取得了革命的胜利，建立了确保人民当家作主的社会主义经济、政治制度，从根本上铲除了导致社会对立、产生社会不和谐的根源，为社会和谐提供了根本保证，奠定了坚实基础。1956 年，党的八大对国内主要矛盾作出正确判断，八大前后毛泽东所写的《论十大关系》和《关于正确处理人民内部矛盾的问题》，为党探索适合中国国情的社会主义道路、促进社会和谐作出了重要贡献。十一届三中全会以后，党从中国特色社会主义建设和改革开放的实际出发，在总结中国社会主义建设发展的历史经验教训的基础上，在深思“什么是社会主义、怎样建设社会主义”这一根本问题的过程中，先后形成了党的基本理论、基本路线、基本纲领、基本经验，建立社会主义市场经济体制，大胆改革束缚生产力发展的经济体制、政治体制、教育体制、科技体制、文化体制，不断扩大对外开放，形成全方位、多层次、宽领域的对外开放格局，正确处理改革、发展、稳定的关系，极大地推进了经济社会协调发展和社会全面进步，有力地促进了社会和谐。

“三个代表”重要思想在坚持毛泽东、邓小平社会主义建设与和谐社会思想的基础上，进一步丰富发展了中国特色社会主义建设与和谐社会建设的理论。党的十六大把“社会更加和谐”作为全面建设小康社会的目标之一，明确了构建社会主义和谐社会在中国特色社会主义事业总体布局中的重要地位，说明党对社会和谐的认识不断深化。2004 年，党的十六届四中全会提出了构建社会主义和谐

社会的战略任务，把提高构建社会主义和谐社会的能力确定为加强党的执政能力建设的重要内容，并提出了构建社会主义和谐社会的基本要求。2005 年，把构建社会主义和谐社会确定为贯彻科学发展观必须抓好的一项重大任务，并提出了工作要求和政策措施。2006 年，党的十六届六中全会通过了《中共中央关于构建社会主义和谐社会若干重大问题的决定》，文件科学地判断了国内外形势的发展变化，深刻地总结了党促进社会和谐的历史经验，全面地分析了构建社会主义和谐社会的有利条件和不利因素，明确地提出了构建社会主义和谐社会的指导思想、目标任务和基本原则，为社会主义和谐社会的构建指明了方向。

三、构建社会主义和谐社会提出的重大意义

构建社会主义和谐社会，是贯彻落实科学发展观、更好地推进我国经济社会发展的战略举措；构建社会主义和谐社会的提出，标志着中国共产党对人类社会发展规律、社会主义建设规律、党的执政规律的认识达到了一个新高度。

（一）丰富和发展了对人类社会发展规律的认识

人类社会是一个不断从低级向高级发展的历史过程。建立平等、互助、协调的和谐社会，是人类的美好追求。马克思在《共产党宣言》中明确指出："代替那存在着阶级和阶级对立的资产阶级旧社会的，将是这样一个联合体，在那里，每个人的自由发展是一切人的自由发展的条件。"① 马克思关于自由人联合体和人的全面发展的表述，都是指未来高级的和谐社会的目标模式。"构建社会主义和谐社会"是以历史唯物主义为指导，根据当今时代人类社会发展的新形势、新特点、新条件、新问题，立足于中国经济社会发展的客观现实和要求，对建立一种更为合理的人与人的关系、人与社会的关系、人与自然的关系的新探索，是对人类社会向何处发展、怎样发展这个永恒主题的创造性回答，在对人类社会发展目标、发展道路、社会主体的活动和地位、社会整体的有机联系和内在作用等方面，深化了人类社会发展规律的认识，是对马克思主义关于社会主义建设理论的丰富和发展。

（二）丰富和发展了对社会主义建设规律的认识

中国特色社会主义是一个全面发展、全面进步、全面现代化的社会。改革开放以来，我们党坚持马克思主义基本原理同中国社会主义建设的具体实际相结合，独立自主地探索中国特色社会主义的发展道路。党的十二大明确提出了"三步走"的现代化建设战略部署，党的十三大完整地表述了党的基本路线，提

---

① 马克思恩格斯选集（第 1 卷）. 北京：人民出版社，1995. 294.

出了包括富强、民主、文明的现代化建设目标，党的十五大围绕社会主义现代化建设的总目标，在党的基本理论、基本路线的基础上，提出了建设中国特色社会主义经济、政治、文化的基本纲领，从而使现代化建设格局更加明晰而深入。党的十六大政治报告提出“政治文明”的建设任务，并且把这个任务作为全面建设小康社会的重要目标。

总之，和谐社会理论的提出，表明了中国共产党在执政50多年之后，更加关注社会建设，更加注重社会和谐、社会公平和社会正义；表明了党对社会主义建设规律的进一步深化，丰富和发展了中国特色社会主义理论。面对错综复杂的和不断变化的国内格局，明确提出构建社会主义和谐社会的任务，使我国社会主义现代化建设的总体布局更趋完善。

（三）丰富和发展了对中国共产党执政规律的认识

“构建社会主义和谐社会”是基于对党的执政规律深刻把握而提出的重要观点，是执政理念的重大创新。中国共产党是中国特色社会主义事业的领导核心，党只有认真研究和掌握执政规律，完善执政方略，提高执政能力，才能有效地领导与推进中国特色社会主义事业。构建社会主义和谐社会，进一步体现了党执政的本质要求。十六大报告提出全面建设惠及十几亿人口的更高水平的小康社会，强调使经济更加发展、民主更加健全、科教更加进步、文化更加繁荣、社会更加和谐、人民生活更加殷实；强调努力形成全体人民各尽其能、各得其所而又和谐相处的局面。十六届三中全会提出科学发展观，强调坚持以人为本，树立全面、协调、可持续发展的发展观，促进经济社会和人的全面发展。十六届四中全会进一步提出“要适应我国社会的深刻变化，把和谐社会建设摆在重要位置”，要求不断提高构建社会主义和谐社会的能力。十七大政治报告要求深入贯彻落实科学发展观，积极构建社会主义和谐社会，提出要通过发展增加社会物质财富、不断改善人民生活，又要保障社会公平正义、不断促进社会和谐。

构建社会主义和谐社会不仅有着深刻的理论意义，而且有着更深远的现实意义。和谐社会的构建是实现全面建设小康社会宏伟目标的重要前提。构建和谐社会的根本任务是从理论和实践的结合上正确认识社会经济发展中出现的各种矛盾，进而解决这些矛盾，从而促使社会更加和谐。所以，构建社会主义和谐社会是立党为公、执政为民的内在要求。只有通过构建社会主义和谐社会，广泛调动各方面的积极性，妥善协调各方面的利益关系，切实维护和实现社会公平正义，人民平等友爱、融洽相处，人与自然的关系处于和谐状态，执政为民的目的和要求才能够得到更加充分的体现。

第二节　社会主义和谐社会的主要内容

一、社会主义和谐社会的科学内涵和基本特征

（一）社会主义和谐社会的科学内涵

“和谐”是一个古老而又常新的时代课题。“和谐”一词由“和”与“谐”两个字组成。“和”字有温和、和缓、谦和的意思，如和风细雨、和颜悦色等；“谐”字有协调、调和、无抵触、无冲突之意。所谓“和谐”，《现代汉语词典》的解释是“配合得适当”，指事物的各局部或属性通过组织互相配合而协调为一个整体。“和谐”不是消灭多样性或不允许其他差异性的存在，“和谐”具有协调、融洽、合作等意义，不是普遍性的统一，而是多样性的统一，因而“和谐”应该是在保持多样性的前提下，求得一种协调与统一，追求一种“和而不同”的存在状态。在自然界和人类社会生活中，“和谐”作为与“斗争”、“分裂”等相对立的一种存在，既可以是自然与社会的现存形式，也可以是经过努力可以实现的一种理想状态。有人将“和谐”拆字来解：“和”是“口”中有“禾”，人人都有饭吃；“谐”是有“言”、“皆”可以讲，人人有言论民主与自由。有饭吃，有民主，社会就和谐了，这也是有一定道理的。总之，“和谐社会”是指社会结构均衡、社会系统良性运行、相互协调，人与人之间相互友爱、相互帮助，社会成员各尽其能、各得其所，人与自然协调发展的社会。

社会主义和谐社会是内容十分丰富、特色十分鲜明的社会，是具有中国特色的社会主义和谐社会，其基本内涵是：在中国共产党的领导下，坚持以马列主义、毛泽东思想、邓小平理论和“三个代表”重要思想为指导，全面贯彻落实科学发展观，以最广大人民群众根本利益为出发点，经济和社会、城市和乡村、东中西部不同区域、人和自然、国内发展和对外开放等关系良性互动和协调发展，全体人民各尽其能、各得其所。社会主义和谐社会是一个历史的、综合的、动态的概念，包括以下几个层面的内涵：

1. 人与人之间的和谐

在社会主义条件下，每个社会成员在根本利益上都是一致的，但在具体利益上还存在矛盾和差别。特别是随着改革开放的深入和社会主义市场经济的发展，社会利益关系更加复杂。因此，追求并实现人与人之间的和谐，是构建社会主义和谐社会的重要任务，也是其必要条件。我们要建设的和谐社会，就是人与社会之间关系协调、人与人之间互相尊重、互相关心、平等互利、诚信友爱、人与人

之间关系融洽的社会。

2. 社会结构及各系统之间的和谐

社会结构及各系统之间的和谐包括社会各阶层之间的和谐，城乡之间的和谐，区域之间的和谐，物质文明、政治文明和精神文明之间的和谐。社会各阶层之间的和谐，即富裕人群、中等收入人群、低收入人群的比例大致合理，收入差距适度，不同富裕程度、不同收入状况的人群和谐相处。城乡之间的和谐，即改变城乡二元结构，使城市和农村紧密联系、良性互动，实现城乡经济社会一体化发展。区域之间的和谐，即实现区域之间均富、合作、互补、平等，相互促进，共同发展。物质文明、政治文明和精神文明之间的和谐，不仅指三个文明之间相互协调发展，还指经济、政治、文化各个子系统之间协调发展，子系统内部相互适应、相互促进、有序发展。

3. 人与自然的和谐

人与自然的和谐问题，是一个古老而又永恒的话题。社会主义在发展进步的过程中，同样面临着环境污染、生态脆弱、能源危机等问题的困扰。如果对自然界采取无休止的索取和征服的做法，将会导致灾难性的后果。因此，追求人与自然的和谐相处，是社会主义和谐社会的重要特征之一。只有追求人与自然的和谐相处，才能真正体现科学发展观以人为本、全面协调可持续的理念。在维护人类利益的同时，维护自然界的平衡，提高资源利用效率，改善生态环境，确保社会系统和自然生态系统的协调发展。

4. 人与社会的和谐

在我们国家，社会主义为实现个人与社会的和谐建立了制度基础，但个人与社会之间仍然不可避免地会产生这样或那样的矛盾。社会主义社会的发展进步最终都应当体现和落实在每个社会成员的发展和完善上，也只有不断给予每个社会成员以更多的关怀，尊重个人在社会发展进程中的地位、价值和尊严，社会自身才能够不断发展进步。构建社会主义和谐社会，就是使人与社会组织、社会制度之间相互作用、相互制约、相互促进，人人各司其职、各尽所能、各得其所，人人遵守社会的各种法律、制度和道德规范。

5. 人自身的和谐

人自身的和谐是其他一切和谐关系的基础，因而也是整个社会和谐的基础。人自身的和谐，即人要具有较高的思想道德品质、科学文化素质，有正确的世界观、人生观和价值观，有健全的人格、健康的心态、健壮的体魄。从根本上说，人自身的和谐就是实现人的自由全面发展，就是使人成为有理想、有道德、有文化、有纪律，德、智、体、美、劳全面发展的社会主义建设者。

（二）社会主义和谐社会的基本特征

我们所要建设的社会主义和谐社会，是民主法治、公平正义、诚信友爱、充满活力、安定有序、人与自然和谐相处的社会。这六个方面高度概括了社会主义和谐社会的基本特征，也是我们构建社会主义和谐社会必须遵循的基本要求。

1. 社会主义和谐社会是民主法治的社会

“民主法治就是社会主义民主得到充分发扬，依法治国基本方略得到切实落实，各方面积极因素得到广泛调动。”① 社会主义和谐社会首先是民主法治的社会，构建社会主义和谐社会必然要求推进民主法治建设。社会主义和谐社会在本质上是民主法治社会。和谐社会，就是要尊重人民群众的创造精神，让人民群众的积极性得到充分发挥，使各种积极因素得到充分调动；就是要有效解决各种社会矛盾和纠纷，确保社会的稳定团结；就是要在经济发展的基础上，不断满足广大人民群众日益增长的物质文化需要；就是要以人民群众的根本利益作为一切工作的出发点和落脚点，正确反映和兼顾各个方面群众的利益。说到底，和谐社会就是要充分发扬社会主义民主，实行社会主义民主。因此，社会主义和谐社会在本质上是民主社会。同时，社会主义和谐社会在本质上还要求实行法治。和谐社会要求社会依照既定的规则有序运行，反对社会的无序化与无序状态。法治是社会有序运转的重要保证，是社会和谐发展的基石。法治社会中最重要的规则是法律规则。法律是所有社会规范中最具有明确性、确定性和国家强制性的规范。依照法律规则来治理社会，人们就有章可循，有法可依，社会就有了和谐的基础。因此，也可以说和谐社会在本质上是法治社会。

2. 社会主义和谐社会是公平正义的社会

“公平正义就是社会各方面的利益关系得到妥善协调，人民内部矛盾和其他社会矛盾得到正确处理，社会公平和正义得到切实维护和实现。”② 公平是人类构建理想社会的一个古老而放之四海而皆准的基本原则。社会公平关系到一个社会的和谐、平衡与稳定，是关系到政权的合法性问题，是任何社会都应该具有的基本价值原则。公平是制度合法性的依据，是秩序的源泉。现阶段，在不断深化经济体制改革的过程中，我国社会出现了一些问题和矛盾。这些矛盾虽然渗透于各个领域，表现为各种形式，但从根本上说，都是利益因素所致。因此，搞好社会各方面的利益调节，维护收入分配领域的公平与公正，是构建和谐社会的重要

---

① 中共中央文献研究室．十六大以来重要文献选编（中）．北京：中央文献出版社，2006. 706.

② 中共中央文献研究室．十六大以来重要文献选编（中）．北京：中央文献出版社，2006. 706.

原则。在构建和谐社会过程中，要运用多种手段，逐步建立以权利公平、机会均等、分配公平为主要内容的利益调节机制，进一步强化制度在利益协调中的基础性功能。要建立和完善畅通的利益表达机制，只有形成能够充分反映不同主体利益要求的表达机制，才能使利益主体充分表达各自的要求和意见，从而在相互沟通中达到相互理解、减少冲突、达成共识。要建立健全合理的利益补偿机制，进一步发展完善社会保障体系，保护困难群众的基本利益。

3. 社会主义和谐社会是诚信友爱的社会

"诚信友爱就是全社会互帮互助、诚实守信，全体人民平等友爱、融洽相处。"① 和谐社会重在各种人际关系的和谐，友爱则是人际关系的一种理想状态，因而它是构建社会主义和谐社会的重要基础。诚信要求社会成员自觉遵守社会规则、规章制度和公共秩序，并按这些规范行事。如果一个社会有了合理的、统一的社会规则，而社会成员又能普遍认同和自觉遵守这些社会规则，这就有了诚信，也就有利于形成和谐的氛围。在现代诚信体系中，政府诚信是关键，企业诚信是核心，个人诚信是基础。友爱就是要大力倡导以文明礼貌、助人为乐、爱护公物、保护环境、遵纪守法为主要内容的社会公德，在全社会形成平等友爱、融洽相处、共同前进的社会氛围和人际环境。在这种状态下，使尊重人、理解人、关心人、信任人内化为人们的自觉行动，这种自觉行动有助于达到社会组织和社会系统的和谐，进而达到整个社会的和谐。总之，社会主义和谐社会应当是人与社会之间关系协调、人与人之间关系融洽的社会。

4. 社会主义和谐社会是充满活力的社会

"充满活力就是能够使一切有利于社会进步的创造愿望得到尊重，创造活动得到支持，创造才能得到发挥，创造成果得到肯定。"② 充满活力是构建社会主义和谐社会的必然要求。"创造"是社会活力的源泉，而充满活力又是社会进步与发展的现实力量和动力源泉，是现代社会的重要标志。因此，构建和谐社会，就要充分调动一切积极因素，发展各方面的创造活力，全面贯彻尊重劳动、尊重知识、尊重人才、尊重创造的方针，破除思想观念和体制上的各种障碍，让一切创造社会财富的源泉涌流。只有这样，才能更快更好地推动经济发展和社会进步，不断满足人们日益增长的物质和文化需要，实现人类社会和谐美好的未来。

---

① 中共中央文献研究室．十六大以来重要文献选编（中）．北京：中央文献出版社，2006. 706.

② 中共中央文献研究室．十六大以来重要文献选编（中）．北京：中央文献出版社，2006. 706.

5. 社会主义和谐社会是安定有序的社会

“安定有序就是社会组织机制健全，社会管理完善，社会秩序良好，人民群众安居乐业，社会保持安定团结。”① 安定有序是构建社会主义和谐社会的必要条件和基本标志。社会要和谐，首先要安定。这是党领导人民进行社会主义现代化建设所取得的一条基本经验。安定包括政治稳定、经济稳定、社会秩序稳定以及人心安定等几个相互联系、相互作用的方面。政治稳定是整个社会稳定的核心；经济稳定是整个社会稳定的基础；社会秩序稳定是政治稳定和经济稳定的必要条件；人心安定是社会稳定的综合体现。同时，安定不是封闭、静止状态下的安定，而是信息开放和社会进步中的安定。要实现安定，就必须不断解决社会矛盾和社会冲突，不断消除社会各种不稳定因素，在社会发展与进步的动态平衡中实现安定。当然，仅仅安定还不能构成和谐，安定还要与有序相结合，这样才能构成和谐。因为在无政府、无组织的无序状态下，公平与正义就无人伸张，社会矛盾就不能及时得到调节和化解，不同利益群体就不能彼此和谐相处。只有在良好的社会秩序下，社会组织各司其职、各尽其能，才能使有着不同利益与要求的群体和个人各得其所、和谐相处。

6. 社会主义和谐社会是人与自然和谐相处的社会

“人与自然和谐相处就是生产发展，生活富裕，生态良好。”② 自然环境是人类社会赖以生存发展的重要物质基础，也是构建和谐社会的重要物质基础。自然包括资源和环境两个方面。发展经济不能以过度牺牲自然资源为代价，也不能建立在环境逐步恶化的基础之上。在我国现代化建设的进程中，由于种种原因，在取得生产发展和生活富裕的同时，出现了一些比较突出的生态问题。例如，土地沙漠化、水土流失、自然资源无序开采、资源利用率较低等等。任由这些问题存在和扩大，不仅影响生产发展，同时也影响人与社会的和谐。实现人与自然的和谐相处，首先，要合理利用开发自然资源，发展循环经济，建设节约型社会，实现生产发展、生活富裕、生态良好的最佳结合。其次，在发展经济的同时，注意保护环境，增强可持续发展能力。经济的持续发展，必须充分考虑生态环境的承载力、自然资源的约束力和人口增长的压力。为了保持我国经济的持续、快速、健康发展，必须切实落实科学发展观，增强全民族的环境保护意识，加强环境污染治理和生态建设，严格控制高污染项目，为人类的生存和发展创造良好的

---

① 中共中央文献研究室．十六大以来重要文献选编（中）．北京：中央文献出版社，2006. 706.

② 中共中央文献研究室．十六大以来重要文献选编（中）．北京：中央文献出版社，2006. 706.

环境。

二、构建社会主义和谐社会的指导思想和目标任务

中国共产党建党80多年来，领导中国人民取得了中国革命和社会主义建设事业的一个又一个胜利，党的组织也一天天壮大，成为世界最大的执政党，一个根本的原因就在于有正确的指导思想。构建社会主义和谐社会，必须坚持正确的指导思想。党的十六届六中全会提出了构建社会主义和谐社会的指导思想，这就是："我们要构建的社会主义和谐社会是在中国特色社会主义道路上，中国共产党领导全体人民共同建设、共同享有的和谐社会。必须坚持以马克思列宁主义、毛泽东思想、邓小平理论和'三个代表'重要思想为指导，坚持党的基本路线、基本纲领、基本经验，坚持以科学发展观统领经济社会发展全局，按照民主法治、公平正义、诚信友爱、充满活力、安定有序、人与自然和谐相处的总要求，以解决人民群众最关心、最直接、最现实的利益问题为重点，着力发展社会事业、促进社会公平正义、建设和谐文化、完善社会管理、增强社会创造活力，走共同富裕道路，推动社会建设与经济建设、政治建设、文化建设协调发展。"①

在明确构建社会主义和谐社会指导思想的同时，党中央准确把握未来的发展趋势，认真分析面临的矛盾与问题，进一步提出了到2020年构建社会主义和谐社会的目标和主要任务是：社会主义民主法制更加完善，依法治国基本方略得到全面落实，人民的权益得到切实尊重和保障；城乡、区域发展差距扩大的趋势逐步扭转，合理有序的收入分配格局基本形成，家庭财产普遍增加，人民过上更加富足的生活；社会就业比较充分，覆盖城乡居民的社会保障体系基本建立；基本公共服务体系更加完备，政府管理和服务水平有较大提高；全民族的思想道德素质、科学文化素质和健康素质明显提高，良好道德风尚、和谐人际关系进一步形成；全社会创造活力显著增强，创新型国家基本建成；社会管理体系更加完善，社会秩序良好；资源利用效率显著提高，生态环境明显好转；实现全面建设惠及十几亿人口的更高水平的小康社会的目标，努力形成全体人民各尽其能、各得其所而又和谐相处的局面。

三、构建社会主义和谐社会的基本原则

在明确构建社会主义和谐社会指导思想、目标任务的同时，党中央还提出了

---

① 本书编写组．《中共中央关于构建社会主义和谐社会若干重大问题的决定》辅导读本．北京：人民出版社，2006. 5.

推进和谐社会建设必须遵循的原则，为我们在实践中积极稳妥地推进和谐社会建设指明了方向。

（一）必须坚持以人为本

为什么要以经济建设为中心？因为我们处于社会主义初级阶段，因为人口多、底子薄、生产力落后，因为经济建设水平不高，因为与别人相比较差距很大，因为落后就要挨打，因为要实现国家工业化，因为要建设小康社会，因为要实现共同富裕，因为要再创中华民族的辉煌等等。这一切都离不开经济的发展，因为经济是基础。但是，以经济建设为中心又是为了什么？毫无疑问，经济是为人服务的，是为了满足人的发展需要。党的奋斗历程告诉我们，只要我们工作的出发点和落脚点是为了人民的利益的，就一定能够得到人民群众的支持，也一定能够取得最终的胜利。构建社会主义和谐社会也一定是如此。为此，必须始终把最广大人民的根本利益作为党和国家一切工作的出发点和落脚点，实现好、维护好、发展好最广大人民的根本利益，不断满足人民日益增长的物质文化需要，做到发展为了人民、发展依靠人民、发展成果由人民共享，促进人的全面发展。

（二）必须坚持科学发展

只有经济社会发展了，社会财富增加了，构建和谐社会才能拥有雄厚的物质基础，否则和谐社会就成了“空中楼阁”。但是，在我国经济制约因素不断增多、特别是资源和环境成为瓶颈的情况下，再不能延续旧的发展道路和模式，必须走科学发展之路。一句话，发展是硬道理，科学发展更是硬道理。为此，我们必须切实抓好发展这个党执政兴国的第一要务，统筹城乡发展，统筹区域发展，统筹经济社会发展，统筹人与自然和谐发展，统筹国内发展和对外开放，转变增长方式，提高发展质量，推进节约发展、清洁发展、安全发展，实现经济社会全面协调可持续发展。

（三）必须坚持改革开放

改革是我们时代最鲜明的特征，改革是社会主义发展的动力，改革也是构建社会主义和谐社会的直接动力。回顾三十年的改革，成功地走出了一条有中国特色的社会主义发展道路，但是，我们现在的改革处于攻坚阶段，发展处于一个重要的战略机遇期，我国社会中所存在的不和谐现象和不和谐因素，从根本上讲源于体制上存在的问题，这就要通过深化改革，消除各种影响社会和谐的体制性因素，加快建立健全保障社会和谐的各方面机制。因此，是否能通过改革，建立起充满活力、富有效率、更加开放的体制，既是全面深化改革的现实需要，也是构建社会主义和谐社会的制度保证。为此，我们必须始终坚持社会主义市场经济的改革方向，适应社会发展要求，推进经济体制、政治体制、文化体制、社会体制改革和创新，进一步扩大对外开放，提高改革决策的科学性、改革措施的协调性，建立健全充满活力、富有效率、更加开放的体制机制。

（四）必须坚持人民民主与民主法治

人民民主是写入宪法的，是一个体现国家性质、体现国家的一切权力属于人民的大问题。人民当家作主和经济建设，一个属于政治范畴，一个属于经济范畴，但是，二者又是密切相连的。毛泽东说过，只有经过民主主义，才能达到社会主义。邓小平说过：没有民主，就没有社会主义，就没有社会主义的现代化。十七大政治报告提出人民民主是社会主义的生命，报告对扩大人民民主，发展基层民主、落实依法治国方略、加快政府管理体制改革等都有比以往更具体的表述，从而便于操作。在中共十六大“积极稳妥地推进政治体制改革”的基础上，十七大报告提出了“深化政治体制改革”。提出“从各个层次、各个领域扩大公民有序政治参与”，提出“保障人民的知情权、参与权、表达权、监督权”，提出“逐步实行城乡按相同人口比例选举人大代表”的民主新要求，提出“要健全基层党组织领导的充满活力的基层群众自治机制，扩大基层群众自治范围”，提出了“决策权、执行权、监督权既相互制约又相互协调的权力结构和运行机制”，提出“党的代表大会代表任期制”和“党的代表大会常任制”的党内民主要求等等。十七大赋予民主新的内涵，提出的新举措，表明我国的民主渠道在不断拓宽，民主途径在不断增多，民主发展在不断完善，社会主义民主政治之路将会越走越宽广。

十七大报告还提出：扩大社会主义民主，健全社会主义法制，建设社会主义法治国家，巩固人民民主专政，加强国家立法和法律实施工作，实现国家各项工作法治化的要求。坚持民主法治，是保障人民政治、经济、文化、社会等权益的必然要求，也是维护和促进社会和谐的重要途径。社会主义和谐社会必然是一个民主法治的社会。没有民主法治，就没有社会主义和谐社会。构建社会主义和谐社会的过程，必然是社会主义民主不断发展、社会主义法治不断健全的过程。发展社会主义民主，保证人民依法行使民主权利，充分发挥广大人民群众和社会各方面的积极性、主动性、创造性。团结一切可以团结的力量，调动一切可以调动的积极因素，是构建社会主义和谐社会的重要保证。为此，我们必须加强社会主义民主政治建设，发展社会主义民主，实施依法治国基本方略，建设社会主义法治国家，树立社会主义法治理念，增强全社会法律意识，推进国家经济、政治、文化、社会生活法制化、规范化，逐步形成社会公平保障体系，促进社会公平正义。

（五）必须坚持正确处理改革、发展、稳定的关系

改革是动力、发展是目的、稳定是前提。改革、发展、稳定好比是推进中国

现代化建设这个棋盘里面的三颗棋子，只有每一招棋下好了，并且使其相互促进，才会全盘皆活。如果有一招下不好，其他的两招也会陷入困境，就会全面受挫。而在全面建设社会主义和谐社会的进程中，我们面临的改革、发展、稳定的任务更加繁重，处理好三者之间的关系十分重要。只有保持经济持续较快的发展，才能够不断地增强综合国力和国际竞争力，更好地解决前进中的矛盾和问题；也只有不失时机地推进经济体制改革、政治体制改革、文化体制改革、社会管理体制改革，才能够推进经济发展和社会的稳定；只有把改革的力度、发展的速度和社会可承受的程度统一起来，才能在社会稳定中推进改革与发展，通过改革与发展来促进社会稳定。

（六）必须坚持在党的领导下全社会共同建设

党是中国特色社会主义事业的领导核心，党的领导是构建社会主义和谐社会的根本政治保证。构建社会主义和谐社会是中国特色社会主义事业的重要组成部分，是一项涉及面很广的社会系统工程，必须坚持党总揽全局、协调各方的原则，充分调动各方面的力量并形成强大的合力来加以推进。我们要构建的社会主义和谐社会是在中国特色社会主义道路上，中国共产党领导全体人民共同建设、共同享有的和谐社会。党提出构建社会主义和谐社会的重大战略，是为了实现好、维护好、发展好最广大人民的根本利益，也需要全体人民共同努力奋斗。因此，构建社会主义和谐社会，必须坚持科学执政、民主执政、依法执政，发挥党的领导核心作用，维护人民群众的主体地位，团结一切可以团结的力量，调动一切积极因素，形成促进和谐人人有责、和谐社会人人共享的生动局面。

第三节　构建和谐社会，发展中国特色社会主义

党的十七大报告提出："社会建设与人民幸福安康息息相关。必须在经济发展的基础上，更加注重社会建设，着力保障和改善民生，推进社会体制改革，扩大公共服务，完善社会管理，促进社会公平正义，努力使全体人民学有所教、劳有所得、病有所医、老有所养、住有所居，推动建设和谐社会。"构建社会主义和谐社会是贯穿中国特色社会主义事业全过程的长期历史任务。我们在构建社会主义和谐社会的"新长征"路上才刚刚起步，一个初具规模的构建社会主义和谐社会的大布局正在全面展开。我们要积极构建和谐社会，发展中国特色社会主义。

一、坚持协调发展，促进社会事业建设

社会要和谐，首先要发展。社会和谐在很大程度上取决于社会生产力的发展水平，取决于发展的协调性。改革开放以来，我国经济建设取得了举世瞩目的巨大成就，但是相比较而言，社会事业相对滞后。社会主义事业的发展水平，不仅是经济持续增长的必要条件，而且直接关系着最广大人民群众的根本利益。经济、政治、文化建设取得的成果最终要通过社会建设的成效惠及全体人民。因此，要加强社会事业建设。

（一）扎实推进社会主义新农村建设，促进城乡协调发展

对于我们这样一个农民占人口大多数的发展中大国而言，农民的利益能否得到保障、农村是否和谐稳定，始终具有重要意义。目前，我国农业和农村发展仍处在艰难的爬坡阶段，促进农民持续稳定增收的长效机制尚未形成，农村经济社会发展滞后的局面还没有根本改变。为此，我们必须贯彻工业反哺农业、城市支持农村和多予少取放活的方针，加快建立有利于改变城乡二元结构的体制机制，推进农村综合改革，促进农业不断增效、农村加快发展、农民持续增收。坚持农村基本经营制度，保障农民土地承包经营的各项权利，发展农民专业合作组织，增强农村集体经济组织服务功能。要强化支农惠农政策，增加国家对农业和农村投入，完善农村金融服务体系。要加快农业科技进步，推进现代农业建设，发展农业产业化经营，提高农业综合生产能力。调整优化农村经济结构，积极稳妥地推进城镇化，发展壮大区域经济。加大扶贫力度，完善扶贫机制，加快改善贫困农民生产生活条件。各级政府要把基础设施建设和社会事业发展的重点转向农村，国家财政新增教育、卫生、文化等事业经费和固定资产投资增量主要用于农村，逐步加大政府土地出让金用于农村的比重。实行严格的耕地保护制度，从严控制征地规模，加快征地制度改革，提高补偿标准，探索确保农民现实利益和长期稳定收益的有效办法，解决好被征地农民的就业和社会保障问题。要加强对农民的宣传教育，加快培养新型农民，充分发挥广大农民在新农村建设中的主体作用。

（二）落实区域发展总体战略，促进区域协调发展

逐步缩小区域经济社会发展差距，促进区域经济社会协调发展，既是经济问题，也是关系全局的政治问题和社会问题，对于构建社会主义和谐社会具有重要意义。为此，应继续推进西部大开发，振兴东北地区等老工业基地，促进中部地区崛起，鼓励东部地区率先发展，形成分工合理、特色明显、优势互补的区域产业结构，推动各地区共同发展。加大对欠发达地区和困难地区的扶持。中央财政

转移支付资金重点用于中西部地区，尽快使中西部地区基础设施和教育、卫生、文化等公共服务设施得到改善，逐步缩小地区间基本公共服务差距。加大对革命老区、民族地区、边疆地区、贫困地区以及粮食主产区、矿产资源开发地区、生态保护任务较重地区的转移支付，加大对人口较少民族的支持。支持经济发达地区加快产业结构优化升级和产业转移，扶持中西部地区优势产业项目，加快这些地区的资源优势向经济优势转变。鼓励东部地区带动和帮助中西部地区发展，扩大发达地区对欠发达地区和民族地区的对口援助，形成以政府为主导、市场为纽带、企业为主体、项目为载体的互惠互利机制。继续发挥经济特区、上海浦东新区的作用，推进天津滨海新区等条件较好地区开发开放。建立健全资源开发有偿使用制度和补偿机制，对资源衰退和枯竭的困难地区经济转型实行扶持措施。

（三）加快发展文化事业和文化产业，满足人民群众文化需求

人民群众的经济、政治、文化权益得到切实保障，不断满足人们日益增长的精神文化需求，既是全面建设小康社会的目标，也是构建社会主义和谐社会的重要任务。为此，必须坚持把社会效益放在首位，坚持把发展公益性文化事业作为保障人民文化权益的主要途径，推动文化事业和文化产业共同发展。推进文化体制改革，形成富有活力的文化管理体制和文化产品生产经营机制。加强公益性文化设施建设，鼓励社会力量捐助和兴办公益性文化事业，加快建立覆盖全社会的公共文化服务体系。要优先安排关系群众切身利益的文化建设项目，突出抓好广播电视村村通工程、社区和乡镇综合文化站（室）工程、全国文化信息资源共享工程。完善文化产业政策，培育国有和国有控股骨干文化企业，鼓励非公有资本依法进入文化产业，以重大文化产业项目带动发展，推动集约化经营，提供价格合理、形式多样的文化产品和服务，增强文化产品的国际竞争力。加强文化遗产保护。加强城乡社区体育设施建设，广泛开展全民健身活动，提高竞技体育水平。

（四）加强环境治理保护，促进人与自然相和谐

人与自然和谐相处，是构建和谐社会的重要内容和重要目标。必须贯彻落实科学发展观，在全面建设小康社会的过程中，提高人民群众的生活质量和健康水平，保障中华民族的生存和长远发展。必须加强环境保护，新形势下的环保工作必须做好以下工作：从重经济增长轻环境保护转变为保护环境与经济增长并重，在保护环境中求发展；从环境保护滞后于经济发展转变为环境保护和经济发展同步，努力做到不欠新账，多还旧账，改变先污染后治理、边治理边破坏的状况；从主要用行政办法保护环境转变为综合运用法律、经济、技术和必要的行政办法解决环境问题，自觉遵循经济规律和自然规律，提高环境保护工作水平。

二、加强制度建设，保障社会公平正义

社会公平正义是社会和谐的基本条件，制度是社会公平正义的根本保证，必须加紧建设对保障社会公平正义具有重大作用的制度，形成一个保障社会公平正义的完整的制度体系，保障人民在经济、政治、文化、社会等方面的权利和利益，引导公民依法行使权利、履行义务。

（一）完善民主权利保障制度，巩固人民当家作主的政治地位

我国是社会主义国家，人民是国家的主人，民主权利是公民基本权利的重要组成部分。因此，我们应当始终坚持党的领导、人民当家作主和依法治国的有机统一，依法实行民主选举、民主决策、民主管理、民主监督，积极稳妥地推进政治体制改革，健全民主制度，丰富民主形式，实现社会主义民主政治制度化、规范化、程序化，保障人民享有广泛的民主权利。坚持和完善人民代表大会制度、中国共产党领导的多党合作和政治协商制度、民族区域自治制度，从各个层次扩大公民有序的政治参与，保障人民依法管理国家事务、管理经济和文化事业、管理社会事务。推进决策科学化、民主化，深化政务公开，依法保障公民的知情权、参与权、表达权、监督权。扩大基层民主，完善厂务公开、村务公开等办事公开制度，完善基层民主管理制度，发挥社会自治功能，保证人民依法直接行使民主权利。

（二）完善法律制度，夯实社会和谐的法治基础

加强法制建设，是实现公平正义的基本保障。因此，我们应努力维护社会主义法制的统一和尊严，树立社会主义法制权威。坚持公民在法律面前一律平等，尊重和保障人权，依法保证公民权利和自由。坚持科学立法、民主立法，完善发展民主政治、保障公民权利、推进社会事业、健全社会保障、规范社会组织、加强社会管理等方面的法律法规。加快建设法治政府，全面推进依法行政，严格按照法定权限和程序行使权力、履行职责，健全行政执法责任追究制度，完善行政复议、行政赔偿制度。加强对权力运行的制约和监督，加强对行政机关、司法机关的监督。拓展和规范法律服务，加强和改进法律援助工作。深入开展法制宣传教育，形成全体公民自觉学法、守法、用法的氛围。

（三）完善司法体制机制，加强社会和谐的司法保障

充分发挥司法维护公平正义的职能作用，是实现社会公平正义的法治保障。因此，我们应该不断完善司法体制机制，加强社会和谐的司法保障。坚持司法为民、公正司法，推进司法体制和工作机制改革，建设公正、高效、权威的社会主义司法制度，发挥司法维护公平正义的职能作用。完善诉讼、检察监督、刑罚执

行、教育矫治、司法鉴定、刑事赔偿、司法考试等制度。加强司法民主建设，健全公开审判、人民陪审员、人民监督员等制度，发挥律师、公证、和解、调解、仲裁的积极作用。加强司法救助，对贫困群众减免诉讼费。健全巡回审判，扩大简易程序适用范围，落实当事人权利义务告知制度，方便群众诉讼。规范诉讼、律师、仲裁收费。加强人权司法保护，严格依照法定原则和程序进行诉讼活动。完善执行工作机制，加强和改进执行工作。维护司法廉洁，严肃追究徇私枉法、失职渎职等行为的法律责任。

（四）完善公共财政制度，逐步实现基本公共服务均等化

公共财政的基本职能是提供公共产品和公共服务，满足社会公共需要。因此，我们应继续健全公共财政体制，调整财政收支结构，把更多财政资金投向公共服务领域，加大财政在教育、卫生、文化、就业再就业服务、社会保障、生态环境、公共基础设施、社会治安等方面的投入。进一步明确中央和地方的事权，健全财力与事权相匹配的财税体制。完善中央和地方共享税分成办法，加大财政转移支付力度，促进转移支付规范化、法制化。保障各级政权建设需要。完善财政奖励补助政策和省以下财政管理体制，着力解决县乡财政困难，增强基层政府提供公共服务能力。逐步增加国家财政投资规模，不断增强公共产品和公共服务供给能力。

三、建设和谐文化，巩固社会和谐的思想道德基础

建设和谐文化，是构建社会主义和谐社会的重要任务，是构建社会主义和谐社会的思想保证、精神动力和智力支持。社会主义核心价值体系是建设和谐文化的根本，必须坚持马克思主义在意识形态领域的指导地位，牢牢把握社会主义先进文化的前进方向，弘扬民族优秀文化传统，借鉴人类有益文明成果，倡导和谐理念，培育和谐精神，进一步形成全社会共同的理想信念和道德规范，夯实全党全国各族人民团结奋斗的思想道德基础。党的十七大报告说："当今时代，文化越来越成为民族凝聚力和创造力的重要源泉、越来越成为综合国力竞争的重要因素，丰富精神文化生活越来越成为我国人民的热切愿望。要坚持社会主义先进文化前进方向，兴起社会主义文化建设新高潮，激发全民族文化创造活力，提高国家文化软实力，使人民基本文化权益得到更好保障，使社会文化生活更加丰富多彩，使人民精神风貌更加昂扬向上。"

（一）建设社会主义核心价值体系，形成全民族奋发向上的精神力量和团结和睦的精神纽带

社会主义核心价值体系在我国整体社会价值体系中居于核心地位，发挥着主

导作用，决定着整个价值体系的基本特征和基本方向，是建设和谐文化的根本。社会主义核心价值体系包括四个方面的基本内容，即马克思主义指导思想、中国特色社会主义共同理想、以爱国主义为核心的民族精神和以改革创新为核心的时代精神、社会主义荣辱观。这四个方面的基本内容相互联系、相互贯通，共同构成辩证统一的有机整体。建立社会主义核心价值体系，必须坚持把社会主义核心价值体系融入国民教育和精神文明建设全过程、贯穿现代化建设各方面。坚持用马克思主义中国化的最新成果武装全党、教育人民，用民族精神和时代精神凝聚力量、激发活力，倡导爱国主义、集体主义、社会主义思想。要加强理想信念教育，加强国情和形势政策教育，不断增强对中国共产党领导、社会主义制度、改革开放事业、全面建设小康社会目标的信念和信心。要加强马克思主义理论研究和建设，增强党的思想理论工作的创造力、说服力、感召力。坚持以社会主义核心价值体系引领社会思潮，尊重差异，包容多样，最大限度地形成社会思想共识。

（二）树立社会主义荣辱观，培育文明道德风尚

一个社会是否和谐，一个国家能否长治久安，很大程度上取决于全体社会成员的思想道德素质。道德是调整社会关系、规范人们行为的基本准则，是形成良好社会风尚和人际关系的重要保证。道德不仅是对人们行为的约束，实际上也是无形的制度建设，是另一只“看不见的手”，是有形的制度建设滞后于改革开放与市场经济的补救良策。它既可以进一步规范和促进市场的完善与成熟，又可以促进经济建设的发展，可谓一箭双雕。而且，有形的制度是可以引进的，而无形的制度却是难以引进的，最好是因地制宜。德治是法治的基础，法治是德治的保证，如果只有法律而没有道德的支撑，也很难把经济搞好。例如，人们所说的“诚信”危机，就是我们的市场经济发展到一定阶段而又曾经“一手软”必然要付出的代价。对于任何个人而言，腐败、造假、骗人的主要根源都在于个人道德的堕落与人性的泯灭，而法制不健全和监督不力等只不过是为他们提供了可乘之机，因此，关键还在于为人们的心灵深处筑起一道牢固的道德堤坝。邓小平当年所说“最大的失误是教育”之“误”不可再犯，这既是科学发展观的一大体现，又是构建和谐社会之必需。

因此，我们要始终坚持依法治国与以德治国相结合，树立以“八荣八耻”为主要内容的社会主义荣辱观，倡导爱国、敬业、诚信、友善等道德规范，开展社会公德、职业道德、家庭美德教育，加强青少年思想道德建设，在全社会形成知荣辱、讲正气、促和谐的风尚，形成男女平等、尊老爱幼、扶贫济困、礼让宽容的人际关系。普及科学知识，弘扬科学精神，养成健康文明的生活方式。发扬艰苦奋斗精神，提倡勤俭节约，反对拜金主义、享乐主义、极端个人主义。弘扬

我国传统文化中有利于社会和谐的内容，形成符合传统美德和时代精神的道德规范和行为规范。加强政务诚信、商务诚信、社会诚信建设，增强全社会诚实守信意识。

（三）坚持正确导向，营造积极健康的思想舆论氛围

坚持正确导向、营造积极健康的思想舆论氛围，是促进社会和谐的重要因素，也是建设和谐文化的重要任务。当前，媒体格局发生深刻变化，社会舆论结构呈现出多层次的复杂状态。能不能坚持正确导向，有效引导社会舆论，形成积极健康向上的思想舆论环境，关系人心向背、事业兴衰、社会和谐。因此，我们必须坚持正确导向，唱响主旋律，为改革发展稳定营造良好思想舆论氛围。新闻媒体要增强社会责任感，宣传党的主张，弘扬社会正气，通达社情民意，引导社会热点，疏导公众情绪，搞好舆论监督。健全突发事件新闻报道机制，及时发布准确信息。加强对互联网等的应用和管理，理顺管理体制，倡导文明办网、文明上网，使各类新兴媒体成为促进社会和谐的重要阵地。哲学社会科学要坚持以马克思主义为指导，以重大现实问题研究为主攻方向，发挥认识世界、传承文明、创新理论、资政育人、服务社会的作用。文学艺术要弘扬真善美，创作生产更多陶冶情操、愉悦身心的优秀作品，丰富群众文化生活。

（四）广泛开展和谐创建活动，形成人人促进和谐的局面

构建和谐社会，人人有责。各种形式的和谐创建活动是吸引广大干部群众参与和谐社会建设的有效载体，也是把和谐社会各项任务落实到城乡基层的有效载体。开展和谐创建活动，要着眼于增强公民、企业、各种组织的社会责任，把和谐社区、和谐家庭等和谐创建活动同群众性精神文明创建活动结合起来，突出思想教育内涵，广泛吸引群众参与，推动我为人人、人人为我社会氛围的形成。以相互关爱、服务社会为主题，深入开展城乡社会志愿服务活动，建立与政府服务、市场服务相衔接的社会志愿服务体系。注重促进人的心理和谐，加强人文关怀和心理疏导，引导人们正确对待自己、他人和社会，正确对待困难、挫折和荣誉。加强心理健康教育和保健，健全心理咨询网络，塑造自尊自信、理性平和、积极向上的社会心态。

四、激发社会活力，增进社会团结和睦

社会主义和谐社会，既是充满活力的社会，也是团结和睦的社会。必须最大限度地激发社会活力，促进政党关系、民族关系、宗教关系、阶层关系、海内外同胞关系的和谐，巩固全国各族人民的大团结，巩固海内外中华儿女的大团结。

（一）增强全社会创造活力，形成万众一心共创伟业的生动局面

人民群众是历史的创造者，要增强全社会的创造活力，必须贯彻尊重劳动、

尊重知识、尊重人才、尊重创造的方针，发挥人民群众的首创精神，使全社会的创造能量充分释放、创新成果不断涌现、创业活动蓬勃开展。坚持人民群众是历史创造者的观点，党和政府的重大决策和工作部署都要从人民群众的创造性实践中汲取智慧、经受检验，都要依靠人民群众付诸实践、取得实效。坚持发挥生产力作为最活跃、最革命因素的决定性作用，坚定不移地通过深化改革破除各种障碍，完善公平竞争机制，健全现代产权制度，不断解放和发展生产力。坚持把创新精神贯穿到治国理政的各个环节，使一切有利于社会进步的创造得到发挥，保护创新热情，鼓励创新实践，完善创新机制，宽容创新挫折，增强自主创新能力，建设创新型国家。弘扬自力更生、顽强拼搏、团结协作精神，倡导自主创业、艰苦创业、和谐创业，营造鼓励人们干事业、支持人们干成事业的社会环境，共同致力于建设中国特色社会主义伟大事业。

（二）巩固和壮大最广泛的爱国统一战线，充分调动各方面积极性

激发社会活力，充分调动各方面积极性，必须高举爱国主义和社会主义伟大旗帜，发挥统一战线在促进社会和谐中的独特优势，支持人民政协围绕团结和民主两大主题履行政治协商、民主监督、参政议政的职能，发挥协调关系、汇集力量、服务大局的作用，加强各党派、各团体、各民族、各阶层、各界人士的团结和谐。贯彻“长期共存、互相监督、肝胆相照、荣辱与共”的方针，加强同民主党派和无党派人士合作共事，不断发展我国社会主义多党合作事业。坚持全心全意依靠工人阶级的方针，发挥包括知识分子在内的工人阶级、广大农民推动经济社会发展根本力量的作用，鼓励和支持包括新的社会阶层在内的全体社会主义事业的建设者为经济社会发展贡献力量。认真贯彻落实党的民族政策，牢牢把握各民族共同团结奋斗、共同繁荣发展的主题，广泛开展民族团结进步活动，巩固和发展平等、团结、互助、和谐的社会主义民族关系，使各族人民和睦相处、和衷共济、和谐发展。全面贯彻党的宗教信仰自由政策，依法管理宗教事务，坚持自主自办的原则，积极引导宗教与社会主义社会相适应，加强信教群众同不信教群众、信仰不同宗教群众的团结，发挥宗教在促进社会和谐方面的积极作用。

（三）加强海内外中华儿女的团结，为实现中华民族的伟大复兴而奋斗

坚持“一国两制”、“港人治港”、“澳人治澳”、高度自治的方针，严格按照特别行政区基本法办事，在爱国爱港、爱国爱澳旗帜下，团结港澳各界人士，维护香港、澳门长期繁荣稳定。贯彻“和平统一、一国两制”的基本方针和现阶段发展两岸关系、推进祖国和平统一进程的八项主张，坚持一个中国原则决不动摇，争取和平统一的努力决不放弃，贯彻寄希望于台湾人民的方针决不改变，

反对“台独”分裂活动决不妥协。围绕两岸关系和平发展的主题，加强两岸人员往来和经济文化交流合作，支持海峡西岸和其他台商投资相对集中地区的经济发展，推进两岸直接“三通”，尽最大努力为两岸同胞谋和平、谋发展、谋福祉，使两岸同胞感情更融洽、合作更深入，共同维护台海和平稳定，推进祖国统一大业。全面贯彻党的侨务政策，做好海外侨胞和归侨侨眷工作，凝聚侨心、汇集侨智、发挥侨力。

（四）坚持走和平发展道路，营造良好外部环境

高举和平、发展、合作的旗帜，坚持独立自主的和平外交政策，坚定不移地走和平发展道路，实施互利共赢的开放战略，维护国家主权、安全、发展利益，积极争取和平稳定的国际环境、睦邻友好的周边环境、平等互利的合作环境、互信协作的安全环境、客观友善的舆论环境。坚持对外开放的基本国策，提高对外开放水平，积极发展对外经济技术合作，大力开展对外文化交流，更好地利用国际国内两个市场、两种资源，注重加强互利合作，实现共同发展。按照和平共处五项原则和其他公认的国际关系准则同世界各国发展友好关系，推动建设持久和平、共同繁荣的和谐世界。

构建社会主义和谐社会，关键在党。必须充分发挥党的领导核心作用，坚持立党为公、执政为民，以党的执政能力建设和先进性建设推动社会主义和谐社会建设，为构建社会主义和谐社会提供坚强有力的政治保证。构建社会主义和谐社会，重心在基层，必须提高各级领导班子和领导干部领导社会主义和谐社会建设的本领，建设宏大的社会工作人才队伍，加强基层基础工作。

五、处理好经济发展与和谐社会的关系

经济发展我所欲也，和谐社会我所欲也。能否兼而得之？这是建设和谐社会过程中应该着力探讨的问题。经济发展是为了建设和谐社会，和谐社会又反过来促进经济建设，按理说，是应该可以兼而得之的。但是，要处理好以下几种关系。

（一）以人为本，效率第一：处理好“本”与“第一”的关系

经济发展要坚持以人为本，是党的宗旨、“三个代表”重要思想和科学发展观在经济发展过程中的体现。坚持以人为本，就要明确经济发展的目的归根结底是为人服务的，是为了满足人的需求，使人们过上好日子的。因此，要把广大人民群众迫切要求解决的问题，作为我们工作的重点。经济发展以人为本就要把消费需要作为起点和终点，就要以扩大消费需求、提高消费质量从而促进人的全面发展为主要目标，就要实现生产与消费之间的良性循环，就要研究如何引导人的

健康消费、促进人的全面发展。不能够为生产而生产，为发展经济而发展经济。

效率第一，是市场经济的竞争性以及效率性所决定的，而其效率高的动力则来自于竞争。竞争有输有赢，有快有慢。但是，“本”与“第一”孰轻孰重？这就是效率要在“本”即人身上得到体现。以人为本并不排斥经济发展效率第一。效率第一必须合理确定经济增长的目标，把工作重点放在提高经济增长的质量和效益上。要发挥市场配置资源的基础性作用，注重运用经济手段和法律手段，不断调整投资和消费的关系，大力推进结构的调整，促进经济增长方式的转变，要抓住影响结构优化和协调发展的重要环节，加大结构调整的力度等等。但是，效率并不是最终的目标，高效率获取的经济效益要在分配上得到体现，既要体现于国民经济全局的宏观经济效益、生产单位的经济效益，更要体现在劳动者个人的经济收益方面，具体要到人。

（二）公平正义，稳定第一：处理好各种利益群体之间的矛盾

经济发展要促进和谐社会建设，这本是不容置疑的。但是，有些事情却往往事与愿违。近些年来，一些用人单位拖欠工人（包括农民工）工资的现象屡禁不止；有的则不停地以“试用”的方式更换员工以降低劳动力成本；有的生产单位只顾利润，野蛮操作、违法生产，无视职工的生命安全，致使伤亡事故层出不穷；还有，童工的使用、恶劣的劳动条件等等。如果人的生命与健康都得不到重视和保护的话，发展经济又是为了什么呢？因此，保护工人的合法权益，保护工人个人经济利益的合理实现，保护劳动者的生命安全，牢固树立发展生产、安全第一的观念，维护社会稳定和谐，是在社会主义初级阶段经济发展中必须高度重视的问题。和谐社会不是消除了矛盾的社会，和谐社会也有矛盾，也存在着利益上的差异。但是，和谐社会必须能够处理这些矛盾，做到各种利益关系的平衡，实现社会的政治利益、经济利益和其他利益在全体社会成员间合理而平等的分配。

社会要和谐，首先要稳定，利益矛盾处理不好，必然影响社会稳定。所以，在新一轮的经济发展过程中如何处理好各种利益群体之间的矛盾，将是一个重要的课题。“稳定压倒一切”是党领导人民进行社会主义现代化建设所取得的一条基本经验。稳定既包括经济稳定，也包括政治稳定、社会秩序稳定等几个相互联系、相互作用的方面。经济稳定是整个社会稳定的基础；政治稳定是整个社会稳定的核心；社会稳定是政治稳定和经济稳定的必要条件。要实现稳定，就必须不断解决社会矛盾和社会冲突，不断消除社会各种不稳定因素。反映在经济发展中，就必然要利用各种经济政策，如财政、税收、福利等杠杆，对收入再分配进行科学调控，理顺工资和收入分配的秩序，扩大中等收入群体，减少贫困和低收入群体等。社会主义和谐社会的基本特征，在经济发展的过程中应该得到充分体

现。既要做到公平正义，又要保证社会稳定，就一定要处理好不同利益群体之间的利益矛盾。

（三）超前发展，稳步发展：处理好速度与质量的关系

这些年，“超前发展”、“跨越式发展”、“超常规增长”、“比较优势”、“产业升级”、“航空母舰”等新概念不绝于耳；“开发区”、“高新区”、“科技园”、“信息港”、“软件基地”、“硅谷”等遍地开花。这不禁令人回想起“大跃进”那“火红的年代”：一天等于20年；不怕做不到，只怕想不到。其实不少地方搞的还是争速度、上项目、铺摊子、盲目扩张的老套路，尤其是由行政力量所推动的盲目扩张所造成的后果更加严重。“超前发展”绝不是没有任何先决条件的“飞跃”，也不是平白无故地“飞”过某一阶段，而是应该符合生产力发展规律的，是以必需的科学技术和人才储备、必备的生产要素组合、必要的市场和制度环境为前提的。离开了这些先决条件，“跨越”是不可能成功的。

稳步发展并不排斥“超前发展”、“跨越式发展”，而是二者的辩证统一。既表现量的扩张，也表现为质的提高；既强调努力进取，又要求不能急躁冒进。由于多种原因，我国经济长期走着粗放式发展的路子，经济增长主要靠增加投入、扩大投资规模，生产要素利用效率低，资源和环境的代价太大，经济整体素质不高，竞争力不强。稳步发展就要求不仅仅只片面追求发展速度，而要准确把握经济运行中的突出矛盾和主要问题，适时提出有效应对的方针和政策措施，消除经济运行中的不稳定、不健康因素，防止经济大起大落。既要敢于攻坚、锐意推进，又要兼顾各方、积极稳妥。这就要求我们一定要处理好发展速度与发展质量的关系，以科学发展观为指导，确定经济发展的路向，以内涵增长方式为主，把提高经济效益和质量放在首位。建设和谐社会与经济发展的目的都要达到，就要从人民群众的根本利益出发谋发展、促发展，离开一定的价值选择的发展是不存在的。

和谐凝聚力量，和谐成就伟业。构建社会主义和谐社会是建设中国特色社会主义的重大战略任务，是中国特色社会主义的新目标。只要全国各族人民万众一心、锐意进取，就一定能够在中国特色社会主义的道路上，实现中华民族的伟大复兴。

【本章小结】

构建社会主义和谐社会是党中央在正确分析国际形势和总结国际发展经验的基础上，为解决社会中的诸多矛盾而提出的。它摸索和总结了人类社会发展规律、社会主义建设规律和共产党执政规律。社会主义和谐社会应该是民主法治的

社会，是公平正义的社会，是诚信友爱的社会，是充满活力的社会，是安定有序的社会，是人与自然和谐相处的社会。我们要切实按照党中央关于构建社会主义和谐社会的指导思想、目标任务、基本原则和重大部署，推进与发展中国特色社会主义。

【关键术语和概念】

1. 社会建设：社会建设与人民幸福安康息息相关。必须在经济发展的基础上，更加注重社会建设，着力保障和改善民生，推进社会体制改革，扩大公共服务，完善社会管理，促进社会公平正义，努力使全体人民学有所教、劳有所得、病有所医、老有所养、住有所居，推动建设和谐社会。

2. 基本公共服务：基本公共服务的属性在于它的公共性、普惠性和社会公平性。公共服务的范围比较广，应根据经济社会发展的水平高低和政府建设的能力大小而定，但基本上都包括公共教育、公共卫生、公共文化等社会事业，也包括公共交通、公共通信等公共产品和公用设施建设，还包括解决人的生存、发展和维护社会稳定所需要的社会就业、社会分配、社会保障、社会福利、社会秩序等公共制度建设。这些公共服务产品和公共服务的提供，是政府调控城乡之间、地区之间、社会成员之间收入差距，促进社会公平正义，保障社会安定有序的制度性手段和机制。在我国现阶段，按照逐步形成惠及全民的基本公共服务体系的要求，既要不断增加公共服务的总量，向社会提供更多更好的公共服务，又要着力优化公共服务的结构和布局。

3. 和谐文化：和谐文化以崇尚和谐、追求和谐为价值取向，融思想观念、思维方式、行为规范、社会风尚于一体，反映着人们对和谐社会的总体认识、基本理念和理想追求，是中国特色社会主义文化的重要组成部分。和谐文化既是和谐社会的重要特征，也是实现社会和谐的文化源泉和精神动力。建设和谐文化，就是要倡导和谐理念，培育和谐精神，在全社会形成共同的理想信念和道德规范，不断增强中华民族的凝聚力、向心力、亲和力，为构建和谐社会创造良好的人文环境和文化生态。

4. 共同建设、共同享有：“两个共同”是党中央关于构建和谐社会的新表述。党的十六届六中全会指出：“我们要构建的社会主义和谐社会，是在中国特色社会主义道路上，中国共产党领导全体人民共同建设、共同享有的和谐社会。”这一论断明确了和谐社会建设的领导核心、发展道路、实践主体和根本目的。“共同建设”涉及的是公众参与和谐社会建设的义务和责任，“共同享有”涉及的是对公众权益的充分尊重和切实保障。和谐社会建设与每个人息息相关，需要全体人民共同参与。同时，社会公众共同享有改革发展的新成果，是引领人们共同建设和谐社会的前提条件。

【思考题】

1. 构建社会主义和谐社会理论提出的背景是什么？
2. 构建社会主义和谐社会的内涵和特征是什么？
3. 构建社会主义和谐社会的意义有哪些？
4. 构建社会主义和谐社会的指导思想、目标任务是什么？
5. 案例分析：

“乌坎转机”提示我们什么

乌坎村村委会将一块集体土地卖给开发商，几年来在当地居民不知情的情况下 3200 亩土地陆续被政府贩卖，卖地款项达七亿多元人民币，而居民补助款只有 500 元，其余全部被当地官员私吞。购买村民土地准备兴建滨海新区碧桂园的开发商为祖籍乌坎的港商陈文清，他于 20 世纪 80 年代成为香港的广东海陆丰商会会长，同时也是广东省人大代表。就此事当地居民屡次上访无果。近期，仅存的一块土地又被卖给地产开发商，激发当地人于 2011 年 9 月 21 日举行游行示威，22 日军警镇压示威人群而最终引爆骚乱。这次事件凸显了社会深层次矛盾。据调查显示，中国每年民众集体维权的“群体性事件”多达十余万起，其中强行征地与补偿不足引发的群体事件占到了 6 成左右。中国社科院表示，自 20 世纪 90 年代起，中国农村的重大事件中 65% 为侵占土地问题。FT 中文网发文指出，“中国农村的土地名义上归集体所用，但官员们可出于开发目的将土地所有权进行托管，并换取补偿金。不过村民们常常认为补偿金过低，无法反映出土地出让带来的效益”。

从乌坎事件来看，村民的诉求点在利益，转折点也在利益。2011 年 9 月以来，部分村民之所以频频上访，源于对村干部处置土地、财务、换届等问题的不满。如果能及时抓住利益诉求点，事发前认真倾听、公正评判、果断解决，就不会小事拖大、层层升级，演变成群体性冲突，乌坎事件也就会呈现不同走向。如今的峰回路转，正在于省工作组充分肯定“群众的主要诉求是合理的”。这表明，在面对具体矛盾冲突时，把握了群众利益的诉求点，也就把握了问题解决的关键点。

今天的中国，正处于社会转型期，经济社会在不断前行中不可避免地积累了一些矛盾，利益主体多元化、利益诉求多样化、利益冲突显性化。广东作为改革开放的先行地，经济发展快，开放程度高，社会转型快，流动人口多，社会管理压力大，社会矛盾早发多发，出现的问题既具有典型性，又具有警示性。直接诱发乌坎事件的土地问题，在全国其他地方也不鲜见，这些问题交织着个别利益和公共利益、短期利益和长远利益，使“偶然性”冲突背后存在着“必然性”动因。

有利益博弈并不可怕，有了这样的博弈，才能更好地平衡利益、协调关系，让整个社会处于动态稳定之中。群众固然不能“有诉求就过激，一过激就违法”，再合理的诉求也要在法律框架下解决，基层政府也不能把本属正常的诉求表达，用“堵”和“压”使之演变成过激对抗。在乌坎事件中，基层政府的最初失误正在于，没有正视村民合理的利益诉求，让理性的上访升级为过激的行动。省工作组以“最大决心、最大诚意、最大努力”解决群众合理诉求的坚定承诺，化解了激烈的情绪，为问题的彻底解决，为当地的稳定和谐，创造了基本条件。这种有错即纠的政治勇气，体现了我们党一以贯之的宗旨：对群众利益负责，就是对党的事业负责。

回顾近年来的诸多群体性事件，究其实质，大多源于群众利益诉求得不到纾解和满足。这提示我们，面对群众的利益诉求甚至是矛盾冲突，地方政府要有高度的大局意识。一方面，要看到“群众利益是发展的最终目的”，“着力解决好人民最关心最直接最现实的利益问题”是最大的政治；另一方面，要扫除面对群众的“对手思维”，真正像中央领导同志要求的，把解决群众利益问题“作为检验干部群众观念、宗旨意识、领导能力的试金石”。

实际上，社会管理得好不好，不在于是否存在矛盾冲突，而在于能否很好地容纳和化解矛盾冲突。在法治这个核心原则之下，如何公正利益分配？如何畅通利益表达？如何保障利益救济？回答好这些问题，矛盾冲突才会如渠中之水，有来处有去处，不至于阻塞汹涌。

列宁曾说，利益触动每个人的神经。“乌坎转机”告诉我们，要减少社会矛盾的触点、降低燃点，必须将社会管理摆在更重要的位置，解决好群众利益问题。

（案例来源：乌坎事件起因、经过、现状及特点　评乌坎事件：基层政府没正视村民合理诉求．加盟快乐网，http：//www. kuaile800. com/forms_ detail－82009－. html）

讨论：

1. 结合案例谈谈怎样理解社会主义和谐社会应该是公平、正义的社会？
2. 结合案例谈谈如何完善基层社会管理机制？

第十一章　中国特色社会主义制度

胡锦涛总书记《在庆祝中国共产党成立90周年大会上的讲话》，概括了建党90年来取得的“三大成就”：开辟了中国特色社会主义道路，形成了中国特色社会主义理论体系，确立了中国特色社会主义制度。讲话对中国特色社会主义制度作出了概括：“中国特色社会主义制度，是当代中国发展进步的根本制度保障，集中体现了中国特色社会主义的特点和优势。我们推进社会主义制度自我完善和发展，在经济、政治、文化、社会等各个领域形成一整套相互衔接、相互联系的制度体系。人民代表大会制度这一根本政治制度，中国共产党领导的多党合作和政治协商制度、民族区域自治制度以及基层群众自治制度等构成的基本政治制度，中国特色社会主义法律体系，公有制为主体、多种所有制经济共同发展的基本经济制度，以及建立在根本政治制度、基本政治制度、基本经济制度基础上的经济体制、政治体制、文化体制、社会体制等各项具体制度，符合我国国情，顺应时代潮流，有利于保持党和国家活力、调动广大人民群众和社会各方面的积极性、主动性、创造性，有利于解放和发展社会生产力、推动经济社会全面发展，有利于维护和促进社会公平正义、实现全体人民共同富裕，有利于集中力量办大事、有效应对前进道路上的各种风险挑战，有利于维护民族团结、社会稳定、国家统一。”

中国特色社会主义制度就是中国共产党领导全国人民，以中国特色社会主义理论体系为指导，在中国特色社会主义道路上形成的“在经济、政治、文化、社会等各个领域形成的一整套相互衔接、相互联系的制度体系”。本章分别从这四个方面作一个简单的描述。

第一节　中国特色社会主义的基本经济制度

一、坚持公有制为主体、多种所有制经济共同发展

公有制为主体、多种所有制经济共同发展，是我国社会主义初级阶段的一项基本经济制度，是载入宪法的。这一制度确立的基本根据是：第一，公有制是社

会主义经济制度的基础，是社会主义生产关系区别于资本主义的本质特征，是劳动人民当家作主的经济基础。第二，我国还处在社会主义的初级阶段，生产力不发达，生产社会化程度还不高。第三，一切符合“三个有利于”的所有制形式都可以而且应该用来为社会主义社会服务。

我们要坚持“两个不动摇”，一是坚持公有制为主体不动摇。公有制包括：国有经济、集体经济、混合所有制经济中的国有成分和集体成分。公有制的主体地位主要体现在两个方面：其一，就全国而言，要坚持公有资产在全社会总资产中占优势，国有经济控制国民经济的命脉，对经济发展起主导作用；但在个别地区、个别部门可以有差别。也就是说公有资产在社会资产中占数量上的绝对优势是相对于社会资产的总体而言，并不排除在个别部门、个别地区非公有资产占数量优势。其二，公有资产占优势，既要有量的优势，更要注重质的提高。国有经济的主导作用主要体现在国有经济的控制力上。

公有制的实现形式可以有多种方式。公有制和公有制的实现形式是两个不同的概念，它们之间是内容和形式的关系。公有制的实现形式不仅可以多样化，而且完全应该和必须多样化。经过多年的实践探索，我们在公有制的实现形式问题上逐渐取得了一致的认识，并在实践中创造出了公有制的多种实现形式。如独资经营公司、股份有限公司、有限责任公司、经营承包、租赁经营和股份合作制等。

二是坚持多种所有制经济共同发展不动摇。要鼓励、支持和引导非公有制经济发展。现阶段我国所有制结构中的非公有制经济，主要是个体经济、私营经济和外商独资经济。其主要特征是：企业生产资料归私人支配，生产经营由私人进行管理和决策；除个体经济外，一般都以雇佣劳动为基础；依法纳税后，企业的经营成果归企业自主支配。

非公有制经济的发展，为公有制经济发展空间的拓展提供了可能，为公有经济的发展注入了竞争活力，对公有制企业的技术进步有推动作用。所以，要鼓励、支持和引导非公有制经济发展。

公有制为主体、多种所有制经济共同发展的基本经济制度，坚持按劳分配的主体地位。其依据是：旧的社会分工仍然存在，劳动仍然是谋生的手段，在这种条件下，只有实行按劳分配，才能调动劳动者的生产积极性，促使社会生产力的不断发展。其经济基础是：公有制为主体排除了依靠占有生产资料无偿占有他人劳动成果的经济基础。其物质条件是：社会主义初级阶段的生产力发展水平决定了只能实行按劳分配，而不能实行按需分配。

在按劳分配的前提下，实行多种分配方式并存。主要是生产要素参与分配，如土地、资本、技术、信息等。

二、社会主义市场经济理论的内涵与特征

1984年，党的十二届三中全会通过了《中共中央关于经济体制改革的决定》，提出了社会主义经济是“公有制基础上有计划的商品经济”的论断，第一次肯定了商品经济是社会主义的内在属性，突破了传统的社会主义经济模式把商品经济同社会主义计划经济对立起来的思想束缚。邓小平高度评价了这个决定，认为是“马克思主义基本原理和中国社会主义实践相结合的政治经济学”。

1985年，邓小平又指出：“社会主义和市场之间不存在根本矛盾。问题是用什么方法才能更有力地发展社会生产力。我们过去一直搞计划经济，但多年的实践证明，在某种意义上说，只搞计划经济会束缚生产力的发展。把计划经济和市场经济结合起来，就更能解放生产力，加速经济发展。”1987年，邓小平在党的十三大召开之前说，“为什么一谈市场就说是资本主义，只有计划才是社会主义呢？计划和市场都是方法嘛。只要对生产力有好处，就可以利用。它为社会主义服务，就是社会主义的；为资本主义服务，就是资本主义的”。1992年初，邓小平在著名的南方谈话中把这一问题讲得更加简明和更加深刻。他说：“计划多一点还是市场多一点，不是社会主义与资本主义的本质区别。计划经济不等于社会主义，资本主义也有计划；市场经济不等于资本主义，社会主义也有市场。计划和市场都是经济手段。”

根据这一论断，江泽民同志指出，商品经济充分发展是实现社会经济高度发达不可逾越的阶段。充分发展的商品经济，必然离不开充分发育和完善的市场机制。那种认为市场作用多了，就会走上资本主义道路的担心，是没有根据的和不正确的。1992年，党的十四大正式把建立社会主义市场经济体制作为我国经济体制改革的目标确定下来，并在此基础上较系统地阐述了社会主义市场经济的内涵与基本特征。

社会主义市场经济理论的内涵表现在：第一，把计划和市场作为资源配置的手段和方式。第二，计划和市场都是经济手段。把计划和市场结合起来就更能解放生产力，加速经济发展。第三，我国实行市场经济必须和社会主义基本制度结合在一起。

社会主义市场经济是社会主义基本制度和市场经济的互相结合，基本特征表现在：第一，在所有制结构上，以公有制为主体，多种所有制经济共同发展，不同所有制经济的企业还可以自愿实行多种形式的联合经营；各类不同的企业都进入市场，国有经济在市场平等竞争中发挥主导作用。第二，在分配制度上，坚持按劳分配为主体，多种分配方式并存的制度。第三，在宏观调控上，能够把人民的当前利益与长远利益、局部利益和整体利益结合起来，更好地发挥计划和市场

两种手段的长处。

第二节　中国特色社会主义的政治制度

人民代表大会制度这一根本政治制度，中国共产党领导的多党合作和政治协商制度、民族区域自治制度以及基层群众自治制度等构成的基本政治制度，以及体现这种政治制度的中国特色社会主义法律体系，就构成了中国特色社会主义的政治制度。如前所述，这一政治制度的理论基础是人民民主专政理论，由党的第一代中央领导集体所创立；在建设中国特色社会主义的过程中，这个基本政治制度有了进一步完善。本节重点介绍基层群众自治制度。

我国的基层群众自治制度，是指城乡居民群众以相关法律、法规和政策为依据，在城乡基层党组织领导下，在居住地范围内，依托基层群众自治组织，直接行使民主选举、民主决策、民主管理和民主监督等权利，实行自我管理、自我服务、自我教育、自我监督的制度与实践。基层群众自治是人民当家作主最有效、最广泛的途径。规范基层群众自治制度的两个法律文件，一是《中华人民共和国村民委员会组织法》，1998 年 11 月 4 日第九届全国人民代表大会常务委员会第五次会议通过，2010 年 10 月 28 日第十一届全国人民代表大会常务委员会第十七次会议作了修订；另一个是《中华人民共和国城市居民委员会组织法》，第七届全国人民代表大会常务委员会第十一次会议于 1989 年 12 月 26 日通过，自 1990 年 1 月 1 日起施行。

“基层群众自治制度”，是在新中国成立后的民主实践中逐步形成的，并首先发育于城市。中共十七大将“基层群众自治制度”首次写入党代会报告，正式与人民代表大会制度、中国共产党领导的多党合作和政治协商制度、民族区域自治制度一起，纳入了中国特色政治制度范畴。

截至 2007 年底，我国农村有 61 万多个村民委员会，城市有 8 万多个社区居民委员会。自《村民委员会组织法》和《城市居民委员会组织法》实施以来，全国绝大多数农村和城市已进行了 6 次以上的村（居）民委员会换届选举。85% 的农村建立了实施民主决策的村民大会或村民代表大会，90% 以上的农村建立了保障民主监督的村民理财小组、村务公开监督小组等组织，村务公开、民主评议等活动普遍开展。89% 的城市社区建立了居民（成员）代表大会，64% 的社区建立了协商议事委员会，22% 的社区建立了业主委员会，居民评议会、社区听证会等城市基层民主形式普遍推行，收到了很好效果。总的来看，经过长期的发展，我国基层群众自治制度体系已基本确立，组织载体日益健全，内容不断丰富，形式更加多样，城乡基层群众自治正在社会主义民主政治建设中发挥着越来越大的作用。

把国家层面的民主制度与基层范畴的民主制度有机地结合在一起，使社会主义政治制度体系的内容更为全面、丰富，结构更为完整，功能更为强大。这有利于不同类型和层次的民主制度发挥各自优势，有利于它们之间的衔接与互动，有利于进一步彰显社会主义国家人民当家作主的制度本质，使我国的政治制度更好地成为亿万人民群众参与并惠及亿万人民群众的制度。

这一政治制度，把代表制民主与基层直接民主结合起来，充分发挥各自的功能和整体优势，是我国社会主义民主政治建设的一大创造。基层群众自治制度地位的重大提升，反映了党对发展我国社会主义民主政治的规律把握得越来越科学，具体道路与框架规划得越来越符合实际。

这一政治制度，拓宽了认识我国社会主义民主政治建设的理论视野，有利于发展我国社会主义政治建设。我国的基本国情和社会制度决定了我们绝不能照搬西方的政治模式，必须走中国特色社会主义政治发展道路。一方面，人民通过他们选出的代表组成全国人大和地方各级人大，行使当家作主的权力；另一方面，在基层建立健全群众自治组织和民主自治制度，群众的事情由群众自己依法去办，为社会主义民主政治奠定全面巩固的群众基础。

这一政治制度，必将进一步激发亿万人民群众广泛参与基层民主的积极性，进一步推动基层群众自治实践有机地汇入我国政治建设的总体进程，使人民群众享有更多更切实的民主权利。

第三节　中国特色社会主义文化发展道路

2011 年，党的十七届六中全会通过了《中共中央关于深化文化体制改革推动社会主义文化大发展大繁荣若干重大问题的决定》（简称《决定》）。《决定》科学地概括和深刻阐述了中国特色社会主义的文化发展道路，提出了建设社会主义文化强国的任务；《决定》顺应各族人民对丰富精神文化生活的热切愿望，针对社会普遍关注的重点问题，提出了文化大发展、大繁荣的一系列重大举措，是开启文化奋进新程、铸就文化新辉煌的重要文件。

一、文化是民族的血脉，是人民的精神家园

在我国五千多年文明发展历程中，各族人民紧密团结、自强不息，共同创造出源远流长、博大精深的中华文化，为中华民族发展壮大提供了强大精神力量，

为人类文明进步作出了不可磨灭的重大贡献。

民族文化是民族自信力的根据。人的行为无时无刻地受着民族传统文化的支配；民族的行为也无不受着传统文化的制约。中国民族文化博大精深，对中西文化有着强烈比较的孙中山曾感叹道："把一个人从内发扬到外，由一个人的内部做起，推到平天下止。像这样精微开展的理论，无论外国什么政治哲学家都没有见到，都没有说出，这就是我们政治哲学的知识中独有的宝贝，是应该要保存的。"①

1938年，毛泽东在党的六届六中全会所作《论新阶段》的报告中，在号召全党开展学习马克思主义竞赛的同时，提出要认真学习中国文化遗产："从孔夫子到孙中山，我们应当给予总结，承继这一份珍贵的遗产。这对于指导当前的伟大运动，是有重要帮助的。"② 毛泽东关于新文化建设中如何对待中国传统文化和西方文化的态度，可以概括为"两个反对"、"两个吸收"。"两个反对"即：反对反映帝国主义在政治经济上和半统治中国的帝国主义文化，以及无耻的中国人提倡的奴化思想的文化，包括主张尊孔读经、提倡旧礼教旧思想的复古思想。"两个吸收"即：吸收大量的外国的进步文化，包括外国的古代文化，如各资本主义国家启蒙时代的文化；吸收中国长期的封建社会中创造的古文化。改造旧文化，就是为了建立新文化，从而为新政治、新经济服务。但是新文化除了新内容以外，还要有民族的形式。1944年4月22日他在《关于陕甘宁边区的文化教育问题》的讲话中说："边区有三十五万户，每家都挂起有新内容的春联，也会使边区面貌为之一新。""边区有两种秧歌：一种是老秧歌，反映的是旧政治、旧经济；一种是新秧歌，反映的是新政治、新经济。"③ 这就是"两个吸收"中内容和形式的关系，是建立新文化的目的。

二、中国共产党是中华优秀传统文化的忠实传承者和弘扬者，又是中国先进文化的积极倡导者和发展者

中国共产党历来高度重视运用文化引领前进方向、凝聚奋斗力量，团结带领全国各族人民不断以思想文化新觉醒、理论创造新成果、文化建设新成就推动党和人民的事业向前发展。文化工作在革命、建设、改革各个历史时期都发挥了不可替代的重大作用。中国共产党对先进文化的探求伴随着中国共产党90多年的

① 孙中山全集（第9卷）. 北京：中华书局，1986. 247.
② 毛泽东选集（第2卷）. 北京：人民出版社，1991. 534.
③ 毛泽东文集（第3卷）. 北京：人民出版社，1996. 118、109.

奋斗历程，与新民主主义革命、社会主义革命和建设以及社会主义现代化建设共进，是四代中央领导集体锲而不舍、孜孜以求、长期接力的结果。新民主主义文化纲领是先进文化，精神文明建设是先进文化，“三个代表”是先进文化，核心价值体系是先进文化。先进文化的探索和实践过程，正是一个代表最广大人民根本利益的过程。建设面向世界、面向现代化、面向未来的民族的、科学的、大众的中国先进文化，是建设先进文化的奋斗目标，这个过程中创造的文化成果在中国和世界文化史上都写下了光辉的一页。

可以说，从中国共产党诞生的那天起，她就在探索新的文化前进方向，以一种新的面貌继续着“五四”新文化运动，同时，掀开了中国文化新的一页。如果将中国共产党掀开的新一页文化放在中国五千年历史文化的长河中，放在两千多年鼎盛的封建文化历史中加以比较的话，无疑将对这个“新”会有更深刻的理解；如果将中国共产党掀开的新的一页放在世界各民族之间光辉灿烂的文化中加以比较的话，无疑将对这个“新”会有更深刻的体会。因为，中国共产党所代表的先进文化，无论是从内容、服务的对象、追求的理想，还有它表达的主题、人物、事件以及蕴含于其间的世界观、人生观、价值观、审美观，都体现着新的思想、新的观念、新的方向：它是为人民服务的，是代表最广大人民的根本利益的，是生长在中国大地上继承中华民族几千年优秀文化传统而又博采各民族文化之所长的。它既立足于中国这片土地和这里的人民，又“冲出亚洲走向世界”充满活力和朝气，体现着面向世界、面向未来、面向现代化的一往无前的张力。总之，中国共产党所致力的先进文化是与人民一起生长和共同创造的，是引导时代潮流与时俱进的，既体现出对中华优秀传统文化的传承与弘扬，又体现了对中国先进文化的倡导和发展，体现了当代中华民族文化的先进性与前进方向。

以毛泽东为代表的第一代中央领导集体创立了新民主主义文化理论；对社会主义如何发展先进文化作了初步的探索。毛泽东所探索的“建设中华民族”的新文化，是放在要建立一个“新中国”这个大目标之下的。这种新文化对于人民大众是革命的有力武器，在革命前，是革命的思想准备；在革命中，是革命总路线中的一条必要和重要的战线。毛泽东认为，建设新文化要坚持共产主义思想即马克思主义为指导。因为，新文化是新的经济力量和新的政治力量的反映并为之服务的，任何别的阶级的文化思想都领导不了。在这一思想的指导之下，毛泽东提出了建设民族的、科学的、大众的新民主主义文化纲领并运用于指导文化的实践。也是在这种思想的指导之下，毛泽东提出我们的文化是人民的文化，提出了文化必须为人民服务和怎样为人民服务的思想。

邓小平说：“我们要在建设高度物质文明的同时，提高全民族的科学文化水平，发展高尚的丰富多彩的文化生活，建设高度的社会主义精神文明。”从而为建设有中国特色的社会主义文化找到一条新路。其重要的理论贡献还在于科学地阐释了“两手抓”的必要性和迫切性，这是由中国处于社会主义初级阶段的基本国情所决定的，是由改革开放带来的新情况、新问题、新变化所决定的，是由国内外思想文化的多种影响所决定的。他提出人民群众是社会主义精神文明的创造者和主体力量，同时也强调党是社会主义精神文明建设的领导力量，要求党组织和党员在这个建设中走在前列，发挥重要作用。这实际上就是要求党引领社会主义文化的建设和发展方向。邓小平特别强调建立社会主义民主，不但要建立政治民主，也要建立文化民主。他认为，民主是解放思想的重要条件，社会主义精神文明建设，要靠发展社会主义的民主政治建设来保证。

1991 年，江泽民提出了建设有中国特色社会主义经济、政治、文化的重要思想，系统地阐述了三者的内容和相互关系。十四届六中全会通过的第二个精神文明建设的决议，将精神文明建设的理论与实践提升到了一个新的高度。其中提出的“加强和改善党对精神文明建设的领导”的任务，把探索建设有中国特色社会主义文化的问题突出地摆到了全党的面前。进而，党的十五大又形成了完整的社会主义经济、政治、文化纲领。这个纲领，是党的基本路线的进一步展开，是实现富强、民主、文明的社会主义现代化强国目标的具体化。其中的文化纲领，是对党探索先进文化的历史性总结，既有继承，又有发展。进一步充实了党长期以来致力于建设的民族的、科学的、大众的新文化纲领，同时增加了以培育“四有”公民为目标，面向现代化、面向世界、面向未来的内容。

在人与自然和谐共处，人与社会共同进步中，逐步实现每个人的自由全面发展，是建设中国特色社会主义先进文化、新型文明的必由之路。第四代中央领导集体提出的社会主义核心价值体系建设任务，就是一项事关民族千秋大业的伟大文化工程。社会主义核心价值体系是社会主义制度的内在精神和生命之魂，它决定着社会主义的发展模式、制度体制和目标任务。四个方面的基本内容相互联系、相互贯通，共同构成辩证统一的有机整体。它既突出了党和国家的指导思想，又强调社会主义理想信念的重要作用；既继承吸收中国文化的优秀传统，又结合当今社会主义精神文明的本质特征，指明了中国特色社会主义文化的发展方向。因此，核心价值体系，是党的行动指南，是国家的主心骨，是民族的灵魂，是全面建设小康社会、努力构建和谐社会进程中的思想基础，是中华民族伟大复兴的共同精神力量。

三、社会主义核心价值体系是兴国之魂

社会主义核心价值体系包括四个方面的基本内容，即马克思主义指导思想、

中国特色社会主义共同理想、以爱国主义为核心的民族精神和以改革创新为核心的时代精神、社会主义荣辱观。这四个方面的基本内容相互联系、相互贯通，共同构成辩证统一的有机整体。

其一，马克思主义指导思想，是社会主义核心价值体系的灵魂，决定了社会主义核心价值体系的性质与方向，是由马克思主义鲜明的阶级立场、严密的科学体系和巨大的实践指导作用决定的。

其二，中国特色社会主义共同理想，是社会主义核心价值体系的主题。我们的共同理想是：建设中国特色社会主义，在21世纪中叶基本实现社会主义现代化，实现中华民族的伟大复兴。这个共同理想有广泛的社会共识，是历史与实践发展的必然结论。中国特色社会主义共同理想是我们国家和民族奋勇前进的精神动力，需要每个社会成员共同为之奋斗。

其三，以爱国主义为核心的民族精神和以改革创新为核心的时代精神，是社会主义核心价值体系的精髓。民族精神是一个民族在长期共同社会实践中形成的民族意识、民族心理、民族品格、民族气质的总和，是民族文化中固有的延绵不断的历史文化传统，是民族文化最本质最集中的体现。民族精神和时代精神是一个民族自立于民族之林、不断生存和发展的精神支撑。中华民族自立自强的精神品格，成为推动中华民族伟大复兴的精神动力。

其四，社会主义荣辱观，是社会主义核心价值体系的基础。荣辱观是人们对荣誉和耻辱的根本看法和态度。树立正确荣辱观是形成良好社会风气的重要基础。“八荣八耻”的荣辱观是：以热爱祖国为荣、以危害祖国为耻，以服务人民为荣、以背离人民为耻，以崇尚科学为荣、以愚昧无知为耻，以辛勤劳动为荣、以好逸恶劳为耻，以团结互助为荣、以损人利己为耻，以诚实守信为荣、以见利忘义为耻，以遵纪守法为荣、以违法乱纪为耻，以艰苦奋斗为荣、以骄奢淫逸为耻。

确立普遍奉行的价值准则和道德要求是事业发展、社会和谐目标的追求，社会主义荣辱观是对社会主义思想道德体系全面系统、准确通俗的表达。

社会主义核心价值体系在我国整体社会价值体系中居于核心地位，发挥着主导作用，决定着整个价值体系的基本特征和基本方向。

四、文化建设是中国特色社会主义事业总体布局的重要组成部分

十七届六中全会《决定》指出：当今世界正处在大发展大变革大调整时期，世界多极化、经济全球化深入发展，科学技术日新月异，各种思想文化交流、交

融、交锋更加频繁，文化在综合国力竞争中的地位和作用更加凸显，维护国家文化安全任务更加艰巨，增强国家文化软实力、中华文化国际影响力要求更加紧迫。当代中国进入了全面建设小康社会的关键时期和深化改革开放、加快转变经济发展方式的攻坚时期，文化越来越成为民族凝聚力和创造力的重要源泉，越来越成为综合国力竞争的重要因素，越来越成为经济社会发展的重要支撑，丰富精神文化生活越来越成为我国人民的热切愿望。

一系列针对文化改革发展总体布局的举措正在我国蓬勃展开：2005 年，党中央、国务院出台《关于深化文化体制改革的若干意见》，2006 年，新中国第一个专门部署文化建设的五年发展规划——《国家“十一五”时期文化发展规划纲要》公布，2009 年，我国第一部文化产业专项规划——《文化产业振兴规划》实施。十七届六中全会《决定》又提出：一手抓公益性文化事业，一手抓经营性文化产业。这是党的十六大以来文化建设认识上的一个重大突破，是文化改革发展实践上的一个重大创新。

按照实现全面建设小康社会奋斗目标新要求，到 2020 年，文化改革发展奋斗目标是：社会主义核心价值体系建设深入推进，良好思想道德风尚进一步弘扬，公民素质明显提高；适应人民需要的文化产品更加丰富，精品力作不断涌现；文化事业全面繁荣，覆盖全社会的公共文化服务体系基本建立，努力实现基本公共文化服务均等化；文化产业成为国民经济支柱性产业，整体实力和国际竞争力显著增强，公有制为主体、多种所有制共同发展的文化产业格局全面形成；文化管理体制和文化产品生产经营机制充满活力、富有效率，以民族文化为主体、吸收外来有益文化、推动中华文化走向世界的文化开放格局进一步完善；高素质文化人才队伍发展壮大，文化繁荣发展的人才保障更加有力。

迎着中华民族伟大复兴的曙光，中国共产党以更加坚定、自信的姿态，团结带领亿万人民踏上了建设社会主义文化强国新的征程，必将在中国特色社会主义文化发展道路上创造新的荣光，为人类文明进步作出更大贡献。

第四节　社会建设制度体系

在社会领域，中国共产党在长期实践中不断探索和发展了中国特色社会主义的社会建设理论，着力凸显社会和谐这一中国特色社会主义的本质属性。胡锦涛在建党 90 周年大会上讲话强调：推进社会建设，要以保障和改善民生为重点，着力解决好人民最关心最直接最现实的利益问题。要坚持发展为了人民、发展依靠人民、发展成果由人民共享，完善保障和改善民生的制度安排，把促进就业放在经济社会发展优先位置，加快发展教育、社会保障、医药卫生、保障性住房等各项社会事业，推进基本公共服务均等化，加大收入分配调节力度，坚定不移走共同富裕道路。在这些举措的推进中，一个适应社会结构日益多元、社会状态更加开放、社会诉求越发高涨的变化，适应社会主义和谐社会建设的新要求，崭新的社会体制也逐渐成形。

一、实施就业优先战略

就业是“民生之本”。长期以来，我国劳动力供给压力不断加大，但劳动力需求不断萎缩，我们坚持把促进就业放在经济社会发展的优先位置，健全劳动者自主择业、市场调节就业、政府促进就业相结合的机制，创造平等就业机会，提高就业质量，努力实现充分就业。

1. 实施更加积极的就业政策

大力发展劳动密集型产业、服务业和小型微型企业，千方百计扩大就业创业规模。完善税费减免、岗位补贴、培训补贴、社会保险补贴、技能鉴定补贴等政策，促进高校毕业生、农村转移劳动力、城镇就业困难人员就业。完善和落实小额担保贷款、财政贴息、场地安排等鼓励自主创业政策，促进各类群体创业带动就业。建立健全政府投资和重大项目建设带动就业机制。完善就业援助政策，多渠道开发公益性岗位。鼓励开展对外劳务合作。

2. 加强公共就业服务

健全统一规范灵活的人力资源市场，完善城乡公共就业服务体系，推动就业信息全国联网，为劳动者提供优质高效的就业服务。健全面向全体劳动者的职业培训制度，加强职业技能培训能力建设。对未能升学的应届初高中毕业生等新成长劳动力普遍实行劳动预备制培训。足额提取并合理使用企业职工教育培训经费，鼓励企业开展职工岗位技能培训。加强创业培训，将有创业愿望和培训需求的人员纳入培训范围。完善城镇调查失业率统计，健全失业监测预警制度，开展就业需求预测。

3. 构建和谐劳动关系

健全协调劳动关系三方机制，发挥政府、工会和企业作用，努力形成企业和职工利益共享机制，建立规范有序、公正合理、互利共赢、和谐稳定的劳动关系。全面推行劳动合同制度，不断扩大集体合同覆盖面。全面推进劳动用工备案制度。规范劳务派遣用工。改善劳动条件，加快劳动标准体系建设，加强劳动定额标准管理。完善劳动争议处理机制，加强劳动争议调解仲裁，加大劳动保障监察执法力度，切实维护劳动者权益。

二、深化收入分配制度改革

合理的收入分配制度是社会公平的重要体现，是构建社会主义和谐社会的保证。我们始终坚持和完善按劳分配为主体、多种分配方式并存的分配制度，初次分配和再分配都要处理好效率和公平的关系，再分配更加注重公平，加快形成合理有序的收入分配格局，努力提高居民收入在国民收入分配中的比重，提高劳动报酬在初次分配中的比重，尽快扭转收入差距扩大趋势。

1. 深化工资制度改革

按照市场机制调节、企业自主分配、平等协商确定、政府监督指导的原则，形成反映劳动力市场供求关系和企业经济效益的工资决定机制和增长机制。健全工资支付保障机制。完善最低工资和工资指导线制度，逐步提高最低工资标准，建立企业薪酬调查和信息发布制度，积极稳妥扩大工资集体协商覆盖范围。改革国有企业工资总额管理办法，加强对部分行业工资总额和工资水平的双重调控，缩小行业间工资水平差距。完善公务员工资制度。完善符合事业单位特点、体现岗位绩效和分级分类管理的事业单位收入分配制度。

2. 健全资本、技术、管理等要素参与分配制度

完善公开、公平、公正的公共资源出让制度，建立国有土地、海域、森林、矿产等公共资源出让收益全民共享机制，出让收益主要用于公共服务支出。扩大国有资本收益上交范围，提高上交比例，统一纳入公共财政。完善股份制企业特别是上市公司分红制度。创造条件增加城乡居民财产性收入。保障技术成果在收入分配中的应得份额。建立健全根据经营管理绩效、风险和责任确定薪酬的制度，严格规范国有企业、国有控股金融机构经营管理人员特别是高层管理人员的收入，严格控制职务消费。

3. 加快完善再分配调节机制

加快健全以税收、社会保障、转移支付为主要手段的再分配调节机制。合理调整个人所得税税基和税率结构，提高工资薪金所得费用扣除标准，减轻中低收入者税收负担，加大对高收入者的税收调节力度。逐步建立健全财产税制度。调整财政支出结构，提高公共服务支出比重，加大社会保障投入，较大幅度提高居民转移性收入。

4. 整顿和规范收入分配秩序

健全法律法规，强化政府监管，加大执法力度，加快形成公开透明、公正合理的收入分配秩序。保护合法收入，坚决取缔非法收入。清理规范国有企业和机关事业单位工资外收入、非货币性福利等。加强政府非税收入管理，清理规范各种行政事业性收费和政府性基金。加快收入信息监测系统建设。建立收入分配统

筹协调机制。

三、健全覆盖城乡居民的社会保障体系

社会保障制度是实现社会公平正义的基础。长期以来，我们坚持广覆盖、保基本、多层次、可持续方针，城乡居民的社会保障体系建设正在稳步提高。

1. 加快完善社会保险制度

实现新型农村社会养老保险制度全覆盖。完善实施城镇职工和居民养老保险制度，全面落实城镇职工基本养老保险省级统筹，实现基础养老金全国统筹，切实做好城镇职工基本养老保险关系转移接续工作。逐步推进城乡养老保障制度有效衔接。推动机关事业单位养老保险制度改革。发展企业年金和职业年金。扩大工伤保险覆盖面，提高保障水平，健全预防、补偿、康复相结合的工伤保险制度。完善失业、生育保险制度。发挥商业保险补充性作用。继续通过划拨国有资产、扩大彩票发行等渠道充实全国社会保障基金，积极稳妥推进养老基金投资运营。

2. 加强社会救助体系建设

完善城乡最低生活保障制度，规范管理，分类施保，实现应保尽保。健全低保标准动态调整机制，合理提高低保标准和补助水平。加强城乡低保与最低工资、失业保险和扶贫开发等政策的衔接。提高农村五保供养水平。做好自然灾害救助工作。完善临时救助制度，保障低保边缘群体的基本生活。

3. 积极发展社会福利和慈善事业

以扶老、助残、救孤、济困为重点，逐步拓展社会福利的保障范围，推动社会福利由补缺型向适度普惠型转变，逐步提高国民福利水平。坚持家庭、社区和福利机构相结合，逐步健全社会福利服务体系，推动社会福利服务社会化。加强残疾人、孤儿福利服务。加强优抚安置工作。加快发展慈善事业，增强全社会慈善意识，积极培育慈善组织，落实并完善公益性捐赠的税收优惠政策。

四、完善基本医疗卫生制度

健康是人全面发展的基础，关系千家万户的幸福。现阶段，出现了“看病难、看病贵”等现象。我们按照保基本、强基层、建机制的要求，积极增加财政投入，深化医药卫生体制改革，建立健全基本医疗卫生制度，加快医疗卫生事业发展，优先满足群众基本医疗卫生需求。

1. 加强公共卫生服务体系建设

完善重大疾病防控等专业公共卫生服务网络。逐步提高人均基本公共卫生服

务经费标准，扩大国家基本公共卫生服务项目，实施重大公共卫生服务专项，积极预防重大传染病、慢性病、职业病、地方病和精神疾病，提高重大突发公共卫生事件处置能力。逐步建立农村医疗急救网络。普及健康教育，实施国民健康行动计划。全面推行公共场所禁烟。百分之七十以上的城乡居民建立电子健康档案。孕产妇死亡率降到十万分之二十二，婴儿死亡率降到百分之十二。

2. 加强城乡医疗服务体系建设

加强以县医院为龙头、乡镇卫生院和村卫生室为基础的农村三级医疗卫生服务网络建设，完善以社区卫生服务为基础的新型城市医疗卫生服务体系，新增医疗卫生资源重点向农村和城市社区倾斜。大力推进基层医疗卫生机构综合改革，建立多渠道补偿机制，形成新的运行机制。加强以全科医生为重点的基层医疗卫生队伍建设，完善鼓励全科医生长期在基层服务政策，每万人口全科医生数达到2人。加快推行分级诊疗、双向转诊制度，形成各类城市医院和基层医疗机构分工协作格局。完善区域卫生规划，鼓励和引导社会资本举办医疗机构，放宽社会资本和外资举办医疗机构的准入范围，形成多元办医格局。

3. 健全医疗保障体系

健全覆盖城乡居民的基本医疗保障体系，进一步完善城镇职工基本医疗保险、城镇居民基本医疗保险、新型农村合作医疗和城乡医疗救助制度。逐步提高城镇居民医保和新农合人均筹资标准及保障水平并缩小差距。提高城镇职工医保、城镇居民医保、新农合最高支付限额和住院费用支付比例，全面推进门诊统筹。做好各项制度间的衔接，整合经办资源，逐步提高统筹层次，加快实现医保关系转移接续和医疗费用异地就医结算。全面推进基本医疗费用即时结算，改革付费方式。积极发展商业健康保险，完善补充医疗保险制度。

4. 完善药品供应保障体系

建立和完善以国家基本药物制度为基础的药品供应保障体系。基层医疗卫生机构全面实施国家基本药物制度，其他医疗卫生机构逐步实现全面配备、优先使用基本药物。建立基本药物目录动态调整机制，完善价格形成机制和动态调整机制。提高基本药物实际报销水平。加强药品生产管理，整顿药品流通秩序，规范药品集中采购和医疗机构合理用药。

5. 积极稳妥推进公立医院改革

坚持公立医院的公益性质，积极探索政事分开、管办分开、医药分开、营利性和非营利性分开的有效形式。推进现代医院管理制度，建立科学合理的用人机制和分配制度。改革公立医院补偿机制，积极推进支付方式改革。以病人为中心大力改进公立医院内部管理，优化服务流程，规范诊疗行为，改善医患关系，方便群众就医。推进注册医师多点执业，建立住院医师规范化培训制度。注重调动医务人员积极性。

6. 支持中医药事业发展

坚持中西医并重，发展中医医疗和预防保健服务，推进中医药继承与创新，重视民族医药发展。发展中医药教育，加强中医医疗机构和中医药人才队伍建设。加强中药资源保护、研究开发和合理利用，推进质量认证和标准建设。医疗保障政策和基本药物政策要鼓励中医药服务的提供和使用。

五、提高住房保障水平

坚持政府调控和市场调节相结合，加快完善符合国情的住房体制机制和政策体系，逐步形成总量基本平衡、结构基本合理、房价与消费能力基本适应的住房供需格局，实现广大群众住有所居。

1. 健全住房供应体系

立足保障基本需求、引导合理消费，加快构建以政府为主提供基本保障、以市场为主满足多层次需求的住房供应体系。对城镇低收入住房困难家庭，实行廉租住房制度。对中等偏下收入住房困难家庭，实行公共租赁住房保障。对中高收入家庭，实行租赁与购买商品住房相结合的制度。建立健全经济、适用、环保和节约资源的住房标准体系，倡导符合国情的住房消费模式。

2. 加大保障性住房供给

强化各级政府责任，加大保障性安居工程建设力度，基本解决保障性住房供应不足的问题。多渠道筹集廉租房房源，完善租赁补贴制度。重点发展公共租赁住房，逐步使其成为保障性住房的主体。加快各类棚户区改造，规范发展经济适用住房。建立稳定投入机制，加大财政资金、住房公积金贷款、银行贷款的支持力度，引导社会力量参与保障性住房建设运营。加强保障性住房管理，制定公平合理、公开透明的保障性住房配租政策和监管程序，严格规范准入、退出管理和租费标准。

3. 改善房地产市场调控

进一步落实地方政府责任和问责机制，把保障基本住房、稳定房价和加强市场监管纳入各地经济社会发展的工作目标，由省级人民政府负总责，市、县级人民政府负直接责任。完善土地供应政策，增加住房用地供应总量，优先安排保障性住房用地，有效扩大普通商品住房供给。健全差别化住房信贷、税收政策，合理引导自住和改善性住房需求，有效遏制投机投资性购房。加快制定基本住房保障法，修订完善城市房地产管理法等相关法律法规。完善住房公积金制度，加强管理和扩大覆盖范围。加强市场监管，规范房地产市场秩序。加快住房信息系统建设，完善信息发布制度。

总之，社会建设制度体系，作为中国城市化、现代化的关键环节，与人民群众幸福指数密切相关的指标，被迫切地提上各级政府的议事日程。通过一系列制度体系的完善，人民的生活将更加美好！

【本章小结】

胡锦涛总书记建党90周年大会上的讲话对中国特色社会主义制度作出了概括。中国特色社会主义制度就是中国共产党领导全国人们，以中国特色社会主义理论体系为指导，在中国特色社会主义道路上形成的“在经济、政治、文化、社会等各个领域形成的一整套相互衔接、相互联系的制度体系”。

【关键术语和概念】

1. 基层群众自治制度：基层群众自治制度是在新中国成立后的民主实践中逐步形成的，并首先发育于城市。中共十七大将“基层群众自治制度”首次写入党代会报告，正式与人民代表大会制度、中国共产党领导的多党合作和政治协商制度、民族区域自治制度一起，纳入了中国特色政治制度范畴。胡锦涛同志《在庆祝中国共产党成立90周年大会上的讲话》指出：“人民代表大会制度是根本政治制度，中国共产党领导的多党合作和政治协商制度、民族区域自治制度以及基层群众自治制度等是基本政治制度。”

2. 社会主义的核心价值体系：社会主义的核心价值体系是社会主义意识形态的本质体现，是全党全国各族人民团结奋斗的共同思想基础。坚持社会主义核心价值体系要求我们必须巩固马克思主义指导地位，坚持不懈地用马克思主义中国化的最新理论成果武装全党、教育人民，用中国特色社会主义共同理想凝聚力量，用以爱国主义为核心的民族精神和以改革创新为核心的时代精神鼓舞斗志，用社会主义荣辱观引领风尚，巩固全党全国各族人民团结奋斗的共同思想基础。

3. 社会保障体系：社会保障体系是指社会保障各个有机构成部分系统的相互联系、相辅相成的总体。完善的社会保障体系是社会主义市场经济体制的重要支柱，关系改革、发展、稳定的全局。

【思考题】

1. 大学生如何践行社会主义核心价值体系？
2. 大学生如何做社会主义先进文化的引领者？
3. 社会制度体系建设的主要任务是什么？
4. 案例分析：

从曾荫权就租住深圳东海花园单位道歉事件看政治体制改革的必要性

2012 年 3 月 1 日下午 3 时，香港特首曾荫权出席立法会特别质询会，就接受富豪朋友款待及在深圳租豪宅等事件接受议员提问。曾荫权表示，这些事引起公务员和市民对他本人诚信和操守的质疑，是令他很痛心的，为此郑重向公众道歉。言语之间，他语带哽咽，神情哀伤。

曾荫权公开承诺，为了消除公众疑虑，已经跟太太商量好，放弃租住深圳东海花园单位，而特首办发言人随后表示，曾荫权 7 月 1 日卸任后的住所暂时未有安排。特别质询会原定1 个小时，由于议员们的问题太多，最终延长近 20 分钟。

感慨与公众期望有落差

答问大会于下午 3 时准点开始，南都记者现场看到，大会召开一小时前，记者和公众席上已有人占位。大会开始后，记者发现，政务司司长林瑞麟、财政司司长曾俊华、律政司司长黄仁龙及港府各个局的局长几乎全数出席。

曾荫权开篇便提到自己 45 年的政治生涯，称自己从二级行政主任，一路做到行政长官，“我对公务员廉洁奉公的价值信念，一直深信不疑”。他说：“我最近一直在反思，为何种种指控，议员和市民都会相信。”

最初的报道是出席澳门宴会及接受游艇款待一事，对此曾荫权表示，当时他以为自己是按照规矩办事，对得住良心，所以主动致电港台节目，交代事件来龙去脉，并且将租深圳私人物业作退休居所一事预先作出交代。

“接着（媒体）说我接受私人飞机款待，质疑我住在深圳是发展商向我输送利益。接下来是一连串的指控，包括私人藏酒交给詹康信免费储存，出访时接受中东国家私人飞机款待。”曾荫权一口气念完自己所有的“罪状”。

他语带哽咽地说：“我思考了许久，可能因为在处理游艇、私人飞机款待一事上，与公众期望有落差，舆论认为特首是一个贪婪的人。”他表示，或许是时代在变化，自己多年谨守的规矩，与市民对特首操守的期望有明显落差，令公众感到失望。

“不希望能挽回个人声誉”

曾荫权表示，作为公务人员，特别是担任特首的 7 年间，应酬越来越多。他说：“刚做特首时，一星期只有两次饭局，而现在应酬频率不断增加。一周有三四个晚餐在外面，更不排除早餐、午餐的各类邀请。”

曾荫权强调，在接受外界邀请上，已经尽量根据内部守则办事，但在旅程接受赞助的事宜上，并无批准的程序。“于我而言，做法只有两个。一是完全不接受，二是经审批后接受，然后向对方缴付费用。”曾荫权表示，不论是坐私人飞机还是游艇，都给相应费用，而此做法也是效仿国外。

在被问到余下任期的数月，会作出哪些调整时，曾荫权说：“这次事件之后，再也没人敢请我坐飞机、坐游艇，本次事件是我终身最大的教训。”

曾荫权坦承，理解外界对他的愤怒，他倍感心痛。他说，最近收到一些公务员的鼓励，自己明白作为特首存在盲点。“我参加本次答问会，不希望能挽回个人声誉，而是为了挽回公众对香港政府廉洁奉公的信心。”他说。

为释公众疑虑放弃租深圳豪宅

曾荫权租下深圳的东海花园豪宅，而东海集团主席黄楚标是港府发牌的香港数码广播的主要投资者。媒体质疑曾荫权与黄楚标之间存在“利益输送”。

昨日的立法会上，曾荫权承诺，为了消除公众疑虑，已经跟太太商量好，放弃租住深圳东海花园单位，并会与业主讨论解约问题。

“我在香港拥有一个住宅单位，可是该单位已被出租，租约一直到今年年尾，租约期满前不能取回使用。本来考虑卸任搬离礼宾府后，我需要短期离开香港，因此这几年到处物色地方。”曾荫权称，选东海花园是不得已的选择，此地靠近香港，能经常探儿子、孙女，毕竟他最终要在香港扎根。

据港媒消息，房东黄楚标表示，如果曾荫权想解除租约，会按照合约规定处理，至于需要赔偿多少金额，要交由律师研究。不过该套房会继续进行装修，之后会招租。

昨晚 8 时左右，特首办发言人称，行政长官将会透过专业人士，与业主商讨解约细节，至于曾荫权 7 月 1 日卸任后的住所，发言人表示暂时未有安排。

强调接受款待绝对没占便宜

在香港，公务员接受款待、赞助等需要向上级申请批准，而唯独“特首”这个职位特殊。在公务员现行的管理规则中，曾荫权遇到同样问题则是自己衡量。他说：“我最大的原则，是不涉及利益冲突。”

这下引发了议员质疑，有议员更直接发问：“港府在审批数码广播牌照之时，特首有无向行政会议申报与黄楚标有私交?”

曾荫权回应称，虽然与黄楚标已认识七八年，但从不会因为私交影响公务。特别是数码广播牌照的申请，主要是广管局在审核，审议手续绝对透明，行政会议不曾直接插手此事。“如果我有异常行为，问责官员公务员一眼看穿，不能容许干预正常程序。”

有议员直指，曾荫权乘坐私人飞机、豪华游艇，说明他不避嫌与这群“特殊朋友”的关系，这群朋友是“无事献殷勤”，曾荫权难免会给予恩惠。

曾荫权回应称，款待他坐私人飞机及游艇的几个朋友是一般朋友，彼此认识多年，并非“超友谊”朋友。他强调，公事与私人友谊绝对分开，在接受款待中绝对没有占便宜。曾荫权还说：“我作为特首要体察民情，我想这不单是指底层市民、中产阶级，商人等各个功能界的人士应该都有接触。”

（资料来源：曾荫权出席特别质询会哽咽道歉放弃租深圳豪宅．新浪新闻中心，http://news.sina.com.cn/c/2012-03-02/04492404475p.shtml）

讨论：

邓小平说：“领导制度、组织制度问题更带有根本性、全局性、稳定性和长期性。”你如何理解这句话？结合案例谈谈我国政治体制改革的必要性。

参考文献

1. 马克思恩格斯选集（第1~4卷）. 北京：人民出版社，1995.
2. 毛泽东选集（第1~4卷）. 北京：人民出版社，1991.
3. 毛泽东著作选读（上、下）. 北京：人民出版社，1986.
4. 毛泽东文集（第6~8卷）. 北京：人民出版社，1999.
5. 顾龙生. 毛泽东经济年谱. 北京：中央党校出版社，1993.
6. 周恩来选集（上、下）. 北京：人民出版社，1984.
7. 刘少奇选集（上、下）. 北京：人民出版社，1981.
8. 刘少奇论党的建设. 北京：中央文献出版社，1991.
9. 邓小平文选（第1~3卷）. 北京：人民出版社，1993、1994.
10. 冷溶，汪作玲. 邓小平年谱（1975—1997）. 北京：中央文献出版社，2004.
11. 江泽民文选（第1~3卷）. 北京：人民出版社，2006.
12. 江泽民论社会主义精神文明. 北京：中央文献出版社，1999.
13. 江泽民论中国特色社会主义（专题摘编）. 北京：中央文献出版社，2002.
14. 江泽民. 论党的建设. 北京：中央文献出版社，2001.
15. 江泽民. 论科学技术. 北京：中央文献出版社，2001.
16. 薄一波. 若干重大决策与事件的回顾（上、下）. 北京：中共中央党校出版社，1991、1993.
17. 三中全会以来重要文献选编（上、下）. 北京：人民出版社，1982.
18. 中国共产党党章汇编. 北京：人民出版社，2007.
19. 中共中央文件选编. 北京：中共中央党校出版社，1992.
20. 十二大以来重要文献选编（上）. 北京：人民出版社，1986.
21. 十三大以来重要文献选编（上、中、下）. 北京：人民出版社，1991、1993.
22. 十四大以来重要文献选编（上、下）. 北京：人民出版社，1996、1999.
23. 十五大以来重要文献选编（上、中）. 北京：人民出版社，2000、2001.
24. 中共中央文献研究室. 十六大以来重要文献选编（上、中）. 北京：中央文献出版社，2006.
25. 本书编写组．十六大报告辅导读本．北京：人民出版社，2002.
26. 胡锦涛．在中央人口资源环境工作座谈会上的讲话．光明日报，2004－04－05.
27. 本书编写组．中共中央关于构建社会主义和谐社会若干重大问题的决定辅导读本．北京：人民出版社，2006.
28. 本书编写组．十七大报告辅导读本．北京：人民出版社，2007.
29. 中共中央文件选集（第1~6集）．北京：中共中央党校出版社，1989.
30. 陈至立．中国共产党建设史．上海：上海人民出版社，1991.
31. 建国以来重要文献选编．北京：中央文献出版社，1992.
32. 中共中央关于加强党的执政能力建设的决定．北京：人民出版社，2004.
33. 关于“百花齐放、百家争鸣”方针的文献三篇．党的文献．1990.
34. 中国企业领导制度的历史文献．北京：经济管理出版社．1986.
35. 中国工业管理条例汇编．北京：地质出版社，1980.
36. 赵德馨．中华人民共和国经济史．郑州：河南人民出版社，1988.
37. 中央财经领导小组办公室．邓小平经济理论学习纲要．北京：人民出版社，1997.
38. 中华人民共和国法律汇编．北京：人民出版社，1994.
39. 中国工业的发展统计资料．北京：中国统计出版社，1985.
40. 中国振兴之路——改革开放纪事（第1~3册）．北京：中央党校出版社，1999.
41. 中共党史教学参考资料（第21~23册）．北京：国防大学党史党建政工教研室，1986.
42. 胡锦涛．在纪念毛泽东同志诞辰110周年大会上的讲话．
43. 中国共产党中央委员会关于建国以来党的若干历史问题的决议．
44. 胡锦涛．在庆祝中国共产党成立90周年大会上的讲话．
45. 中共中央关于深化文化体制改革　推动社会主义文化大发展大繁荣若干重大问题的决定．
46. 中华人民共和国国民经济和社会发展十二五规划纲要．